世界大战丛书

丘吉尔
第二次世界大战回忆录 03

法国的沦陷

〔英国〕温斯顿·丘吉尔 著
贾 宁 译

北京时代华文书局

本书铭言

战争时：坚毅

失败时：不屈

胜利时：宽容

和平时：友善

致谢

在各位好友帮助下，我得以完成前几卷的著述，这里要再一次表达对他们的感谢：陆军中将亨利·博纳尔爵士、海军准将艾伦·迪金上校、爱德华·马什爵士，以及丹尼斯·凯利先生和伍德先生。还有很多其他人士也曾审阅过原稿，并提出了自己的意见，在这里也一并表示感谢。

我依然得到了伊斯梅勋爵，还有其他朋友们的帮助。

在此要再次感谢英王陛下政府文书局局长。一些官方文件原文的版权为其所有，然而承蒙英王陛下政府批准，得以附加在内。出于保密，我对本卷所列的一些电文，谨遵英王陛下政府喻，做了改动。但是都是在本意基础上加以改动的，其原意或者实质并没有变动。

温斯顿·斯宾塞·丘吉尔

序　言

我在这一卷描绘的这段时期中，背负着很大的责任。我出任了首相，兼任财政大臣、国防大臣，以及下院领导人。起初的 40 天过后，我们独自面对德国与意大利，前者接连获胜，后者向我们发起最关键的进攻，站在我们对立面的中立国苏联热情支援希特勒，另外，日本也在威胁我们，并且我们无法确定这种威胁到底是什么。不过，英国国王的战时内阁在帮国王处理国家大事时，表现得既勤恳又忠心不二，最终在议会的支持下，在英联邦、大英帝国各地区政府与人民的拥戴下，完成了所有任务，击败了一切敌人。

温斯顿 · 斯宾塞 · 丘吉尔

写在肯特郡威斯特汉

恰特威尔庄园

1949 年 1 月 1 日

第二版的说明

大家一直想要此书二次出版，趁这个机会，我对细节上的几处错误做出了纠正。我很感谢很多给我写信、提醒我留意这些错误的人。

大家给了此书很多好评，我一定要感谢大家，衷心感谢很多给我来信、关心此书的人，就如我在第一卷所做的一样。

温斯顿·斯宾塞·丘吉尔

写在恰特威尔庄园

1950 年 1 月 10 日

目　录

英国人民如何独自坚守在阵地上，
一直等到不明状况的人们做好了一半的准备工作。

第一章 全国联合

开端与结尾——为了共同事业英国所做工作的分量——整个战争中与敌人作战的师有多少个——有多少人光荣牺牲——皇家海军的功绩——英国以及美国投放的炸弹——我们的战斗力因为美国军火的支持而变强了——组建新内阁——对于张伯伦先生保守党所表现的忠心——下院的首领——及时阻止了加害异端的举动——5 月 11 日我写给张伯伦先生的信——奇妙的经验领悟——在大战刚开始激烈的时候组织政府——新同事：克莱门特·艾德礼、阿瑟·格林伍德、阿齐博尔德·辛克莱、欧内斯特·贝文、马克斯·比弗布鲁克——小规模的战时内阁——组织新政府的几个过程，从 5 月 11 日到 5 月 15 日——闲话的权益——事实上以及形式上的新作战指挥机构——改变三军大臣的职责——在很少一部分人手中，集中掌握着指挥作战的权利——我个人的措施——书面指令——伊斯梅将军——我与参谋长委员会之间的关系——爱德华·布瑞奇斯爵士——战时内阁表现出来的亲和以及信赖——国防大臣的办公室——该办公室人员组成：伊斯梅、霍利斯以及雅各布——五年未曾改变——参谋长委员会的稳固——除了有一人逝去，从 1941 年到 1945 年，没有任何变动——政治家与军人在最高机关关系亲密——私人的信件来往——我与罗斯福总统的关系——5 月 15 日我发电报给总统——“热血、辛勤、泪水以及汗珠”

这一场暴风雨，在聚集、积压了良久之后，终于席面而来。这是历史上最残酷的战争，在交战的第一个回合，就卷入了四五百万人。不管是在上次战争中度过的艰难日子，还是在这次刚刚开始的大战中，我们都习惯性地躲在法国战线的后方。谁知，只有一个礼拜的时间，法国战线就全面瓦解了。长期拥有良好名声的法国陆军，在三个礼拜之内，就被打败了。英国陆军几乎丧失了所有的装备，被撵到了海上。我们在六个礼拜的时间内就成了孤军，武装力量几乎被解除了。德国和意大利屡战屡胜，牢牢地扼制住了我们，希特勒掌控了整个欧洲，在另一边的日本也跃跃欲试。在这样一种局面下，前途看似毫无希望。这时，我出任了首相兼国防大臣的职务，为了合理地采取有利于国家的措施，处理英王陛下国内、国外的工作，我的首要任务就是建立一个政府，包含所有政党派别的政府。

要想让我们对自己所处的局面怀有希望，还需要大约五年的时间。意大利投降了，墨索里尼死去了，德国军队无条件投降了，希特勒自杀了。在 24 小时以内，陆军元帅亚历山大和蒙哥马利元帅分别在意大利和德国俘获德国士兵近 300 万人。艾森豪威尔将军也俘获了大批德国士兵。解放以后的法国经过整顿，再次强大起来。我们的两个盟国，是世界上最强大的国家，我们一起合作，共同前行，很快就打败了负隅顽抗的日本。五年间，世界格局的变化的确让人吃惊，但是这过程是漫长、艰险又困苦的。那些英勇无畏的、坚持到最后的人们，终将会为自己曾经走过的这段岁月而骄傲、自豪。

* * *

在讲述我做的工作，和全国联合政府成立经过之前，我要先说明一点，就是作为在艰苦岁月中紧紧团结在一起的大不列颠及其帝国，在众多国家和众多民族共同创建的事业中，做出了多大的贡献，起到了多大的作用。我说这个，并不是为了跟我们强大的盟国美国作个较量，比个高下，从而引起不愉快。我们感谢美国，并且永远不会忘记。可是，英国在战争中的付出是很多的，让大家了解这一点，是符合全世界说英语的国家的共同利益的。所以我列了一张表格（如下），表格中罗列了战争的时间点。从表格中能看出，到1944年7月以前，大不列颠和大英帝国的对敌战争次数远远超过了美国。在这个总数中，包括了欧洲战区、非洲战区以及亚洲对日战区。1944年秋天，美国的大批部队到达诺曼底以后，他们的兵力才遍布于太平洋和大洋洲的每一个战区。我们在讲话的时候，至少有作为一个平等的、重要的伙伴的资格。截止到上述时间之前，每个战区师的集结状况在每个月中都是一样的。1944年7月以后，美国战线的活动开始频繁，对敌次数猛增，而且在之后的战事中，一直在扩大，取得的胜利越来越多，直到10个月以后，战争结束。

与敌作战的地面部队①

（按同一兵额计算的师数）

	大英帝国			美国		
	西方战区	东方战区	总计	西方战区	东方战区	总计
1940年1月1日	$5^1/_3$	—	$5^1/_3$②	—	—	—
1940年7月1日	6	—	6	—	—	—
1941年1月1日	$10^1/_3$	—	$10^1/_3$③	—	—	—

① 东西方战区的分界线穿过卡拉奇的南北线。

以下地区没有算在战区范围内：

印度西北边境、直布罗陀、非洲西部、冰岛、夏威夷、巴勒斯坦、伊拉克、叙利亚（不包括1941年7月1日）。

作战地区包括马耳他岛。从1942年1月到1943年7月，阿拉斯加也被算在作战区域内。

不包含像自由法国人、波兰人、捷克人在内的外国分遣队。——原注

② 英国驻法国远征军。——原注

③ 在阿比西尼亚的游击队没有计算在内。——原注

1941年7月1日	13	—	13[①]	—	—	—
1942年1月1日	$7\frac{2}{3}$	7	$14\frac{2}{3}$	—	$2\frac{2}{3}$	$2\frac{2}{3}$
1942年7月1日	10	$4\frac{2}{3}$	$14\frac{2}{3}$	—	$8\frac{1}{3}$	$8\frac{1}{3}$
1943年1月1日	$10\frac{1}{3}$	$8\frac{2}{3}$	19	5	10	15
1943年7月1日	$16\frac{2}{3}$	$7\frac{2}{3}$	$24\frac{1}{3}$	10	$12\frac{1}{3}$	$22\frac{1}{3}$
1944年1月1日	$11\frac{1}{3}$	$12\frac{1}{3}$	$23\frac{2}{3}$	$6\frac{2}{3}$	$9\frac{1}{3}$	16
1944年7月1日	$22\frac{2}{3}$	16	$38\frac{2}{3}$	25	17	42
1945年1月1日	$30\frac{1}{3}$	$18\frac{2}{3}$	49	$55\frac{2}{3}$	$23\frac{1}{3}$	79

我作的另外一个比较表明：大不列颠和大英帝国人员的牺牲甚至比我们英勇的盟国人员的牺牲还要大。英国武装部队的死亡、失踪、被认为是已死亡的人数共达 303 240 人，再加上各自治领、印度和各殖民地的 109 000 人，总数达 412 240 人。这个数字还未包括联合王国国内死于空袭的 60 500 名平民，也未包括大约 30 000 名死亡的商船船员和渔民。与这些数字相比，美国陆军、空军、海军、海军陆战队和海岸警卫队牺牲的人数是 322 188 人[②]。我之所以列举这些令人伤心的光荣牺牲的人数，是深深相信由这么多宝贵的鲜血所凝成的平等的战友关系，将继续博得英语世界人们的崇敬，并鼓舞他们的行动。

在海洋上，美国当然肩负了太平洋战争的几乎全部重担，1942 年，他们在中途岛附近、在瓜达尔卡纳尔岛以及在珊瑚海所进行的决定性战役，使他们在那辽阔的海洋上获得了全部的主动权，给他们打开了袭击所有被日本占领的地方的道路，并最后袭击日本本土。美国海军是不能同时在大西洋和地中海承担重任的。在这里我有责任摆明事实。在欧洲战区、大西洋和印度洋上击沉的 781 艘德国潜艇和 85 艘意大利潜艇中，有 594 艘是英国海军和空军击沉的；英国海军和空军除了击毁或俘获意大利全部舰队外，还消灭了德国的全部战舰、巡洋舰和驱逐舰。把击毁的潜艇数字列表如下：

---

① 菲律宾军队没有计算在内。——原注

② 艾森豪威尔《欧洲十字军》，第 1 页。——原注

敌方的潜艇损失[①]

击毁者	德　国	意大利	日　本
英军[②]	525	69	$9^1/_2$
美军	174	5	$110^1/_2$
其他及未知原因	82	11	10
共　计	781	85	130

珍珠港事件之后，美国进行了大规模的空中作战，在白昼使用的“空中堡垒式”轰炸机，更能体现出美国为战争所作出的努力。美国的空军一边从古英伦三岛进攻德国，一边又袭击日本。但还有一个事实就是：1943 年 1 月，我们到达卡萨布兰卡以后，美国的轰炸机就停止在白昼向德国投放炸弹了。之后，美国的付出有了回报。但截止到 1943 年年底，英国投放在德国领土上的炸弹，白天和晚上的数量加起来，要比美国多，基本是 8 吨对 1 吨的比例。美国只有在 1944 年春天才投放了比我们数量多的炸弹。由此可见，不管是陆路作战还是海上作战，我们都是从一开始就参与进来的，美国都是到了 1944 年，才开始努力作战，慢慢赶上了我们。

1941 年，租界法案开始实行。我们的军需供应在美国的大方帮助下，增长了 20% 还要多，这一点我们必须要牢记。我们之所以能用国内 4800 万人当作 5800 万人去使用，也正是得益于他们提供的武器和物资。而且从海上来说，军需物资之所以能经过大西洋补充过来，也得益于“自由轮”的大批建造。另外，以下数字是在整个战争之中，由于受到敌军的破坏而导致的各个国家的船运损失。分析之后，我们应该记在心中：

① 共击毁潜艇 996 艘。——原注

② “美军”和“英军”分别都包括了战争中由他们指挥的同盟国部队在内。凡是由英、美两国共同击毁的潜艇，在表格中会出现零头。有很多共同“击毁”的例子，不过在计算击毁的德国潜艇总数时，把零头都变成了整数。——原注

国　家	损失的吨数	百分比
英　国	11 357 000	54
美　国	3 334 000	16
（敌人控制范围以外）其他各国	6 503 000	30
	21 194 000	100

以上的损失中，在大西洋战场（包括北海和英国的浅海水域）的就占了 80%，太平洋战场的只占了 5%。

列举上面的数字，是要向心存公正之人说明，在世界历史那个重要的时刻，在多种形式的战斗中，我们这个小岛上的人民付出了巨大的努力，而不是要得到博取不属于我们的功绩。

*　　*　　*

相对于和平时期来说，在战争激烈的时刻组建一个内阁（尤其是联合内阁），似乎要更容易一些。个人的利益不算什么，集体的责任感才最重要。在经过其他各党、各组织的授权以后，我们跟这些领袖们确定了主要的安排。被我邀请过来的人，都表示会坚决遵从我们的派遣，就像服从指挥的士兵那样。正当的基础奠定好了，我马上要会见很多人，我感觉，他们其中的任何一个都不会藏有私心。即便有摇摆不定的，也是出于对大局的考虑。在全国自由党和保守党派中，很多大臣身上都具备这种高尚的素质。在紧急关头，在这让人亢奋的时刻，很多人都必须离开，甚至是永远离开自己的职务，放弃自己的事业。

相对于其他各党在下院所占的席位，保守党比他们全部加在一起的总和还要多 120 多个席位。他们选举张伯伦先生为领袖。我必须要知道，这些年来，我一直严厉地批判、指责他们。所以他们之中，有很多人对我取代张伯伦这件事情是极为不满的。而且，我这一辈子，跟保守党的摩擦和争执就没有停止过，这一点他们中的大部分人也是都知道的。以前,在有关自由贸易的问题上,我跟他们就是各走各的路。后来，我回来跟他们一起工作，是以财政大臣的名义回来的。在很长一段时间内，不管是在印度、外交还是战争物资的准备等各项问题上，我和他们始终是对手。对于他们来说，很难接受我担任首相这个事实，有很多值得尊敬的人，也觉得很苦恼。对于保守党人来说，向党推选出的领袖保持忠诚，是他们的特点。在开战以前的几年，就算在一些事情上，他们没有对国家尽到责任，也是因为他们向推选出来的领袖保持忠诚的原因。我并不担心这些。我明白，大炮声响起了，其他声音就都被盖住了。

开始，张伯伦先生接受了我的邀请，同意担任下院的领袖兼枢密院议长。这个任职没有宣布。艾德礼先生说，在这样的情况下，工党很难工作。能在联合政府中担任下院领袖的人，必须是被大家认可的人。我和张伯伦先生说了这点，而且由我亲自出任下院领袖，他答应得很痛快，我一直在这个职位上待到了 1942 年 2 月。在这期间内，艾德礼先生帮我处理日常的事务，算是我的副职。在长期的反党过程中，他的经验是很有用的。除非有很重要的事情，否则我是不到场的。这种情况时常发生。在某些保守党党员的眼中看来，别人瞧不起他们的党领袖。他得到了每一个人的尊敬。5 月 13 日，当他第一次以新的职务出现在下院的时候，下院中的大多数人（他的党和全体党员），都站了起来，以表示对他的尊敬和同情。刚开始的几个礼拜，我收到的大多是工党议员席的致意。但是，我得到了张伯伦先生最忠实、最持久的支持，这让我充满了信心。

有些有能力的、积极上进的非新政府成员，和很多工党成员执意要求清除“犯罪之人”,清除那些慕尼黑协定的负责人,还有应该对“备战不足”负责任的大臣，来自于他们的压力是极大的。大家攻击的矛头直指哈利法克斯勋爵、塞缪尔·霍尔爵士和西蒙勋爵。可是，现在去指责那些有能力的、长期就任要职的爱国人士，是不合时宜的。那些人就是喜欢指责，如果任着他们的想法去做，保守党中至少有三分之一的大臣要离开。我们很容易看出，以上的运动在全国范围内都是不利的，毕竟保守党的领袖是张伯伦先生。而且，要不要由某一方去承担罪责这样的问题，是不用去琢磨的。从道德上看，应该对此负责任的人有很多，但是当届的政府必须要承担正式的责任。从工党大臣，包括自由党大臣在内所说的很多言论和投票记录中不难看出，他们说的话和投出的票都是比较愚昧的，这一结论从后来发生的事情中就能看出来，我不但记得很清楚，还能都说出来。我可以不去管过去发生的事情，这一点我比所有的人都有发言权。所以，我反对了这些破裂的趋势。几个礼拜之后，我是这样说的："要是以现在作为评定过去的标准，那么你就丧失了以后。"在当时紧张的局势下，这一论点阻止了那些走极端迫害路线的人们。

* * *

5月11日早上，我在给张伯伦先生的信中说："在一个月以内，任何人不要变动住的地方。"这让身处在紧张战局中的人们，减少了一些麻烦。海军部的大楼除了是我住的地方，楼下的几个房间包括地图室在内，都是我设的临时总部。我把新政府的组织情况和跟艾德礼先生的谈话都向他作了汇报。"但愿今天晚上，我能为英王组织好战时内阁和作战机构。战事紧张，我们必须要抓紧完成……我们之间必须要紧密地配合，所以，希望你能重新搬回你熟悉的地方——11号的旧居[①]，希望不会因此给你带来不便。"我继续写道：

> 我觉得不用非要在今天举行一次内阁会议，因为按照我们的计划，陆军和其他的部队都在战斗中。但我希望在午夜12时30

① 在唐宁街的一幢房子，多数情况下，是财政大臣居住的地方。——原注

分的时候，你和爱德华〔哈利法克斯〕能来一趟海军部作战室。我们可以一边看地图，一边商谈。

安特卫普—那慕尔一线在受到侵袭之前，应该可以被盟军占领，并加以巩固，现在，英国和法国的先遣部队都已经到了那里。必须在48小时以内攻占这一战线，这点很重要。另一边的德军还未成功渡过艾伯特运河，有消息说，比利时人战果很好。荷兰人也在坚强地抵抗着。

* * *

开始的几天，我经历了一段奇幻的日子。一个人，全身心地投入到战况当中，却理不出头绪。我的所有时间，都要用来接见客人、组织政府、解决各政党之间的摩擦。我记不清那段日子是怎么过来的了，我也没有记下来。那时候，由英王亲自任命的隶属于英国政府的大臣有60～70人，我要把零散的他们拼凑成一个整体，还要同时兼顾三个政党的需求。除了接待重要人士之外，我还要抽出几分钟来，去会见众多被推选出来的、有能力的、担任要职的人士。要组织联合政府，首相选定的人选之前必须要参照各党领袖的意见，然后再考虑各党中的候选人适合担任什么样的职务。这一原则，是我工作的主要依据。要是我选定了某一职位上的候选人，但是该党的领袖不同意，或者根本不管我的意见，我也就没办法了。但是，总体说来，这样棘手的事情不多。

克莱门特·艾德礼，是我的一个战斗经验丰富、深通下院工作的同事。就拿他来说，我们之间的矛盾主要是在对社会主义的看法上，战争爆发以后，国家利益压倒了个人利益，我们之间的矛盾也消失了。在联合政府工作的时候，我们之间既信任，又和睦。我还有一位有胆量、眼界开阔，而且乐于帮助别人的朋友——阿瑟·格林伍德。

阿齐博尔德·辛克莱爵士是自由党的领袖，他的崇拜者认为，他应该在战时内阁中担任重要职务，所以，他对自己空军大臣的职务很不满。可是，这跟小型战时内阁的原则是相违背的。所以我提议，每当有牵涉到重要的政治问题，或者影响政党之间团结的问题时，就邀请他来战时内阁。1916 年，我在朴罗格斯提特（“普拉格街”）率领皇家第六苏格兰枪团的时候，他是我的副指挥，更是我的朋友。对于我建议的这一灵活的职位变动，他本人表示非常愿意。我们只谈了几次，就圆满地解决了这个问题。在刚开战的时候，海军部急需一批拖网船，我在解决这个问题期间，认识了贝文先生。他是内阁的劳工大臣，有着重要的职位。在此之前，他是运输和工人工会的书记，主要负责组织内的协商等工作。我们为此用了两三天的时间，但这一决定是正确的。这是英国最大的工会，大家不仅推选贝文担任这一职务，而且一直任期到我们取得胜利之前，大家支持了他五年。

比弗布鲁克勋爵是我遇到的最大的难题，他必定能作出很大的贡献。上次战争之后，我总结了经验，想把飞机供应、设计工作从空军工作中分出来，我想让他出任飞机生产大臣。开始的时候，空军部不想让自己的供应部门脱离出去，他本人也不太情愿担任这一职务。而且这一任命，还有很多其他因素阻碍着。但是我相信，要不停地生产出新的飞机，我们才能生存下去。我始终坚持我的意思，他旺盛的活力正是我所需要的。

* * *

战时内阁规模不能过大，这是议会和报界的普遍观点。所以一开始的时候，我有五个人就足够了，其中，外交大臣一职只需要一个人，但要掌管一个部。这些成员肯定是主要政党内的政治家。自由党的领袖和财政大臣为了方便工作，经常要出席；慢慢地，要“经常出席”的人越来越多，但要负主要责任的，依然是战时内阁的五个大臣。我们要是输了这场战争，这五个人就应该被送到伦敦塔山 处决。要追究剩下的人的责任的话，也只是按照部门管理的失职来定罪，跟制定政府政策等罪责无关。任何人都可以说：“这个事情不应该由我来负责”，但战时内阁的成员不行。政策上出了问题，就要由更高一级别的人来负责。这样的政策，让等待中的人们消除了不安。

下面是在战争期间，全国联合政府逐渐完善的各个阶段：

1940 年 5 月 11 日

战时内阁

首相兼第一财政大臣、国防大臣和下院领袖	丘吉尔先生*	保守党
枢密院议长	内维尔·张伯伦先生*	保守党
掌玺大臣	C.R. 艾德礼先生	工　党
外交大臣	哈利法克斯勋爵*	保守党
不管部大臣	阿瑟·格林伍德先生	工　党

内阁级大臣

海军大臣	A.V. 亚历山大先生	工　党
陆军大臣	安东尼·艾登先生*	保守党
空军大臣	阿奇博尔德·辛克莱爵士	自由党

5 月 12 日

大法官	约翰·西蒙爵士*（后为西蒙勋爵）	国家自由党
财政大臣	金斯利·伍德爵士*	保守党
内政大臣兼国内安全大臣	约翰·安德森爵士*	无党派
殖民地事务大臣	劳埃德勋爵	保守党

贸易大臣	安德鲁·邓肯爵士	无党派
军需大臣	赫伯特·莫里森先生	工 党
新闻大臣	艾尔弗雷德·达夫·库珀先生	保守党

5月13日

印度与缅甸事务大臣	L.S. 艾默德先生	保守党
卫生大臣	马尔科姆·麦克唐纳先生	国家工党
劳工与兵役大臣	欧内斯特·贝文先生	工 党
粮食大臣	伍尔顿勋爵*	无党派

5月14日

自治领事务大臣兼上院领袖	考尔德科特子爵*	保守党
苏格兰事务大臣	欧内斯特·布朗先生	国家自由党
飞机生产大臣	比弗布鲁克勋爵	保守党
教育委员会主席	赫·拉姆斯博瑟姆先生*	保守党
农业大臣	罗伯特·赫德森先生*	保守党
运输大臣	约翰·里思爵士*	无党派
海运大臣	罗纳德·克罗斯先生*	保守党
经济作战大臣	休·多尔顿先生	工 党
兰开斯特公爵郡大臣	汉基勋爵*	无党派

5月15日

年金大臣	W.J. 沃默斯利爵士*	保守党
邮政大臣	W.S. 莫里逊先生*	保守党
主计大臣	克兰伯恩勋爵	保守党
检察总长	唐纳德·萨默维尔*（王室顾问）	保守党

苏格兰检察总长	T.M. 库珀先生*（王室顾问）	保守党
副检察总长	威廉·乔伊特爵士*（王室顾问）	工　党
苏格兰副检察总长	J.S.C. 里德先生*（王室顾问）	保守党

带 * 标志的，是上届政府的成员

我从政这么多年，担任过国家的许多要职，不过我现在所担任的职务，无疑是我最喜欢的一个。如果把权力用在给别人施压，或者给自己增添荣誉上，这种行为是卑劣的。但是，当国家形势处在紧急关头的时候，如果一个人明白应该如何运用手中的权力去发号施令，这就是个幸运的事情。不管进行什么样的活动，权力最大的职位跟权力第二大、第三大、第四大的职位是不一样的。除了权力最大的人之外，其他人的问题和应做的工作都是不同的，在很多领域也是存在一定困难的。权力第二大的，或者第三大的人要是必须去提出一项重要的政策或计划，这也许并不是一件幸运的事情。他要兼顾政策上的利弊和上级的思想；在考虑提出意见之前，首先要考虑以自己的职务来提这个意见是否合适；在想做什么的同时，还要想怎么做才能获取别人的支持，才能保证自己的计划实施。而且，这些人还要考虑权力略逊自己一筹的那些人的想法，也许还包括内阁之外的某位重要人物的想法——权力排在第二十位的人。每个人都有野心，这并不能说明这些人有多俗气，只是为了名誉。有些想法，有时候是正确的，它们之中还有些很有道理。我就在达达尼尔海峡吃过亏，1915 年的时候，我作为一个下级，却想要组织一次重要的作战。结果，我宏伟的计划以失败告终。这样的冒险，是缺乏思考的。那一次的教训给我的个性带来了很大的改变。

作为首脑，事情就好办多了。一个被人家认可的领袖，只要他知道怎么做最好，就可以去做。换句话说，他决定的事情，就可以去执行。人们对权力最大的人，保持的忠诚度是很高的。他若摔倒了，就要扶他起来；他要是犯错了，就帮他掩饰；他要是睡着了，就不要去干扰他；他要是没有能力，就换了他。最后一种说法比较极端，不能每天都用，尤其是在他上任之初，就更不能用了。

* * *

作战指挥机构要想彻底改变，必须要注重实际，不能光在表面上下功夫。拿破仑说："宪法要精简，措辞不要太准确。"组织要保持现状，成员不要变换。刚开始的时候，战时内阁和参谋长委员会要保留跟过去一样的习惯，每天都会面。我亲自担任国防大臣，是获得了英王同意的。所以我的行为，没有违背宪法和法律。我很小心，没把自己的权力和义务交代出去。我没有跟议会和国王申请，给自己不一样的权力。但是，在下院和战时内阁的支持下，我是这场战争中的总指挥，这点是大家都知道、也都支持的。国防大臣本没有明确的权限，但是我接任以后，最关键的改变就是，要监督、主持参谋长委员会。由于除了国防大臣以外，他还是首相，所以他享有国防大臣应有的一切权力，他有权任免任何一个专门人员和政务人员，他的权力范围很广。所以，参谋长委员会在跟政府行政首脑接触的时候，也就获得了应有的尊敬。而且，在跟各首脑意见相同的基础上，控制了战争的全局，掌握了武装部队的指挥工作。

海军、陆军、空军大臣的职位从表面看没什么变化，实际上却不然。他们不在战时内阁中就任，不参加三军参谋长委员会，他们依旧对自己的部门负责。但是没过多久，他们制订战略计划和指挥作战工作的权力就在无形中被削去了。在首相兼任国防大臣的领导下，这些工作和计划都是由参谋长委员会来完成的，也是被战时内阁所接受的。海、陆、空三军的大臣是我亲自挑选的，都是我的朋友，有能力又值得信赖，他们做事情并不注重表面的形式。在他们的组织和管理下，部队渐渐壮大起来。他们尽量去帮助别人，用英国人高效、高速的方式。他们都是国防委员会的成员，我们经常在一起，所以他们对全局特别了解。各军队的参谋长是他们的专职部下，跟他们商讨问题的时候，态度十分恭敬。可是，战争中少不了总指挥，他们一向对总体的作战指挥言听计从，从没发生过越权现象。而且，在这个集体中，大家可以随意发表自己的看法。但是不久以后，战争的实际指挥权只能掌握在少数人手中。以前看上去很难的事情，现在好像容易多了。当然，要是放在希特勒那里，就不一样了。虽然局势不稳定，虽然我们正经历着磨难，但是这个机构在自发地运作，我们的思想相通，能快速地进行实践。

*　　*　　*

海峡的对岸，一场恶仗正在进行着。读者肯定着急地想知道，那边的形势究竟如何。虽然如此，我依旧觉得，把我从当权那天开始所制定和实行的军事和其他事务的政策介绍一下，是很有必要的。处理公务就要用书面的形式，这是我的一贯主张。在事务繁忙的时候，随手记下来的东西事后再去看，必定会有些出入，或者有些是无法实现的，这一点是可以肯定的，但是，我依然愿意这样做，尽管会承担一些风险。发表意见和想法，总比下达命令要好些，当然，这其中不包括有关军事纪律的问题。可是，法律指定的政府首脑兼任国防大臣，亲自下达的书面命令，虽然不是正式的指示，却也能起到让人付诸行动的作用。

在7月份紧张的时局期间，我将以下备忘录传达了出去，为防止我的名字被乱用：

首相致伊斯梅将军、帝国总参谋长
和爱德华·布瑞奇斯爵士　　　　1940年7月19日

我传达的一切指示，必须要以书面形式发出，或者事后将书面形式补充上，特此证实。在涉及到国防的问题上，所有被界定为是由我决定的事情，我只对有书面通知的那一部分负责，其他的我不负责，希望你们明确这个事情。

上午8时左右，我睡醒之后就把所有的电报都翻看了，而且在床上把给各部和参谋长委员会的指示和备忘口头传达了出来。口头传达之后，那些指示和备忘录被打印出来，转交给了战时内阁副秘书兼我的驻参谋长委员会代表伊斯梅将军，他主管军事，每天早上都会来见我。这样的话，在上午10时30分参谋长委员会召开的时候，他就会带去很多书面形式的通知。他们研究全局的时候，都会先考虑我的看法。如果会议上不存在什么异议，不需要做进一步的商讨的话，那么大家一致通过的大量电报和命令就会在下午3时～5时准备好，那些需要做决定的事情就可以立刻去解决了。

在总体战中，想要在军事问题和非军事问题之间划一道分界线是很难的。因为有了战时内阁秘书爱德华·布瑞奇斯爵士，所以军事参谋人员跟战时内阁人员之间并没有为这种问题发生过纠纷。他是前桂冠诗人[①]的儿子，是一个刻苦，并能把本职工作做好的人，他有着坚忍的耐力、出众的才干和优雅的气度，他的性格中，不带有一点的嫉妒心。在他心中最重要的事情就是：战时内阁秘书处是一个整体，应该尽自己最大的努力，为首相和战时内阁服务。至于他个人的地位，他从来都不在乎。秘书处的军事人员和行政人员从来都不争执。

如果有重要的问题，或是意见不统一的时候，我会召集内阁国防委员会开会。开始的时候，这个委员会的成员是由张伯伦先生、艾德礼先生和海陆空三军的大臣组成的，会议会邀请三军参谋长出席。1941年之后，这样的正式会议[②]陆续减少。政府机构各项工作的进展开始变得顺利，所以我认为，是时候取消三军参谋长出席战时内阁会

① 前桂冠诗人：英国颁给优秀诗人的称号，这里指的是罗伯特·布瑞奇斯。——译注

② 国防委员会召开的次数分别为：1940年40次，1941年76次，1942年20次，1943年14次，1944年10次。——原注

议的资格了。所以，我最终想了一个办法，就是召开后来我们被称为“星期一内阁检阅会”的会议。每周一都召集一次大规模会议，邀请战时内阁全体成员、海陆空三军大臣、国内安全大臣、财政大臣、自治领大臣、印度事务大臣、新闻大臣、三军参谋长和外交部的长官出席。各军参谋长要在会上对上个星期发生的事情作汇报；然后，外交大臣要讲述各项重要事情的发展动态。战时内阁会在每周其余的时间内组织单独会议，会上会对所有需要做出决定的重要事情进行讨论。只有要对其他大臣主管的事情进行讨论的时候，才会邀请这些大臣出席会议。战时内阁成员负责阅读我下达的重要指示，并传阅跟战争相关的文件。虽然战时内阁密切地关注着战事的情况和发展，但是随着信任度的增加，他们慢慢不再干涉作战活动了。由于我内政和党务的所有重担基本都由战时内阁的成员分担了过去，让我得以从繁杂的事务中脱出身来，用我的精力去解决主要的工作。有关以后的军事行动，我会第一时间找他们商讨。谈到战事的时候，他们虽然思考得很认真，却让我不要透露出战争的日期和详细情况。有几次，我刚要说出这些信息的时候，他们就阻止了我。

我不准备让国防大臣的职务在一个部里体现出来，因为那样是需要立法手续的，在这样一个时间里，想要使其奏效，若必须先对宪法自由进行讨论的话，是不合适的。而我对上述所有行动的微妙改变，都是依靠我个人良好的意愿来解决的。但是，首相却领导着建立了战时内阁秘书处军事组，进而开展各项工作。在开战之前，这个组原本是帝国国防委员会秘书处。军事组的领导者是伊斯梅将军，助手是霍利斯上校和雅各布上校，军官有很多都是从三军中选拔出来的青年人。军事组成立以后，成为了国防大臣办公厅参谋处。我要感谢这个组的成员。在战争的过程中，伊斯梅将军、霍利斯上校和雅各布上校的威望越来越高，但是，他们的职务从来没有任何变动。这个组的工作跟众多机密事物相关，职务的变动对于事务连续、有效地处理来说，是不利的。

参谋长委员会议的人选除了最开始有些变动之外，后来基本稳定了。

1940年9月，被大家认可的空军名将波特尔空军元帅接任了空军参谋长一职，原参谋长尼沃尔空军元帅任期届满，被调任为新西兰总督。在战争的全过程中，波特尔始终跟我在一起工作。1940年5月，埃恩萨伊德将军的职位由约翰·蒂尔爵士接任，此后他一直担任帝国总参谋长，直到1941年12月，他跟我一起去了华盛顿。之后，我任命他为我国驻美英联参谋长委员会代表团团长，他也是我和美国总统联系时的私人军事代表。他跟美国陆军参谋长马歇尔将军的关系，为我的工作提供了很多方便。两年之后，他殉职了，被葬在专门用来安葬美国战士的烈士纪念堂——阿灵顿公墓，他享受到了至高的荣耀。他帝国总参谋长的职务后来由艾伦·布鲁克爵士接任，我们一直工作在一起，直到战争结束。

从1941年开始的最初阶段，我们经历了很多困难和挫折。在四年的时间里，在三军参谋长和国防部参谋人员这一个小群体中，只有过一次职务的变动，就是海军上将庞德的殉职。在英国的军事历史上，这样的事情可以说从来没有发生过。罗斯福总统的圈子也是像这样稳定的，从美国参战那一刻开始，就没有变动过：美国三军参谋长——马歇尔将军、阿诺德将军、海军上将欧内斯特·金和后来的莱希上将。当时，英美两国建立了联合参谋长委员会，对于两国来说，这种稳定都是有利的。在同盟国之间，这样的稳定是之前所没有的。

在我们内部，不能说没有矛盾。但是，在我和英国参谋长之间，达成了一种默契：我们不是要压倒对方，而是要说服对方。因为我们说的是同样的术语，我们都有大量的战斗经验和准确的理论体系，所以我们能做到这一点。现在的局势很多变，我们必须要像一个人那样行动，在战时内阁的授权下，我们有权去自行解决很多问题，而且始终得到了他们的支持。“大礼服”和“黄铜帽”[①]（讨厌的词语，会让事情变坏），就像上次战争中的政治家和军人那样和平相处。我们关系

① “大礼服”：高级文官。
“黄铜帽”：高级军官。——译注

很好，还成了朋友，我坚信，大家都很珍惜这样的友情。

最高当局下达的决定能不能严格地、坚决地贯彻和执行，是战时政府工作效率的保证。由于战时内阁理解、支持并且对我们的目标保持忠诚，所以在这紧急的关头，我们在英国的工作效率得到了保证。飞机、船只、军队都在上级的指示下行动起来了，工厂的轮子也转起来了。因为用了这所有的办法，也因为大家对我的谅解、拥护和信任，我很快就能对战争进行全面的指挥了。在危急的局势下，这点是不可缺少的。我的方法得到了大家的认可，因为大家都知道，死亡和摧毁力离自己并不远。人都会死，但不仅是个人的死亡离你很近，更重要的是，英国的存亡、荣耀、使命也处在危急之中。

* * *

要想解释清楚全国联合政府制定的施政方针，我就必须先把我发给美国总统和其他国家与自治领政府首脑的函电解释一下。我要先说明一下这些函电。内阁先对相关的政策作出决定，然后由我来口头授意或者亲自草拟，文件的形式就像是发给同事或者朋友那样的友好函信。人在表达自己想法的时候，用自己的语言来讲述是最好的。我不经常把函电的内容向内阁事先阅读出来。我可以大胆去做我的工作，因为他们的意见我都知道。我跟外交大臣、外交部的合作是很紧密的，我们一起商讨工作中的意见和矛盾。这些电报我会交给战时内阁的重要成员，以便他们传看（有些电报是在拍发出去之后，他们才传看）。跟自治领大臣有关的电报，我也会给他们。拍发出去的电报，都要先经过各个部门的核实和审查之后才能发出。军事类的函电，必须先全部经过伊斯梅那里之后，再给参谋长委员会。这样的通讯方式跟大使们互相的联系和工作毫不冲撞。实际上，这也成为了商讨重要事情的一种方式。跟我担任国防大臣职务相比，这种方式在作战指挥中起到的作用，甚至还要大一些。

在我身边这些挑选而出的人们，可以自由发表他们的观点，大多数时候，他们对我起草的函电表示支持，这让我越来越有信心。比如，跟美国当局产生矛盾的时候，直接跟最高一级联系，几个小时就能将问题处理掉，但跟第二级联系是没有用的。时间缓缓地前进着，因为最高一级处理事情的效率的确很高，所以我要小心不能用普通的事情去找最高一级处理。我的同事曾多次要求我就某些重要问题给罗斯福总统致电，我都拒绝了。如果在私人的信件中加入这些不合时宜的信息，那么私人信件的价值含量就大打折扣了，而且会破坏它的私密性。

我和罗斯福总统的关系越来越好，好到我们之间的私人函电都可以用来处理国家重要的事务。这样的方式，能让我们更加体谅对方。罗斯福既是政府的首脑，又是国家的元首，所以他的言行举止都具有权威性。而我的意见，在获得了战时内阁的支持下，也基本能代表大不列颠。由此，我们之间的配合既能节省时间、减少参与讨论的人数，又能保持高度协作。美国驻伦敦大使馆会把我送过去的电报用特殊的密码电报机，直接传给白宫的总统。在以小时计算的单位时间内，就能解决问题，得到回复。我的一切函电，只要在晚间、午夜或者是清晨2时之前拟定完成，就能保证在总统睡觉之前送到他的手上。第二天，我醒来的时候，常常就有回复了。我发出的电报总数大概是950份，收到的回复总数大概是800份。我感觉，和我保持联系的这个人是个伟人，是个热情的朋友，是个为我们共同的事业而努力战斗的战士。

* * *

在内阁的支持下，我开始试着跟美国政府要驱逐舰。5月15日下午，我草拟了自任首相以来致罗斯福总统的第一份电报。我们之间的信件往来都是非正式性的，为了继续保持这样的形式，我把自己的名字署成了“前海军人员”。在这个战争期间，我一直在使用这个我喜欢的署名，几乎没有一次例外。

* * *

虽然，我的职位变了，可是我坚信，你不希望我们之间的亲密联系就此断了。现在的局势很糟糕，就像你已经看到的这样。敌人在空中夺取了主动权，法国人对他们的新技术产生了深刻的印象。我觉得，陆地上的战争才刚开始，我希望群众能都加入到战争中来。截止到现在，希特勒的作战部队依然是特种坦克和空军。有些小国家被接连毁灭了，就像火柴杆一样。墨索里尼也快要加入掠夺文明国家的行列了，这一点我虽然不能确定，但必须要意识到。我们认为，我们这里要不了多久，就会遭到空袭以及伞兵和空运部队的进攻。对这样的情况，我们已经做好了准备。如果不得不单独出战，我们一定会那样做的，我们是不怕单独应战的。

可是，我相信总统先生也知道，如果美国的声音和能量长期得不到释放，以后就没什么作用了。一个被纳粹党征服的欧洲将会展示在你的眼前，我们都无法承担这样的后果。我现在的要求，就是你对外宣布非交战的政策。换句话说，你们可以不派遣武装部队来支援我们，但是要用一切其他的方式来帮助我们。现在，我们急切地需要：一、借用你们 40 ～ 50 艘旧的驱逐舰。从开战以来，我们就在建造大量的新舰艇，到明年的这个时候，我们的舰艇数量才会充足。但是，在这期间内，我们现有的船只数量不足，万一意大利的100艘潜水艇向我们攻来，我们情况将会很危急。二、新式飞机需要几百架。很多新式飞机都给你们交了货，美国正在为我们制造飞机，我们可以用这些来偿还。三、一批防空物资和弹药。我们如果能一直撑下去，到了明年，我们自己的弹药和防空物资就会很充足了。四、我们矿石的来源主要是瑞典、北非和西班牙北部。所以，我们的钢材要在美国买进。其他原料也一样。我们只要有能力支付美元，就会支付，不过我坚信，即便我们没有支付能力，你也会提供物资给我们。五、我们获得很多消息说，德国的空运部队和伞兵要袭击爱尔兰。美国如果能派遣一支舰队到爱尔兰港口访问，并延长访问期间的话，那将会发挥巨大的作用。六、我希望你们能阻止日本人在太平洋的行动，新加坡可以为你所用，想怎样利用都可以。另外，我们会将手里的详尽资料送达。

致以美好的祝福和敬意

5月18日，我收到了总统的回复，他欢迎我们继续保持私人通信，并提到了我说过的要求。回复说，借用40～50艘旧驱逐舰，目前来讲还不是时候，要先经过国会的批准。他会尽量给盟国政府提供美国新式飞机、防空物资和弹药、钢铁等。忠实又有能力的珀维斯先生（后牺牲于一次飞机事故中）是我们的代表，他就上述问题提出的意见，会得到最妥善的处理。至于我对美国派遣一个分遣舰队到爱尔兰港口这一问题，总统会仔细斟酌。他说，美国舰队已经在珍珠港集结了，他只说了这些有关日本人的问题。

* * *

5月13日，礼拜一。我在下院召开的特别会议上要求他们对新政府开展信任投票。我将各部人员的近况作了报告之后，说："除了辛苦、热情、泪水和汗水之外，我没有别的可以贡献给你们。"在整个英国历史上，还没有哪位首相对人民和议会说出这样精简又深入人心的纲要。最后，我总结说：

你们问我：我要实行什么样的政策？我回答：我要实行的政策，就是用上帝赋予我们的所有力量和能力，打好陆海空的战争，在人类充满着邪恶和凄惨的罪恶历史中，出现了罪大恶极的暴政，这是前所未闻的，我们要与之进行斗争。这就是我要实施的政策。

你们问：我们有什么目的？我的回答只有一个词——胜利，要赢得最后的胜利，不管付出什么样的代价，不管过程多么可怕，不管前进的道路上会遇到怎样的艰难险阻，我们必须要胜利。如果失败，就只有灭亡。我们应该明白，如果不能胜利，大英帝国就将消亡，大英帝国所象征的东西，也将不复存在，也就没有了推动人类奔向目标的时代使命和动力。我在肩负起我的工作的时候，心中充满了期待和兴致。我相信，人们会保证我们事业的成功。我认为，在这一时刻，我有权要求大家支持我，我说："起来，把我们的能量团结起来，一起向前迈进。"

对于我简短的发言，下院一致投票赞成，一直到 5 月 21 日之前，下院都处在休会的状态。

* * *

于是，我们开始共同开展我们的工作。英国历史上任何一个首相从内阁同僚那里得到的支持，都没有我未来五年里从国内各党派人士那里得到的帮助和忠心还要多。议会一方面畅所欲言地、积极地批判着；另 方面，多数人都会给政府提出的全部措施以支持。国内全体人民团结一致，热情高涨。这种情况是很好的，就应该是这样的，未来要发生的事情，可比我们预想中的还要恐怖。

第二章　法兰西之战

第一周　甘默林

5月10日至5月16日

“D计划”——德国军队的阵仗——德国以及法国的装甲部队——法军跟英军穿过比利时向前挺进——荷兰被压迫——比利时事件——在军事艺术上，法国是公认的名列前茅——阿登山脉上的豁口——在战争初始，英国的困境——“D计划”的发展——13日以及14日的糟糕消息——法军战线被克莱斯特集团军群打破——英国空军遭遇严重损失——我们本土防御的最低限度——雷诺在15日早上打电话给我——法国第九集团军在阿登山脉豁口的对面战败——在荷兰“停止战火”——意大利带来的威胁——我乘坐飞机去巴黎——在法国外交部进行的会谈——甘默林将军说的话——战略后备队并不存在:“一个都没有”——准备进攻德军的“凸出部分”——法国提出要求，让英国多派遣战斗机中队——我在5月16日晚上给内阁发的电报——增派10架战斗机一事得到内阁的允许

5月10日晚上，是我出任首相的日子。那时，对于抵制德国进攻荷、比、卢三国的问题上，还没有人要求我和没完成组建的新内阁成员作出什么决议。对于甘默林将军的“D计划”，英法的参谋人员是绝

对赞同的，这一点我们始终相信。从破晓开始，计划就实行了。其实，大规模的军事行动进行到11日早上的时候，已经取得了进展。在大海的另一边，法国陆军第七集团军在吉罗将军的率领下，已经冒着风险，攻入了荷兰。在中心地带，英国第十二轻骑兵团的装甲车巡逻队已经前往达代尔河。第一集团军群全部的剩余部队在贝约特将军的率领下，陆续向我们战线南边的默兹河进发。盟国军事首脑们觉得，在“D计划”取得胜利的前提下，对德战线就能缩减12～15个师的兵力。这其中不包括荷兰陆军的10个师和比利时集团军的22个师。我们在西线上的兵力，要是不把以上这些师包括在内，从数量上看就不占优势了。所以，对于军事计划，我一点都不想干涉，我只是对这场一触即发的战争充满了期待。

可是，当我们在以后的日子中回首当时局势的时候，就不难看出，1939年9月18日，英国参谋长委员会写出的那篇重要的报告[①]是十分优秀的。报告中说得很明白：英法两国要想支援比利时人在默兹河和艾伯特运河防线上的作战，前提就是比利时人在此战线上的防守是有效的，否则英法的做法就是不对的。还不如坚守在法国的国境线上，最多也就是将左翼向前推进至斯凯尔特河沿线。自1939年9月的那些日子以后，对于甘默林将军的“D计划”，人们已经达成共识要坚决执行。可是，在这些日子中，任何能够使英国参谋长委员会原来意见发生动摇的事情都没有发生。反之，这期间发生的许多事情，都使原来的意见得到了巩固。随着德军势力越来越稳固、成熟，他们此时拥有的装甲部队已经是一支力量强大的军队了。由于受到苏俄共产主义风气的侵蚀，前线上法国陆军的士气在这漫漫的冬季严寒中被一点点蚕食，军心不稳。比利时政府没有在自己的军事首脑，或者跟盟国的军事首脑之间制定切之可行的联合计划，他们将国家的兴衰命运都押在希特勒身上，他们以为希特勒会尊重比利时的中立立场，会遵守国际

---

① 请参照原书第1卷第26章。——原注

法。在那慕尔—卢万战线上，比利时所设置的，是一道没做好迎战准备的、没有完工的反坦克防线和屏障。出于害怕破坏中立立场的心理，比利时陆军中很多英勇果断的人都没有加入到战争中来。甘默林将军的计划准备了很久，实际上，比利时的战线早在甘默林将军下达执行计划的命令以前,就在德国的第一波进攻中,遭到了很大程度上的破坏。对于那场"遭遇战"，法国最高统帅部原是想尽可能地避免的。但是现在，只能期望在这场战争中赢取胜利。战争之初，也就是8个月之前，德国将空军、陆军的主要力量全都投放在了波兰战场。从埃克斯—拉—夏佩勒到瑞士的边界，在整个西方战线的沿线上，没有配备装甲部队的德国师就有42个。法国行动起来以后，跟德军对抗的兵力可以布置到相当于70个师。那时候，由于上述原因，所以认定还不是向德军进攻的时机。但是，局势到了1940年5月10日的时候，就跟以前完全不一样了。敌军的拖延耗费了8个月的时间,而且,他们因为捣毁波兰，而从中得到装备、武装和155个师的兵力（包括10个装甲师，即"坦克师"）。希特勒可以缩减东线上的德军，因为他和斯大林之间有这方面的协议。德军参谋长哈尔德将军是这样说的，他们在俄国"部署的那一支轻装的掩护部队，甚至连执行征收关税任务的人手都不够"。对于未来要发生的事情，苏联政府毫不知情，他们经过辛苦地等待，一遍遍地要求，才得到的"第二战场"，马上就要被德军破坏了。所以，希特勒向法国进攻的时候，可以调足126个师的兵力，外加装备着强大装甲武器的10个坦克师。在这些坦克师中，装甲车有大约3000辆，其中包括至少1000辆重型坦克。

这支兵力部署在北海到瑞士的战线上，部署次序如下：

B集团军群，作战总指挥冯·博克将军，28个师的兵力，部署于北海至埃克斯—拉—夏佩勒一线，准备向比利时和荷兰进军，再以德军右翼的阵形，向法国前进。

A集团军群，作战总指挥冯·龙德施泰特，44个师的兵力，是前进的主力部队，部署与埃克斯—拉—夏佩勒至摩泽尔河一线。

C集团军群，作战总指挥冯·勒布将军，部队防守在莱茵河畔，从摩泽尔河到瑞士边境一线。

在德国陆军最高统帅部后备军的47个师的兵力中，包括各集团军群后方直接后备20个师，一般后备部队27个师。

那时候，我们对他们这样的兵力和部署毫不知情，用于抵抗这一阵势的部队是：由贝约特将军为作战总指挥，率领的第一集团军群，兵力共51个师，其中包括由后备军司令部控制的9个师。这个集团军部署在隆维一端的马其诺防线延伸至比利时边界，并由比利时边界后方延伸至敦刻尔克前方海域。由普莱特拉将军和贝松将军领导的第二、第三集团军和43个师的后备军，全部驻守于法国边境从隆维至瑞士沿

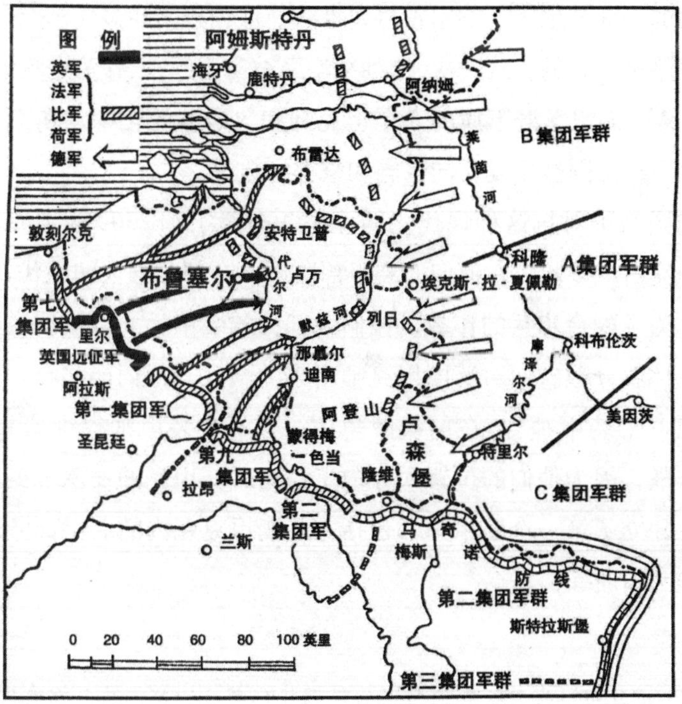

5月10日开始向前挺进　（照原图译制）

线上。另外，在马其诺防线上，法国派驻了大约9个师的兵力。以上全部兵力加起来，大概有103个师。比利时有22个师，荷兰有10个师，如果这两个国家也加入到战争中来的话，他们的兵力数量也要加入到我们中来。不久，这两个国家就遭到了进攻，所以5月10日的那天，盟国在形式上可用的所有成分的兵力总数是135个师。换句话说，我们的兵力，跟我们了解到的敌人的师的总兵力是一样的。要是按照上次战争的标准来看，这支部队若是有了精良的装备，完善的组织，并得到良好的指挥和训练，那么我们成功抵抗敌人入侵的希望是很大的。

但是，对于进攻的时间、目标和投入战斗的总兵力，德国人可以任意地去选择。在法国的东部和南部，驻扎着法国军队一半以上的兵力，所以贝约特将军带领的第一集团军群的51个法国师和英国师，包括荷兰和比利时军队能够调配使用的援军在内，都必须在隆维和海岸之间驻守，以抵挡敌军龙德施泰特和博克率领的70多个师的猛烈攻击。在波兰的小部分地区，德军曾将大批防弹坦克和俯冲轰炸机配合使用，这种策略是正确的。这一次，这种策略又被应用起来，作为进攻的前锋。德国“A”集团军群下属的5个坦克师和3个摩托化师，在克莱斯特的率领下，由阿登出发，向色当和蒙得梅攻进。

法国为了对抗这种现代化的斗争，布置了约2300辆坦克，其中以轻坦克占大多数。在他们的装甲部队中，有部分强大的现代化装备。但是，为了配合步兵的作战，他们大部分的装甲兵力都被编进了轻坦克营，比较分散。面对德国坦克师密集的炮火，他们能够与之对抗的就只有6个装甲师[①]。在前线战争中，这6个装甲师很难聚集起来，协同作战，因为他们的位置太分散了。当时，坦克的发源地英国仅在英格兰建立了第一个装甲师，包括328辆坦克在内的装甲部队刚刚完成了编制和训练。

---

① 这其中，也包括人们所说的轻摩托化师，这些部队是拥有坦克装备的。——原注

相对于在西方聚集的德国战斗机来说，法国的战机不管从数量上还是质量上来讲，都要略逊一筹。英国空军的10个战斗机中队——使用的是“旋风”式飞机——正在法国待命。这些战斗机都是从本土防御战争中调遣而来的。此外，还有“战斗”式战斗机中队8个，“布伦宁”式战斗机中队6个，“莱桑德”式战斗机中队5个。法国和英国空军当局，从来没给自己的空军装备过俯冲轰炸机，当时，俯冲轰炸机已经是很重要的一项武器，就像在波兰战争中那样。后来，它们在很大程度上打击了法国步兵的士气，也打击了以前挫败过他们的黑人部队的士气。

5月9日至10日的夜间，飞机场、交通沿线、司令部、军火库遭到了大规模的袭击。战火打响之后，集团军群和全部德国部队在龙德施泰特和博克的率领下，穿过比利时、荷兰、卢森堡等国境线，径直逼向法国。他们差不多以全部的战术突袭战略完成了每一次的作战。在暗夜中，大批装备先进、士气高扬的部队突然杀出。他们之中，有很多装备着轻型火炮。天还没亮，那150里长的战争沿线已经陷入火海之中。德国在突袭比利时和荷兰之前，没有给出任何理由或预警。这种情况下，比利时和荷兰只能大声求救。荷兰人将没有被占领、或者没有被出卖给敌军的水闸全都放开了，他们信任自己的洪水防线。荷兰边防军也开枪射击这些入侵者。默兹河上的大桥被比利时人毁掉了，但德军依然将跨越艾伯特运河的两座桥梁整个地占领了。

按照“D”计划的安排，在德军进攻国家边境的时刻，贝约特将军率领的盟国第一集团军群，和英国为数不多却都是精英的陆军军队应该向东挺进比利时境内。这样，一方面能保卫默兹—卢万—安特卫普一线，一方面也能阻止敌军的步伐。在这一战线的前面，也就是默兹河和艾伯特运河的沿线上，驻扎着比利时的主力军。第一集团军群会在他们成功抵御德军第一次进攻的前提下，前去配合他们的战斗。但是，比利时军队似乎看上去更有可能立刻溃败回来，退至盟军的防线上。实际上，之后的局势正如我所料。在当时的情况下，人们以为比利时的对抗给英法两国军队争取了短暂的机会，让他们有时间喘息并且重整阵地。确实是这样的，但是不包括情况紧急的法国第九集团军的战线。在靠近海岸的最左翼，那些控制斯凯尔特河河口的海岛区域,应该是被法国的第七集团军占据着的。而且,在情况允许的条件下，应该向布雷达方向挺进，给荷兰人以支持。人们相信，在我们南边的阿登山脉是无法跨越的一道屏障。在阿登山脉南侧，稳固的马其诺防线一直沿莱茵河畔延伸至瑞士。所以，占领比利时所需要的时间就决定着盟军北方各集团军的左侧反攻作战，而盟军的这一作战，似乎又能决定一切。所有的事情都有了周密的安排了，比 100 万人还要多的盟军，在一声号令之后，就会向前挺进。5 月 10 日，戈特勋爵于清晨 5 时 30 分的时候，接到了乔治将军的电报。电报说：要“警惕一、二和三”，也就是说，做好马上进入比利时的准备。清晨 6 时 45 分，甘默林将军下令，开始实行“D 计划”。这一经过法国最高统帅部（英国军队服从它的命令）策划良久的方案，立刻开始执行。

*　　*　　*

1937 年，柯立恩先生任荷兰首相的时候曾经访问过我，并详尽地跟我描述了荷兰洪水的惊人威力。他说，在恰特威尔的午餐饭桌上，他只需要用电话发布一道命令，按下一个电钮，就能用不可跨越的洪流抵挡住入侵者。这是一个可笑又荒谬的言论。在现代化的背景下，一个大国要想袭击一个小国，他所用的兵力是小国根本无法抗衡的。德军攻破了各个地方，运河上都盖起了桥梁，水闸和收放河水的装置也被他们控制了。仅一天的时间，荷兰的防御工事外线全部沦陷。与此同时，这个没有设防的国家遭到了德国空军的侵袭。鹿特丹被烧毁了。眼看要经历同样遭遇的还有海牙、乌德勒支和阿姆斯特丹。荷兰人希望德国军队的右翼会绕过荷兰,像在上次战争中绕过去那样,可是,他们的希望变成了失望。

但是，在遭遇袭击之后，荷兰人民当即团结起来，以百折不挠的精神跟侵略者进行着抵抗。威廉明娜女王及其家族和政府成员，在皇家海军的保护下，安全抵达了英国。在海外的英国，她继续对强大的国家进行着管理，继续给她的人民以鼓励。女王将浩大的商船队伍和海军全部交由英国管理，在盟国的事业中，这一点起到的作用是相当大的。

有关比利时的状况，必须要做详尽的说明。在比利时的领土内，经过上次大战之后，留下了几十万个英国人和法国人的墓碑。在上一次和这一次大战之间，比利时没有仔细地根据以往的经验来建立它的制度。对于法国国内的衰败和英国国内动荡的和平主义，比利时国家的领导人们始终焦虑地关注着，并严格保持中立立场。从官方角度来讲，一直到比利时受到袭击之前的几年当中，他们在两大阵营相互对峙的态度上始终是相当中立的。在当时的局势下，作为一个小国家，我们应该充分理解他们的忧虑。但是，这几年来，比利时政府采取的这种政策一直被法国最高统帅部所指责。他们要想避免遭到德国的侵袭，保卫自己国家的疆域，就只能依靠跟法国和英国的同盟伙伴这一关系。要是有了比利时军队的协助，英国和法国的军队完全能够守住艾伯特运河防线以及其他滨河地区的营地。在开战之后，只要马上进入比利时边境，就能利用这些营地向德国发起一次强大而有气势的进攻。可是，比利时政府以为，他们只有在保持中立的情况下，才能保证自身的安全。德国的真诚和对条约的遵守是他们全部的希望所在。

英国和法国加入到这场战争中来以后，比利时人仍然不接受再次跟以前的盟国联合起来。他们誓死也要将中立保持到底，而且，他们将九成的兵力都布置到了比利时与德国的交界线上。同时，英法联军想要进入比利时的领土进行作战准备，或者想要在那里筹备一场主动的反击的意图，都被比利时严令禁止了。我们只有一个办法了，就是在 1939 年冬天，在法国和比利时边境处，让英国军队和在英军右翼的法国第一集团军修建一条新的防线和反坦克壕。我们要再三考虑的问题是，是否应该在这样的基础上，重新对“D计划”的全局部署做个调整。我们是否不要着急去冒这个险，前进到代尔河和艾伯特运河，就死守在法国边境，进行誓死的抵抗和战争，并让比利时军队退守到这条防线上。这样的做法似乎更加理智。

* * *

法国的军事首脑拥有很大的权力，每个法国军官都坚信，法国的军事艺术是至高无上的。如果你不了解这些，你就没办法理解当时法国的各种政策。1914年到1918年的那场陆地战争是恐怖的，法国承担了战争的大部分担子，指挥了那次的斗争，牺牲了140多万人。英国国内的，以及英帝国的六七十个师，就像美国军队那样，完全服从最高统帅福煦的指挥。现在，英国远征军多分布在勒阿弗尔基地沿海岸一直到前线的地带，军队总数有三四十万人。与此同时，法军的人数有多达200多万——将近100个师的兵力。他们驻守在最长的战线上——比利时至瑞士一线。所以，我们应该放低自己，进而接受他们的指挥和评判。以前，人们希望从开战的那一刻起，英国和法国的军队就由乔治将军全权负责指挥，至于甘默林将军，最好退回法国军事委员会，只负责咨询。但是，甘默林将军保留了自己的最高指挥权，他不甘于丢弃总司令的职位和权力。这种相对安静的状态维持了八个月的时间，他和乔治将军因为指挥权的问题也产生了让人不快的矛盾。我觉得，从始至终，乔治将军一直没有得到独自制定全局作战计划的机会。

英军总参谋部和我们的战地司令从很久之前开始，就对马其诺防线北端和英国军队沿法比边界修建的工事之间的空隙感到担忧。在战时内阁里，陆军部长霍尔·贝利沙先生对这个问题已经提了很多次。我们跟法国也通过军事联系提出过这一建议，但是，对于那些兵力是我们十倍的人，我们的军事首脑以及内阁肯定不好意思去指责。法国人觉得，强大的现代化军队无法穿越阿登山脉。之前，贝当元帅就对参议员陆军委员会说过："在这个扇形区域内，不存在任何危险。"在比利时的边境，英国人修建了很多设有碉堡和反坦克障碍的稳固的阵地，虽然他们也沿默兹河修建了很多野战工事，却远没有英国人修筑的那些坚固。况且，在科拉将军率领的法国第九集团军中，大部分人员是低于要求的标准的。它一共由 9 个师组成，其中，部分机械化的骑兵师有两个，要塞师有一个，二流师有两个——第六十一师和五十三师。另外两个师——第二十二师和第十八师比现役师略逊一筹，常备的正规军队只有两个师。所以，在色当到瓦兹河上的伊尔松这条 50 英里的战线上，职业军队只有两个师的兵力，而且缺少永久性的防御工事。

这样的战线，不可能每一处都是坚固的。派遣轻装的掩护部队去驻守长长的国境线地区，是必不可少的，也是正确的。但是，这样做的目的只能有一个，就是在敌人进攻的地点集结较多的后备兵力，在行动暴露的时候，给予反击。若将法国机动部队兵力的一半，大约 43 个师的兵力全部调遣至隆维至瑞士边境的战场上去，这样的行动是缺乏远见的。因为，在这条战线上，既有马其诺防线作堡垒，又有水流急、河面宽的莱茵河作掩护。在莱茵河的后面，还有要塞系统。相对于进攻部队来说，防守部队要更加危险。因为在攻击点上的时候，进攻部队多数情况下比较勇猛。如果战线很长，就必须要有一支强大的机动后备兵力，并能很快投入到一场决定性的战争当中。这样，才能避免这种风险。以上这种强有力的观点，对以下的论点是一种支持：在当时那种战局下，法国缺乏后备兵力，而且兵力部署得也不适当。由此可见，我们的这种论点是对的。总而言之，在阿登山脉后身的那个间隙，是德国通向巴黎的一个捷径。几百年来，这个地方始终是有名的战场。这里要是被敌军突破了，北方各个集团军前进行动的中心就丧失了，而且他们跟首都之间的交通线也面临着威胁。

从往事中我们不难看出，1939年的秋季和冬季，张伯伦先生的战时内阁应该勇于跟法国人就这一问题进行一次彻底的讨论。我以前也是张伯伦内阁的成员之一，当时内阁实行的政策以及失策的地方，我也应该承担一部分责任。那场争辩，有可能是艰难又令人不高兴的。因为在任何一个阶段，法国人都能说：“为什么你们不多调派一些英国军队？你们难道不想把战线的防线再延长一些吗？我们已经投入了500万人了[①]，要是后备兵力还不够的话，请你们来补上吧！你们对于海上作战有什么建议，我们都会采纳。英国海军部制定了计划以后，我们就会去实行。对于法国的陆军以及我们在长期战争中所掌控的作战艺术，给予充足的信心。”

尽管如此，关于这一问题，我们依然要跟法国进行一次详尽的讨论。

对于敌军的军事思想和作战安排，希特勒以及他的将领们都十分了解。德国的工业在秋冬两个季节之内，制造出了很多的坦克。制造这些坦克的工厂，肯定是在1938年慕尼黑危机的时候成立的。所以，在战争开始到现在的八个月内，才会制造出如此多的坦克。穿越阿登山脉会遇见很多困难和障碍，他们却一点都没有畏惧。反之，他们认为，那地区虽然以前是不可穿越的，但若是运用了现代化的运输工具和超强的筑路技术，那里就会成为袭击法国和扰乱法国所有反击计划的一个通道，也是最稳固、最轻松的通道。所以，德国陆军最高统帅部决定，穿越阿登山脉，发动大规模突袭，在肩胛处削去盟军北方集团军左侧蜿蜒的军队势力。在奥斯特里茨[②]，拿破仑曾经发动过一场袭击普莱赞高原，破坏奥俄联军迂回战术，冲破中央营地的战役。这场战役跟拿破仑的战役极为相似，只是行动的武器装备和速度有所不同，战争规模也更大。

---

① 法国投入的500万人中，包括很多在农田和工厂里劳作、上班的非武装人员。——原注

② 奥斯特里茨是一个小镇，位于捷克斯洛伐克的南摩拉维亚州。——原注

*　　*　　*

命令发出之后，北方的各集团军沿着公路向比利时进发，沿途的居民都为军队高声呐喊着。5 月 12 日，“D 计划”的第一阶段完成了。从默兹河左岸到于伊的地区都被法国军队占领。在默兹河的对岸，敌军的威胁越来越严重，法国的轻装部队在这种情况下开始向后撤退。在于伊—汉诺—蒂尔蒙战线上，法国第一集团装甲师已经驻扎在那里了。艾伯特运河丢失以后，比利时军队退守到从安特卫普至卢万那一带，他们规定好的吉特河防线一带。在列日和那慕尔，他们依然守卫在那里。法尔霍伦岛和南比维兰已经被法国第七军团占领，他们正在与德军第十八集团军机械化部队作战，战场位于赫伦达尔斯—贝亨—沃普—索姆一线上。法国第七集团军前进的速度很快，军火等物资的供应不足。相对于德军空军来说，英国空军的数量是少的，但是质量要更高，而且这点已经明显地显露出来了。所以，到 12 日午夜之前，没有任何依据说战争的形势是不好的。

但是，到了 13 日的时候，戈特勋爵的司令部感觉到威胁的存在了，因为德军对法军第九军团的阵地造成了打击。夜晚的时候，迪南和色当中间的默兹河西岸区域被敌军占领。法国最高统帅部还搞不明白，到底德军主力是要穿过卢森堡向马其诺防线的左翼进攻，还是要穿过马斯特里赫特向布鲁塞尔进攻。在卢万—那慕尔—迪南至色当那一条战线上，正在进行着一场猛烈的战争，这一点，是甘默林将军意料之外的。敌人到来的时候，法国军队第九集团军还没有在迪南作出适当的安排。

*　　*　　*

14 日，收到了不好的消息。刚开始的时候，还什么都不知道。下午 19 时，我将雷诺先生发过来的一封电报在内阁读了出来。电报上说，为了重新整顿战线，要再多派10个战斗机中队。因为色当地区已经被德军冲破，对于他们的坦克和俯冲轰炸机的联合进攻，法国人是抵挡不住的。参谋长委员会接到了很多电报，但内容基本差不多。此外，还说到甘默林将军和乔治将军的看法，他们认为，现在形势危急。敌军的行动速度之快，是甘默林将军始料未及的。实际上，在法军和敌人正面交锋的战场上，克莱斯特集团军群凭借着大批的轻重装甲部队，已经彻底歼灭、击退了法国军队的进攻。他们正在前进着，以前所未有的速度。在两军交战的战场上，德军火力强盛，攻势勇猛，根本无法抵抗。在迪南地区，德军的两个装甲师正在横渡默兹河。在迪南北部，法国第一集团军战线上的炮火正是最猛烈的时刻。在瓦弗到卢万的阵地上，英国军队第一军和第二军依然在坚守着。在那个阵地上，我们的蒙哥马利将军曾经带领第三师进行过一场激烈的战争。北边的比利时军队也在撤退，退至安特卫普防线一带。靠近海岸的一侧，法国军队正在快速组织军队后退，相对于进军的速度来说，撤退时可要快得多了。

从敌军发动进攻以来，我们在“皇家海军”[①]的作战计划指示下，在莱茵河内投放了大量漂浮的水雷。开战以来的一个礼拜内，我们投放的水雷数量多达1700枚。很快，这些水雷就起到了作用。在卡尔斯鲁厄和美因茨之间，河流上的交通线几乎都被切断了。卡尔斯鲁厄的堤堰遭到严重破坏，很多漂浮桥也被毁了。这一计划取得了显著的成效，但是，接下来发生的一件又一件糟糕的事情，覆盖了这一成就。

英国空军中队全部力量都投入了这场连续的战斗中，他们将主要进攻部队调集到色当地区，集中进攻那里的浮桥。英国空军在作战中勇敢果断，很多浮桥在进攻中被破坏，还有一些被彻底摧毁。在炮轰浮桥的过程中，英国空军的损失很严重，因为在低空飞行的过程中，

① 此作战计划是1939年11月制订的。计划投放的水雷会在法国境内莱茵河上游区域投放，水雷顺着莱茵河水漂到敌军的船只和桥梁附近，然后达到破坏的效果。请看原书第一卷附录。——原注

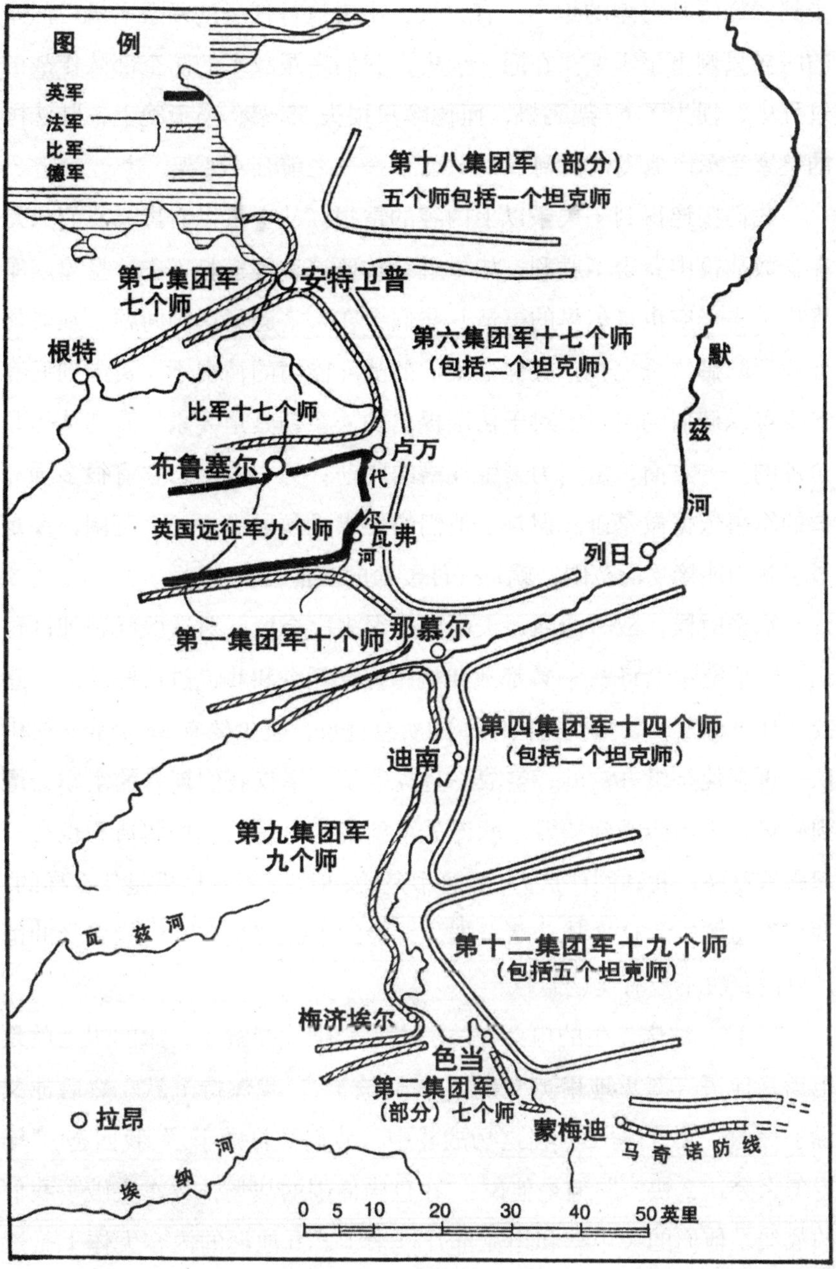

5月13日双方部分的对垒　（照原图译制）

受到了德国高射炮的炮击。有一天，出去执行任务的6架飞机，回来的时候只剩下了1架。在同一天中，我们在跟敌军的防空部队作战的过程中，损失了67架飞机，而德军只损失53架。当天晚上，驻法国的皇家空军作战飞机只剩下206架了——之前有474架。

我们接连得到了关于以上内容的情报，从中可以看出，我们只是在少数战役中获得了胜利，如果继续按照这种规模打下去，皇家空军飞机损失一空也是迟早的事情。我们会在未来遇见这种问题：在既保证我们防御体系完整，又保证我们的战斗能力的情况下，英国到底有多少可以调遣的飞机？对于法国提出的一系列紧迫要求，我们认为是合理的。一方面，是因为天生性格的驱动；另一方面，它有很多强有力的军事依据做基础。但是，他们的要求必须要设立一个范围，要是过了我们能接受的范围，就是一件要命的事情了。

那个时候，战时内阁每天都要开很多次会议，对这些问题加以讨论。道丁空军上将——首都战斗机指挥部司令和我说过这样的话：想要守住英伦三岛，抵抗德国空军的所有进攻，至少要有25个战斗机中队，否则他是没办法的。空战一旦失败了，不仅我们现有的空军会遭到破坏，机场会遭到摧毁，就连关系到我们命运的飞机制造厂也会一起跟着遭殃。我和同伴认为，尽管很危险，但是，不管结果是什么样的，我们都愿意去为这次战斗赌一把。冒险的前提就是在我们能接受的范围以内，决不能有丝毫逾越。

15日，雷诺先生的电话在清晨七点半把我叫醒了。床的边上就是电话，他语气凝重地用英文说："我们输了。"我保持沉默。然后他又说了一遍："我们输了，在这场战斗中，我们被打败了。"我回答："输得怎么会这么快？"但是他说："在色当周围的战场，敌军突破了我们的战线，他们的装甲车和坦克都开进来了。"（他说的内容大体上是这样的。）然后我说："全部的经验加在一起得出的结论就是，要不了多久，这样的攻击就会停止了。我记得，在1918年3月21日，他们的进攻在持续了五六天之后就停止了。当时，福煦元帅说，他们停下来等待物资补给的时段，给我们的反攻提供了条件。”以前，我们的确总能看到类似的事情，而这样的事情，也正是应该出现在现在这一时刻的。但是，法国总理又开始重复他的第一句话了：“我们输了，在这场战斗中，我们被打败了。”——后来发生的事情表明，这句话的确是真的。我回答：“我会到法国去一趟，跟你当面详谈的。”

同一天，科拉率领的法国第九军团溃败得不成样子，残留部队一部分被南方法国第六集团军司令部整编入队，另一部分被法国第七军团司令吉罗将军收编，科拉的职务也由吉罗将军接任。法军的防线被打开了一个约 50 英里长的缺口，大批敌军的装甲部队从这个突破口涌进来。15 日夜，据消息说，德军的装甲车已经开进了利亚尔和蒙科尔内。在蒙科尔内原来战线后方的 60 英里内。在来梅尔南侧 5000 码的战场上，法国第一集团军的战线也被打开了缺口。北面英国军队组织的进攻全部都被击溃了。在英国军队的右翼，法军一个师的兵力向后撤退回来，再加上德军的攻势，迫使英军在南侧组织一道侧翼防线。从法尔霍伦岛和南贝弗兰德岛撤退的法国第七集团军，已经退至斯凯尔特河西侧的安特卫普防线。

荷兰的战争也在那一天结束了。荷兰的军队只有少部分撤了回来，因为在上午 11 时的时候，他们的最高统帅部投降了。

这样的画面，肯定给人一种失败的感觉。像这样的事情，我在上次的战争中看见过很多。战线被打开了缺口，这会导致多么严重的后果，这一点我一直都没有认识到——即使是大范围的战线被打开了缺口。很多年没有跟官方的情报打交道了，我并没有意识到，从上次战争到现在，大量重型装甲部队这种快速的作战方法的利用，已经带来了巨大的变化。这样的情况我虽然知道，但是它却改变不了我心中坚信的东西。就算我所坚信的真的被它改变了，也是没有一点儿办法的事情。乔治将军很平静，我给他打电话的时候，他向我汇报说，色当的缺口他们正在想办法填补。甘默林将军发来的电报中也是这样说的：那慕尔和色当一带的战事十分紧张，但是他并不担心。上午 11 时，内阁收到了我有关雷诺的电话的报告，以及一些其他信息。

德国军队先遣部队于16日抵达拉卡佩尔—韦尔万—马尔—拉昂一线，德军的第十四军前锋分别对蒙科尔内埃纳河流域的纳夫沙泰尔进行支援。敌军已经从色当边缘地区侵入我方区域60多英里，拉昂被攻占，就足以说明这一点。在这样危险的条件下，法国第一集团军队所在的战线和英国远征军都感受到了威胁。他们接到命令，分三个步骤撤退到斯凯尔特河。当时，虽然什么都没发生，陆军部也没有收到关于任何情况的信息，但很显然，局势已经十分危急了。我认为，必须在当天下午就去一趟巴黎。

* * *

前线发生的不好的事情，有可能让我们遇见新的劲敌，这一点是我们必须要知道的。目前，我们没有任何证据说意大利会改变政策。但是，海运大臣已经收到了我们关于疏散地中海船舶的指示。英国的船舶不再经由亚丁返回国内，来到英国的运载澳大利亚军队的船只，接到我们的命令后，全部从好望角绕行。国防委员会接到我们的通知，要求拟定对意大利的作战计划，尤其是针对克里特岛的行动计划。非参战人员已经按照计划从亚丁和直布罗陀撤退。

* * *

大概下午3时左右，我乘坐的“红鹤”式客机起飞了，我们有三架这样的飞机。其中，“红鹤”式客机是从英国政府飞往巴黎的。和我一起前往的有帝国副总参谋长蒂尔将军和伊斯梅。

飞机很舒服，很好，时速大约每小时160英里。由于不是武装用途的飞机，所以全程都需要保护。飞机在雨云层中航行了一个多小时，就到达了布尔歇。我们走出“红鹤”式客机，发现情况比我们想得要

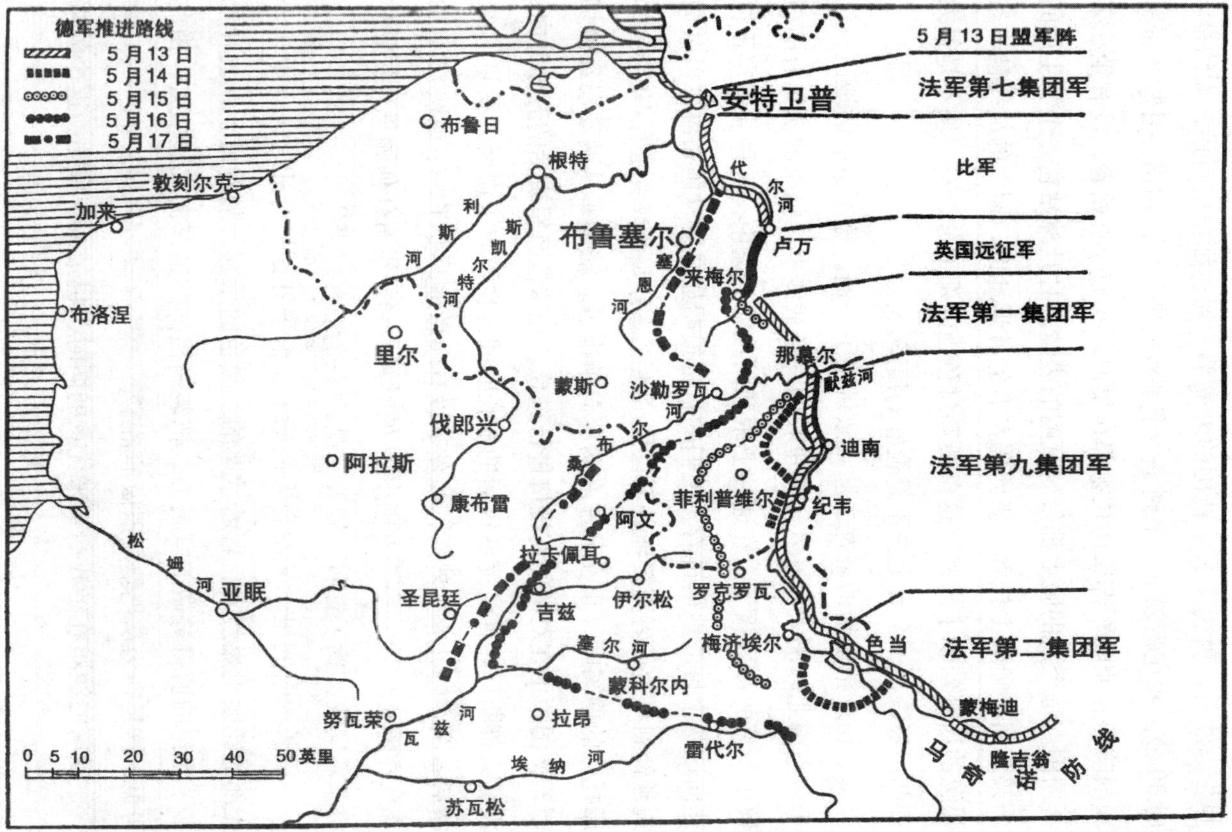

1940年5月13日至17日德军进展的情况　　（照原图译制）

糟糕得多。伊斯梅将军听前来迎接的官员说，不出几天的时间，德军就要进入巴黎了。在英国驻法国的大使馆，我听取了关于战争情况的报告。然后，就坐车去了法国的外交部，到达那里的时候，大约是5时30分。我在带领下，来到了一个别致的房间里。雷诺、甘默林将军和国防部长兼陆军部长达拉第都在里面。我们一直站着，没有坐在桌子周围。每个人的脸上都带着沉闷的表情。甘默林站在一个学生用的画架前面，画架上挂着一张两码左右的方形地图，盟军的战线被一条黑色的墨迹勾勒了出来。这条线穿过色当的那部分，有一块不是很大的凸出痕迹，一个看上去不是很好的痕迹。

总司令把事情的来龙去脉大致讲述了一遍。德军突破的地区，位于色当南北两侧大概五六十英里长的一条战线上。抵抗的法军有的溃败了，有的被歼灭了。在通往亚眠和阿拉斯的途中，大量装甲车正快速向这两个目的地前进着。他们的目标很明显是要从阿布维尔及其周边延伸到海边或者直接延进至巴黎。他说，有8个或者是有10个全部摩托化的德国师，正在分左右两翼向前推进。法国军队两端已经被切断，德国师正在对两侧切端口进行进攻。在这位将军讲话的五分钟内，没有人打断他。他讲完话以后的很长时间，也没有人说话。我问："战略后备队在哪儿？"然后，我丝毫没有顾忌地改变了一下说法："机动部队在哪儿？"[①]——我转变说法的时候的确是没有任何顾忌。甘默林将军看向我，耸了耸肩，摇着头说："完全没有。"[②]

很长的时间里，又没有人说话了。窗子外面，有几处大火正在外交部的花园里燃烧着，冒着浓厚的、黑色的烟雾。隔着窗子，我看见上了年纪的值得尊敬的官员们，把装满档案的推车向火边推去。由此可见，这是在为从巴黎撤退做准备了。

以前的经验在给我们带来优点的同时，也带来了弊端。这个弊端

---

① 在原文中，法文是：Où est la masse de manoeuvre？——译注

② 在原文中，法文是：Aucune。——译注

就是：事情永远没有发生第二回的可能性，否则，我们的生活就没有一点儿难处了。说到底，以前，我们的战线也是经常被打开缺口的。但是，我们总能填补上，并打击敌人进攻的士气。但是现在，我从没想到过的两个新问题出现了：第一，我们的交通路线和乡村地区处处遭受着敌军装甲车的袭击，而我们拿装甲车毫无办法；第二，战略后备部队根本就没有。“完全没有。”我惊讶得说不出话来。对于崇高的法国的陆军和法国最高的军事首脑，我们究竟要以什么样的心态来看待他们呢？作为一个司令官，前线有500英里的战线需要防守，而他却没有给自己预备出大量的机动部队，这样的事情是我前所未闻的。这么广阔的战线，谁都没有把握一定能守住。但是，司令应该，而且必须要预备出足够的师，在敌人发起强大的进攻，冲破战线，结束第一轮的凶猛进攻之后，组织起迅速的、强有力的反击。

马其诺防线起到的作用是什么？在广阔的国界线上，它可以让军队得到有效的利用，为有针对性的反击提供突破口，并能留存大量的后备力量。只有这个方法，才能把事情解决好。但是现在，根本没有后备力量。毫无疑问，这是我这辈子感到最震惊的事情之一。以前，我负责的虽然大多是海军部的工作。但是我为何没有对这种局势做更多的了解呢？英国政府为何没有对这种局势做更多的了解呢？特别是陆军部。我们不能给自己找理由，说法国最高统帅部只会跟我们和戈特勋爵介绍大致的情况，至于详细的部署，他们是不会告诉我们的。这些事情，我们有权利了解。这一点我们应该要坚持。因为我们两国的军队，在同一战线上是相互合作的关系。我走回到窗户前面，外面火堆冒着滚滚的浓烟，都是靠法兰西共和国国家的文件为原料燃烧起来的。那些推着车的老先生们，继续把车里的文件扔到火堆中。

人们聚成三五个人的小堆，谈论着核心人物，谈论了很久。雷诺先生曾就这次谈话的主题，发布了一份详尽的记录。在记录中，他是这样写的：北方各集团军应该组织反击，而不是撤退，这个主张是我执意坚持的。当时，我心中也确实是这样想的。但是，这种军事观点[①]并没有经过仔细的推敲。要知道，我们是第一次看到了局势的严重性，或者说，看到了法国人流露出来的绝望的情绪。我们的陆军都是服从法国指挥的，而且数量只有前线军队的十分之一，指挥权不在我们的手上。很明显，法国的总司令和主要的几个部长深信，战败是必然的了。我和随行的英国军官对于他们这种心态表示吃惊，我说出的话中，全部都是反对他们这种思想的。但是，毫无疑问，他们是对的。迅速向南撤退是在所难免的，很快，这一点就得到了验证。

过了一会儿，甘默林将军再次说话了。他在研究我们应不应该马上就把兵力集合起来，主要进攻突破口或者“凸出的部分”。后来，我们把这种战术叫作“侧翼展开反攻”。马其诺防线是战区相对安静的区域，八九个师正在从那里撤回来。没有卷入战争的还有两三个装甲师。从非洲调遣过来的装甲师数量有八九个，预计到达战区的时间要两三个礼拜。吉罗将军接到命令，担任法军的司令，负责驻守突破口北面的区域。以后，德军要想前进，必须从两条战线中间的走廊地区穿过去。

---

① 伊斯梅勋爵一直在我的身边，我要求他回忆一下当时的情况，因为关于当时情况的记录陆续出现了太多。他说：

“我们并没有围坐在桌子周围，我们分成三五个人一堆，到处地走着，谈论了很多。我可以保证，你在应该怎么做这方面，并没有说出一句‘没有经过推敲的军事观点。’我们离开伦敦的时候觉得，色当被攻破这件事情虽然很危急，但不至于到了无法挽救的地步。1914年到1918年，这种‘攻破’事件很多，但是都抵挡住了。而且，大多都是通过进攻凸出部分的一端或者两翼的方式进行反击抵挡住的。”

“如果你能意识到，法国最高统帅已经对败局有了预感的话，那么我相信，你跟甘默林将军提出的许多要求，都是有着双方面意图的。一、你想了解事情的进展，以及他下一步要采取的行动。二、你想稳定住别人的慌乱不堪。你提出的一个问题就是：‘向凸出部分的两翼进攻的计划准备什么时候，在什么地点行动，从北面还是南面？’在会议上，你没有提出什么特殊的策略和观点，这一点我可以保证。你谈话的中心思想是：局势虽然十分严峻，但没有到了致命的地步。”——原注在这两条战线上，可以照搬1917年和1918年的作战方案。对于两条战线中间的走廊地区，德军有可能是保不住的。因为，他们的两翼不断在壮大，而且德军装甲部队的作战又需要及时补充军资。甘默林说的意思，大概就是这样的，听上去，他说得很对。但是我知道，目前肩负重任的少数几个人，并不是很同意他的观点。我继续问甘默林将军，向“凸出部分”的两翼进攻的计划准备什么时候，在什么地点行动。他回答说：“从人数、装备、计划上来说，我们都不占优势。”他耸了下肩膀，表示看不到任何希望。我没有争辩，因为争辩毫无用处。自开战到现在的八个月以来，我们没作出什么贡献，仅仅派了10个师的兵力。而且，参战部队中甚至没有一个现代化的坦克师。我们英国人有什么发言权呢?

那次见面，是我和甘默林将军之间的最后一次。他很爱国，很善良，对军事懂的很多。可以肯定的是，他是有很多话可以说的。

* * *

甘默林将军的思想，和法国最高统帅部日后所提出的思想的主题都是一样的：他们的空军不占优势，要求皇家空军中队给予一定的增援。轰炸机和战斗机都可以，但是以战斗机为主。在那之后，一直到法国被攻陷之前的每一次会议中，都提到要调遣战斗机前去支援。甘默林将军在提出要求的时候说，战斗机既要用来掩护法国的陆军，又要用来阻截德军坦克的进攻。对于他的这一观点，我说：“不对，阻截坦克的任务应该由炮兵去完成。战斗机的工作就是保证战场上空的干净。”不管怎么样，我们首都空军的战斗机也不能飞离不列颠，这一点十分重要。只有这样，我们才能生存。但是，我们现在要把它的范围缩小到最窄。我准备离开的那天，内阁教授于上午批准我再向法国派遣4个战斗机中队。我们回到了大使馆，跟蒂尔进行了讨论。然后我决定，请求内阁批准再多增援6个中队。这样，国内剩余的战斗机中队就到达了可接受范围的极限——25个。作出这样的决策，是一件很为难的事情。我对伊斯梅将军说，打电话通知伦敦内阁马上召开会议，我有一封紧急电报，要在一个小时之后发出，会议要集中对电报进行讨论。在办公室里，一个印度陆军军官被安排在那里值班，伊斯梅讲电话的时候，用的也是印地语言。我的电报内容是这样的：

1940年5月16日下午9时

如果内阁能针对以下问题，马上召开会议讨论，我将不胜感激。战况已经很危急了。色当的缺口被猖狂的德军打开之后，法军的部署又发现了不妥之处。很多兵力在北方，剩下的在阿尔萨斯。要想调遣20个师来守卫巴黎，进攻凸出部分的两侧，最少也需要四天的时间。现在，这个凸出的部分就有50公里宽。

德国三个装甲师已经冲破了突破口，一起冲破的还有两个到三个步兵师。在他们后面，还有大量的后续部队在向前跟进。所以，严重的威胁有两个：一、大部分的英国远征军由于没有掩护，不容易从战斗中撤退至旧防线一带；二、法国的军队还来不及集合进行抵抗，就会被德军彻底打败。

命令已经下达，不管付出多大的代价，都要守住巴黎。但是，外交部的文件已经在花园里被烧毁了。我觉得，未来的两天、三天或者四天的时间内，对于法国陆军来说，是一个具有决定性的时刻。所以，我们不得不面对一个难题。我们已经派遣了四个战斗机中队进行支援，对于这一点，法国对我们充满了感谢之情。但是，有没有可能再多增援一些战斗机中队。大量的德国军队正在通过默兹河向凸出的军队部分推进，我们能不能保证多数的远程重轰炸机在明天或未来的几个晚上向这些德军发起进攻。就算能保证这一点，也无法预知战争的结果会是什么样。可是，要想让法国的反击不会出现像波兰那样很快败退的情况，就必须要保证在凸出部分这一战斗中的胜利。我的个人意见是，对于他们要求调遣的6个战斗机中队，应该明天就调派过来。而且，在未来的两到三天内，英国和法国要集中一切可以动用的空军力量，掌控凸出部分战争区域的上空。这样做是为了振奋法国陆军的士气，集合所有力量最后一搏，而不是为了守卫住那片战争的区域。如果他们的覆灭，是因为我们没有答应他们的要求，那么我们就给历史添上了一段不好的东西。而且，毫无疑问，我们有能力派遣大量重轰炸机，组织晚间的进攻。可以看出，敌军在战斗中已经投放了所有空军和坦克力量。在强力的反击下，敌军的进攻将越来越困难，对于这一点，我们是不应该轻敌的。我觉得，要是以上的计划失败了，我们剩余的空军力量还有可能转派去支援英国远征军——要是在迫不得已的情况下，他们必须要撤退的话。我又一次强调说，目前的形势已经十分严峻了。而我的意见都如上述所提。请告诉我你们的想法，蒂尔赞成我的观点。为了给法国人信心，我一定要在午夜之前收到回复。打电话到大使馆，用印地语直接找伊斯梅。

大概在 11 时 30 分的时候，我收到了回复。内阁的意见是：同意。我马上坐车去了雷诺的住处，伊斯梅是跟我一起去的。雷诺住的地方有些阴森。不久，雷诺就从卧室走了出来，还穿着睡衣。我立刻将这个好消息转告给他。10 个战斗机中队！他在我的劝说下，派人请来了达拉第先生。达拉第先生接到邀请之后，来到总理的府邸，来听英国内阁的决定。在我们力所能及的范围内，我希望能通过这样的方式，鼓舞法国伙伴的士气。达拉第一直保持沉默，他不紧不慢地从椅子上站了起来，紧握着我的手。大概在凌晨 2 时的时候，我才回到大使馆。睡了一个好觉——虽然酣梦偶尔会被空中的炮声打断。早上，我坐上了回国的飞机。我必须先把新政府第二级人员的工作选定下来，再去办其他的紧急事务。

第三章　法兰西之战

第二周　魏刚

5 月 17 日至 5 月 24 日

战争紧急程度在不断升级——地方防卫志愿军——从东部进行支援——我在 5 月 18 日以及 5 月 20 日发电报给罗斯福总统——5 月 19 日甘默林将军的第十二号终极指令——改组法国内阁——对魏刚将军进行的委任——关于小型舰只，5 月 20 日发出的第一个指令——“发电机”作战计划——魏刚的前线之旅——由于汽车事故贝约特葬送了性命——对于德国的装甲部队，法军难以应付——埃恩萨伊德在 5 月 21 日作的报告——议会通过了将特殊权利赐予政府的建议——我第二次去巴黎进行访问——魏刚的方案——北方各个集团军面临的险境——阿拉斯附近的战争——与雷诺先生的书信来往——帝国总参谋长由约翰·蒂尔爵士出任

17 日，战时内阁于上午 10 时召开会议。针对我这次去巴黎的行程和在那里看到的战事情况，我详尽地跟内阁成员作了汇报。

我说，法国人自己必须要尽可能地拼尽全力，否则我们不会继续调派战斗机中队对他们进行支援，给我们国家的安全带来严重的威胁，这一点我已经转告给了法国人。我认为，在英国内阁遇到的所有问题中，增强空军的力量是之前从未遇到过的，最严峻的问题之一。有消息说，德国空军比我们空军的损失要大四五倍。但是，我听说法国的战斗机数量只有原来的四分之一了。那一天，甘默林以为一切都结束了。据说，他在讲话中表示："我只能保证巴黎从今天开始到明天晚上的这段时间内，是安全的。"从挪威方面来看，我们可以在任何时间攻占纳尔维克。可是，科克勋爵得到了法国传来的消息说，没有办法继续增派援军给他们了。

战争的局势随着时间的流逝越来越紧张。英国陆军按照乔治将军的要求，将多亚到佩龙讷战线上的据点都占据了，这样能使它防守的两翼加长，以便达到保护阿拉斯的目的。保护阿拉斯很重要，它既是公路的枢纽，又是向南撤退的基点。那天下午，德军进入了布鲁塞尔。第二天，进入了康布雷。我们的小股部队被途经圣昆廷的德军撵出了佩龙讷。向斯凯尔特河撤退的军队包括：法国第七集团军、比利时军队、英军和法国第一集团军。当天，驻守在登德河沿岸的英军的几个部队，在彼得少将的带领下，临时整编成"彼得军"分遣队，在阿拉斯进行防御。

5月18日至19日的午夜，贝约特将军来到了戈特勋爵的司令部。在会见中，贝约特将军没有给盟军带来丝毫的鼓励，不管是他说出的话，还是他说话时候的表情。从那时开始，英军总司令认为，可能要组织向海岸撤退了。1941年3月，戈特的电文发布了出来，在电文中，他是这样写的："目前（19日晚间），我们遇到的问题不仅仅是被冲击或冲破了一道防线，是一整个堡垒陷入了包围中。"

我在巴黎之行回来，跟内阁商讨之后意识到，必须向我的同伴们概括出一个总的结论。

首相致枢密院议长　　　　1940年5月17日

对于法国政府从巴黎撤退、巴黎被攻陷以后可能会引起的后果和必要情况下，英国远征军从法国撤退的路线（沿法国的交通线和沿比利时及海峡各港口）等问题，你们如果今晚就能一起讨论的话，我表示非常感谢。这份报告只是把主要的问题列了出来，这一点是毫无疑问的。所以，以后可以去让参谋人员来研究它的内容。6 时 30 分的时候，我将要会见军事负责人。

* * *

我们脑袋中抹不掉的，就是荷兰那越来越糟糕的形势。以前，艾登先生提出过一个计划，让战时内阁组织地方防卫志愿军队。这一建议已经在执行中了。国内来自各个村落和城镇的人们，靠着意念力聚集在了一起，拿起棍棒和枪支，组成了武装力量。用不了多久，他们就会发展成一支强大的力量。可是，我们也急着需要吸收正规军队。

* * *

首相致伊斯梅将军，转参谋长委员会　　　　1940 年 5 月 18 日

第一，伞兵着陆以后，可能还会有大批的空运部队着陆，所以我认为，英国国内能够利用的军队还不足。法国大会战的胜负还没有定论，所以我并不认为，眼前这种情况已经到了万分危急的地步。

以下所列出的几点，希望你们能好好考虑，然后立刻开始实行：

(1) 把巴勒斯坦境内八营正规军的步兵，用运载澳大利亚部队到苏伊士的那些船只运载回英国。途中要给予一定的保护，选择你们认为好的路线去走，虽然这样做有点危险。我觉得，你们可以选择从地中海回来。

(2) 预计在 6 月初，澳大利亚快速护航队运载的 14000 人就会抵达。

(3) 这些船应该把八营本土防卫队马上送至印度，再从印度带更多的八营正规军到英国。快速护航队的前进速度还要更快一些。

二、委员会提出的有关控制外国侨胞的意见，必须全力支持实行。我已经把这些建议详尽地写在了另一张纸上面。还应该对共产党人和法西斯分子采取相应的行动。有很多人，包括他们的首脑在内，都应该拘留起来，拘留分保护性和预防性双重性质。当然，在拘留之前，必须要通知内阁批示。

三、参谋长委员会应该想清楚，把我们叫作装甲师的部队抽调一半去法国是否妥善。我们做好准备，随时迎接以下现实：德国可能会用很诱人的条件来跟法国讲和，到时候，我们将负担全部的压力。

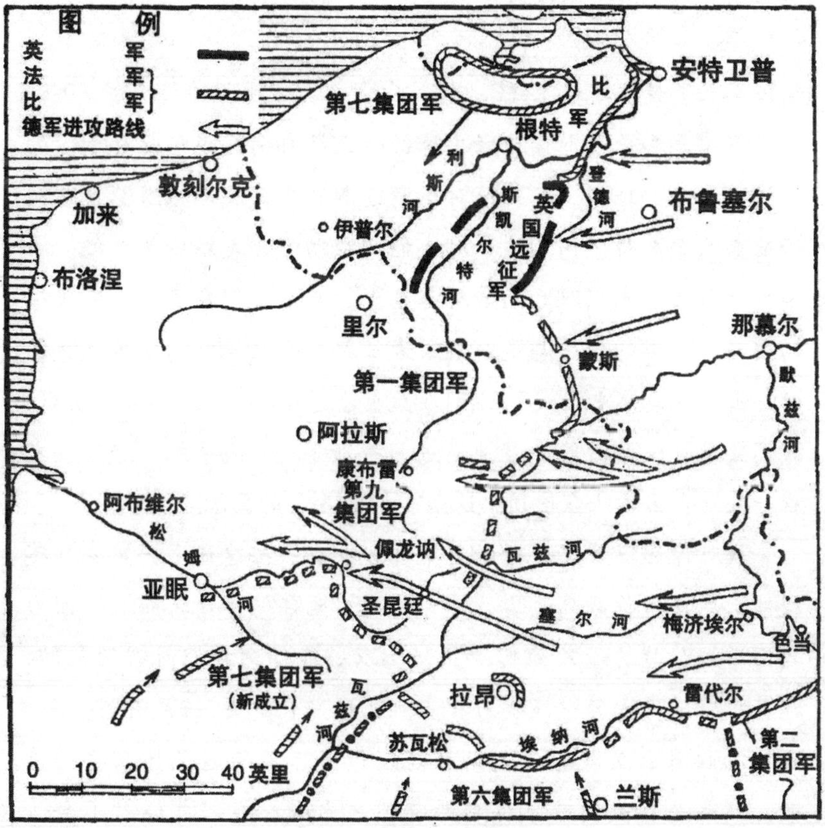

5月18日傍晚的形势　　（照原图译制）

另外，我觉得，对于下面两份重要的电报，在经过我同僚的允许之后，一定要发给罗斯福总统。让他知道，如果英国和法国都投降了，美国也会受到极大的影响。对于这两份电报的内容，内阁斟酌了一下，没有对其改动。

前海军人员致罗斯福总统　　　　　　　　1940 年 5 月 18 日

我没有必要告诉你，事情有多么严重。在法国内那场激烈的战争，我们先不管结果，只想着一定要坚持到最后。不管怎么样，英国就像荷兰一样，很快就要受到侵袭了，这一点我们必须要提前知道。我们希望能把这场战争打好，可是，美国若想发挥援军的作用，就必须尽快行动起来。

前海军人员致罗斯福总统　　　　　　　　1940 年 5 月 20 日

罗希恩和你之前谈论的内容，他已经都向我说了。对于你的困境，我十分理解。可是，对于驱逐舰一事，我却很遗憾。它们若能在六个礼拜之内到达，对我们的帮助肯定是难以预计的。法国的战争，对我们双方的威胁都很大。虽然我们在损失一架飞机的同时，敌军的损失都是两架或者三架，而且他们的空军在我们的打击下损失惨重。但是，他们在数量上还是比我们要多的。所以，我们要尽快、尽可能大量地运进柯蒂斯 P—40 战斗机——离厂之后一直是贵国军队在使用，这是我们最着急的需求。

我对你和罗希恩谈话的后半部分也有一些建议：一定要在英国领土内坚持作战到最后，不管其间发生任何事情。而且，因为我们单独作战力量比他们要强，所以若能得到我们所需的帮助，就有希望跟对方的空战实力相当。这样发展下去，若没有好结果，现任的政府成员就有离职的可能。但是，不管遇见什么样的情况，只要是在我们想象得到的范围之内的，我们都绝对不会认输。现任的政府成员如果都离职了，由另外一些成员接任。那么，你就要认识到一个现实，他们在这片荒废的土地上跟敌人谈判的时候，只能用舰队当作跟德国讲条件的筹码了。美国可以任由这个国家按照自己的命数来发展，只要当届的领导人能争取到对残留居民最好的议和条件，那么没有人有指责他们的资格。总统先生，我很冒失地说出了一件令人畏惧的事情，请谅解我的行为。很明显，我不能替接任我职务的人去承担什么。在四面楚歌和极度绝望的环境中，他们也许会向德国人屈服。不过，现在还不是去想这些事情的时候，这真是个幸运的事情。再一次感谢你的好意。

*　　*　　*

雷诺先生改组了法国的内阁和最高统帅部，这一政策有着长远的影响。贝当元帅于 18 日正式担任法国军事委员会主席的职务。国防兼陆军部长达拉第被调到了外交部，而他的职位由雷诺亲自接任。魏刚才从近东回来，19 日晚上 7 时，他就被调去接任甘默林将军的职务。魏刚还是福煦元帅的助手的时候，我就跟他认识了。1920 年 8 月，在华沙战役中，他巧施妙计，阻截了入侵波兰的布尔什维克军。当时，这件事情对整个欧洲来说，都有着决定性的作用。现在，他已经有 73 的高龄了。但是，听说他精神很好，做事情从不拖拖拉拉。5 月 19 日上午 9 时 45 分，甘默林将军发布了第十二号命令——他的最后一道命令，要求北方的各集团军不惜任何代价，强行向南边的松姆河方向转移，切忌被敌军围住，对于德军装甲师在交通线上的作战，要想办法截断。在同一时间里，刚刚成立的第六集团军跟第二集团军一起向北进攻，进入梅济埃尔。这些战略都没错。说句实话，让“北方集团军向南转移”这道命令从发出到现在，最少也延迟了四天了。在色当的法军战线，一旦察觉到有被冲破的危险的时候，北方各集团军只能向松姆河转移，这是唯一的希望。但是，贝约特将军只是带领部队慢慢地、分批地向斯凯尔特河撤退，形成右翼防御的阵形。就算在这个时候向南撤退，也还不晚。

战时内阁的成员都很紧张，北方司令部内一片混沌，法国第一集团军无法正常运转，未来什么样，谁都不知道。冷静、沉稳是我们所有行动的特点。但是，我们在一个明朗的观点上是达成一致了的，这个观点的背后，有我们无言的悲痛。戈特勋爵正在琢磨，在走投无路的情况下，有没有可能向敦刻尔克撤退。他的这一计划，我们到 19 日下午 4 时 30 分才得知。埃恩萨伊德——帝国总参谋长不同意他的这个提议，他赞同军队向南方推进——和我们中大多数人的意见都是一致的。所以，我们就让他去找戈特勋爵，把我们的意见传达给他，让英国军队强硬转移到西南方向，跟南面的法国军队会合，还要催促比利时军队也遵守我们的部署。或者说还有一个主意，我们尽可能把他们的军队从海峡各个港口内撤出来。我们要让戈特勋爵知道，我们将自己把这一想法告知法国的政府。我们在内阁会议上将蒂尔调派到乔治将军的司令部，蒂尔会在那里待上四天的时间，然后把他在那里能获取的信息，通过我们和他们司令部之间唯一的一条电话线汇报过来。我们和戈特勋爵建立联系也很困难，而且总是中断。但是，报告中说，他们只够支撑一次战争和 4 天的补给了。

*　　*　　*

5 月 20 日早上，战时内阁召开了会议，针对陆军的形势，我们再一次作出讨论。我觉得，就算能够在战争的过程中撤退到松姆河，但是大量军队将被隔断，或者被撵到海上。会议的记录上是这样写的："首相建议，海军部应该把大批的小型船只集合起来，做好随时开往法国沿海海湾和港口的准备，这样才能起到预防的作用。"按照首相的要求，海军部马上采取了措施。战事随着时间的流走越来越紧张，但是他们在这方面的准备却越来越充分。拉姆齐海军上将于 19 日被派遣到多佛尔，此次的行动就是由他负责。当时，在索斯安普顿和多佛尔停靠着36只样式不一的船只，这些是拉姆齐上将唯一能调派的力量。伦敦方面于20日下午发出命令，要就“大批军队马上撤退至海峡另一岸”的问题，在多佛尔召开一次会议，相关人员包括海运部的代表都要参加。会议制定的计划是:在迫不得已的情况下,军队每二十四小时就从加来、布洛涅、敦刻尔克撤出10000人。第一批船只就启用旅客渡船30艘、海军扫海船12艘以及沿海贸易船6艘。海军部于5月22日发出指示，要把在我们这里避难的荷兰小船收用，并把这40艘船上都配上海军舵手。5月25日至5月27日,这些船都编进了现役。海运官员按照指示，把哈利基到韦默思所有1000吨吨位适当的船只都做了登记，并对在英国各个港口停留的船只作了调查。十天以后，这一享有“发电机”称号的作战行动成为了解救陆军的功臣。

* * *

我们对于德军要前进的方向，已经有了更清楚的认识了。在突破口处，装甲车辆和机械化师源源不断向亚眠和阿拉斯进发，再经由松姆河向西延伸至海边。20日晚上，他们先切断了北方各集团军的全部交通线路，然后到达了阿布维尔。那些让人害怕的战车镰刀，带着要命的攻击力，在冲破了防线之后，几乎就没遇见任何反抗了。在广阔的田野中，德国那些令人畏惧的“德国坦克车”[①]来去自如，有了机械化运输的帮助，有了充足的供给，他们每天以30～40英里的速度前进着。在穿过几十个城市，上百个村落的过程中，他们都通行无阻。坦克车的炮塔是敞着的，里面的军官伸出头来，洋洋自得地跟沿途的百姓挥手。据亲眼目睹这一幕的人说，在他们的边上，有大量的法国俘虏跟着行走。有很多人拿着的步枪都被收缴上来，扔到坦克底下压

① 此处在原文中是法文。——译者

坏了。德国的装甲部队只用几千辆战车就能打败若干个实力很强的集团军，但是法国的防线刚刚被冲破，甚至都没能组织像样的战斗，所有的反抗系统都在瞬间崩溃了，这一点让我们惊讶不已。在军队前进的过程中，德军都是沿着重要的公路路线前进的，可是在这些公路上，居然没有丝毫的阻碍。

17日那天，我曾向空军参谋长提出过这样一个问题：在锁定了敌军装甲车队扎营地点之后，我们不能在晚上组织突袭吗？这些装甲车到处乱跑，我们战线的后方已经快被他们冲散了。

当时，我给雷诺发了一封电报：

1940年5月21日

恭喜你们任用了魏刚，他是值得我们信赖的人。

我们没有丝毫办法阻拦防守力量薄弱的战线被坦克纵队突破之后，进入我们的后方。想要用尽办法堵住突破口，或者将德国侵略军包围起来都是不可取的。相反，我们应该多敞开一些突破口。在某些地方允许他们的坦克进来一些，这不是什么了不得的事情。就算他们占领了一座城镇，也没什么用。城镇内要有把守的步兵，这样，一旦他们的坦克兵从坦克里出来，就会被射死。在无法获取食物、水和汽油的情况下，他们只会自乱阵脚，最终选择离开。把有可能炸毁的建筑物都炸毁，把他们的路给堵上。位于主要十字路口中心的城镇，都应该运用这种方法来防守。还有，要想对付在广阔地区的坦克纵队，必须准备一些小股机动部队，给他们配备大炮，以便在广阔的乡村地区对他们进行追击。坦克的履带肯定会磨坏的，它们的实用性也会因此降低。对于侵入的装甲部队，这是一种抵抗的方法。要想对付他们的主力部队——他们一般都要晚些时候才会出现，只能向其两翼进攻。要把这场战争变成一场混战，这样才能在混乱中理出头绪，让它变成真正的、混乱的战争。他们向我们的交通线发起进攻，我们也要以同样的方式进攻他们的交通线。我认为，跟战争一开始的时候相比，我更有自信了。但是，各个军队要保证作战时间一致。我希望，英军很快就会投入到战争当中。上述内容仅代表我个人的意见，我把这些都告诉你了，我相信你不会不高兴的。

祝你成功。

跟他们高级司令官商议此事，是魏刚做的第一件事情。他想去北方见一下司令官们，再实地考察一下那里的状况，这种想法没什么不对的。在战争的紧急关头，他接任了军队的指挥大权，有这样的计划是可以谅解的。但是，剩下的时间毕竟不多了。他不应该浪费时间亲自去做这些，这个烂摊子还没整理，他是不应该离开自己岗位的。对于后来发生的事情，我们可以详尽地记录一下。甘默林将军的职务交接给魏刚以后，魏刚于20日一早就开始安排21日去往北方，视察各集团军的行程。去往北方的交通线已经被德军截断了，他知道以后，改乘飞机前往。途中，他乘坐的飞机因为受到袭击不得不降落在加来。在伊普尔开会的时间因此而推迟到21日下午3时。在那里，他见到了比利时国王利昂伯德和贝约特将军。戈特勋爵没有到场，因为有关会议的时间和地点的通知他都没有收到，英国的其他军官也没有来。比利时国王用来形容这次会议的话是："四个小时的时间里，混乱地说了一会儿。"会上讨论的问题有：三个国家军队的合作问题、魏刚制定的计划如何执行的问题和计划万一失败的情况下，英法军队和比利时军队分别向利斯河和伊士尔河撤退的问题。下午19时，魏刚将军必须要走了。到20时的时候，戈特勋爵才来。当时，贝约特将军将一份记录会议内容的文件给了他。魏刚先是坐车到加来，然后换潜水艇到第厄普，最后到巴黎。为了应对紧张的局势，贝约特驾车回去了，结果途中出了事故，在一个小时的时间之内，他就死了。就这样，全部的计划又搁浅了。

*　　*　　*

戈特勋爵收到了内阁的命令以后，对埃恩萨伊德作了几项要求，21 日，埃恩萨伊德回来以后，报告了戈特勋爵的指示：

1．斯凯尔特河的防卫行动是为了进攻敌军装甲部队和机动部队防守的地区，它是军队向南挺进的总计划的一部分。在这场行动中，必须要保护好两翼。

2．连续的攻击并不容易，因为行政方面的管理状况并不允许。

3．要是按照这样的计划来行动，法国第一军团和比利时部队的行动看上去很难保持一致。

埃恩萨伊德还说，北方法军统帅部已经全乱了。贝约特将军在之前的 8 天时间里，没有起到任何协助的作用，而且一点章法都没有。英国远征军从参战到现在，伤亡人数大概有 500 人，军队士气比较高昂。他在讲述沿途的所见所闻时，描述得绘声绘色。路上成群的难民都遭到了德国空军的射击，一片凄惨。有一次，他自己也亲历了险境。

所以，战时内阁有两条路可以选择，但都是让人害怕的路：第一条，英国陆军无论如何都要向南打通到松姆河的路线，不管法军和比军会不会协助配合。对于这条出路，戈特勋爵没有十足的信心，因为他的兵力并不充足；第二条，为了方便从海上撤退，先退到敦刻尔克。在这过程中，肯定会因为敌军的空袭而损失掉我们稀缺又宝贵的大炮等装备。很明显，应该铤而走险地选择第一条路。但是，为了防止南下计划的破产，做好从海上撤退的准备，提前打点好一切，也是有必要的。我向同僚提出，去法国与雷诺和魏刚见一面，好把这件事情定下来。蒂尔从乔治将军司令部出发，跟我在那里会合。

*　　*　　*

这个时候，我的同事们建议，让我从议会那里获取某些额外的权力。之前的几天时间里，他们还为此起草了一份法案。法案的实质作用，就是授权政府以至高的权力，去管理英王在大不列颠所有子民的人身自由、性命和财富。用专业的法律语言概括出来就是：议会给予的权力是必须要服从的。在《帝国国防法》中，有这样一条："根据枢密院的指示拟定的防卫条例的权力中要求：英王陛下想参与的任何战争中，若是为了保护社会治安，维护国家领土，整治公共秩序的，或者说为公共生活提供一些必需的、有益的劳力和供给的时候，作为英王陛下的子民，应该将自己的劳力、财富甚至他们自己交给英王陛下来管理。"

在关于劳务的问题上，在劳工大臣的授权下，所有的人都要服从命令去做任何一项劳务工作。在法案中，清楚地写着有关公平工资的条款，用来规定工资标准，这是条例赋予他的权力之一。劳工供应委员会会在大中型城市陆续建立，对最大范畴上的财产也采取同样的方式来控制。对所有企业的掌控都要服从政府的要求，包括银行在内。企业主的账本可以让他们交上来，接受检查。有超出利润额的，要克扣百分之一百的税务。成立以格林伍德为主席的生产委员会，委员会要设置劳工供应局局长一职。

22 日下午，张伯伦先生和艾德礼先生把这项法案呈交到了议会，艾德礼先生亲自建议二读。整个下午，这个法案的各项依次被由保守党占大部分的上、下两院表决通过。当天晚间，法案得到了英王陛下的批准。

在勇敢威武的古时候，
　罗马人民为了本国家的纠纷，
不顾自己的田地，也不怕浪费金钱，
　不顾自己的爱人，也不怕残疾和死亡。
这是他们当时心态的写照。

*　　*　　*

我 5 月 22 日到达巴黎，那里的面貌已经焕然一新了。甘默林辞去了职务，达拉第从战争中退了出去，总理和陆军部长的职务由雷诺一人担任。德军进攻的方向一定会向海滨转移，截止到现在，巴黎还没有危险，法国最高统帅部仍然在万森没变。大概中午的时候，我和雷诺先生坐车到了那里。在花园中，有几个人正在郁闷地走来走去，我以前在甘默林身边看见过他们，他们之中有一位个子很高的骑兵军官。副官说："还是以前的那些老人呀。"我和雷诺先被带到魏刚的房间，然后进了地图室。在那里，我们看见了一张大大的最高统帅部地图。魏刚走了出来跟我们碰面。虽然他有着繁重的工作，又赶了一夜的路，但是他精力旺盛，心情不错，行动也很轻快。我们对他的印象非常好。他把战斗的计划讲给我们听，他希望让北方各集团军从康布雷和阿拉斯附近往圣昆廷所在的东南方进攻，这样就能把在圣昆廷—亚眠袋形阵地上的敌军装甲师的侧翼消灭。他是不建议北方各集团军向南或者向后撤退的。为了能在侧翼消灭圣昆廷—亚眠袋形阵地上战斗的敌人的装甲师，他们应该从康布雷和阿拉斯两地分别向东南进攻，直捣圣昆廷。他觉得，比利时军队应该掩护北方各集团军的后路军东进。条件允许的情况下，比军还要掩护他们向北出击。与此同时，由福勒尔将军率领的新组成的法国集团军——共 18 ～ 20 个师的兵力，分别从阿尔萨斯、马其诺防线、非洲和其他各个战区调集而来——将在松姆河沿岸组成新的战线。战线的左翼要先穿过亚眠，再行进至阿拉斯。为了跟北方各集团军会合，他们会拼尽全力。要不停给敌人的装甲部队施压。魏刚说："不能让主动权掌握在德国的装甲部队手中。"所有应该发出去的指示，都尽量发出了。这时，贝约特将军死于车祸的消息传来。魏刚已经把所有的计划都告诉过他了。我和蒂尔都觉得，我们想不出其他的办法了，也只能同意他们的计划了。我着重提出："让北方各集团军和南方各集团军通过阿拉斯重新联络上彼此，这是至关重要的。”我解释道，要提防戈特勋爵在南进发起攻击的时候，打通沿海的通道。计划已经拟定了，为了保证实施起来不出差错，我口头拟定了一份文件，魏刚看过之后表示，完全赞成文件所提及的内容。在此基础上，我通报内阁，将以下的电报发给戈特勋爵：

1940 年 5 月 22 日

今天早上，我和蒂尔坐飞机前往巴黎。我们和雷诺、魏刚总结出的内容都如下所示。我们的总结跟陆军部发给你的命令基本一致。愿你在奔向巴波姆和康布雷途中的各项战斗中取得成功。

决定内容如下：

1. 伊士尔河防线的水闸正在打开，比军应该撤退并坚守在那里。

2. 英国军队和法国第一集团军必须要在明天以前，出动八个师的兵力向西南方向的巴波姆和康布雷发起进攻，并且将比利时的骑兵队安置在英军的右翼。

3. 对于英法军队来说，这次的战斗都是极其重要的。亚眠的解放关系着英军交通线的畅通，所以在这场战斗中，英国空军应该竭尽所能地提供援助，不管是白天还是夜间。

4. 新组成的法国集团军已经向亚眠展开攻势，他们也在松姆河沿岸建立了防线。他们将会向北挺进，在巴波姆附近的英军会向南挺进，两军最终要会合。

从电报中可以看出，相对于甘默林将军的第十二号命令来说，魏刚新制定的计划只是侧重点变了一下，其余的内容都是一样的。而且，它跟 19 日战时内阁发出的指示没有什么矛盾的地方。在条件允许的情况下，北方各集团军在向南进攻的同时，大举歼灭德国装甲部队的袭击。新组成的法国集团军群在福勒尔将军的带领下，经亚眠向北进攻，与北方各集团军形成呼应之势。如果能实现这一战略，必然有很大的帮助。以前，我私底下跟雷诺先生发过这样的牢骚：在连续四天的时间内，戈特都没有收到任何指示。而且魏刚上任以后，过了足足三天才给出决策。最高统帅人选的更换没什么不对，但因此造成了时间上的延迟，这是很糟糕的一件事情。

当天晚上，我是在大使馆中睡的。空袭倒不算厉害，炮声很响，不过没听见炸弹爆炸的声音。伦敦马上就要面临一场灾难，但它的性质跟巴黎现在所遭遇的劫难完全不一样。乔治将军的司令部在贡比涅，我很想去看望我的这位朋友。斯威恩是我们调派到他司令部去的联络员，有一段时间，我跟斯威恩待在一起，他把知道的所有关于法军的情况都跟我说了。不过，他知道的情况很有限。一场规模庞大、战事复杂的斗争即将开始，人们都劝我不要去。一是怕行政管理上出现问题，二是怕因交通线阻断而让我陷入困境。

战斗发展到现在，主动权已经被敌人掌握了，因为最高统帅部连一个战斗命令都没有下达。戈特于17日发出指示，命令部队向卢约尔古—阿尔勒防线转移，在阿拉斯建立防线，充实南部侧翼的士兵力量。除了在法尔霍伦岛战役中遭受重大损失的第十六军以外，法国第七集团军其他部队已经悉数南进与法军第一集团军会师。英军的后方被他们切断过，但没有因此带来严重的影响。戈特曾于20日向贝约特将军和布朗夏尔将军提出建议，调遣两个师和一个装甲旅于21日袭击阿拉斯。贝约特表示，他赞成从法国第一集团军中派遣两个师支援此次行动。法国第一集团军驻扎在摩德—伐郎兴—德尼内—杜埃一带的一个长方形的区域中(长 * 宽≈19 英里 *10 英里)，兵力有13个师。20日，穿过乌顿那德一带的敌军已经渡过了斯凯尔特河。当时，英国还有三支军队正迎着东方。23日，这些英军撤退到法比边境的防线一带，这条防线是我们在冬天的时候构筑的。可是，他们斗志昂扬地从这条防线冲出去，只不过是12天之前的事情而已。那天，英国远征军的食物只下发了一半。从各个方面综合来看，法国都是软弱无能的，这一点驱使我不得不跟雷诺提出意见。

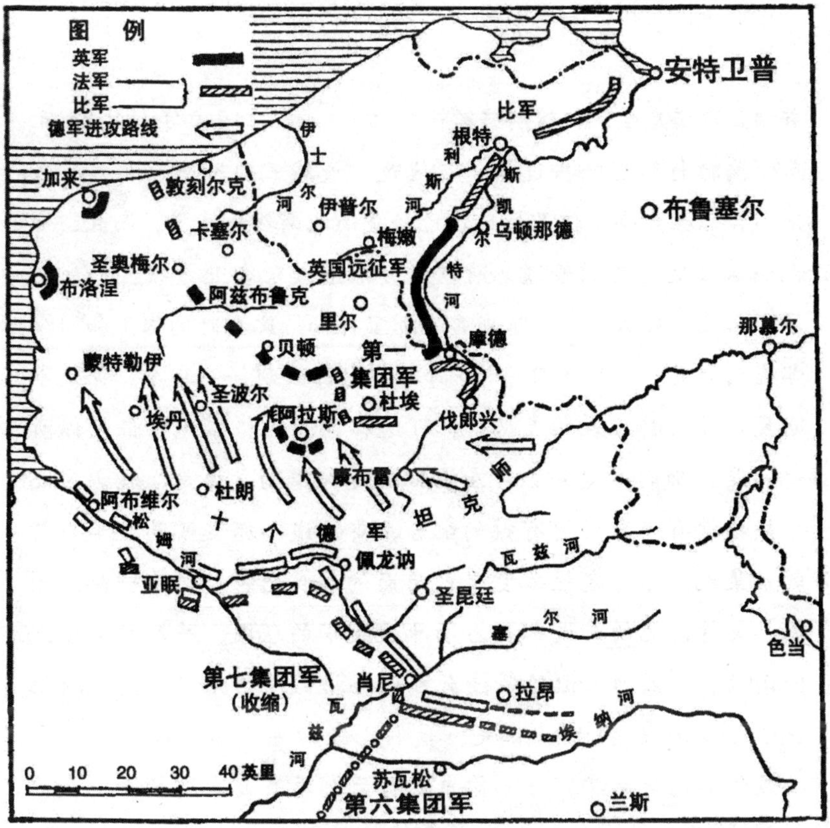

5月22日傍晚的形势

首相致雷诺先生　　　　　　　　　　　　1940年5月23日

（抄送戈特勋爵）

敌人的装甲部队太凶猛，已经把北方各集团军的交通线切断。想要解围，必须马上执行魏刚的计划。我请求向北方法军司令部、南方法军司令部和比利时总司令部下达一道严肃的指令，开始实行这一计划，扭转败局。时间很紧张，因为我们的补给不足。

上午11时30分，战时内阁召开会议，我在内阁上把电报阅读了一遍。我表示，魏刚的计划很成功，关键是法军要积极行动。但是，他们并没有采取行动的意向。下午19时，我们再次召开会议。

第二天，我再次发出电报：

首相致雷诺先生，转魏刚将军　　　　　　　　1940年5月24日

戈特将军发电报过来了，他说，虽然三国军队在北方战线上的合作很重要，但是他现在已经是南北两线作战了，而且，他无法保证交通线的畅通，所以没办法继续配合北方战线的战斗了。而且，我从罗杰·凯斯爵士那里得知，比利时的国王和司令部直到今天——23日下午15时，都没有收到任何指令。你说布朗夏尔和戈特正在相互协作，可这样的情况根本无法证明你所说的是正确的。交通上存在困难我是知道的，但是，我认为北方战场没有采取任何有效的配合，要知道，那里可是敌军力量的聚集地。你肯定能改变这种局面的，我始终坚信这一点。还有，戈特说他的前进都是为了冲破敌军的包围，并在此基础上向南救援。因为，他已经没有可以补给战斗使用的弹药了（他说了很多遍没有了）。但是，我们已经对他下达了指示，坚决按照你们的计划实行——你自己甚至都没有发出过指示。在此期间，有关你北方作战计划的详情，我们一点都不了解。你能否把作战的详情通过法国使团告知我们？但愿你取得成功。

* * *

必须在此记录几个小规模的战争——英军在阿拉斯一带展开的斗争。司令官弗兰克林将军想把阿拉斯—康布雷—巴波姆一带据为己有。除了第一集团军坦克旅这支装甲部队以外，他还准备从英军的第五师、第五十师两个师中各调派一个旅来参与进攻——这些部队都是由他直接率领的。此次进攻由马特尔将军负责指挥，将阿拉斯的西面和南面包围，直捣森色河。在东边的康布雷—阿拉斯公路上，法军的两个师负责配合。这两个英国师都只有两个旅的兵力，其中包括：65辆“马

克Ⅰ”型号坦克和18辆“马克Ⅱ”型号坦克。这些坦克的履带耐用性不强，现在都快要破损了。攻击时间是5月21日下午14时，没过多久就发现，对方的抵抗比我们想象中的要顽强得多。法军支援东翼的计划破产了，西面也只有一个轻机械化师。敌人的装甲力量有大概400辆坦克（来自德军第七装甲师和第八装甲师），此外，还有隆梅尔将军率领的第七装甲师。战争开始的时候，俘获了400名战俘，一切都很顺利，但是，没有行进到森色河一带。德军在数量上占有绝对的优势，他们组织兵力反扑，在空军的协助下，英军伤亡惨重。没过多久，第十二轻骑兵团就报告说凶猛的敌军已经向圣波尔转移，好像要向西南方向的侧翼进攻。晚上，集团军坦克旅、第五师第十三旅、第五十师第151旅陆续向斯凯尔普河一带撤退。一直到22日的下午，英

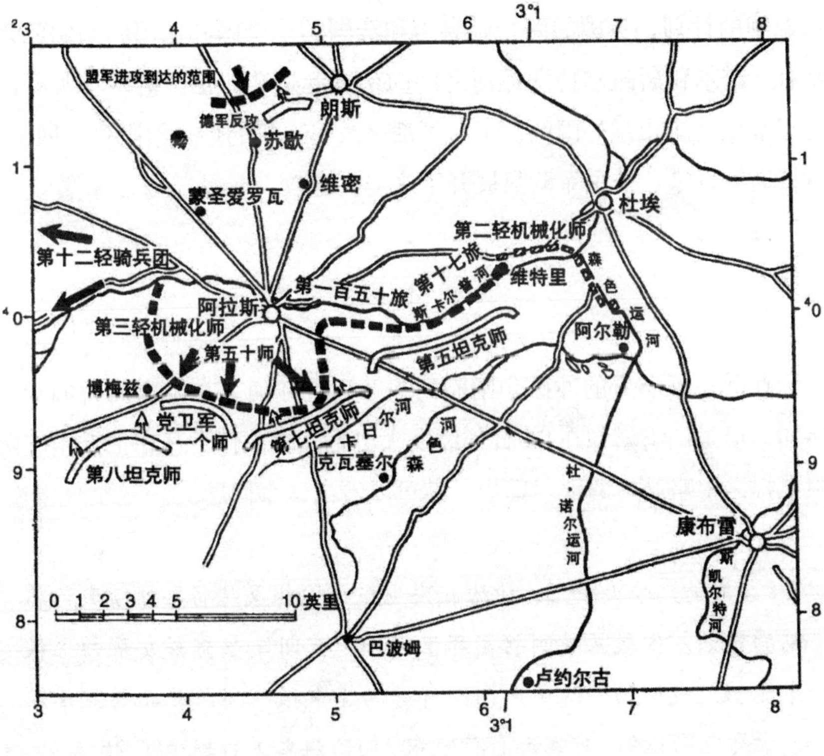

阿拉斯之战，5月21日～22日　　（照原图译制）

军这三个旅的兵力始终坚守在这里，并粉碎了敌军的多次袭击。阿拉斯仍在我们手中，但是，敌人陆续迂回至贝顿。蒙圣爱罗瓦方面给驻守在西面侧翼的法军轻机械化师施加了压力，敌军的坦克很快就到达了苏歇附近。英国军队的东翼力量到了 23 日下午 19 时的时候，感受到了巨大的压力，西翼已经被进入朗斯的敌军围困，阵地就快守不住了。在大量装甲部队的攻击下，我们悬殊的兵力很快就被困住了。晚上 22 时，总司令部接到了弗兰克林将军的消息，他说，军队如果不能在晚上撤退，就真的撤不出来了。总司令部回复说，撤退的命令早在三个小时前就发出去了。对于敌军来说，这场战争造成的影响是短暂的。当时，他们写道："英军配备着装甲部队，进行大规模的反击。"这让他们陷入了恐慌之中。

正在指挥北方集团军作战的布朗夏尔接到了戈特的建议，为了贯彻魏刚的计划，英国的两个师兵力和法国的一个师和法国骑兵团应该从杜 · 诺尔和斯凯尔特两运河之间向南发起进攻。法国的两个师实际上已经到达康布雷外围两次了，可都被敌军飞机的炮火给阻拦了回来。这段时间以来，法国军队只展开了这一次进攻。

*　　*　　*

在阿拉斯展开的冲破包围圈的战斗近况如何，在伦敦的我们一无所知。但是，雷诺却在 24 日连续发来电报谴责我们。从在他发来的两封电报之中略简短的那一篇中，就可以看出这个问题。

〔他说〕今天早上，你给我发电报说你让戈特将军继续实行魏刚的计划。但我从魏刚将军那里得知：布朗夏尔将军发来的电报中显示，我们的军队由南向北行进的途中很顺利，并欲与盟军在北方会师。谁知，英军却自作主张，向沿海各港口撤退了 25 英里。

今天早晨，魏刚将军已经再一次发出了指示，但英军的这一行动却违背了他的命令。英军撤退以后，魏刚将军只好调整全盘作战计划。密闭缺口处的作战计划和建立连续作战战线的计划只能因此改变。这将会带来多么严重的后果，应该不用我强调了吧。

截止到目前为止，魏刚将军始终希望福勒尔将军率领军队向北方的亚眠、艾伯特运河、佩龙纳等地行进。实际上，他们的军队还在聚集整编中，根本没有什么实质性的进展。以下是我对雷诺的回复：

1940 年 5 月 25 日

我在昨天晚上的电报中，已经把我们这段时间所知道的一切都告诉你了。到目前为止，我们没有从戈特勋爵那里听到任何与之不符的消息。但你需要知道的是，有关你在发给我的电报中所说的，从阿拉斯撤退了两个师的消息，已经被一位向陆军部作报告的参谋军官所证实。蒂尔将军现在正在戈特勋爵那里，我认为他应该已经通知了戈特勋爵，以最快的速度调遣一名参谋军坐飞机过来。我们了解了情况之后，会第一时间向你们汇报。事实上，北方的各集团军已经被困。交通线路也只有敦刻尔克和奥斯坦德方向的还没有被切断，其余无一幸免。

1940 年 5 月 25 日

戈特仍然在保持南进，我们有足够的证据说明这一点。我们知道，德军的装甲部队的兵力越来越多。一方面，他的西侧受到了严重的威胁；另一方面，他必须要保证跟敦刻尔克之间的持续补给。所以，他必须将两个师的兵力分散出来一部分，布置在与德军的阵地之间。很明显，他们无法抵抗德军装甲部队的攻势。阿布维尔和布洛涅已经陆续落入敌军之手，加来和敦刻尔克面临着严重的威胁，圣奥梅尔已经被他们侵占。要想从北方战线上向南撤退，除非给右翼打掩护。我们了解英国远征军的动向，这还不足以成为你们向北前进，放弃渡过松姆河的借口。你们向北前进肯定会有所收获的，我们坚信这一点。

第二，你发牢骚说大批的物资从勒阿弗尔运出去。其实只有瓦斯弹被运出去了，把这种东西留在那里是个草率的行为，有的物资只是从勒阿弗尔的北岸转移到了南岸而已。

第三，如果因为事情的进展，迫使我们不得不改变原来一致同意的计划，这种情况一旦被我察觉，便会在第一时间告诉你。现在，蒂尔和戈特正在一起。军队南移和福勒尔将军主动向北挺进，是我们军队能够冲破包围的唯一办法。今天早上，蒂尔对此深信不疑。很明显，军队必须要南移，自从这一策略成为必然之后，要知道，我们已经等了一个礼拜的时间了。可以看到的是，敌军的装甲车辆已经把我们跟同侧海岸之间的交通线切断了。所以，我们除了利用两侧的护卫由西向南继续前进之外，没有别的办法，这是我们必须要采取的行动。

明天一早，斯皮尔斯将军会去找你，探明形势以后，要以最快的速度把他送回来。

*　　*　　*

内阁成员和高级将领们都有一种十分强烈的感受，就是：4 月 23 日，约翰 · 蒂尔爵士正式出任帝国副总参谋长。从他的才干和所掌握的作战知识来看，要想让他有足够的发挥空间，就应该出任首要军事顾问。在军事作战方面，他的威望比埃恩萨伊德要高，这一点是毋庸置疑的。

由约翰 · 蒂尔爵士出任帝国总参谋长一职，是我和同僚们的期望，因为，战局已经跌到了最低谷。要是敌人来侵犯我们，我们还需要选出一位总司令，负责英国本土的防卫工作。5 月 25 日，我、埃恩萨伊德、蒂尔、伊斯梅，还有一两个人于夜间聚集在海军部大楼的房间内商议战事。埃恩萨伊德将军亲自提出，英国本土防卫部队由他来负责，至于帝国总参谋长的职务，他主动请求辞掉。他能提出这样的要求，说明他是一个勇敢和没有私心的人，因为在当时看来，出任这样的指挥官是没有任何前景可言的。所以，我同意了埃恩萨伊德将军的要求。后来，我将更高的地位和荣耀给了他，对他能在那样的情况下支持我们共同的事业表示感激。5 月 27 日，约翰·蒂尔爵士出任帝国总参谋长。大多数人们都觉得，这种职权变更是符合当时形势的。

第四章　往海岸撤退

5 月 24 日至 5 月 31 日

回看战争局势——针对希特勒亲自参与一事，哈尔德将军的看法——德军装甲部队停下前进的步伐——德军参谋部日记上所写的事实——另一个导致在关键时刻停止前行的原因——布洛涅防守战争——加来发生的像戏剧一般的事情——防守线延长引起的后果——戈特丢弃了魏刚的计划——5 月 25 日他的决策——封住比军的缺口——英军撤退至敦刻尔克桥头的营地——英军四个师在里尔脱离险境——向参谋长委员会的一次提问——他们的答复——我发电报给戈特勋爵——我发电报给凯斯海军上将——戈特和布朗夏尔 5 月 28 日早上会面，博纳尔将军提供了这次会面的记录——比军于 5 月 28 日投降——布鲁克将军同第二军之间于 5 月 28 日进行的具有决定意义的战争——向桥头阵地撤退——一半的法国第一集团军从海上逃亡

这是一次让人终身都忘不掉的战争，现在，我们一起来回想一下战争从开始到现在的全部经过。

比利时和荷兰是保持中立的，而希特勒一直费尽心思地想要打破他们的立场。在比利时受到侵袭之前，他们不希望盟军进入本土。所以，希特勒掌握着军事上的主动权。5 月 10 日，希特勒发起了攻势。以英军为首的第一集团军没有在防御工事后面坐以待毙，他们进入了比利时境内援助，可惜是白费力气，一切努力都为时已晚。在阿登山脉的对面，法军有一处缺口，防御兵力不足，工事又不坚固。法军战线的核心地带，由于受到了开战以来规模最大的装甲部队的侵袭，缺口已经被打开。北方各集团军跟南方的交通线以及跟同侧海岸之间的交通线面临着在 48 小时之内被切断的威胁。法国最高统帅部最晚要在 14 日把尽快撤退的指示发到各个集团军去——尽管撤退是一项危险的举措，物资也会遭受巨大的损失，但是必须要这样做。甘默林将军看待这一问题的时候，没有用冷酷的、现实的眼光去分析。所以，对于法国北方集团军司令贝约特来说，想要单独下决定是不可能的。左翼各军队面临着重大的压力，已经开始慌乱。

敌军的兵力占据着主导地位，当他们意识到这一点之后，便开始后退。敌军迂回包抄了他们的右翼，所以，他们在右翼建立了侧翼以便抵御敌军的攻势。他们要是能赶在 14 日开始撤退，就能在 17 日之前撤到以前的防线上，这对他们冲破包围来说，是一个有利的机会。这三天的时间是很重要的。英国战时内阁心知肚明，17 日以后，要想拯救英国的军队，只能向南冲破包围。他们想强迫法国政府和甘默林将军同意他们的计划，但戈特勋爵——他们的司令官却不敢保证，在战争最激烈的时刻脱离战场冲过战线这一行动能否成功。甘默林将军的职务被免去了，魏刚于 19 日接替了他。甘默林的最后一道指令“第十二号命令”的整体思路是正确的，跟英国战时内阁和参谋长委员会的结论基本一致，只是时间上晚了五天而已。另外，统帅的空缺和更换最高统帅也导致了时间上的延迟——三天。魏刚将军视察北方各集团军回来以后，大胆地制定了一个计划，可惜没有实行。他的计划跟甘默林将军的计划其实是一样的，只是浪费了更多的时间，想要实施计划的希望变得更加渺茫了。

在目前的局势下，进退两难的我们接受了魏刚的计划。一直到 25 日之前，我们都严格地按照他的计划执行，绝对没有二心。不过到现在为止，还没看见什么成效。交通线在 25 日那天全部被切断了，敌军击退了我们力量薄弱的反击。防守阿拉斯的战争宣告失败，比军战线溃败，国王利昂伯德想要投降。所以，向南方撤退的希望破灭了，只有从海上走了。我们能不能到达海岸？要是到不了，敌军会不会在开阔的地带将我们困住，我们是否会因此溃败？我们的大炮和物资会因此全部丧失，就算花上几个月的时间，也难以供给完备。跟我们的军队相比，那些枪炮和装备又算得上什么呢？兵力是英国建立军队的基础和核心，所以，一定要保存好兵力。从 25 日开始，戈特勋爵就认为，我们只有从海路撤退这一个办法可行。他现在正在敦刻尔克周围，率领军队建设桥头阵地，并命令所有残存的部队向那里进发。这不仅需要英国的军队要遵守军纪，还需要英军的司令官们以及布鲁克、亚历山大、蒙哥马利等人把自己的智慧完全发挥出来。还有很多因素都需要。能做到的事情我们都尽力安排了，这样是不是就可以了？

* * *

现在，我们还要研究一个事情，一个各有各的看法的事情。德国陆军参谋长哈尔德将军曾说，现在，希特勒正在干涉此次的战争，这是他仅有的一次干涉，既直接又有效。哈尔德将军说，希特勒“很担心他的装甲部队，因为他们所在的区域散布着很多条横纵交织的运河，这对他们来说没什么好处，冒着很大的风险，却没什么好处可得”。他认为，在战争的第二个阶段中，这些装甲部队还能发挥很大的作用，所以不能让它们白白损失在这里。他觉得，凭借空军的优势完全能阻止大规模的海上撤退行动，这一点他坚信不疑。哈尔德说，正因为这样，希特勒通过勃劳希契发了一封电报给他，下达了一个指令：“装甲部队不要继续前进了，先头兵力可以折回来。”哈尔德说，这道命令相当于给英军清理出了一条道路，让他们可以直通敦刻尔克。不管怎么说，5 月 24 日上午 11 时 42 分，我们截获了德军的一封明码电报。内容大致上是：先停止在敦刻尔克—阿兹布鲁克—梅维尔战线上的攻势。哈尔德说，他以陆军最高司令部OKH的名义声明，不同意干预龙德施泰特集团军群的作战，他们的任务很明确，就是阻止敌军向海岸进发。他争论说，在这个区域中，战斗取得的胜利越彻底，取得胜利的时间越快，日后想要补给被毁坏的坦克数量就越简单。次日，他接到命令，跟勃劳希契一起出席某个会议。

最后，希特勒的一道指示为这场激昂的争论画上了句号。希特勒说，他要指派一名联络官去前线，监督并确保他命令的执行。在他的指派下，凯特尔乘飞机来到龙德施泰特集团军群总部，其他军官被分派到各指挥部内。哈尔德将军说："从一开始我就纳闷，为什么希特勒认为装甲兵团是在承担毫无意义的风险。在第一次世界大战中，凯特尔在佛兰德逗留了很久。希特勒之所以会有这样的想法，很可能是因为他和希特勒说过些什么。"

其余的德国将领也说过一些类似的故事，他们还认为，希特勒之所以下这道命令，是想在打败法国以后，寻找跟英国议和的机会。后来，根据在龙德施泰特总部发现的日记，也能充分证明这一点。日记上所写的是另外一种观点。勃劳希契于23日深夜带来了最高统帅部的指示，要求龙德施泰特继续带领第四集团军开展"围困战术"和"最后的作战"。次日，希特勒一早就来到龙德施泰特的总部。龙德施泰特说他的装甲部队已经快速地前进了很长一段路程，战斗力量大不如前。要想给敌军最后一次打击，必须要停止前进，立刻整顿，重新对其进行安排。在参谋日记中，他是这样记载的：这个敌人"在作战中有着十分倔强的精神"。不仅如此，龙德施泰特还预测说，他的兵力过于分散，恐怕会有遭到南北夹击的危险。其实，若是执行了魏刚的计划，那很明显就是盟军的反抗。阿拉斯东面的攻势应由步兵完成，同时，为了把受到东北方B集团军群威胁的敌军的后路切断，在朗斯—贝顿—埃尔—格拉夫林防线上的机动部队应继续留守抵御——希特勒对于这一部署完全认可。他认为，保存装甲部队的实力，对于日后的战争很重要。但是在25日，勃劳希契一早就带来了一道新的指示：总司令要求装甲部队继续向前挺进。龙德施泰特对这道命令视而不见，因为他有希特勒的口头承诺。第四集团军的司令克卢格没有从龙德施泰特那里获悉这道命令，他只是被告知，可以继续使用装甲师，但要节俭一点。克卢格听后，对这种不作为表示不满。但是，龙德施泰特直到次日（26 日）才放权发出指令，让他们开始行动。同时，他还发出指示，不能把敦刻尔克作为直接进攻的目的地。第四集团军对此表示出的不满都被记录在日记上了。27 日，集团军的参谋长打来电话，说：

以下是海岸各个港口的情况：大船在码头的边缘停靠着，跳板落下，人们陆续上了船。物资都在后面，被全部丢弃了。这些人日后若是重新拿起武器成为我们的敌人，那是我最不想看到的。

所以我敢保证，装甲部队确实停止过前进的步伐；但那是龙德施泰特的命令，而不是希特勒的。毫无疑问，龙德施泰特的观点是有根据的，他兼顾了装甲部队的实际情况和战争的总体局势。可是，他不应该违背最高统帅部的命令，或者最起码，也要将希特勒的口头承诺传达给他们。德国军队的司令官们都说，这样的好时机被白白浪费了。

*　　*　　*

但是，德军装甲部队的行动之所以在这关键时刻受到了影响，还有别的原因。

20 日，德军装甲部队的主力和摩托化部队于晚间到达阿布维尔海岸，然后沿着海岸从埃塔普勒一直向北，开往布洛涅、加来和敦刻尔克。他们的目的很明显，就是将海上所有撤退的道路都切断。在上次大战中，我已经有了经验，我又想起发生在这一区域的事情。那时候，我从敦刻尔克调遣了大量的海军陆战旅的机动部队，向攻打巴黎的德军的侧翼和后路发动进攻。所以，加来和敦刻尔克中间洪水系统的重要性，以及格拉夫林洪水防线的重要性我都不用多说了。水闸放开以后，洪水每天都在奔腾。我们在南面的撤退线路就有了保障。布洛涅，特别是加来的保卫战争的局势都很恶劣，他们一直在这样的情况下坚守到最后。这时，英国马上调遣守军到达了这里。布洛涅于5月22日受到袭击，陷入了孤立无援的境地。守备部队除了两个营和为数不多的反坦克炮队之一的兵力外,还有些法国军队。他们连续抵御了36小时，然后发来报告说，已经无法继续支撑下去了。我赞成让这些残兵和法国的军队从海上撤退。5月23日至24日的晚上，这些守军在仅损失了200兵力以后，被8艘驱逐舰载离。法军在城堡里坚持作战，一直支撑到25日早晨，对于我们的撤离行动，我感到非常抱歉。

前几天，我早已经授权帝国参谋长直接负责海峡各个口的防御任务，我们之间的联系很频繁。现在，我作出了一个决定：不能让防守部队从海上撤退，誓死都要守住加来。这里的守军军队有：步枪旅的一个营兵力、第六十步枪七十一旅的一个营兵力、维多利亚女王步枪旅、皇家炮兵第二二九反坦克营、皇家坦克团的一个营兵力。此外，还有轻坦克21辆、巡逻战车27辆和数量相当的法军。要牺牲这些经过培训的优秀部队，只为了争取两到三天的时间，真是件让人心疼的事情。在我们的手上，这样的部队并不多，而且，就算争取到了两到三天的时间,也不确定它会不会有帮助,我们甚至不知道在这几天中做何计划。虽然这个决策让人难受，但陆军大臣和帝国参谋总长同意了。有那时候的电报和会议记录为证。

*　*　*

首相致伊斯梅将军，转帝国总参谋长　　　　1940年5月23日

我觉得，要想让军队通过亚眠顺利南进，除了昨天晚上魏刚下达的指示之外，还必须要尽快为戈特的部队打开敦刻尔克、加来和布洛涅之间的通道，以保证供给线路的通畅。戈特正陷在一

个危险的境地之中，他不能继续装作视而不见了。我们的部队正在从海岸向前方移进，他应该调遣一个师，哪怕尽可能地调集较少的力量去接应一下。如果装甲团和巡逻战车在加来登陆的消息是真的，这对局势的发展是有利的。而且，我们会备受鼓舞，进而调遣该装甲师第二旅的剩余部队到那里去。先要将海岸区域清理干净，才能保证撤退计划中最重要的环节的顺利进行。必须对防线后的侵略者实行穷追猛打的政策。至于难民，应该让他们躲避，并先安置在农田里——就像魏刚计划中提出的那样，这样才能保证道路的畅通。给戈特发一封密码电报大概要多久？你们之间有没有电话或者电报的往来？请送一张地图到唐宁街，要把英军 9 个师营地的详细情况画出来，你可以派手下的参谋军官当信差，不用亲自回信。

首相致伊斯梅将军　　1940 年 5 月 24 日

对于加来附近的战况，我实在无法理解。所有的出路都被德军封死了，城中我们的坦克团被围困，无法抵抗城外野战炮的火力。但是我觉得，围困我们的敌军兵力不是很多，这样的话，我们为什么不主动出击呢？我们从加来发起攻势，戈特勋爵同时从后方向他们进攻，为什么不能采取这样的作战方案呢？为了获取军队所需的补给，戈特肯定能调遣出一到两个旅，将他们的交通线清理干净。他带领的 9 个师的兵力都要完蛋了，有什么理由不派遣一小股兵力，来清理他们的交通运输线路呢？没有什么比打通交通线还重要的了，预备队只有在这个时候使用，才是最正确的时机。

戈特必须要在敦刻尔克内的加拿大军和被困于城内的坦克的配合下，进攻封锁加来的敌军。德国人可以想去哪儿就去哪儿，想干什么就干什么，这是很明显的。在我们的战线后方，经常能看见几只他们的坦克来来往往，就算被发现了，也没有人向他们进攻。一看见他们的野战炮，我们的坦克就向后退，但是，我们的野战炮好像对于轰炸对方的坦克并不感兴趣。他们的摩托化炮兵可以离开阵地，对我们进行包围，我们怎么就不能包围他们呢？我们也拥有强大的炮兵部队啊。……英国远征军是保证我们与加来之间交通线畅通的主力部队。

对于我们的军队来说，以上的说法很不公平。但是，我要把当时我所写的内容照样子摆在这里。

* * *

首相致伊斯梅将军　　　　1940 年 5 月 24 日

我接到了海军副参谋长的消息，上午 2 时，一道“原则性撤退”的命令已经发到了加来。但是，这种做法实在是太疯狂了。要从加来撤退，只会导致一个后果：把截止到目前包围加来的军队转移到敦刻尔克去。之所以要坚守在加来，原因有很多，最主要的一个就是牵制敌军，让他们留在自己的战区内。海军部说，他们正在准备海军专用的大炮，一共 24 门。这种大炮的炮弹重量多达 12 磅，要是装上半穿甲弹头，能把坦克射穿。今天晚上就可以准备好一些。

首相致帝国总参谋长　　　　1940 年 5 月 25 日

我需要马上知道的是：戈特放弃阿拉斯的理由，和他是怎么部署剩余的部队的。魏刚的计划他还在执行吗？还是已经停止了一大部分了？如果已经停下了大部分的话，你是怎么看未来几天局势的进展的？有什么意见？很明显，他一场战争都没进行就被围困了是不对的。他应不应该冲出重围，向海岸进发，充分发挥他相对于敌军来说炮兵上的优势，把位于他和海岸之间的敌军装甲部队击溃。同时，以强壮的后路军队作掩护，保护他和比利时军队向后撤退？最晚要在明天之前告知你的决定。

不管哪个机场，只要有静寂的时刻，蒂尔就能搭飞机飞回国内。皇家空军要保护他，应该调遣一整个中队。

首相致陆军大臣和帝国总参谋长　　　　　　　1940 年 5 月 25 日

昨天，有位军官下令撤出加来，请查出发令人是谁。另外，我今早看到的这份电报很丧士气，请查出草拟电报的人。电报上说这“有利于盟军之间的协作”，这种话根本不能鼓舞士气，让他们坚持到底。参谋部中就没有投降主义思想吗？你们能确定吗？

首相致帝国总参谋长　　　　　　　　　　　　1940 年 5 月 25 日

请给防守在加来的旅长发出如下内容的命令：现在，不管是对于我们的国家还是我们的陆军来说，尽可能地守卫住加来都是至关重要的。第一，能牵动敌军装甲部队的大部分势力，让他们不来骚扰我们的交通线。第二，留下一处港口，以便解困之用，通过这里，可以让一部分英军回国。支援你方的军队已经由戈特勋爵调遣派出，对于你们的补给，海军将尽最大的努力保证供应。在加来的进行的防守战争，是受到这个帝国关注的，以英王陛下为首的政府相信你和你的军队，你们一定能取得胜利，不给大英帝国丢脸。

这封电报的收件人是尼科尔森准将，发出的时间是 5 月 25 日下午 2 时左右。

一直到 5 月 26 日夜晚，才决定不把驻守在加来的守军撤回。在那之前，驱逐舰都在时刻准备着。我待在海军部中，艾登和埃恩萨伊德和我一起。我们三个人从餐厅走出去，晚上 21 时，我们就这个问题进行讨论。艾登手下的团也算在内，在上一次大战的时候，他在这个团服役，他和这个团共同作战了很长一段时间。即使在战斗的时候，人也是要有吃喝的。我们围坐在桌子周围，谁也没说话，我有种生了病的感觉。

以下是给准将发去的电报：

> 对于英国远征军来说，你们在战争中坚持的每时每刻都是极大的帮助。所以，政府决定让你们保持作战。你们会得到最高的赞颂，因为，你们能够坚强地守卫在阵地上，在光荣地战斗。不会让你们撤退（说了很多遍不会），原本用于撤退的船舰将撤回多佛尔。“真谛”号和“温莎”号在保护司令官扫雷之后，还要保护他们回来。

是胜利还是失败，就看加来的了。从敦刻尔克突围的行动也许会遭遇来自其他因素的阻碍。但是，防守加来的战争已经为我们争取了三天的时间，我敢保证，我们能够守住格拉夫林洪水防线。如果不行，那么就算希特勒的行动有迟疑，就算龙德施泰特下达了命令[①]，我们的交通线也会被切断，我们的军队也会尽数丧命。

* * *

上述情况很复杂，除此之外，一个不幸的事情发生了，它让事态的发展更加恶化。到现在为止，德军始终没有大规模进攻比利时。5月24日，比军库尔特累防线的两翼被德军冲破，这里离奥斯坦德和敦刻尔克还不到30英里。没过多久，比利时国王认定战争没有任何希望，想要投降。英国远征军第一军和第二军于5月23日陆续撤离比利时，退至里尔以北和以东国界线一带的防守线处，那里是他们去年冬

---

① 龙德施泰特曾经下令让德军的装甲部队停止继续前进。——译者

天的时候修建的；在我军队南侧实行包围战术的德军已经到达了海岸，所以在这方面，我们必须要提前防备。在事态的威胁下，戈特和他的司令部已经把军队调遣到运河沿岸的拉巴塞—贝顿—埃尔—圣梅尔—瓦当一带的战线当中。在格拉夫林洪水防线一带，这股部队和法国第十六军兵力都离海岸很近。这个侧翼力量向南侧并向内弯曲，针对它的防守任务由英国第三集团军队负责。这里的防线都不相连，全部是防御“点”，散落在重要的路口上。圣奥梅尔和瓦当的防御“点”已经落入敌军之手。卡塞尔向北还有一些重要的通道，它们也面临着巨大的压力。戈特的后备部队只有第五师和第五十师两个英国师。前面已经说了，为了实施魏刚的计划，这两个师冒着巨大的风险，几乎在阿拉斯向南挺进的战争中被重重围困。当天，英国远征军扎下的阵地有90英里长，其中的每一处都离敌军很近。

法国第一集团军在英国远征军的南边，除了在国界线上的防守部队之外，剩下的11个师的兵力都已经缩在了杜埃的东北两方，溃不成军了。德国军队包围圈东南的一股军队向这支军队发起了进攻。在我们左侧的利斯运河战区，比军已经从很多战点被攻击退回。他们向北撤退，导致梅嫩北面出现了缺口。

戈特勋爵于25日夜间做出决策，他命令向南进攻康布雷，这实际上是在执行魏刚的计划。第五师和第五十师在此次的进攻中，奉命协助法军作战。按照约定，法军要从松姆河向北挺进，可至今未见法国有任何动向。守卫在布洛涅的最后一批军队已经完成了撤离。守卫加来的军队仍在坚持中。戈特在这个时候放弃了魏刚的计划。他觉得，向南挺进或向松姆河挺进都是不可能的了。比利时防线已经败退，通向北方的缺口又被冲破，这些对我们来说，都是能改变整个战争形势的新的压力。我们拦截了一道德军第六集团军的命令，并从中得知，一路军队会向西北进发，攻打伊普尔；同时还有一路军队会向西进发，直捣阿兹布鲁克。两路军队齐发，比利时军要怎么才能抵御呢？

一方面，戈特对自己的军事才能很有信心；另一方面，来自英国

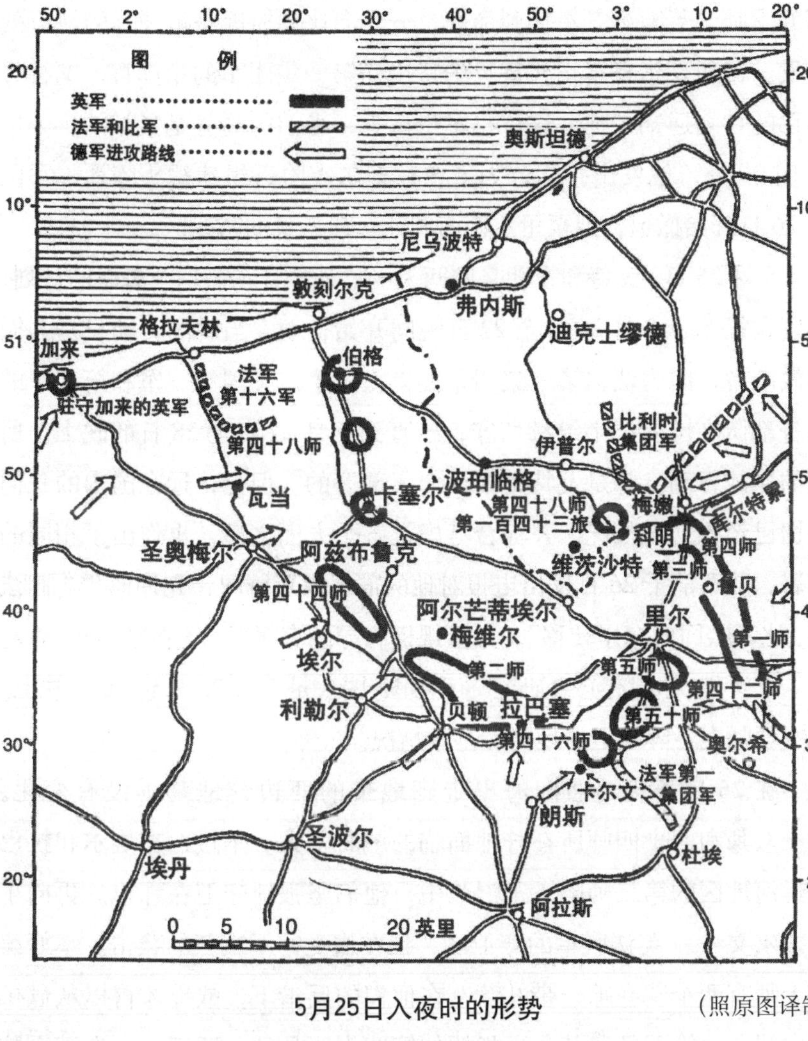

5月25日入夜时的形势　　（照原图译制）

政府、法国政府和法国军队最高统帅部三方的指挥信息都被切断了。所以他决定，停止向南前进。比军投降以后，北面被冲开了一个缺口，他准备在堵塞这个缺口的同时，令军队转移到海岸。在当时的形势下，只有这样做才有可能避免全军覆没或全军投降。下午 18 时，第五师、第五十师、英国第二军接到命令，一齐向比利时即将被冲开的缺口处进发。布朗夏尔将军正代替贝约特出任第一集团军的指挥官，戈特将自己的计划通知了他。这位将军也认为，当前的局势是紧张的。下午 11 时 30 分，他发出指示，为了在敦刻尔克附近组建桥头阵地，军队于 26 日开始撤退，退至里尔西面利斯运河后身的防线区。

5 月 26 日，戈特和布朗夏尔两人一早就拟订了撤退至海岸的计划。英国远征军于 5 月 26 日至 27 日晚间开始行动，当晚的行动只是为撤退做准备，因为法国第一集团军离得太远了。英国第一军和第二军的后备部队在国界线上继续留守，一直到 5 月 27 日至 28 日的晚上。所有的作战行动，都是戈特勋爵一个人部署的。但是，远在国内的我们根据已经得知的战况，并综合考虑过各个方面之后，也作出了相同的部署。陆军部于 26 日发出电报对他的部署表示赞同，允许他“连同法军、比军共同向海岸转移”。大量规模各异的海军船，正在紧急集结中。

读者们，你们有必要研究一下附图，图上是 5 月 25 日到 26 日晚上，英军各师在各阵地上的地势和基本情况。

在 26 日那天，通向海岸走廊地带的西边营地基本没有变化。四十八师和四十四师所在阵地面临的威胁不大。不过，在埃尔和拉巴塞运河地区的第二师陷入了混战中，他们坚强地守卫在那里。再向东的卡尔文——英法联军的守卫区，正在遭受德军疯狂的袭击。幸好第五十师有两个营在那一带扎营，在他们的反击下，战况才得以从危机之中缓和。第五师和其负责指挥的第四十八师的一四三旅，在英军防守线的左翼日夜兼程，为了将英军和比军之间的缺口封死，他们要在黎明到来之前，接任伊普尔—科明运河的防守任务。他们来得正好，就在他们来到之后不长时间，敌军就开始发动进攻了，激烈的战争一直持续到战事完结。第一师的三个营本来是后备部队，现也参加到战争中来。在里尔南边扎下营地之后，第五十师开始向北挺进，帮助第五师在伊普尔周围拓展侧翼的力量。比军遭受的袭击越发凶猛，他们的右翼已经被冲破。所以，他们在报告中说，自己已经没有剩余的兵力用来跟英军的防线取得联系了，并且也没有多余兵力向伊士尔运河撤退以协助英军的行动。

当时，敦刻尔克附近的桥头阵地工事正在组建中。格拉夫林至伯格的战线要由法国军队坚守，而英国军队负责坚守伯格沿运河至弗勒斯、尼乌波特直至海岸一带的战线。在这条防线中，汇集着从两个方向而来的各种不同的部队。27 日下午 13 时，陆军部为了证明 26 日的指令，给戈特勋爵发了一封电报。电报上说，他以后的工作就是："尽最大的努力让最多的军队撤出来"。前天我和雷诺先生说过，我们计划把英国远征军撤回来，并请他下达这一指示。法国第一集团军司令于 27 日下午 14 时对其管辖的各军队下达指示："要在利斯河战场上坚持战斗到最后一刻，绝对不能撤退。"命令下达以后，电讯就断了。

四个英国师和法国第一集团军的情况都不容乐观，他们有在里尔一带被切断的危险。德军围困战术的两翼想将他们包围。当时，我们没有连接各个阶段的比较完善的地图室，而且，远在伦敦的我没有办法操控战事。但是，因为里尔附近的大量盟军陷入困境一事，我担忧了整整三天，因为我们自己的四个优良师也在那里。无论如何，机械化运输虽然很少发挥重要作用，但这次是少有的例外情况之一。戈特的指示一经发出，四个师在一夜之内全部撤离，其速度之快让人诧异。同时，为了让通往海岸的道路保持通顺，剩下的英军正在走廊两侧区域激烈地战斗着。在第二师的制约下，敌人的钳形包围圈稍有迟缓，后又因第五师的阻碍延误了三天。直到 5 月 29 日晚上，包围圈才形成。当时的情况，跟 1942 年俄国在斯大林格勒一带进行的战役很相似。花了两天的时间，这个圈套才封上。在这一期间内，法军的运输工具只有马匹，到敦刻尔克的公路交通被截断，大量退败的军队、运输车的队伍和大批难民拥堵在二级公路上。尽管如此，英军的四个师和法国第一集团军除了牺牲的第五军之外的大部分兵力都有条不紊地经过缺口处撤出来了。

十天之前，我曾跟张伯伦先生说过，让他和其他的大臣们一起研究一下我们单独参加战斗的能力。现在，这个问题我已经正式移交给那些军事顾问了。我草拟了一份材料以供参考，材料中虽然有很多暗示成分，但三军参谋长还是能不受限制地发表任何意见。在这之前我就知道，他们很坚定。但是，用书面的方式把这些决定记录下来，是一个有远见的举动。并且我期待着议会能对我完全放心，并且相信，我的决定是采纳了有关人员的意见，并取得了他们支持的。以下是我草拟的材料以及他们的回答：

1. 参照首相下发的材料和以下逐项的内容，针对有关“在不幸的情况中，英国的应对策略”的报告，我们再次进行了核查。

“如果法国失去了作战的能力，变成中立国家。德国军队在他们现有的阵地上固守。帮助英国远征军撤退至海岸以后的比军不得不投降。而德国若向英国开出条件，解除武装力量的同时，将奥克尼群岛海军基地割让给德国。那么，种种的条件会让英国完全听名于德国。假如这样的话，我们就有可能独自跟德国战斗，或者独自跟意大利战斗。战斗的结果将会是什么？我们能不能把希望寄托在海军和空军的身上，由他们来抵抗敌军凶猛的进攻？同时，如是敌军空军万人以内的部队来袭，在本土上的兵力有没有抵抗的能力？我们能不能这样认为：虽然大半个欧洲都落入了德国的手中，但是英国坚持不懈的抵抗对于德国来说，仍然是一种压力？”

2. 下面的段落中，包含了我们的论断。

3. 只要我们的空军力量尚存，并跟海军力量相结合。那么，我们应该可以抵御德国军队经由海路对我国本土的侵袭。

4. 我们觉得，德军若是掌握了空中的主动权，那么海军对侵袭本土的敌军的抵御只能维持一段时间，不能保证一直抵御下去。

5. 如果我们的海军抵挡不了敌军的侵袭，我们的空军也全军覆灭了。那时，德国一旦发动进攻，我们的海岸和海滩防御部队根本无法抵抗。到时候，德军坦克和步兵就会在我们的海岸上建造工事以立足。如果这样，我们的陆军部队力量是不够的，他们没有能力抵抗凶猛的进攻。

6. 空军占不占优势才是最重要的问题所在，如果德国占据了空中的主动权，他们想要制服我国，也许单凭空军的力量就够了。

7. 德军要想绝对占据空中的主动权，就必须把我们的空军和飞机制造也彻底毁掉，有些主要的部分位于考文垂和伯明翰。

8. 不管是白天还是晚上，都可以从空中袭击飞机制造厂。我们觉得，为了避免惨重的损失，从空中袭击敌军的飞机制造厂应该在白天进行。可是，我们不管采取什么样的措施（我们已经抓紧采取了各种措施）来防卫，也无法从根本上保证一点：避免让飞机制造业所依靠的工业中心遭到猛烈的夜袭。敌军要想对其进行破坏，都不用把轰炸位置定得特别精准。

9. 轰炸能摧毁的物质的数量，和轰炸对工人的精神造成的影响，以及工人在面对轰炸后的残破场面时还有没有信心继续工作，都是空袭能否彻底毁掉飞机工业的主要因素。

10. 所以，敌军要是不停地在夜间袭击我国的飞机制造业，在相应的地区就会带来物质和精神上的双重伤害，进而使当地的工作陷入瘫痪。

11. 切记，德国和我国飞机数量的比例是四比一，他们占有绝对的优势。同时，德国的飞机制造厂比较分散，想要靠近并不容易。

12. 还有，我们要是设立一支轰炸机队，专门用于反击，就能用相同的方式进攻德国的工业中心，给他们造成精神和物质上

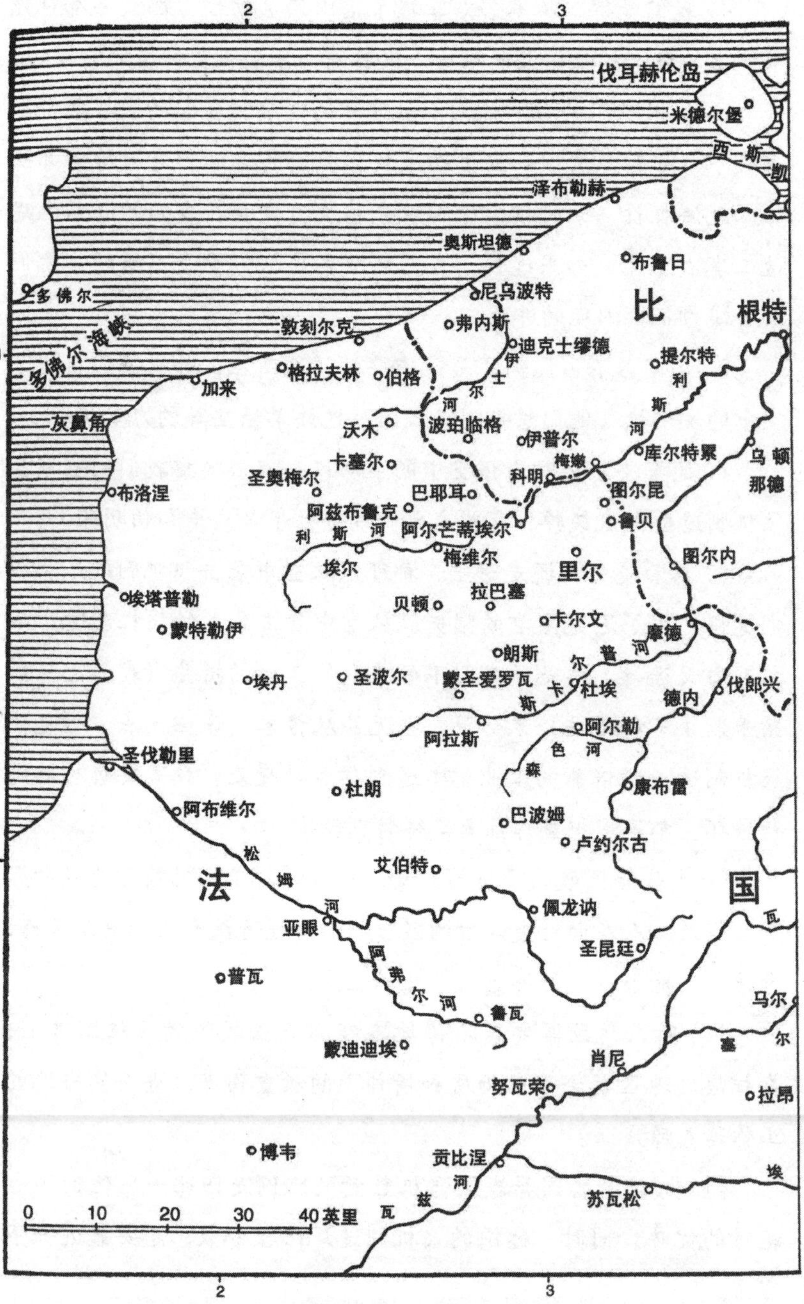

2
3
伐耳赫伦岛
米德尔堡
泽布勒赫
奥斯坦德
布鲁日
尼乌波特
比
根特
多佛尔
多佛尔海峡
敦刻尔克
弗内斯
迪克士缪德
伊士尔河
提尔特
利斯河
51
加来
格拉夫林
伯格
灰鼻角
沃木
波珀临格
伊普尔
库尔特累
乌顿那德
卡塞尔
梅嫩
科明
圣奥梅尔
巴耶耳
图尔昆
布洛涅
阿兹布鲁克
鲁贝
利斯河
阿尔芒蒂埃尔
埃尔
梅维尔
图尔内
里尔
埃塔普勒
拉巴塞
贝顿
卡尔文
摩德
蒙特勒伊
朗斯
斯卡尔普河
埃丹
圣波尔
蒙圣爱罗瓦
杜埃
伐郎兴
德内
阿拉斯
阿尔勒
色森河
圣伐勒里
杜朗
康布雷
阿布维尔
巴波姆
卢约尔古
松姆河
50
艾伯特
法
国
亚眼
佩龙讷
瓦
圣昆廷
阿弗尔河
普瓦
鲁瓦
马尔
塞尔
蒙迪迪埃
肖尼
努瓦荣
拉昂
博韦
贡比涅
埃
苏瓦松
瓦兹河
0 10 20 30 40英里
2
3

1940年5月绘制

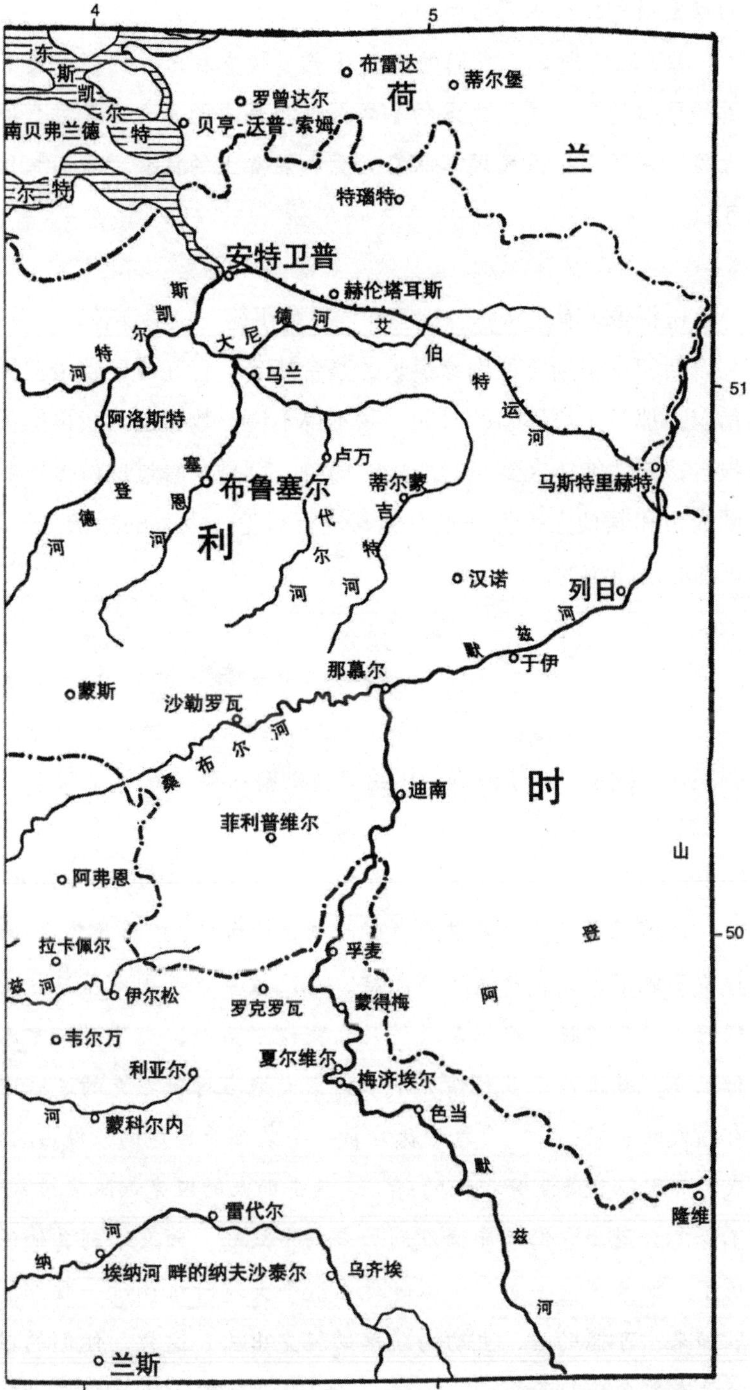
布雷达
蒂尔堡
荷
兰
罗曾达尔
贝亨-活普-索姆
南贝弗兰德
特瑙特
安特卫普
赫伦塔耳斯
斯
凯
尔
特
河
大尼德河
艾伯特运河
马兰
阿洛斯特
卢万
塞
恩
河
布鲁塞尔
蒂尔蒙
吉
特
河
代
尔
河
登
德
河
利
马斯特里赫特
汉诺
列日
默兹河
于伊
那慕尔
蒙斯
沙勒罗瓦
桑布尔河
时
迪南
菲利普维尔
山
登
阿
阿弗恩
拉卡佩尔
孚麦
伊尔松
罗克罗瓦
蒙得梅
韦尔万
夏尔维尔
梅济埃尔
利亚尔
色当
蒙科尔内
默
兹
河
雷代尔
隆维
埃纳河畔的纳夫沙泰尔
乌齐埃
兰斯
4
5
51
50

战斗地区　（照原图译制）

的双重损失，让他们的部分工业也陷入瘫痪。

13. 综上所述，我们的论断就是：初步看来，德国人是有必胜的信心的。可是，我方的参战人员和兵力的士气才是对我们的考验，它可以抹杀德国军队在数量和装备上的优势，我们相信它可以。

这份报告上有尼沃尔、庞德和埃恩萨伊德三位参谋长，以及蒂尔、菲利普斯和皮尔斯三位副参谋长的联合签名，它完成于救援敦刻尔克的前夕，那是个最黑暗的时期。我不得不说，数年之后我再次读起这份报告，依然能体会到当时严峻的局势。可是，看过这份报告的战时内阁成员和其他大臣们并没有就其进行讨论，大家的想法是一致的，大家的心是团结的。

*　　*　　*

现在，我亲自写了一封电函给戈特勋爵：

1940 年 5 月 27 日

1. 我必须要在这局势危急的时刻祝你成功。以后局势会如何，谁都不敢下定论。但是不管怎样，也比被重重包围，等着被枪毙的好。恕我冒昧，以下是我的几点提议：第一，大炮应该拿来对付坦克，就像在很多种情况下一样，大炮在对付坦克的过程中也有损毁的可能；第二，奥斯坦德在被一个装备着大炮的旅侵占之前，我对那里一直是十分担忧的；第三，袭击加来的坦克部队应该累了，不管怎么说，它们只能顾及到加来一个战场，顾及不到其他的战场了。加来还没丢失，何不趁现在这个大好时机调遣一股部队进驻加来，可能的话，主动向敌军的坦克出击。这样，他们的坦克就没有那么吓人了。

2. 现在，应该让比利时人知道战争的情况了。我正在给凯斯发电报，内容同下。但是，希望你能亲自跟国王见一面。凯斯会在一边帮助你。他们应该为我们做出一些贡献了，这是我们对他们的要求。

3. 我认为，我们的军队正在清扫的道路是通向他们的家乡英国的，这点他们应该很清楚。这是一种激励，能让他们斗志昂扬，这种好事是前所未有的。我们将竭尽海军和空军的所能来帮助你。现在，我正和安东尼·艾登在一起，我们向你致意。

〔附件〕

首相致凯斯海军上将

以下的内容还请你告知你的朋友——比利时的国王。我觉得他应该知道英军和法军的动向，他们正在向格拉夫林和奥斯坦德，以及两地之间的海岸进发。他也了解我们的提议，就是在上船的紧急关头，借助海军和空军帮助。我们能替他干什么？让我们为了比军去冒险以至于被围困，或者待在原地等待枪毙都是不可能的。取得胜利是我们唯一的出路，不管发生什么，我们都不会从战争中撤出，除非希特勒战败，或者英国已经不再是一个整体。我相信在最后的时刻到来前，你肯定会跟他一起坐飞机走的。我方的作战如果能顺利进行，桥头的阵地能组建起来的话，到时候如果你们有要求，我们会试探着从海路将部分比利时师载往法国。不过，比利时军队保持作战才是至关重要的，国王的安全也同样重要。

28日以前，凯斯海军上将没有回英国，他没有看到我的致电。所以，国王利昂伯德没有看到这封重要的电文。但是，这是无关紧要的。因为凯斯海军上将于27日下午17时、18时左右给我打了一通电话。以下内容是他报告中的一部分。

国王于27日下午大概17时的时候对我说，他的军队溃散了，他正在发出请求，以停止敌我战争。所以，我给戈特将军和陆军部发了一封无线电密码电报。下午17时54分，陆军部收到我的电报。我马上坐车前往拉潘尼，还跟首相通了电话。之前，首相接到了很多相关的报告，所以他并不吃惊。他对我说，要尽可能地说服国王和王后（母后），让他们跟我一起来英国。还把我应该在当天下午收到的电报的内容跟我讲述了一遍：

1940年5月27日

“在此期间，比利时大使馆从国王决定留下一事推断，国王肯定认定了战事的失败，准备独自去讲和呢。”

“为了避免受到国王投降主义的干扰，在外国的领土上，比利时立宪政府正在组建中。比利时军队被迫解除武装，即使是这样，也有20万适龄的服役候选人存在于法国的领土上。相对于1914年来说，他们的物资更加充足。所以，想要组织抵抗还是可以的。现在，国王的决策是在分割自己的国家，让希特勒凌驾在自己的国家之上。这些意见请转告给国王，一定要跟他讲清楚，对于盟军和比利时本土来说，他现在的决策将会带来怎样的灾难。”

首相的电报我已经转交给了利昂伯德国王，但是他决心已定，他说要跟他的军队和人民一起留下来……

以下的密令是我在国内的时候发出的：

（绝密） 1940年5月28日

政府中的同僚和身居要位的官员们，如果能在这阴暗的时段内在他们身边保持斗志和士气，首相将感激不尽。在严峻的局势面前，这种做法并不是要降低人们的危险意识，而是要鼓励他们相信自己，要坚持作战，有足够的决心，跟欲图统治整个欧洲大陆的敌军对抗到底，直到把他们的野心消灭为止。

法国不能有擅自议和的想法，但是，大陆上不管发生什么，我们都不该质疑我们应尽的责任。为了我们的岛屿，为了我们的帝国，为了我们的事业，我们一定要贡献出自己全部的力量。

戈特勋爵于28日早上又一次接见了布朗夏尔将军。博纳尔是戈特勋爵的参谋长，以下是他对本次会见所做的记录，对于他的举动，我感激不尽：

今天，我们看见了布朗夏尔将军，在卡塞尔会谈的时候，他还热情满满的，但今天的他却没有了往日的精神。他没提出什么对我们有帮助的建议和计划。我们给他念了一封电报，电报要求我们靠近海岸，然后上船。他很吃惊。真是怪异，他和戈特构筑桥头阵地都是奉命行事的，此外，他还想到了其他的什么吗？这只是一些行动前的准备而已，能隐含什么其他的动机呢？我们说，不管是我方还是对方，都接到过差不多的命令，就是要构筑桥头阵地。现在的情况是这样的：我们的政府已经给我们下达了命令，一个已经跟法国政府沟通过的、适宜的命令。我们说完以后，他稍微平静了一些，但并不是完全平静。我们继续说，我们跟他一样，都想着英军和法国第一集团军在最后的时刻能在一起。根据这一点推断，法国第一集团军可能会跟我们一起行动，在今晚撤退。这时候，他坚定地说，这是无法办到的。我们说了很久，把左右局势的种种情况尽最大努力都跟他阐述出来。在东北方向，德军在之后的24小时以内对我们的压力可能不会有什么变动。但是，他们万一施压，后果也是不堪设想的。到现在为止，我们西南边那条比较长的战线面临的压力是最大的。就像他所了解的那样，那个区域的好几个地点昨天都受到了德国步兵师的骚扰，他们的进攻都有炮兵的配合。沃木、卡塞尔、阿兹布鲁克等几个要点虽然没有丢失，不过有的地区并没有保住。很明显，对于德军取得的胜利成果，他们肯定会加以利用的。而且我敢肯定，用不了多久，各师的主力就会为了切断我们撤向海岸的道路而分散开（我们的撤退命令已经下达，但是他们的还没有下达）。所以，要尽快从利斯河撤出来。今夜之前，我们就算撤不到海岸，也最少要撤到达伊普尔—波珀临格—卡塞尔战线一带。撤退如果拖延到明天晚上，那么德国向我们后路包抄的行动就相当于有了两整天的时间来执行。这种做法太迷糊了。我们觉得，就算撤到了海岸，也只有不到三成的部队有突围的希望。在前方战线上的大批部队，确实都无法到达海岸了。但是，这些军官和部队都是接受过优良训练的，就算我们只能拯救其中的一少部分人，对以后的战争来说，也是有益的。所以，只要能做的事情，我们都会尽力去做。其中就包括今晚的撤退计划，就算只有少量兵力突围，也是可以的……

之后，第一集团军现任司令普利欧将军派来的一名联络官跟布朗夏尔说，普里奥已经下定决心，今晚绝不会后退一点。运河方形区域的东北角位于阿尔芒蒂埃尔，西南角位于贝顿，普里奥将军准备留在这一区域。这样的部署，更加坚定了布朗夏尔反对撤退的决心。我们请他下令，让普里奥尽可能地调遣一部分军队同我们一起撤退，就当是为了第一集团军和盟国的共同事业考虑。之所以不能完成撤退，不是因为他所率领的部队过于劳累，就是因为路程太远。只要能成功到达海岸的人，就有登船的可能，但那些被落在后面的，肯定无法幸存。既然这样，为什么不尝试一下呢？不去尝试，就尝不到甜头。尝试一下，起码还能看到一丝希望。可是，我们的话丝毫没有动摇他的决心。他说，从海岸撤退毫无疑问是不可能的，英国可以为英国远征军的撤退打点好一切，但是，法国海军部肯定不会为法国士兵的撤退做任何准备。所以，不管什么样的尝试都是毫无意义的，收益肯定抵不过损失。

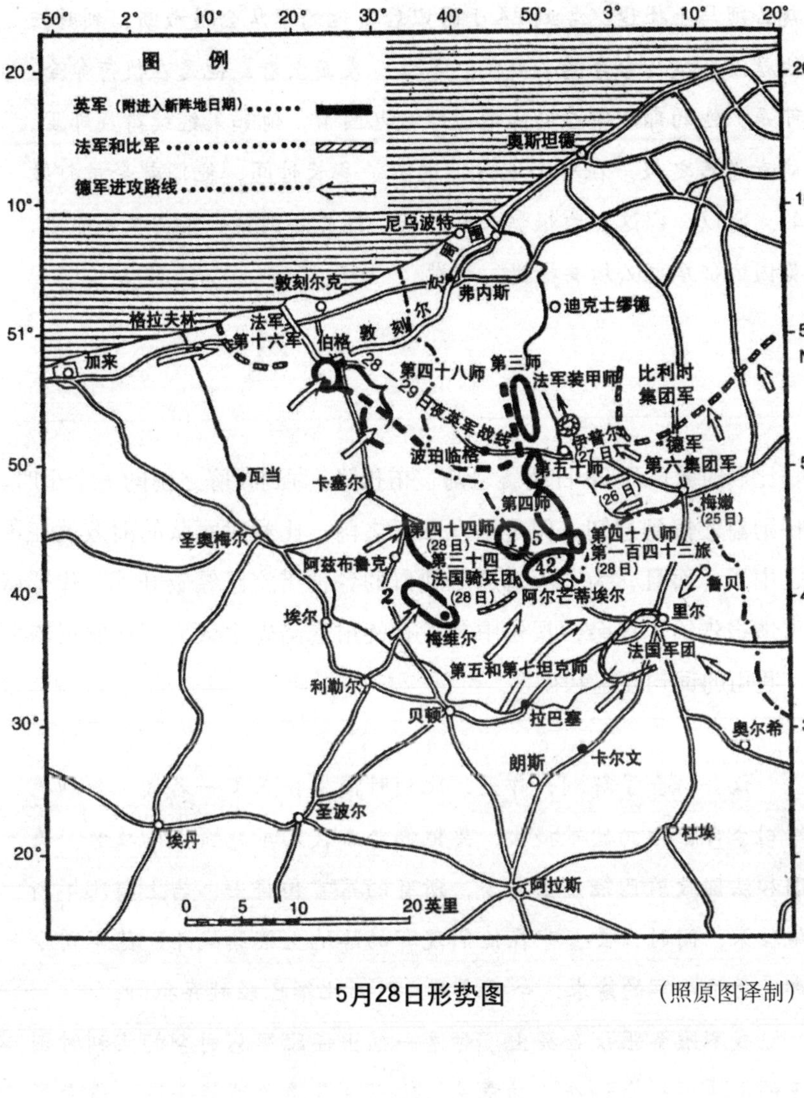

5月28日形势图　（照原图译制）

他赞成普里奥的建议。

之后，他很直接地问，这样看来，既然戈特明知道法军不会一起撤退，那么今天晚上他还打算向伊普尔—波珀临格—卡塞尔一带撤退吗？戈特回答说是的。第一，他既然收到了登船的命令，就必须马上撤退。等到24小时以后，他的军队会被截断，到时候他就没有执行命令的必要了。第二，表面上看，他是在执行命令。可是，他的部队所在的阵地已经被包围了，他如果继续待在那里，简直愚蠢之极。在那个地方，过不了多长时间，他们就会被打败的。所以，以这些为根据来看的话，就算法国第一集团军不撤退，英国远征军也必须要撤退，抱歉。……

* * *

比利时军队于28日凌晨之前宣布投降。直到投降之前的一个小时，戈特勋爵才接到通知。但是早在三天之前，比利时军队的溃败就在预料之中了。而且，为了应对这一缺口的各种措施已经做好了。我把这件事情报告给了议会，报告中并没有使用雷诺先生认为应该使用的词句，我用的词句要温和得多。

议会将会了解到，昨天，比利时国王钦点了一名代表来到德军司令部，他向德军提出，要他们停止在比军战线上的攻势。英国和法国政府已经发出命令，所有的军官和将士，马上与比军断绝往来，同时，要坚守在他们现有的阵地上继续战斗。德军司令部同意了比军的请求，今天凌晨4时，比军已经放弃抵御。

我不准备跟议会提出“对这一刻出任比军总司令的比利时国王的做法下一个论断”的意见。比军也曾勇敢地战斗过，遭受了巨大的损失，给敌军留下过严重的创伤。比利时政府声称，他们已经跟国王断绝一切关系，只有他们才是比利时合法的政府，他们会继续站在盟国队伍一边，继续参战。

我和雷诺在谈论起利昂伯德国王的行为的时候，说法完全不一致，法国政府对此表示关注。我仔细查阅了得到的消息——我查的都是比较可靠的消息，并于 6 月 4 日在议会上说，在平等地对待法国盟友的同时，对驻英国的比利时政府也要平等。我觉得，我应该把事实的真相坦诚以告。

在比利时已经被攻占的最后一刻，利昂伯德国王向我们发出请求，希望提供救援。尽管在最后的一刻，我们的援兵还是赶去了。他带领着 50 万陆军，英勇作战保护着我们的左翼，在他的协助下，我们向海岸撤退的唯一一条通道被打开了。可是突然间，他擅自做主，没有通知任何人，也没有跟我们或者他手下的大臣们商量，就钦点了一名代表到德军司令部投降。我军队侧翼的所有兵力和后路都因此暴露于敌军阵前。

我提到的这支军队，作战勇敢，丝毫没有抹杀它的优良传统。他们没有能力跟敌军打持久战，所以失败了。但是，他们的投降对军队的名誉和声望来说没有丝毫影响。

28 日，我们一天都不知道英军的突围有没有成功。布鲁克和他所率领的第二军打了一场漂亮仗，从科明至伊普尔一直到海岸的战线上，他们始终在东侧进行着抵抗，尽最大努力堵住比利时军队的缺口。第五师在过去的这两天中一直驻守在科明，粉碎了敌军的多次袭击。可是，比军的缺口已经没办法堵住了，因为他们向北撤离之后马上就投降，缺口已经过宽。保护英国远征军侧翼的担子，还要由他们自己来扛。第五十师先要加长防守线，第三师和第四师从新从里尔东侧撤回之后，乘坐摩托车继续扩展这一走廊地带，它是通向敦刻尔克的通道，扩展速度必须要快。在英军和比利时军队之中，德军展开了无法阻挡的突击，这一后果十分严重。其实，我们早就料到了德军的行动：向内迂回经伊士尔河到海岸，以便绕到我正在参与激战的军队的后路。针对德军的行动，我们做了很多准备。

德军被打退了，损失巨大。英军的野战炮队和中型炮队接到命令，向敌人放尽所有的弹药。在反击德军的过程中，凶猛的炮火发挥了巨大的作用。不管是白天还是黑夜，大批的车辆和部队陆续到达距离布鲁克战场后面大约 4 英里的地区，它们有条不紊地进入防线区，敦刻尔克桥头阵地不断扩大。另外，在桥头阵地一带，东西两侧的主要干道在一段时间内被车辆拥堵得水泄不通，后来，拥堵的车辆被压路机清理到两边的水沟中，才勉强扫除了一条交通线——只能单向行驶。

戈特于 28 日下午发出指示，军队全部向桥头阵地集结。那时候，桥头阵地的范围已经延伸至格拉夫林—伯格—弗内斯—尼乌波特一带。英军各师在这条战线上从右边至左边（从伯格到尼乌波特）的顺序是：四十六师、四十二师、第一师、第五十师、第三师、第四师。多数英国远征军都在 29 日之前到达了桥头阵地区域之内。当时，海军撤退计划开始略见成效了。总司令部在 5 月 30 日的报告中说，英国各师的所有兵力和残余部队都在桥头阵地集结完毕。

大部分的法军第一集团军都进入了敦刻尔克，这些军队基本上都已登船。但是，在撤退的过程中，起码有 5 个师的兵力在里尔西侧被德军的钳形作战所拦截。他们准备在 28 日那天向西打破包围圈，可是失败了。敌军从四周向他们施压。之后的三天，里尔的法军的阵地范围越来越小，他们所抵御的德军越来越多。31 日夜，他们在弹药和粮草都用尽了之后，不得不投降。所以，大概有 5 万的法国人被德军俘虏。在那至关重要的四天时间中，勇敢的摩里尼埃将军带领的法军牢牢拴住了德军 7 个师的兵力。要不是这样，那些德国师肯定会加入包围敦刻尔克的战斗中来。英国远征军以及相对于他们来说，比较幸运的法军们之所以能够冲破包围，跟他们所做的努力是分不开的。

*　　*　　*

这次的经历跟往常都不一样，对于肩负重担的我来说，在这些天多变的情况中，无能为力地看着局势的发展，想参与进战争之中，又怕帮了倒忙。我们要是忠诚地实行魏刚的计划，向松姆河撤退的话，那无疑会让我们目前的处境更加危险。不过，对于戈特决定向海岸转移，以及他要放弃魏刚计划的想法，我们很快就批准了。他跟手下的参谋人员有着非凡的能力，出色地完成了任务，在英国的军事历史中，这将是极富荣耀的一笔。

第五章　对敦刻尔克的援助

5月26日至6月4日

祝福和祈祷的仪式——“让人喘不过气的、糟糕的消息”——内阁成员们的表现——小型船只的聚集——七百艘船——三个重要的条件——“蚊式”舰队——法国人的撤离——发给戈特勋爵的最后一个指示——也许会产生的结果——敦刻尔克的指挥权让戈特移交到了亚历山大的手上——我于5月31日第三次出访巴黎——斯皮尔斯将军、贝当元帅——撤离结束——我于6月4日在议会上的演讲——空军的胜利有着重大的意义——英国很坚决

5月26日，在威斯敏斯特大教堂内，举行了一个祝福和祈祷的仪式，仪式的时间不长。英国人不喜欢把内心的想法流露出来，可是，我在歌唱班级的座位上坐着的时候，却感觉到了一种压抑已久的激动的情感，感觉到了参加仪式之人内心的畏惧。他们的畏惧，并不是对死亡、受伤或损失某些物质的畏惧，而是对英国的失败和陨灭心存畏惧。

*　　*　　*

那天是5月28日星期二，截止到那时，我已经有一个礼拜没有到下院去了。在那段时间里，发布任何消息都是无益的。议员们也没要求我发布过什么。可是，所有人都知道，也许就在这个星期之内，不光是我们军队的命运,还有比这更重要的事情,都会有个结果了。我说:“对于不幸的消息,下院应该有心理准备。我只有这一件事情要说,不管在这次的战斗中发生什么,我们都要不惜一切代价去捍卫整个世界的正义,这是我们的责任,什么都破坏不了我们向前迈进的决心和力量。在英国的历史上,这样至关重要的时刻有很多,而现在就是这样的时刻。我们有战胜困难的能力,要坚持到最终胜利时刻的来临。”政府从组建到现在,我除了见过内阁成员和少数政府人员以外,其他同僚基本没有见过。所以我认为,最好能把除了战时内阁成员之外的内阁大臣全部召集到我的下院办公室召开一次会议。在场的大概有25个人。我把战争的发展以及我们现在的境地坦然地告诉了他们,当然也包括未来即将发生的不知是吉是凶的事情。之后,对于这件事情,我并不认为它有多么重要。我很随意地说:

“不管在敦刻尔克会发生什么,当然,我们都要坚持到底。”

内阁成员在当时的反应让我很惊讶,因为,参加这次会议的25个人,都是经验丰富的政治家和议员。他们各自对于战斗的想法——先不管对错——居然都不相同。很多人都从座位上弹起来跑到我这里,站在我椅子旁边拍打我的后背,嘴里还不停地叫喊着。在这关键的时刻,我要是不能妥善主持国家的政策和方针,那么我无疑会被这些人踢下台去。我相信,大臣们都已经做了决定:宁可丢弃自己的家庭和财富,甚至是自己的性命,也不会屈服投降。他们的决心,既是下院的决心,也可以说是所有英国人民的决心。从那以后,大概有几天到几个月的时间中,我总会在合适的场合把他们的决心讲述出来。他们的心情就是我的心情,所以,我能准确地把他们的心情表述出来。在我们整个岛屿上,一股烈火正在以不可抵挡的势头在每一个地方焚烧着。

* * *

英法两国从敦刻尔克撤离一事，确有相关的详细记录。20日之后，在多佛尔港司令官拉姆齐海军上将的命令下，战舰和小型的船只开始集合。海军部于26日下午18时57分发出指示，开始实施“发电机”计划。当天晚上，第一批军队就被载回了国内。现在，布洛涅和加来已经失守，我们控制的地方就只有敦刻尔克和与比利时边界连接的广阔的海岸地区。当时我们觉得，我们要在两天之内拯救出45 000人。第二天，5月27日清晨，在紧急情况下我们采取了应对的措施，为了“满足特殊情况的需要”，必须要找寻更多的小型船。船只的数量必须要保证载下所有撤退的英国远征军。很明显，海滩上的船只除了需要大型船——用于运载敦刻尔克的兵力外，还需要很多小型船备用。海运部的里格斯先生建议从海军部官员的各个船坞之中寻找，从特丁敦到布莱特灵希，共在大小船坞之中找到汽艇40只。次日，这些汽艇就聚集于西尔纳斯。另外，只要能在沿海岸使用的运输工具——伦敦各个码头定期航轮上的救生艇、泰晤士河上的拖船、快艇、渔船、驳船、平底船、游艇等，全部都要征用，以备不时之需。27日，小型船全部下海，如浪潮一般。它们要从我们的海峡港口行驶到敦刻尔克，也就是我们最爱的军队的所在地。

要是不注重保密性了，海军部就会立刻放任船民的行动，让我们国家南方和东南沿海的船民积极地组织行动。不管是汽船还是帆船，只要是有船，就能自行开到敦刻尔克。还好，早在一个星期之前，就已经开始准备了。现在，积极前来的志愿者又有很多。有少量小型船只于29日开过来，这些为数不多的船只也是日后开来的近400只小型船只的先头队伍。从31日开始，这400多只船把大概10万人从海岸载运到了距离海岸有一段距离的大船上，这些小型船在此次的行动中起到了巨大的作用。最近，包括海军部地图室主任海军上校皮姆在内的两三个我以前经常看见的人，我都没有再看到。在四天的时间里，他们用一艘荷兰小船运出去了800人。敌军的空袭连续不断，在赶去救援军队的船只中，英国的船约有700艘，加上同盟国的船只一共有860艘。

*　　*　　*

以下的数量表是官方的统计数字，其中不含未运载军队的船只：

英国船只

	参加总数	击沉	损坏
防空巡洋舰	1	——	1
驱逐舰	39	6	19
海岸炮艇、驱潜快艇和炮艇	5	1	1
扫雷艇	36	5	7
拖网船和扫海船	77	17	6
特别公务船	3	1	——
装甲围板船	3	1	1
摩托鱼雷艇和摩托反潜快艇	4	——	——
荷兰小船（英国海军水手）	40	4	（未记录）
快艇（海军水手）	26	3	（未记录）
私人船只	45	8	8
医务船	8	1	5
海军电动艇	12	6	（未记录）
拖船	22	3	（未记录）
其他小船[①]	372	170	（未记录）
共计	693	226	

① 包括大船上的救生艇和一些不明来历的私人船只，无法查到准确数字，所以没有计算。——原注

盟国船只

军舰（各种类型）……………………49	8	（未记录）
其他船只………………………………119	9	（未记录）
共计……………………………………168	17	
总计……………………………………861	243	

当时，在敦刻尔克附近的海岸周围，有着严密并秩序井然的部署。队伍到了那里以后，很有秩序地在防御工事的沿线休整，没有一点混乱的现象发生。防御能力在那两天的时间内有了显著的提高。阵容强大的部队被调遣去建立防守线。像第二师和第五师那样的损失惨重的部队则负责留守，暂当后备部队使用。万事妥当以后，以最快的速度上船。刚开始的时候，有三个军的兵力在前线作战。后来，法国把很多的防线区都接手了，到 29 日，我们只投入两个军就够了。我们的军队在撤退，敌人的军队一直在追击，敌我之间炮火从未停止过。特别是在尼乌波特和伯格的两侧，战事更加激烈。在撤退的过程中，英法两国军队的数量越来越少，其防线也变短了。在海岸的沙丘上，大量军队遭到了敌军的空袭，攻击经常能持续三到五天。希特勒以为，只出动德国空军就能牵制住我们。等到最后时刻，再出动他一直没有出动的装甲部队，给我们致命的一击。他的思路虽然有一定的道理，但却是错的。

他的愿望破灭了，主要原因有三：第一，在海岸沿岸不停地袭击聚集的军队，却没有造成大规模的死伤。海岸的沙土松软，炸弹掉进去以后，弹片被裹在沙子里无法扩散出去。起初，空袭的炮声响过之后，军队的损失却很轻微，这让兵士们很诧异。虽然炸弹遍布，但是人员几乎没有伤亡。在有岩石的海滨处，空袭带来的后果相对严重一些。很快，士兵们就对敌人的空袭熟视无睹了。想要存活，只要平静

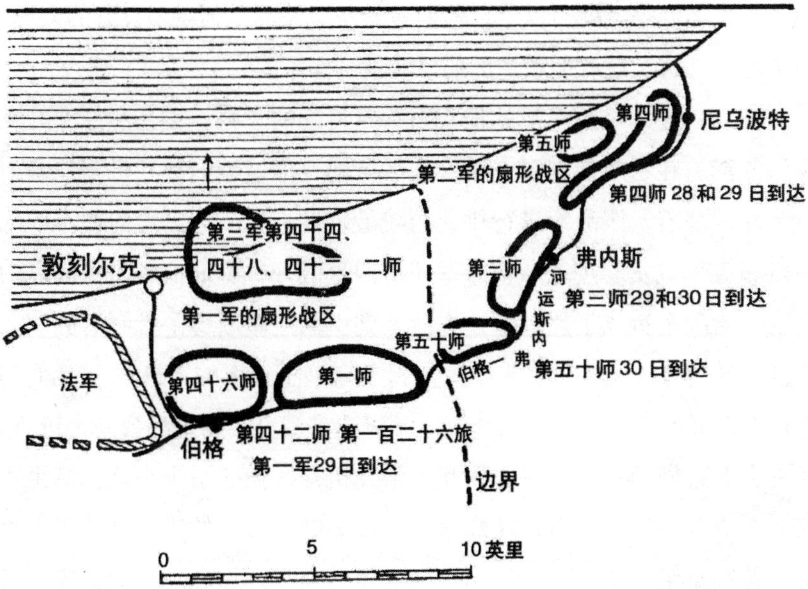

5月29日、30日，敦刻尔克周围示意图 （照原图译制）

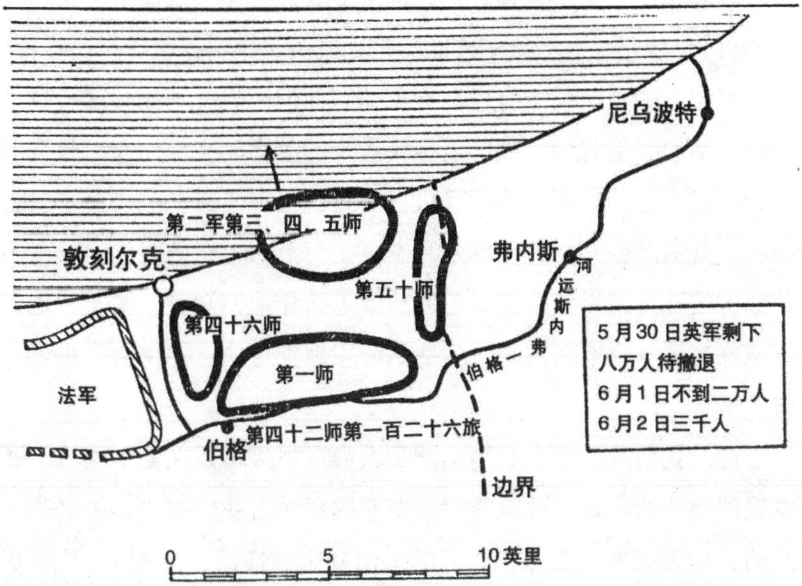

5月31日及6月1日，敦刻尔克周围示意图 （照原图译制）

地在沙丘之间蹲着就可以了。他们看着灰蒙蒙的、但是很友好的大海，到了海的那边，就有能救命的船了，就到家了。

第二，德军飞行人员的损失出乎希特勒的意料。英军和德军的空军作战能力在这里得到了考验。在战区的空中，英国战斗机不遗余力地来回巡视着，跟敌军进行拼死的较量。他们接二连三地向德军的战斗机和轰炸机发起进攻，把敌军冲得四处散开，将他们赶出了战区的上空，给敌军造成了严重的损失。直到皇家空军取得了光辉的胜利之前，这样的战争每天都在上演着。只要碰到了德军的飞机——他们的飞机有时候会一下出动四五十架，不管是在哪儿，英军都会马上进攻。经常会有这样的情况，对方的几十架飞机被我们的一个中队，甚至不到一个中队的飞机打得落花流水。没过多久，敌人的飞机就毁了上百架。首都空军部队作为我们的最后力量，也是最高高在上的一支后备军，也在战争中全部出动。有时候，战斗机的飞行员要在一天内出动四次。我们取得了斐然的战绩，本来占据上风的敌军死的死，伤的伤。我们胜利了，他们虽然也很英勇，但却被我们打得不敢前进。空军在作战的时候，经常是在云层中或距离地面几英里距离以上的上空进行，所以，海岸上的军队极少有机会能见识到他们的战争场面，这一点十分遗憾。他们只能看到从战区上空飞过来的敌军的飞机向海滩投掷的炸弹，不过，这些来袭的敌军飞机也许再也没有飞回去的机会了。有些陆军十分憎恶空军，在多佛尔和泰晤士河港口上岸的时候，一些不清楚战况的陆军还对空军出口不逊。要怎么让他们知道，其实，他们是应该友善地对待空军的呢？我费尽心思地把这一点在议会上讲述了出来。

不过，我们战争的有利因素就是大海。如果不是在海岸附近，那么像软沙等等的优良条件以及我们空军的勇敢对我们来说，都是毫无意义的。局势越来越紧张，人们的情绪越来越高昂，早在10天或12天之前的命令到现在来看，已经起了巨大的作用。海岸沿岸和船上的士兵们都保持着良好的秩序。海面风平浪静。在沿岸和大船中间，是往来不断的小船。涉水的士兵们在海岸乘上小船之后被运走，看到落水的兵士，小船就上前搭救，在敌军的炮火下，它们可能会被击沉，但却毫不畏惧。空袭击毁了一定数量的船只，但是小船的数量足够填补这一空缺了。没有任何力量能击垮"蚊式"舰队。在失败的那一刻，我们团结又不服输的岛国人民得知了这个光彩又荣耀的事情。在我们的历史中，会永远记载下敦刻尔克海滩战役的全部经过。

军舰担负着最沉重的任务，外加小船出色的配合，它们在敦刻尔克和英国之间穿梭，将三分之二的士兵带回了英国。驱逐舰起到的作用也是不可小觑的，这一点请参照本书 89 ～ 90 页[①]的损失统计表。

* * *

撤退行动进行得如何？人们急切地关注着，期待的心情日渐增长。海军当局于 27 日夜间宣称，戈特勋爵的阵地面临的局势已经十分紧张了。皇家海军上校坦南特是海军部派到敦刻尔克任职高级海军军官职务的人员，他在紧急电报中请示道，"到了明天晚上，能不能撤离都是个大问题"，所以，凡是能派上用场的船只，请调遣到海岸支援。局势很危险，甚至已经到了绝望的地步。我们竭尽全力满足他提出的请求，派出巡洋舰 1 艘、驱逐舰 8 艘、大小船舰 26 只前去支援。28 日，局势本来很紧张，但是，我们在皇家空军的帮助下，坚守住了陆上的阵营，有效地缓解了紧张的气氛。29 日，我们的 3 艘驱逐舰和 21 艘船舰被击毁，很多受到攻击的船舰负伤，损失惨重。但是，海军仍然坚定地执行着原计划。

我们不会将法国士兵丢弃在后面置之不理，绝对不会。我在法国还没有对我们产生抱怨，没有提出什么要求之前，就已经发布出了如下的指示：

---

① 英文版的书页。——译注

首相致陆军大臣、帝国总参谋长和伊斯梅将军

1940 年 5 月 29 日

(原件给帝国总参谋长)

重要的一点是，我们应该尽可能跟法国的军队一起撤出敦刻尔克。他们只搭载自己的水上运输工具是不够的。马上联系在我国驻扎的法国代表团，如果可以的话，最好找法国政府一起商量解决办法。这样的话，能避免或者尽量避免不必要的责备。比较稳妥的一个做法就是，把敦刻尔克那两个法国师撤走，以我们的军队取而代之，这样做可以方便指挥。但是，尽可能把最稳妥的意见和应该采取的行动告知我。

首相致斯皮尔斯将军（巴黎） 1940 年 5 月 29 日

下面的文件请交给雷诺，这样做是为了方便让魏刚和乔治接到通知：

我们已经有近 5 万人从敦刻尔克撤离了，今天夜间有希望继续撤离 3 万人。任何时候，前线都可能被冲破，在空袭和来自西南方的炮火的轰炸下，码头、海港和船舶随时都有遭到破坏，以至于不能继续使用的可能。当前，部队的撤离工作进行得比较顺利，但谁也说不好这种情况会不会一直持续下去，以后能拯救多少人还是个未知数。我们撤退的同时，希望法国军队也尽可能地跟我们一起。海军部已经接到命令，在法国海军需要帮助的情况下伸出援手。未来会有多少人不得不屈服投降，我们无从得知。但是，我们要尽量避免这一后果，最重要的一点是，我们要有足够的承受能力去承担。如果以后的工作必然是无序的、沉重的、紧张的，那么，对于这种不可避免的事情心存抱怨就是无意义的。

对撤离的军队的改编工作一旦完成，当我们有足够的力量保

卫我们的性命，或是对敌人趾高气昂的进攻和形势危急的进攻有足够的抵御力量的时候，我们就该在圣纳泽尔挑选一只新的队伍，组成英国远征军了。在印度和巴勒斯坦地区，我调遣过来了一批正规军。要不了多久,澳大利亚和加拿大的军队就能到来了。现在，我们正位于亚眠南侧，我们运输的装备在供5个师使用的情况下还有富余。但是，我们这么做是为了应对突然的袭击，是为了做稳妥的布置。用不了多久，我们就会告知你们我方关于驻法国军队的增援的计划。我激情澎湃地写信给你方。你可以把意见坦诚相告，不用左右为难。

* * *

30日，我召集了海军、陆军、空军的三军参谋长及大臣来到海军部作战室开会。我们对当时比利时海岸的局势做了分析。包括法国的6000军士在内，军队的撤离人数已经接近12万人。运载撤离人员的船只共有860艘。海军上将维克·沃克此时正在敦刻尔克地区，他在来电中说，就在刚刚过去的一小时内，虽然空袭和炮弹不断，但也有4000人成功上船。另外他觉得，到了明天，敦刻尔克就会失守了。我着重说明，必须尽快让更多的法国军队撤离。否则，我们和盟国之间关系的裂痕将无法填补。我补充道，我们应该通知戈特勋爵，当英军的战斗力缩小到一个军以后，就只留下一名军长指挥就可以了，戈特勋爵自己也要登船回来。为了保证法国军队的撤离，英国军队要尽可能守住阵地，时间越长越好。

戈特勋爵的脾气我最了解了，所以，我亲自写了以下命令给他。30日下午14时，这道命令经由陆军部正式传达：

截止到目前为止，撤离工作进行得十分顺利，为了保证更多的人安全撤离，要竭尽全力继续坚守在现在的阵营上。每间隔3个小时，可以经由比利时西部的拉·潘尼发来报告。我们之间的通信如果能保持畅通的话，等你们的军队缩减到我们认为可以交给一个军长带领的时候，我们就会下令让你回国，带上你认为可以跟你一同从那里撤离的军官。现在，你就应该把这位军长指派出来。万一通讯线路断了，那么你应在军队人数缩减到不足3个师的时候，自动把指挥权交给他，然后按照之前的计划返回国内。这一安排完全遵照了正常的军事程序，你不能在这件事情上擅自行动。从政治因素上想想看，你若被敌军俘获，而你手下还有少量的部队，那就等于让敌军占了额外的便宜。你应该让你挑选出来的司令官跟法军并肩作战，一起抵抗敌军攻势，同时组织从敦刻尔克和海岸撤离的工作。不过，他若没有了继续组织撤退的能力，或者不能给敌军带来损失的情况下，为避免毫无意义的牺牲，他可以跟法军高级司令官商量，向敌军投降。

这封电报的最后一部分内容，对于很多重大事件和那位勇敢的司令官来说，也许产生了很深刻的影响。1941年12月末，我人在白宫。总统和史汀先生将麦克阿瑟将军的命运和在科里几多尔[①]的美国驻军的命运都告诉了我。我觉得，我们有必要跟他说明白，我们会如何对待一个所率部队已经缩减到只有原来一小部分的总司令。总统和史汀先生在阅读那份电报的时候，是很用心的。他们好像深深地记住了电报的内容，这让我很惊讶。那天，没过多久，史汀先生就过来了，他向我要一份电报的副本，我马上给了他一份。我不知道是不是这份电报促使他们作出了正确的决策，也许吧。他们命令麦克阿瑟将军把自己的指挥权交出去，由另一位将军[②]接手。这位令人钦佩的司令官在

① 指科里几多尔失守一事。——译注

② 温赖特将军。——译注

后来的战争中之所以能屡建奇功，正是得益于此。若不是这样，他只会死在战场，或是被日本所俘，根本没有在以后参战的机会。希望我的想法是对的。

* * *

海军上将拉姆齐现在正在多佛尔，戈特勋爵的参谋人员于 30 日跟他会面协商之后，给戈特发出了通知说，想要守住东部外围的阵营，6 月 1 日的白天可是最后的时限了。所以，要采取紧急的行动，把在撤离过程中留在海滨上的不到 4000 人的英国后卫部队的安危保住。后来我才发觉，想要在最后的防守阵地上抵抗到最后一刻，这些兵力是远远不够的。所以决定，英军一定要在防守区一直坚持到 6 月 1 日到 2 日的晚间，与此同时，英军和法军要在互等的基础上撤离。戈特勋爵于 5 月 31 日奉命完成了指挥权的移交（交给了亚历山大少将），回到英国的时候，当时的局势大体上就是这样的。

* * *

我不想造成误会，为了保持私人间的往来，5 月 31 日那天，我飞往巴黎参加了盟国最高军事会议例会。艾德礼先生、蒂尔将军、伊斯梅将军跟我一同前往。另外，5 月 30 日刚从巴黎飞回英国的斯皮尔斯将军也带着最新的消息跟我一起上路了。他既是一位出色的军官，也是一位议员。从第一次世界大战之后，我们就建立了友谊。那时，他是一名联络官，负责法军的左翼和右翼之间的通讯。1916 年，他带我视察了维密岭，将我介绍给了法国第三十三军司令法约尔将军。他说着一口流利的法语，袖子上挂着五条负伤荣誉带。现在，我们两国的关系是让人焦躁不安的，而他正是改善我们关系最适合的人。当英法两国陷入困境或发生争执的时候，法国人总是焦躁地喋喋不休，而英国人的反应虽迟缓，但有些野蛮。不过，斯皮尔斯在跟法国核心人物交谈的时候，一直都很淡定。在我见过的人中，还没有人能在这一点上超过他。

那一天，我们没有到外交部去，我们去了圣多米尼克街陆军部雷诺先生的办公室。我和艾德礼发现，跟我们见面的法国内阁成员就只有雷诺和贝当元帅。当时，贝当任职最高军事会议的副主席，在我们的会议中，他还是第一次露面。他穿着平常的衣服。我们这边出席的人员还有我国的驻法大使、蒂尔、伊斯梅和斯皮尔。出席的法国代表有：魏刚、达尔朗、德马尔热里上尉（雷诺私人办公室的主任）、伯多安先生（法国战时内阁秘书）。

挪威的现状是我们讨论的第一个问题。我说，经过仔细的思考之后，英国政府觉得，应该马上从纳尔维克地区撤离。在那里，我们安排了部队、驱逐舰、高射炮，但是，其他的地方也需要这些。所以我们建议，撤离从6月2日开始执行。英国的海军可以把法国军队载运回法国，挪威的国王或者任意一支挪威军队要是想的话，英国海军都可以把他们护送到法国来。雷诺说，对于这一政策，法国政府是赞同的。要是跟意大利打起来了，地中海的上将肯定迫切需要这批驱逐舰。在埃纳河和松姆河的战线上投入16 000人的兵力是一项有效的部署。就这样，这个问题被解决了。

然后，我们把话题转移到敦刻尔克上。对于北方军团的情况，法国人好像还没有我们了解到的消息多。我说，包括15 000人的法军在内，一共已经撤离了165 000人。他们听到这一消息之后十分诧异。撤离的英军人数比法军人数多得多，很明显，他们已经发现了这个问题。我向他们解释说，部队后面有大量的英军行政机构，在作战部队从前线返回之前，这些行政机构的人员就已经上船了。另外，到现在为止，法军还没有收到撤离的命令。我这次来到巴黎，有一个原因就是：我要确认撤离的命令是不是同时发给了英军和法军。目前，在中央阵营留守的英军有三个师的兵力，他们可以掩护盟国的全部军队撤离。盟军现在肯定遭受了巨大的损失，所以，以上的安排，以及海路的运输，都是英国为了弥补盟军的损失作出的牺牲。现在的局势十分紧张，英王和英国政府认为，应该给戈特勋爵下达一道命令，将伤员留在后面，先把作战人员从战斗中撤离。现在这个计划一旦成功了，就意味着那些健康的兵士能顺利撤出20万。这是不可思议的。要是放在四天之前，我能保证的人数还不到5万人。我再三强调，我们的装备损失严重。雷诺称赞了英国的空军和海军，我感谢他这样做。然后，我叙述了英国和法国的部队要如何才能重组的详尽的细节。

此时，达尔朗海军上将草拟了以下电报，准备发给身在敦刻尔克的海军上将阿布里亚尔：

1．你率领的几个师的兵力，和英军司令率领的几个师的兵力，要共同在敦刻尔克附近的一个桥头阵地坚守。

2．如果你确定，桥头阵地外围已经没有军队再前往登船地点了，就应立刻下令让留守在桥头阵地的队伍撤离，登船的时候，让英军优先。

我马上插嘴道，不需要让英军优先上船。英军和法军在撤离的时候，要遵照相等的原则，“携手共进”。英军应该在后方掩护。我的观点得到了大家的认同。

然后，我们说到了意大利。我把英国的看法讲述了出来，意大利要是参与战争，我们就要给他们最沉痛最有效的回击。在意大利人之中，有很多都反对战争。要让全部的意大利人意识到，战争是残忍的。我提议，我们应该对西北部的工业区——米兰、都灵、热那亚三个城市所组成的三角地带发动一次空袭。对于同盟国要马上行动这一建议，雷诺表示完全赞同。达尔朗海军上将已经拟定了一个计划，他说，对意大利的石油补给系统的进攻要分兵从海上和空中两路进行。法国和意大利的边界同那不勒斯之间的沿海区域，是意大利大部分石油的贮藏地。有关技术方面，也在协商之后作了相应的部署。

之后，我说出了我的期望：我的政府是最近才成立的，英法两国政府同等地位成员应该尽快增加对彼此的了解。比如说，能让劳工大臣和工会的领导贝文先生出访巴黎是我的一个愿望。贝文先生把自己卓越的能力展露得淋漓尽致。英国的工人阶级在他的带领下，放弃了比上次战争中更多的休假和特权。雷诺热情地答应了。

粗浅地说了一下丹吉尔的局势和不让西班牙参战的重要性之后，我接着分析了总体局势。我说到，盟国在对待敌人的时候，坚决不能后退。……最近的境况已经让美国愤怒起来了，他们就算不参加战争，也会在不久之后给我们强有力的支持。英国要是遭到敌军进犯，美国在那时起到的作用就更大巨大了。英国是无畏的，不管是大城小镇，都会奋起抵抗。英国军队的基本需求满足了以后，他们就可以把富裕出来的部分分给自己的同盟国法国。……我们一定会坚持到战争的胜利，这一点我深信不疑。就算我们之中有一方战败了，另一方也不可能投降。英国本土若是陷入了劫难，变成一片废墟，英国政府会在“新大陆”挑起战斗。两个盟国之中，若是有一方或是双方都被德军打败，他们绝对不会友善地对待我们。我们将成为他们的依附和奴仆，永世不得翻身。绝不能让两个民主国家忍辱偷生，不能让德国把我们赖以生存的东西抢走，我们宁可带着西欧的文化和所有的成就走向惨烈的覆灭之路。

艾德礼先生继续说，对于我的建议，他完全认同。“英国处在险境之中，这一点我们已经认识到了，我们还明白，德国人要是取得了战争的胜利，就会摧毁英国人民建立起的所有的东西。德国人在杀人的同时，也在扼杀人们的思想。我们国家的人民都是坚决的，这种坚决他们从来没有看到过。”对于我们的表述，雷诺表示十分感谢。德国军队在战胜之后，士气总是极度高昂的，而雷诺相信，德国人民不可能一直保持那样的状态。在英国的帮助下，法国要是能坚守在松姆河，要是美国的工业能补给我们军用物资上的空缺，我们就有胜利的把握。由于我一再强调："就算我们之中有一方战败了，另一方也不可能投降。"雷诺说他很感激我能这样说。

到此，正式的会谈就告一段落了。

我们从会议桌周围散去了，在窗户那边，有几个核心人物表情特异地站在一起谈论着什么。那些人中，以贝当元帅为中心。斯皮尔斯站在我的身边，协助我用法文交谈，同时也讲述着他自己的观点。德马尔热里——这个年轻的法国上尉说，在非洲的战争一定要打到最后一刻。不过，贝当元帅看上去却很沉重，没表示赞成也没表示反对。从他的表现中我感觉到，他可能想独自去议和。信仰他的人们除了难以抵抗他的语言魅力之外，对他的品德、声望，和在困境中的从容不迫也同样抵抗不住。有一位法国人（具体是谁我记不住了）曾委婉地说过："在某些特定的环境下，军事战斗上的接连失败可能会让法国不得不对其外交政策进行修改。"话说到这里，斯皮尔斯猛地站起来，用一口正宗的法语对贝当元帅说："元帅先生，那跟封锁有什么区别呢？你不会不明白吧。"旁边一个人说："可能这种结局是躲不掉的。"然后，斯皮尔斯直对着贝当说："那不是单纯的封锁，所有被德国人侵占的法国的港口都要遭到轰炸。"他能把这个点讲出来，我十分开心。我唱起了一首以前经常唱起的歌曲：无论遇到什么问题，无论跟不上队伍的是谁，我们都要在战争中坚持到底。

* * *

空袭又持续了一整夜，但并非是大规模的骚扰。次日，我一早就离开了巴黎。以下的电报是我刚到国内时就发出去了的：

首相致魏刚将军　　　　　　　　　　　　　　1940年6月1日

已经快到撤离的最后时刻了。五个战斗机中队一个接着一个地行动，连续不断。这已经是我们能尽到的最大的努力了，不过，今天早上有六艘船只被击毁，包括几只载满了军队的船只。只有正在通航的航道才能感受到大炮的压力。敌军日渐迫近，桥头阵地的范围明显减少。要是挺到明天的话，我们也许会丢失一切。要是今天晚上能撤离，即使会损失很多兵力，却也能拯救很多兵力。目前为止，在桥头阵地上的法国部队还拥有作战能力的并不多，比你所说的要少。而且，留在那里的兵力有没有你说的那么多，也是值得质疑的。在碉堡里面，不管是海军上将阿布里亚尔，还是你，还是我们，都无法对事态做出精确的判断。所以，桥头阵地的英国防守区司令亚历山大将军以及海军上将阿布里亚尔在我们的指示下，将在共同商讨之后对军队能不能支撑到明天做出一个判断。我坚信，你肯定赞成我们这样的做法。

5月31日和6月1日两天，敦刻尔克的战争仍在继续，这场战争已经到了最后关头。英国军队在这两天的时间内，成功地让132 000兵力平安登陆。约有三分之一的兵士，都是在凶猛的炮火和空袭中，从海岸用小船接应出来的。从6月1日早上开始，敌军轰炸机的袭击就开始了。它们总是趁我方战斗机不得不回程加油的时刻趁机前来突袭。我方集结的船只在敌军的轰炸下损失惨重，仅一天的损失，就赶上了上个星期的总损失。在空袭中，在水雷和快速鱼雷的突袭中，在各种恶性事件中，我方这一天的沉船数量竟多达31艘。其中，被击沉的占11艘。另外，陆地作战的敌军加强了对桥头阵地的威胁，他们费尽心思地想攻进去。在盟国后方部队的拼死反击下，他们被全部击退。

撤离工作到了最后的关头，不仅秩序井然，而且十分顺利。以前的作战都是走一步看一步的，像这次这样能事先安排好行动的，这还是第一次。6 月 2 日清晨，依旧坚守在范围被缩小了的敦刻尔克阵营上的军队有：装备着 7 门高射炮和 12 门反坦克炮的英军 4000 人和差不多相等数量的法军。目前，只能等到天黑之后再撤离。海军上将拉姆齐做出决定，在当天晚上，把所有的能用到的船只全部聚集到敦刻尔克港。那天夜里，拖船、小型船只以及一支配有 44 艘战舰的队伍（其中包括 11 艘驱逐舰和 14 艘扫雷艇）从英国离开。同时，法国和比利时的 40 艘船只也参与了行动。英国的后路部队在半夜之前就登船了。

但是，敦刻尔克的战事并没有在这里画上句点。我们准备在当晚让一批法军撤离，撤离的人数要更多，甚至比他们自己要求的撤离人数还要多。结果，天色初亮的时候，我们的船还没有装满，有些还是空的，但是已经必须要撤离了。海岸上还有大批的法军留在那里，部分法军正在跟敌军激战。必须再准备一次撤离行动。这段日子以来，这些船员日夜不停地工作，片刻不得休息。尽管这样，他们还是服从了命令。6 月 4 日在英国登陆的法国兵士有 26 175 人。英国的船只载运的人数有 21 000 多人。可惜，那里还有几千的兵力没有撤离。桥头阵地已经越来越小了，他们在那里一直坚持到 4 日的清晨。当时，敌军已经到达城市外围，他们的能量已经耗尽了。在很多天的时间里，他们英勇地作战，保护着英法其他同伴的撤离。以后的日子，他们都要在德国圈禁俘虏的阵营之中度过了。要是没有敦刻尔克这些后续部队的坚持，英国重组本土防卫部队的工作，以及英国在争取最终的胜利的过程中所做的努力，都不会像现在这样顺利。这一点我们必须要牢记。

6 月 4 日，在法国的授意下，海军部于下午 14 时 23 分发表声明说，“发电机”计划正式完成。

在英国登陆的英军和盟军的数量

日期	从海滩	从敦刻尔克	共计	累积数量
5月27日	–	7669	7669	7669
5月28日	5930	11 874	17 804	25 473
5月29日	13 752	33 558	47 310	72 783
5月30日	29 512	24 311	53 823	126 606
5月31日	22 942	45 072	68 014	194 620
6月1日	17 348	47 081	64 429	259 049
6月2日	6695	19 561	26 256	285 305
6月3日	1870	24 876	26 746	312 051
6月4日	622	25 553	26 175	338 226
总计	98 671	239 555	338 226[①]	

* * *

6 月 4 日，议会召开会议，我有必要先公开，然后在秘密议会上，再把事情的经过跟议员们汇报一遍。我当时的演讲稿一直被保留到现在，以下只列出其中的一部分。我们应该马上对我们的国民，和全世界的人民讲明白，我们说要在战争中坚持到底，不是在毫无希望的情况下的一种反抗，而是有根据的。而且，我应该详细地说明，为什么我如此信心满满，这一点也是很重要的。

我们一定要小心，这次的援救行动不能称之为胜利。撤退从来都不是赢得战争胜利的途径。可是，要知道一点，这次的救援行动却预示着胜利。这次的胜利是空军取得的。很多回国的兵士说，没有看到空军展开任何行动。空军在掩护部队撤离的时候，对敌人的轰炸机进行的攻击是带有掩护性质的，而兵士们却只看到了

① 这些数量是根据海军部最后一次整理出来的统计为准的。关于在英国登陆的人数数量，陆军部的记录是 336 427 人。——原注

敌军的飞机。他们小看了空军在这次战斗中的作用。我曾听过很多人谈论起这件事情。我之所以要谈论一下这个跑题的话题，也是因为如此。这件事情我必须要让你们知道。

这次的战争对于英国和德国的空军来说，都是一次考试。德国发起空袭的主要目标就是阻止我们从海岸撤离的计划，把我们聚集在那里的大量船只击沉。此外，他们还有更深一层的目的，你们能猜到吗？除了这个目的以外，综合整个战局来看，他们对从更大方面来看的军事作战和军事意义还有什么更进一步的企图呢？他们使出了浑身的解数，可惜失败了。他们在执行计划的时候，遭遇了失败。陆军在我们的指挥下撤离了。相对于他们给我们带来的损失来看，我们给他们造成的损失要多上四倍有余。……相对于他们现在正面对的敌人来说，我们的各型号的战机和飞行人员，全部比他们的优秀，这一点已经得到了证实。

在英伦的空中抵抗海外的袭击对我们来说，要更加有利。当我们说出这一点的时候，我应该强调，从这些事实中，我找到了一个绝对可信的论断。根据这个论断，我们制定出了一个切实可行的，又能保证绝不失败的方法。对于这些年轻的飞行人员，我表示深深的敬重。当时，在上千辆装甲车的攻击下，作战能力高超的法国陆军有大部分都溃败了。难道这还不足以说明，上千名飞行人员的能力和忠诚值决定着文明的事业有没有希望得到保护吗？

我们听人说，关于入侵英伦三岛的问题，希特勒先生自有安排。以前，很多人也如此掂量过。在布洛涅，拿破仑率领着他的大军，驾驶着他的平底船，在那里驻扎了一年。之后有人告诉他："在英国那里，杂草丛生，十分厉害。"英国远征军回到国内之后，英国的这种杂草理所应当地变多了。

相对于我们在这次战争或者上次大战中来说，我们现在在英国本土上的兵力数量要多得多。要想抵御敌人入侵英国本土，上述这一条件无疑是有利的。但是，不能再这样了。我们不能总是防御，我们应该对盟国负责。我们要重新组建英国远征军，让他们继续由勇敢的总司令戈特勋爵率领。这些都正在部署。可是我们要保证，近期内在本土上组织的防御战必须要达到优越的水平。一能保证投入的最少的兵力的安全，二能在作战过程中挖掘出战斗的潜能。关于这方面的工作，我们正在安排中。

在演讲结束的时候，我说了一段话，这段话深深影响到了美国的决定，这一点在以后就能看出来了。

“欧洲的大部分领地，以及很多著名的古国都已经沦陷，或者正在沦陷，尽管他们都处在秘密警察和纳粹党等恶俗势力的统治之下，我们也决不能犹豫，决不能丧失信心。我们肯定会在战争中坚持到底。我们作战的战场在法国、海上和大洋中，以后，我们会越来越有信心和能力在空中的战场作战。为了保卫本土，我们宁愿牺牲一切。海岸上、敌军的登陆点、田野中、街头巷尾、大山中，这些都是我们跟敌人战斗的战场。我们不会投降。就算岛国的一部分已经屈服，或陷入困境（当然我不相信会有这种状况发生），我们远在海外的人民，也会继续战斗。英国的船舰和武装力量会保护他们。当上帝认为时机成熟了，那么我们的新大陆会用尽一切的办法，拼尽全力，去挽救那个旧大陆，让那里的人们得以解放。”

第六章　争相抢掠

英国和意大利那历史悠久的友谊——对意大利和墨索里尼来说，中立所带来的意义——出任首相后，我给墨索里尼写的信件——他在回信中的态度很决绝——雷诺于5月26日出访伦敦——英法要求罗斯福总统介入——我对内阁5月28日电报的传达——意大利一旦参战，必要给它沉痛的打击——意大利以及南斯拉夫——意大利参战——法军拦截住了对阿尔卑斯阵地上的袭击——1943年12月23日，齐亚诺给我的信件——罗斯福总统警告意大利——6月11日我给他发去的电报——英国和苏联的关系——德国取得胜利，莫洛托夫表示庆贺——斯塔福德·克里普斯爵士出任驻莫斯科大使——1940年6月25日，我给斯大林的去信——苏联的分赃

从加里波第和加富尔那时开始，英国和意大利之间就建立起友谊了。意大利北部从奥地利的掌控下走向解放的每一步，以及整个意大利逐步走向独立和统一的每一个阶段，维多利亚时期的自由主义者都对其作出了关怀。这种亲近的情感是长久的。意大利、德国、奥匈帝国之前签订了三国同盟条约，条约中规定，不管发生了什么，意大利都不能参与到对大不列颠的战争中来。第一次世界大战的时候，意大利主要是受了英国的影响，才加入协约国的。法西斯主义是以反对布尔什维主义为宗旨建立起来的，在这一组织的建立和墨索里尼上台的初期，英国的舆论曾因此分为众多派别。但是，两国人民友好的情谊并没有因此受到影响。之前我们见到过，他是跟英国一起反对希特勒主义，反对德国的不良企图的——在墨索里尼准备入侵阿比尼亚的计划引起各种争议之前。关于巴德文—张伯伦对阿比西尼亚采取的政策给我们双方带来的糟糕的影响，我在上一册书里曾说起过。还有，我提过我们是怎样在没有破坏意大利统治者的权利的情况下，保持了和他们之间的距离。我也提过，对于国际间的联盟关系来说，放弃救援阿比西尼亚这一决定最终造成了怎样的伤害。在姑息政策执行的那段日子中，为了修复同墨索里尼的关系，我们也看到了张伯伦先生、塞缪尔·霍尔爵士、哈利法克斯勋爵的真诚的努力。但是，他们的努力并没有获得成效。最终，墨索里尼更加信心满满。他以为，英国已经到了日暮西山的时刻，在大英帝国这片荒土之上，意大利可以靠德国的帮助建立起他们的未来。然后，柏林—罗马轴心随之出现了。由此可见，在开战的前一天，意大利很明显会加入对战英国和法国的行列。

墨索里尼让自己和自己的国家所肩负的义务是不会改变的，但在此之前，他若能审慎一些，就会先了解一下战事的发展。安静地等待是有好处的。意大利成为了作战双方都想争取到的伙伴，所以，这些国家也都尽量满足意大利的需求。意大利签订的很多协议都是十分有利的，而且，它争取到了充分的时间来改造军事设备。局势就这样模模糊糊地过了几个月。意大利的政策如果一直不变的话，那么我们真该好好猜一下它的未来。美国国内有很多美籍意大利人，美国可以用这些人的投票向希特勒发出警告：若想以武力拉拢意大利，后果是不堪设想的。中立的立场可以带来稳定、富强，也可以保证国力的提升。希特勒和俄国要是产生了争执，就可以延长这种良好的状态，直到永久，而且会越来越好。不管是在和平的年代，还是在战争马上要结束的一年时间内，在这个充满阳光的半岛上的辛勤富有的人民历史上，墨索里尼将会是最开明的政治家。相对于他后来的处境来说，这种状态简直要好太多了。

1924 年之后，我在巴德文内阁出任财政大臣的那几年中，在维护意大利和英国长期以来的友谊的问题上，我曾做出过巨大的努力。相对于对法国采取的债务清算的方法，我和沃尔皮伯爵商量拟定的那一套要更加丰厚。为此，这位领袖曾经由衷地感谢过我。他要授予我最高的荣誉勋章，在我一再推辞之下，他才收回。而且，法西斯主义和布尔什维主义一旦相冲，没有人会质疑我的立场，以及我对哪一方更有信心。1927 年，我跟墨索里尼有过两次会晤。那时候，我们之间保持着友好和亲密的关系。除非我们双方在阿比西尼亚的问题上走上绝路以至于展开战争，否则，我不可能促使英国或者是国际联盟针对于他。关于重新整顿英国军队装备的这一建议，我大加宣扬。不管是墨索里尼还是希特勒，都理解我的主张，尊重我的看法。尽管墨索里尼对于英国各方言论反对我的看法一事，保持着乐观的心态。

现在，法国的战争遭遇了严重的挫败，我们也被卷入其中。我是首相，应该尽到自己的指责，竭尽全力避免意大利参战。很快，我就用尽了所有的办法和手段去做到这一点，尽管我没抱太大的希望。我任职政府首相之后的第六天，根据内阁的期望，我给墨索里尼写了一封信。两年之后，当局势已经完全变了时候，我的信件和他的回信被一起发表了出来。

* * *

首相致墨索里尼先生　　　　　　1940 年 5 月 16 日

我现在已经是首脑兼国防大臣了，想起我们在罗马的会谈，我十分希望向您这位意大利民族首相表示我的友善，尽管我们之间的隔阂正在日益加深。英国和意大利两国的人民之间，已经展开了厮杀，现在来阻止这种局面，是不是已经晚了呢？我们两国之间有嫌隙，会导致我们之间开战，双方都会在战争中遭受损失不说，地中海的上空也不得安宁。你非要这样的话，那这个结果也是不可避免的。不过我要说明的是，对于强大的意大利来说，我从没想过要与之成为敌手，或者跟意大利的掌权者过不去。现在，欧洲正在进行激战，战争的结果如何无从得知。不过我坚信，英国肯定会跟过去一样，坚持到最后，不管大陆上有什么情况出现，也不管英国是不是在独自作战。我们一定会坚持，我也有一些胜算。我相信，美国或者美洲上的所有国家，会逐渐加大对我国的帮助力度。

我这次很严肃地发出号召，不是因为我们能力不足，也不是因为我们害怕，请你相信这一点。以后，它会被记载于史册之中。这么多个世纪以来，位于各种要求之上的号召是这样的：一起继承了拉丁文明和基督教文明的人们，千万不可以相互残害。好好听听这一点吧，我用所有的光荣和崇敬请求你，在你发出那让人畏惧的信号之前好好考虑一下，我们坚决不能放出这样的信号。

回信的态度很决绝，不过最起码也有一个优点，就是他说话是直截了当的。

墨索里尼先生致首相　　　　1940 年 5 月 18 日

你肯定了解，是什么历史环境和偶然的因素造成了我们两国之间现在的这种敌对关系。我给你写回信的目的，就是为了告诉你这一点。不用回顾得太久远，我很乐意提醒你一下，1935 年在日内瓦，对意大利实行制裁的决议是贵国政府第一个提出来的。当时，意大利并没有对贵国或者别的国家的利益和主权造成威胁，它只是想在非洲的太阳之下谋得一席之地。我还很乐意地提醒你一下，当意大利人民在它自己的海域被人欺辱的时候，你一直在冷眼旁观。贵国政府已经对德国宣战，如果这种做法仅仅是为了你们的荣耀的话，那你也应该清楚，不管在什么样的情况下，意大利现在和未来的政策，都取决于我们对意、德条约的相同的荣耀感和尊严感之上的。

从那以后，我们更加坚信的一点就是：墨索里尼会在时机对他最有利的时刻参与到战争中来。其实，随着法国军队的战败演变成定局的时候，他就已经下定决心了。5 月 13 日，他对齐亚诺说，对英国宣战要在一个月之内完成。他于 5 月 29 日对三军参谋长下达了通知，说他决定在 6 月 5 日之后的任何一个有利的时机对英正式宣战。由于希特勒的介入，宣战的日期有所拖延，延到了 6 月 10 日。

* * *

5 月 26 日，北方各集团军的处境已经很危险了。谁都不敢保证有哪支部队可以脱险。对于这个问题，我们十分焦虑。当时，雷诺乘飞机来到英国，跟我们一起商讨对策。意大利随时会参战，对于这一点，我们心里必须有个数。到时候，就会在法国引起新的冲突，把法国变成新的战场。在南方，一个新的敌人就像一只凶猛的野兽般向它袭来。怎么才能让墨索里尼回心转意呢？这个问题是目前问题的核心。我觉得完全没有可能。但是法国总统说，有必要尝试一下。他把支撑这种“必要”的依据跟我们阐述了一遍，我们听后，反而觉得希望更加渺茫了。可是在法国国内，雷诺正在饱受着各方的压力。对于我们来说，是愿意顾及到盟国的境况的。它的陆军，即它唯一一个赖以生存的武装力量正在瓦解。之前，雷诺把他出访英国的经历都说了出来，也详尽地描述了他们之间的会谈①。参加我们会谈的还有：哈利法克斯勋爵、张伯伦先生、艾德礼先生和艾登先生。至于局势的严重性，已经没有必要再谈了。但是雷诺却坚定地说，法国有可能会退出战争。法国是有这样的趋向的，尽管雷诺本人并不想退出。可能要不了多久，他的职位就会被一个跟他的个性截然不同的人所取代。

---

① 雷诺：《法国拯救了欧洲》，第 2 卷，第 200 页。——原注

5月25日，按照法国政府的提议，我们曾一起向罗斯福总统发出请求，请他参与进来。在给罗斯福的信件中，英国和法国授权他将以下的意见发表出来：关于在地中海的领权问题上，我们知道意大利对我们十分痛恨。我们认为，只要是符合常理的要求，我们都会立刻参考。同盟国认为，在参加和平会议的时候，意大利应该跟交战国享有相同的地位待遇。而且，对于目前这个协商一致的主张的执行情况，我们会请总统来亲自监督。总统这样做了。可是，意大利这位掌权者无情地回绝了总统发表的意见。关于总统的回复，我们早在跟雷诺会晤的时候就已经知道了。现在，法国总理提出的意见更加清晰了。意大利"在它自己的海域被人欺辱"，他要是想用自己提出的意见来纠正意大利的观点的话，那么很明显，直布罗陀和苏伊士的地位都会产生动摇。对于突尼斯这一问题，法国正要作出相同的退让。

对于这种见解，我们一点都不赞成。不是不该考虑这个问题，也不是说在这种关键时刻，在为了避免意大利参战这个事情上，不值得牺牲那么多。凭我个人而言，我认为，从我们目前的状况上分析，我们一旦战败了，墨索里尼可以自己拿走所有的一切，或者说，希特勒会帮他去拿。对于要覆灭之人来说，是没有资格跟别人讲条件的。跟领袖之间的友好谈判一旦开始了，我们继续参加战斗的能力就会毁在我们自己的手上。我发现，我的同僚们没有丝毫犹豫，全都很坚定。我们也存在着一种倾向：墨索里尼一旦宣战，我们立刻就向米兰和都灵发起进攻，试探一下他的反应。雷诺被我们说动了，最起码，他对我们的计划是满意的，因为，他好像是发自内心地同意我们。我们能答应他的，也就是把问题呈交到内阁去，并在次日给他一个清楚的回复。在海军部，我们和雷诺两个人单独吃饭。下面的内容有大部分都是我草拟出来的，它能表现出战时内阁的态度：

* * *

首相致雷诺先生　　　　　　　　　　　　1940年5月28日

1. 今天，你给我的关于墨索里尼先生应做出的具体妥协内容的提议，我和我的同僚们都仔细地，并带着怜悯的心情仔细研讨过了。对于我们双方所处的危急的局势，我们应该有个明确的认识。

2. 上一次，我们对此进行过商讨，从那以后，又有很多新的事情发生。比利时军队投降了，这让我们所面临的局势更加危急了。显然，布朗夏尔将军的军队刚刚从海峡港口撤离，他的军队和戈特将军的军队都是很大的问题。这个糟糕的事情会导致的第一个后果便是：在这种关头，德国提出的条件肯定是让人无法接受的。而且，战争不坚持到最后一刻，你我双方都不希望失去我们的独立权。

3. 上个星期日，哈利法克斯勋爵草拟了一份议案。议案提议，墨索里尼如果能跟我们配合，保证欧洲所有问题顺利解决，保卫我们的独立权，保障那些能使欧洲长久稳定、和平的东西，我们就能对他在地中海方面的要求做出讨论。为了能让他因为某些诱惑甘愿做我们的中间人，现在，你可以提出建议，多给他一些特殊的条件作为让步。我觉得，墨索里尼是不会为之所动的。而且，一旦提出了要让步，以后想要反悔就很难了。这个方案正是上个星期日我们共同商讨出的结果。

4. 在最后关头，墨索里尼先生肯定已经对自己要扮演的角色分析过了。这一点我和我的同僚们都深信不疑。在居间调解的过程中，他无疑是要为意大利的利益着想的。不过，希特勒已经认定盟军的力量会在不久之后被瓦解和摧毁，他正在为此高兴。在这个时候，墨索里尼提出的要召开会议的提议很难实行，我们相信这一点。我还可以告诉你，美国总统在我们联合的要求下提出的提议，已经被拒绝了。另外，上星期六的时候，哈利法克斯勋爵给驻英大使发去的意见也没有得到回复。

5. 所以，我们也许会在某个时间跟墨索里尼进行一番商谈。

不过，就当前的形势来看，显然不是一个好时机。而且，我必须要再说明一点，我感觉这会动摇我们人民现有的顽强不挠的精神。你自己最好能衡量一下，法国会因此受到什么样的影响。

6. 可能你很想知道，目前这个形势要怎么扭转？我的回答是：两个北方集团军损失了，比利时盟国的援助中断了，我们这时候如果依然信心满满，那么在谈判的时候，我们的地位就会提升，美国也会对我们另眼相待，它甚至可能在物质上出手帮我们一把。另外，我们的空军每天都会摧毁敌军很多的战斗机和轰炸机，这个数量让人感到诧异。我们认为，只要两国团结一致，我们无法战胜的海空两军就会为了捍卫我们的共同事业，继续给德国国内的生活施压。

7. 德国人也想争取时间，这一点我们有必要相信。他们的英勇正在很多因素中丧失：惨重的损失、遭遇的困境和对我方空军的畏惧。要是我们匆忙地认输，那么我们赢得战争光荣胜利的大好机会就失去了，我们的结局就会变得悲惨。

8. 依我看，我们两国要是能坚持到最后，或许我们能将自己于丹麦或波兰的遭遇中拯救出来。想要取得成功，第一我们要保持团结一致，第二我们要勇敢有耐力。

这样的做法并没有成功阻止法国政府，几天以后，他们直截了当地跟意大利提出要在领土上作出退让。这种做法让墨索里尼很看不起。6月3日，齐亚诺跟法国大使说：“法国企图通过和平谈判的方式，让意大利收回部分领土，但是，墨索里尼不屑于如此，他决定要向法国宣战了。”[①]——意料之中的事情。

* * *

① 雷诺：《法国拯救了欧洲》，第2卷，第209页。——原注

现在，为了做好稳妥的准备，我每天都会连续发布命令。如果墨索里尼发起不怀好意的进攻，我们能马上反击。

首相致伊斯梅将军　　1940 年 5 月 28 日

1. 以下的命令请呈交给参谋长委员会：

意大利要是参战的话，我们如何向驻在阿比西尼亚的意大利军发起进攻？如何用步枪和钱财对阿比西尼亚的起义军进行支援？如何对他们国家进行常规的侵扰？我了解到，史末资将军已经向东非派遣了一个南非联邦旅。这个旅到了吗？什么时候能到？还有什么其他的安排吗？在喀土穆的驻军（含青尼罗省）的作战能力怎么样？在盟军的帮助下，这是阿比西尼亚人为自己争取自由的机会。

2. 意大利宣战之后，法国若还是我们的伙伴，英法就可以联合起来，分别在地中海的两侧行动，主动向意大利发起进攻。这样的作战策略貌似是最合适不过的了。战争刚刚打响的时候，为了了解意大利的作战能力，了解它从上次战争到现在有什么变化，最好能跟它的海军和空军进行两线交战。这是很重要的。地中海舰队总司令提出的防卫计划，我们最好拒绝。除非我们感觉到了意大利的凶猛，对于驻军在亚历山大港的舰队来说，最好能马上前进，而且要冒些风险。相对于单纯的防守来说，这样的部署要好很多。趁这个时候，各个战场都应该执行一些冒险的计划。

3. 我认为，法国一旦保持中立，海军部对此要有方法应对。

首相致伊斯梅将军（和其他人）　　1940 年 5 月 29 日

我们一定要在最短的时间里，从巴勒斯坦抽调 8 个营的兵力回来。我觉得，运兵船已经无法从地中海经过。所以，我们只能选择红海或者波斯湾。今天下午，针对这两条路线选其一（到波斯湾要经过沙漠）的问题，我们可以讨论一下，最好也向海军部征求一下建议。请向我汇报你们需要的时间和安全情况。澳大利亚军队可以继续待在巴勒斯坦，不过是暂时的。但是，高级专员和其他人员都要根据需要服从国家的最上层的指挥。

海军部应该对此问题做出决定：能不能用大型邮船从好望角运走这些兵力。

首相致海军大臣　　　　1940 年 5 月 30 日

意大利若是宣战的话，我们要怎么做才能把他们全部的船只夺过来？在英国的港口上，意大利船只的数量是多少？如何处置航行于海中的和停靠在外国港口上的意大利船只？这封信还请你马上转交给相关部门。

我们之前说过，巴黎最高军事会议是在 5 月 31 日召开的。在会议上，双方已经达成一致，盟军应尽快行动起来，攻击在意大利境内选定的目标。要允许法国和英国的空军、海军人员相互交换他们的计策。意大利有入侵希腊的倾向，如果这种事情真的发生了，我们赞成保卫克里特岛，不能让它被敌军侵占。在备忘录中，我们还重申了这一点。

首相致空军大臣和空军参谋长　　　　1940 年 6 月 2 日

里昂和马赛有被攻击的迹象，对此，意大利一旦宣战，我们就应该用我们的重轰炸机来反击。这一点很重要。所以我认为，在获得法国的批准后，在后勤部队做好接纳它们的准备之后，这些重轰炸机应该尽快飞到法国南部的机场。

在今晚的会议中，请告知你的意见。

首相致空军大臣和空军参谋长　　　　1940 年 6 月 6 日

如果开战了，或者我们收到了毫无礼节的威胁，那么，我们应该马上向意大利发起攻势。这一点是至关重要的。后勤部队正在开向法国南部机场，请把他们的准确位置报告给我。

对于意大利之前拟定的计划，齐亚诺表示非常赞同：在欧洲，意大利采取行动的最远界限，就是对南斯拉夫的侵袭。这种做法既能稳固意大利在东欧的势力，又能提升它颇具潜质的经济地位。曾有那么一刻，墨索里尼也为这个计划所动摇。格拉齐亚尼记录说，4 月底的时候，领袖对他说："南斯拉夫必须要服从于我们，它的矿藏中有我们需要的原料，我们必须要去挖掘。所以，我制定的战略是：防守住在西边的法国，进攻在东边的南斯拉夫。关于这个问题的讨论，请做好相关准备。"[①]格拉齐亚尼说，他以前极度劝说过，意大利的军备缺乏，大炮的数量尤其不足，不能再重蹈 1915 年伊松佐战役中的覆辙。针对有关南斯拉夫的这一计划，也有一些人持反对的意见，他们提出了一系列政治上的论断。当时，德国的行动尽量不波及东欧。因为他们害怕，不想让英国在一怒之下在巴尔干有所行动。这样的话，很可能在无意间让俄国在东欧有更深一层的行动。当时，关于意大利的政策中的相关情况我并不知情。

首相致外交大臣　　　　1940 年 6 月 6 日

在这之前，对于意大利一旦袭击南斯拉夫（假如它要袭击的话），我们就立刻跟其开战这一策略，我一直持反对意见。我想知道，对于南斯拉夫的独立问题来说，这会不会对其造成严重的影响。或者说，意大利单纯想要在亚得里亚海附近争取到一定的海军基地。但是现在，局面已经不一样了。英国和法国不停地受到来自意大利要宣战的压力，而且，作战绝不是从"后门"开展的。眼看着我们跟意大利的关系就要被破坏了，而有关南斯拉夫的任

① 格拉齐亚尼：《保卫祖国》第 189 页。——原注

何问题都并不是导致这一结果的原因。所以，趁机动员巴尔干也许是我们最主要的方法。关于这个问题，你能否好好想想？

* * *

墨索里尼并没有改变他的心意，尽管美国已经用尽了全力（赫耳在他的回忆录中，详细地记录了美国所做出的努力[①]）。在这场新纠葛和攻击的最后一刻到来之前，我们已经对其做好了充分的准备。6月10日，意大利外交部长于4时45分给英国大使发出通知：意大利觉得，他和联合王国的对战状态从那天的半夜就已经开始了。同样的照会，意大利给法国也发出了一份。法国大使费朗苏瓦·彭赛拿到了齐亚诺呈交上来的照会的时候，他走到门边，说："德国是个很难服侍的主人，你们马上就知道了。"群众被组织起来，听墨索里尼站在他的露台上发言。他说，意大利和英法两国已经进入敌对状态。听说，之后齐亚诺对此做出过解释，说这样的机会"五千年才能碰上一次"。这样的机会很罕见，但是，并不代表它一定是好的。

驻扎在阿尔卑斯的法国军队受到了意大利快速的袭击，很快，大不列颠就向意大利宣战了。在直布罗陀，有五艘被拦截的意大利船只被抢夺过来了，海军收到命令，把海上全部的意大利船只都拦截下来，带到我们控制的港口。我们的轰炸机队伍（飞机基本不载货）于12日晚间从英国离开，飞行了很长一段路程之后，把首批弹药扔到了都灵和米兰。我们估计，一旦法国的马赛机场可以为我所用了，我们将会投掷火力更猛的弹药。

在此，我们顺便对法意战役作下粗略的说明。对于意大利西部集团军在阿尔卑斯山山口和里维埃拉的沿线的攻击，法国能调动的部队除了三个师的兵力之外，还有比三个师兵力多一点的要塞部队。在翁

---

① 《赫耳回忆录》，第1卷，第56章。——原注

伯托亲王率领下的这支部队共包含32个师。另外，德国强大的装甲部队正沿着罗纳谷快速前进着，眼看就要将法国的后路切断了。即便如此，意大利的军队依然遭遇了反抗。法国的阿尔卑斯军队在新战线上的每一处都扼制了意大利军队前进的步伐。也就是说，尽管巴黎已经沦陷，德军已经攻占了里昂，但是，意大利军队却无法继续向前迈进。6月18日，希特勒和墨索里尼在慕尼黑会晤。作为意大利的领导人，他没什么值得炫耀的。所以，6月21日，意大利发起了新一轮的攻势。但是，法军的阿尔卑斯阵营十分坚固。尼斯的主力将意大利军队的进攻抵挡在芒通的郊区处。在东南边界处，法军捍卫住了他的荣耀。但是，它的后面却遭到了德军的侵袭。他们的战斗力因此而瘫痪了。与此同时，在同德国签订的停战协议上，附带着法国向意大利提出的要求：停止敌对作战关系。

* * *

前些日子，齐亚诺在他的岳丈下达处决他的命令之前，给我写过一封信。对于意大利悲惨的命运的讲述，我完全可以用这封信作为结点。

丘吉尔先生：　　　　　　　　　　　维罗纳，1943年12月23日

在我死期将至的时候，我要向你诉说一下我的衷肠，对此，你应该不会感到意外。因为，你在我眼中就是一位十字军的战士，我很崇拜你。虽然有那么一段时间，你跟我说过不好的话。

在犯下一系列违反国家和人民道义的恶行的时候，在跟德国人并肩作战的时候，我都没有帮助墨索里尼作恶，从来没有。而是正好相反。去年8月份的时候，我在罗马失踪了一段时间。因为我听信了德国人的话，以为我的孩子们已经陷入了危险之中。他们向我保证，会送我去西班牙。可是，他们却不顾我的想法，将我和我的家人流放到巴伐利亚。截止到现在，我已经在维罗纳

的监狱里待了三个月了。在那里，党卫军残暴地对待我。我快要走到尽头了。我听别人说，用不了多久，我就会被处死。我认为，这样恰好能让我脱离这种难以忍受的虐待。如果让我看着意大利在德国的统治下受到羞辱，遭受无法弥补的损失，那我宁可去死。

现在，我要弥补我的过错：为了发动这场战争，希特勒和德国人做了很多冷酷又残暴的事情。这是我亲眼所见，我对此深恶痛绝。在密室里，只有我一个外国人看到了这些可恶的劫匪为把这个世界推向一场血腥的战争中所做的准备。按照这些劫匪行事的惯例，现在，他们要消灭我这个危险的目击者了。不过，他们错了。因为，很早之前，我就将我的日记和一些文件保管在一个十分安全的地方了。相对于我本人的证词来说，它们对这些劫匪所犯下的罪孽更有说服力。它们可以证明，墨索里尼这个可怜的卑鄙小人，为了他的虚荣心，不顾道义，成了他们一伙人的傀儡。我都安排好了，这些证物——早在出访罗马的时候，佩希·罗恩爵士就知道有这些东西了——会在我死以后，通过盟国的刊物快速发表出来。

可能我今天能给你提供的有利信息很少，但是，我能为自由的正义之事提供的除了我的性命以外，就只有这些了。这项事业一定会取得最终的胜利，这一点我坚信。

你的坦诚的格·齐亚诺

* * *

10 日晚上，罗斯福总统发表了一篇演讲。午夜的时候，在海军部作战室，我跟一些军官一起收听了他的演讲。那个时候，我还在海军部工作。他激动地指责意大利说："1940 年 6 月 10 日，一个人拿着短刀刺向邻居的后背。"当时，屋里很多人满意地叫了起来。马上就要投票选举总统了，美籍意大利人会把票投给谁，我不是很清楚。但是，罗斯福在美国政党中是一个经验丰富的政治家，这一点我心知肚明。宁可冒着一定的危险，他也要实现他的目标。他的演讲很精彩，感情色彩浓厚，而且，还让我们看到了希望。临睡前，我趁着还能记住他演讲的时候，我给总统写了一封信，以表达我的感激之情。

前海军人员致罗斯福总统　　　　　　　1940 年 6 月 11 日

我们昨天晚上都听了你的演讲，讲话中，你伟大的发言和远大的目光使我们更有信心了。你宣称，美国会在物质上支援正处于战争中的盟国，这让身在绝境中，但还没有绝望的盟国看到了一丝希望。必须要竭尽全力，保证法国能继续参战。有想法认为，巴黎沦陷之时，就是法国要上谈判桌之时。这样的观点，是一定要杜绝的。你给他们的希望，会转化为力量，支撑着他们坚持下去。他们应该坚持守护他们的领土，将陆军所有的战斗能力都激发出来。这样的话，希特勒想要快速解决他们的妄想就会破灭，他会把目标转到我们的身上。现在，我们正在为他的强势进攻做准备，我们要保护自己的国家。在我们的领土上，军队数量是足够的，因为英国远征军已经被救出来了。这些师一旦配备上更好的装备，能适应陆地的军事作战以后，它们就会被调去法国。

我们想有一支强有力的军队，以便让它在法国参加 1941 年的战争。在大不列颠生死攸关的战役中，我们需要一批含飞艇在内的飞机，却更需要一批驱逐舰，这个问题我已经在给你的电报中说过了。意大利可能会有更多的潜艇进入大西洋，而且在西班牙的港口成立一个基地。为了应付它们，我们必须要配备驱逐舰才行，这样才能抵御意大利的暴力行为。只有驱逐舰才有对抗潜艇的能力。拿到你们给我们重新配备的 30 或者 40 艘旧驱逐舰，是我们现在最重要的任务。我们会马上把潜艇探测器给它们装好，在战争中，在我们新建造的船舰未投入使用之前，这些驱逐舰可以在这半年的时间内，填补我们缺失的船舰。你不管什么时候想收回船舰，都请提前半年告知我们。我们肯定毫不迟疑地归还你的船舰，或者归还与你原来的船舰价值相当的船舰。未来的半年最重要，我们没有能力在保护东西海岸不受敌军侵略的情况下，还去抵御德意潜艇对我们商船发起的新的、凶猛的攻击。这样的话，我们海上的交通线就有被切断的危险，我们要想生存下去，海上交通线就断不得。就算是被切断一天也不行。对于我们的共同的事业，不管是你想要贡献的，还是已经做出的贡献，我和我的同僚们都向您表示由衷的感谢。

* * *

争相抢掠的一幕开始了，除了墨索里尼这批饥饿的狼外，争相竞夺的还有熊。在上册书中，我有说起过有关战争爆发和敌对行动开始之前，英国和苏军之间的关系。那时，在俄国侵袭芬兰的日子中，苏联和英国、法国之间的关系其实已经快要破裂了。这个时候，德国和俄国双方在各自的利益关系能接受的情况下，建立起了亲密的合作关系。希特勒和斯大林两个独权统治者之间有很多相同的地方，他们政府的体制也十分相似。对于德国大使舒伦堡伯爵，不管在什么样的比较正式场合，莫洛托夫总是对他笑着逢迎，对德国的政策冒昧又卑鄙地称赞着，对希特勒采取的军事行动大加夸赞。4月7日，德国侵略挪威的时候，他说，德国采取这样的政策是被迫无奈的，苏联政府应该知道这一点；英国人的做法有些过了；对于那些保持中立的国家的权利，他们一律无视……“但愿德国在它采取的防守策略下，能获得成功。”[①]在法国的问题上，荷、比、卢三国保持中立的态度，希特勒费尽心思地把他要进攻这三国的消息于5月10日上午发给了斯大林。舒伦堡是这样写的：“我探访了莫洛托夫。对于这个信息，他持赞成的态

① 《纳粹—苏联关系，1939—1941年》，第138页。——原注

度。他还说，德国为了自卫，必须要抵御英法的袭击，这一点他很清楚。他相信我们会成功，这一点是毫无疑问的。”[①]

在战争没结束之前，我们无法得知他们话中暗含的意思，尽管如此，我对俄国的立场还是不抱任何希望的。我们依然要有耐心，试着跟俄国重新建立一种双方信任的关系，将我们的希望压在局势的进展和俄、德两国的敌对关系上。我们觉得，最智慧的方法就是让斯塔福德·克里普斯担任驻莫斯科的大使，让他在这个岗位上发挥自己的才能。这是个没有前途，又看似无法成功的任务，但是他心甘情愿地接受了。相对于保守党人和自由党人来说，苏联的共产党人更痛恨左翼的政治家，对此，当时的我们并不十分了解。除非一个人是党员，否则，这个人在感情上对共产主义的亲近程度，就决定着苏联人对他的憎恶程度。对于克里普斯担任大使一事，苏联政府表示同意。他们还把这个计划跟纳粹同伴们做了详细的解说。5 月 29 日，舒伦堡向柏林汇报说："为了交换英国的橡胶和锡，苏联十分愿意以自己的木材作为交换品。苏联对我们一片赤诚，这一点是毋庸置疑的。而且，苏联的对英政策总体上保持不变，德国及其利益不会受到损害。所以，克里普斯此次出访苏联，并没带任何让人感到不安的理由。关于在此间的苏联政府中，有人因为德国的成功感到畏惧和不安的问题，我们没有看到任何一点能使人信服的迹象。”[②]

法国的瘫痪、法军的溃败、西方势力的平衡被破坏，斯大林应该会对这些事情有所反应的。可是，对于他们自己的困境，苏联的领导人们好像没什么知觉。6 月 18 日，法国遭遇了全盘的溃败。舒伦堡在那时候汇报说："今天晚上，莫洛托夫邀请我去他的办公室。他要代表苏联政府向德国的武装力量取得的丰功伟绩献上热烈的庆祝。”[③]从那

---

① 《纳粹—苏联关系，1939—1941 年》，第 142 页。——原注
② 《纳粹—苏联关系，1939—1941 年》，第 143 页。——原注
③ 《纳粹—苏联关系，1939—1941 年》，第 154 页。——原注

以后，同样是这支武装部队，在大约过了一年之后，他们将炮弹和钢铁像潮水一般扔洒在俄国的领地里，他们的表现完全出乎苏联政府的意料之外。现在我们才明白，1940 年希特勒在打败法国之后的第四个月，就已经决定要消灭苏联了。苏联政府曾经对这些德军表示热烈的庆祝，但他们却开始向东方进军，这是一次大规模的、远途的、秘密的部署。苏联政府和共产党代表，以及世界各地的同伴们在回想了他们错误的判断和以前做出的所有行为之后决定，呼吁开辟第二个战场。在第二个战场上，曾被他们认定必将灭亡和必将遭到奴役的英国，却肩负着主要的力量。

相对于那些冷血的计划制订者来说，我们对未来的预见要更加真实，对于他们自身的利益和所处的险境，我们也比他们更加了解。这是我给斯大林写的第一封信件。

首相致斯大林先生　　1940 年 6 月 25 日

欧洲的局势每时每刻都在发生变化，在这种情况下，我把一封亲自写的信件交给了英王陛下新任的大使，并拜托他趁着你接见他的时候，将信件转交给你。

从地理位置上说，我们两个国家地处欧洲的两边；从政治体制上来说，我们两个国家所代表的政治和思想观点都不一样。可我坚信，我们两国之间想要在国际范畴内建立和平和双赢的关系，就绝对不会受到这些因素的制约。

以前——就是在最近一段时间的不久之前，因为相互猜忌，我们之间的关系遭到了破坏，这一点我必须要坦白。去年，苏联政府为了自身的利益，于 8 月份决定将我们两国的谈判暂停，转而和德国建立了亲密的关系。所以，德国既成为了我们的对手，又成为了贵国的同伴。

不过，从那时候开始，在一个新的条件的驱动下，我开始假设，我们两国之间都有恢复从前关系的愿望。这样，在适当的时候，对于那些必定会牵涉到两国利益的欧洲的事情，我们就能一起协商了。现在,包括我们两个国家在内的整个欧洲所面临的问题就是:对于德国要在大陆上组建霸权这一问题，生存在这片土地上的国家和人民将会作何反应。

我们两个国家分别列于欧洲的两边，都不是欧洲中部的国家，正因为如此，我们的地位是很特别的。相对于其他国家来说，我们的位置要好得多。所以，相对于它们来说，我们能更方便地抵御德国的霸权统治。英国政府确实像你想的那样，想借用别的地理位置和大量的资源完成这个目标。

大不列颠的措施实际上都集中在两个点上：第一，纳粹党人的政府想要把对日耳曼的统治强硬地套用在英国的身上，这种事情必须要避免;第二,德国正在欧洲的其余国家内实行强硬的统治，要使他们得到解放。

现在，德国正在尝试着在欧洲建立霸权统治，这是否会危及苏联的利益，只有让苏联自己来考虑了。如果会的话，你们要自己做出决定，看要采取什么样的措施来防卫。不过，欧洲——或者说是全世界都陷入了严重的危难之中，这一点我已经有所察觉了。所以我觉得，应该将英国政府的感觉坦诚相告。我这样做，是希望能达到这样一个目的：在苏联政府和斯·克里普斯爵士的任何一次的协商过程中，对于“英王陛下的决策”和“关于德国现在想要在欧洲实行分阶段的征服和兼并的周密的计划所引起的一系列问题，英国政府希望能和苏联政府进行详细的商谈”的这两个问题，不要引起任何的误会。

没有收到任何答复，这是理所当然的，我并没有抱任何期望。斯塔福德·克里普斯顺利到达了莫斯科，斯大林会见了他——出于礼貌性的，冷冰冰的一次会见。

*　　*　　*

这时，苏联政府正忙着拿取俘获而来的物品。巴黎是在 6 月 14 日沦陷的，莫斯科于当天就对立陶宛发出了最后的通牒。控诉它联合波罗的海上的其他国家在军事上对苏联使诈，要求他对政府进行彻底的改组，并在军事活动上做出妥协。红军于 6 月 15 日向立陶宛发起进攻，斯梅托纳总统潜逃到了东普鲁士。拉脱维亚和爱沙尼亚受到了同样的对待。亲苏政府一定要马上建立，而且允许让苏联的军队驻扎在这些小国家中。抵御是算不上的。拉脱维亚的总统被流放到了俄国，维辛斯基先生来到这里以后，任命了一个临时政府，进行新一轮的选举。爱沙尼亚也是一样的。日丹诺夫于 6 月 19 日来到达德林，成立了一个一样的政府。在摘掉了亲苏联的友善的民主的政府的帽子之后，从 8 月 3 日到 8 月 6 日几天的时间内，克里姆林宫把波罗的海上的各个国家跟苏联合并到了一起。

第七章　再一次说到法国

6月4日至6月12日

陆军士气高昂——1940年6月2日，我最初的思想和命令——丢失的装备——总统、马歇尔将军、斯退丁纽斯先生——从道义出发的一次行动——6月份，来自两个方面的压力——重整英国陆军——英军特别缺少现代化武器——做出了调遣我们唯一的两支配备精良的师去往法国的决定——法国战争的最后一个阶段——6月11日到6月12日，第五十一苏格兰师覆灭——“老苏格兰依然是侮辱不得的”——我第四次出访法国：布里阿尔——魏刚和贝当——把乔治将军请过来了——我跟魏刚的谈论——对于皇家空军在都灵和米兰的空袭，法国人极力阻止——德国军队进占巴黎——第二天早上重新开会——达尔朗海军上将的允诺——告别法军总司令部——我们在归来途中——我把会议的经过向战时内阁作了汇报

从敦刻尔克拯救出来的人数被人们知道了以后，在我们这个岛屿上，在整个大英帝国的领土上，人们紧张的心情一下子就消除了。人们心中充满了安慰，这足以让人有胜利的感觉。25万陆军的精良部队平安回到了国内，在这些年的不断失败的历史中，它有着重大的意义。在南方铁路局、陆军部调动司、泰晤士河各个港口工作的人员，特别是多佛尔港口工作的人员的部署下，在这里登岸的人数有20多万。很快地，这些人就被分散着送到国内各个地方。取得这样的成绩，确实应该好好表扬一下。回来的军队只带着步枪、刺刀和几百挺机关枪，除此之外，一无所有。我们马上送他们回到各自的家中，并给了他们七天的假期。相对于再次跟家人聚在一起的快乐来说，他们希望尽快跟敌军拼个高下的心情要更加坚定。那些以前跟德国军队在战场上较量过的人都相信，只要提供一次好机会，敌军一定会败在他们的手中。他们士气高昂，没多久，就再次回到各自的团营中了。

不管是一直任职的，还是新上任的大臣和官员，都信心满满地、精力旺盛地工作着，不分昼夜。此外，还发生了很多感人泪下的事情。我自认为我的精神获取了力量，我这辈子学到的东西，都能信手拈来。陆军摆脱了困境，这让我狂喜。每天，我都向各个部门把需要做的工作以指示的形式分配下去。另外，我还要向战时内阁作报告。拿到指示的伊斯梅会转交到参谋长委员会那里，而拿到工作指示和战时内阁报告的布瑞奇斯会把它们分别转交到战时内阁和相关的部门。有错误的地方被改正了，有不足的地方被修补了。修改是常事，不过，其中九成左右都会得到贯彻和执行。相对于其他独裁的体制来说，我们的速度和办事效率要高得多。当我刚刚知道陆军从敦刻尔克撤离的那一刻，我的想法诚如以下。

首相致伊斯梅将军　　　　1940年6月2日

国防大臣致参谋长委员会的便函。

英国远征军撤离工作进行得十分顺利，这让本国的防御局势有了彻底的变化。

按照本国的防御计划来整编英国远征军的话，一旦整编完毕，那么在本国国内，我们就有了大批精良部队，完全可以应对敌军大规模的进犯。哪怕要我们应对20万人都可以。第一批的人数是一万人，在此基础上，随着每次人数的增加，敌军进犯的困难程度、危险系数和损失也会跟着增加。对于目前的形势，我们一定要马上用新的眼光去看。有些问题，要多加分析。主要应由陆军部进行分析，联合参谋部也要一起跟着分析：

1. 要想给英国远征军赋予全新的战斗力，最快要多久？

2. 改编方案是什么？是不是应该先充裕本土，然后再考虑支援法国？这个方案从整体上看我是同意的。

3. 驻法远征军要马上进行整编，如果不这样做的话，法军将停止作战。巴黎就算沦陷了，也要向他们发出号召，继续组织声势浩大的游击战。在布列塔尼半岛地区应该组建起桥头阵地，做好登陆区域的计划，这两点要好好思考一下。在那个地区，我们得铺开一支庞大的军队。我们要制订一个计划，让法国看到，坚持到底就有希望。

4. 为了本土的防御计划，英国远征军要进行整编工作。工作完成后，要往法国调遣 3 个师，跟我们在松姆河南岸 2 个师的兵力会合，或者到时再看情况，根据法军的撤退地点行军。应不应该立刻把加拿大师派去，这一点还要好好想一下。请做一个方案给我。

5. 我们要是能早一个礼拜预测到敦刻尔克撤离工作的进展的话，纳尔维克现在的局势就会完全不一样了。哪怕是现在这个时刻，应不应该留一支部队在那里坚持几个礼拜，让他们自给自足，这还是一个值得深思的问题。对于总是改变决策会带来怎样的危险和后果，我记忆犹新。要最后再掂量一下经济作战大臣寄来的信件，和总司令部几天以前发来的电报。

6. 有关驱逐舰的近况的报告，请海军部尽快呈交。另外，要对 6 月份的船舰数量或有望达到的船舰数量做个说明，有多少船舰能修理完毕。

7. 有 8 个正规营驻守在巴勒斯坦，在回国以前，要让从印度调遣来的 8 个营的兵力替代他们，这件事情现在就可以安排了。8 个正规营一定要调回国内，他们将是英国远征军的新一批主力。

8. 澳大利亚军队登陆以后，大船要马上返回，把本土上8个营或者10个营的防御部队载运到孟买。这些船要把第二批8个营的正规军从印度载运回来，然后，再将第二批8个营或者10个营的防御队从英国载往印度。应该好好想想，怎么对驻扎在印度的炮兵也能实行一样的调配规则。

9. 在Z[①]+12个月期间，英国远征军原计划要把军队扩充20个师，可是，由于军备的损失，在Z+18个月期间内，军队只能扩充15个师，这是最大的限度了。不过，我们要先拟订一个计划，并把它告知给法国。装甲师、第五十一师、加拿大师和本土防御的两个师兵力都应该是这支部队的主力军。军队将由戈特勋爵率领，7月中旬交付指挥权。此外，24个营的正规军、本土防御部队、第二加拿大师、澳大利亚的一个师和本土防御部队的两个师的兵力会新编成6个师，整编工作要在Z+18个月内完成。这六个师的兵力也要加入到以上部队中。我们可能会做得更好。

10. 英国远征军的正规军最起码要编成6个旅，负责本国的领土防卫工作。这是一项最迫切的工作。

11. 最后一批的撤离工作于今天夜间进行，需要空军进行怎样的合作来掩护这次的行动？现在，在这紧要关头，必须尽可能减少后卫队时刻承受的重担。

最后，对于总体的局势，我想发表一下我的观点。对于德军妄图进攻我国的战略计划，我是不害怕的。但是，如果德军选择袭击松姆河或者埃纳河的法军阵地，甚至攻克巴黎，我就会很畏惧了。所以，我毫不犹豫地相信德军会采取后面的军事行动。以下的事情，就能说明这一点：相对于以前的武装力量来说，大不列颠现在的武装要强大得多，这一点他们心知肚明。在进攻过程中，他们的军队不会只碰到没怎么经过训练的兵士，而会碰见士气高

① Z表示开战的时刻，也就是1939年9月3日。——原注

昂的部队，就像他们曾经遇到过的一样。以前，这些士兵曾将他们打得龟缩不前。特别是当我们这些士兵撤离的时候，他们甚至不敢阻拦或打扰。英国远征军或者远征军在之后的几天，也就是整体上整编结束之前，我们都是处在危险之中的，要承认这一点。

* * *

在敦刻尔克的撤离行动中，我们也有失利的地方。远征军所有的装备都损失了，我们的工厂给之前的陆军制造的第一批武器也损失了：

军火	7000 吨
步枪	90 000 支
大炮	2300 门
车辆	82 000 辆
轻机关枪	8000 挺
反坦克枪	400 支

当前的计划就算能按时完成，不遭到敌军的骚扰，损失的这些军备要耗费几个月的时间才能补上。

但是，在大西洋的另一边，美国领导人的心中已经涌起了一种激动的情感。在第一次世界大战中，跟我一起在军需部工作的同僚有个优秀的儿子，叫斯退丁纽斯，我们是好朋友。对于当时的局势，他的论断既精准又精彩[①]。美国马上就得知，英国陆军的装备全部损失了，可大部分人员都突围了。6 月 1 日的时候，总统就下达了命令，让陆军和海军两部对于可以支援给英法两国的武器做个报告。参谋长马歇尔将军是美国陆军的领导人，他是一位既有才能，又有远见的人。他

① 关于他的论断，详见《租借法案——胜利的武器》，1944。——原注

马上下令，让军需署长和助理参谋长对美国的军械军火库进行盘点，并把所有的军备列成清单。48 小时以后，他就收到了他们的回复。马歇尔于 6 月 3 日审批了这份清单。在第一批清单上，0.30 英寸口径的步枪就有 50 万支。这些步枪制造于 1917 年和 1918 年，用油脂保存了 20 多年，是 200 万支这种步枪当中提取出来的一部分。每支枪都配有 250 发子弹。野战炮有 900 门，口径 75 毫米，配有炮弹 100 万发。机关枪 8 万挺。另外，各式的军火都包含其中。斯退丁纽斯先生出过一本著作，写的是关于美国提供的这些物品的。书中说："因为时间紧迫，所以，清单上列出的物品由陆军部以 3700 万美元的折合价卖给某公司，然后，该公司马上就转手卖给英法两国。"这件事情由军械署署长韦森少将负责安排。美国陆军的所有军械库和兵工厂都从 6 月 3 日开始打包，为船运做准备。600 多辆载重货车都在这周末出发，经由新泽西州的拉里坦陆军码头，沿着河流向下进入格雷夫森德湾。12 只英国的商船于 6 月 11 日行驶进入格雷夫森德湾下碇，然后，停船、搬货、装仓的工作就开始了。

因为这些不寻常的措施的实施，美国军械的剩余数量只够 180 万人的装备——在美国陆军动员计划中，这已经达到了规定的最低限。现在看来，这没有什么，可在当时，它的行为是很了不得的。它用自己大量的军火去支援的国家，是一个在很多人眼中败局已定的国家，这体现出了美国的道义，它展现出了领袖风范。他们是不会后悔曾经的举动的。就像我们要在下面的内容里再一次提到的那样，7 月中旬，这些宝贵的军火被我们顺利载过了大西洋。我们获得的不止是军火。在考虑向英国发起攻击的所有的条件时，不管是敌人还是同伴，都会把这个事情当成重点来权衡。

* * *

在科德尔·赫耳先生的回忆录中，就此事有一段记载[①]：

雷诺的呼声，是在哀怜的请求别人的支持。为了对他作出回应，总统先生曾经敦促过丘吉尔先生运送一些飞机去法国，可是，首相没有答应这个要求。对于这种态度，美国驻巴黎的大使布里特十分愤慨。6 月 5 日，他将自己的担忧告诉了我和总统：也许是为了在和希特勒谈判的时候，手中有一定的筹码，所以英国才要保护它的空军和舰队。

但是，我和总统不这样认为。法国失败了，可是我坚信，在丘吉尔顽强的领导下，英国会一直战斗到最后。伦敦和柏林是不可能接受谈判的。在下院，丘吉尔发表了一番精彩的演讲，他演讲的那天，正好是布里特的电报发来的前一天。……

丘吉尔的演讲都是发自内心的，我和总统都相信这一点。要是我们质疑英国坚持战斗到底的信念，我们绝不会采取给他们提供物质援助的措施。要是我们有这样的想法：还不等这批物资运到英国，丘吉尔政府就会向德国投降。那么，我们将武器装运到英国这一举措就太不合常理了。

* * *

6 月份对于我们全体人员来说，都是十分煎熬的。在什么都没有的情况下，我们要承担起来自彼此独立的两方面的压力：一方面，我们要对法国尽到该有的义务；另一方面，为了巩固本土防御的力量，我们要在国内组建一支强大的军队。这两方面的压力即是相互独立的，又都是至关重要的，它们都是非常严峻的问题。但是，我们的决策始终没变，我们一直在坚持执行，我们不安的感觉不是很强烈。我们的

---

① 《科德尔·赫耳回忆录》，第 1 卷，第 774 页。——原注

首要任务，就是先往法国调遣我们手里训练过的，并且装备精良的部队，把驻法国的英国远征军重新进行改编。然后，再把重点放在本国的防御部署上：第一，重新组建正规军，给他们配备好装备；第二，在敌军有可能登陆的地方建好防御工事；第三，尽最大的努力动员和武装百姓；在英国各地，只要是能征用的部队，当然全都要载运回来。当时，最急切的危险可能是：德国出动了一批小型的坦克部队，灵活性很强，它们在英国的登陆破坏了我们的布局和防御，德国那些空降的伞兵也一样。安东尼·艾登是新上任的陆军大臣，我一边跟他保持亲密的联系，一边将工作的重心放在以上的部署中。

按照我的意思，陆军大臣和陆军部拟定了如下的陆军整编计划。目前有 7 个机动旅的兵力。敦刻尔克撤离回来的各个师早已经整编完毕，他们已经带着重新分配过的装备走到了自己的岗位上。在改编完毕的师中，已经把 7 个旅加进去了。本岛防御部队有 14 个师可以使用。他们都接受过九个月的严格的战时训练，还配备了一些装备。在这些师中，已经有一个师能接受海外作战的任务了——第二十五师。正在整编第二个装甲师和 4 个陆军的坦克旅，可是，坦克的数量还不够。第一加拿大师的装备已经充足。

我们缺少武器，不缺人员。有 80 000 支步枪是从塞纳河南的交通沿线和阵地上收回来的，正规军战士到了 6 月中旬的时候，必须保证每个人最少配一件武器。我们没有多少野战炮，也就是说，正规军也如此。在法国的时候，几乎全部的能装射 25 磅重炮弹的新大炮都失去了。另外，装射 18 磅炮弹的大炮、口径是 4.5 英寸和 6 英寸的榴弹炮的剩余数量大约只有 500 门了。巡逻的战车还有 103 辆，步兵坦克还有 114 辆，轻型坦克还有 252 辆。在本国皇家坦克的某个营中，步兵坦克有 50 辆，剩下的都在训练学校里。在对手的面前，还没有哪个强大的国家缺少这么多装备。

* * *

我和加拿大现任的政府首脑以及南非联邦政府的朋友们从最初开始，就一直保持着紧密的联系。

首相致麦肯齐·金　　　　　　　　　　　　1940 年 6 月 5 日

英国远征军的撤离是不可思议的，这让英国国内的形势有所改善。重新对这些部队进行装备之后，他们就会成为英国领土上的一支足以应对任何侵入本国的敌军还有余的军队了。敦刻尔克的撤离对于英德两国的空军来说，都是一次重要的检验。从飞机数量上来看，德国是绝对领先的，但是，他们没能拦住我们撤离的步伐。而且，从战争的损失上来说，他们最起码是我们的 3 倍。相对于海外作战来说，从技术上看，英国的空军在本国领土的上空肯定是更加方便的。毫无疑问，飞机制造厂承担着主要的风险。不过，我们空中的防御如果够坚固，让敌军不得不只能发动夜袭的话，它们就不会那么轻易地瞄准轰炸地点。所以，对于英国坚持战斗的能力、本岛和帝国的防御的能力，和实行封锁的能力等等，我都是有绝对的信心的。

能不能说动法国坚持作战我不敢保证，但愿他们能把大规模的游击战进行到底——就算到了最坏的地步。别的部队正在改编中，要编成英国远征军。

不能让美国轻易看见英国要溃败的前兆，这一点必须要多加留意。他们觉得英国失败了，那么英国舰队和除大不列颠以外的英帝国的保护者的身份就非它莫属了。美国一旦参战，可英国的一些地区又落入敌军之手，事态就会按照上述情况发展下去。可是，美国的中立政策若不改变，我们一旦在战争中失败了，那么即将要成立起来的亲德政府会实行什么样的政策，我很难下结论。

尽管我们和总统是好朋友，可是迄今为止，我们并没有收到美国实质性的帮助。在军事上，我们不要求他们给予帮助。可是，在驱逐舰或飞机等方面，他们也没有给予我们有力的支持，他们甚至从没派遣过任何一支海军分遣舰队巡访爱尔兰南部的港口。你若是能在这些方面施压的话，肯定会大有好处的。

感谢你对我们所有的帮助，感谢你的 4 艘加拿大驱逐舰，它们已经投入了对德潜艇作战中。致以最真诚的问候。

对于岛上防空的相关问题的近况，远在南非的史末资还不是很了解，所以，他会用老旧的眼光来看待法国的悲惨结局是很正常的。“把全部都压在决定的那点上。”我很方便去了解事情的真相，对于空战司令空军上将道丁制定的计划，我知道得很详尽。要是给我半个小时的时间，跟史末资见上一面，我就能把文件都拿给他看。这样，我们的观点就能偏向一致了。就像以前，在解决重要军事问题的时候，我们的观点也是这样偏向一致的。

首相致史末资将军　　1940 年 6 月 9 日

我们自然是要拼尽全力去同时实行以下行动的：空袭敌军，把迅速装备好的军队调遣到法国去。将我们大批的战斗机调遣到法国的战争中去是不对的。万一丧失了——很有这种可能，我们就不能坚持战斗了。我认为，我们要去完成一项更艰难、更远大、更值得期盼的任务。相对于在法国抵抗德军的空袭来说，本土的抵御要轻松很多。我们可以集结的战斗机的作战能力是十分强悍的，我们有望以一比四或者一比五的损失对抗敌军的飞机。敌军在法国的飞机数量肯定要多于在我国的数量，所以在那里，敌我飞机损失的比例很难超过二比一。而且，我们在那里被炸毁的飞机，很多都是出自没有防空设施的机场内。下个月，我们会调遣 20 多个附带维修设备的战斗机中队到法国去。但是，法国战争是胜利还是失败，不是取决于此。我们的战斗机中队就算能扼制住敌军，但在我们没有设防的空中区域，希特勒也会调集所有的空军兵力向其发起攻击。而且，他们会趁着白天来空袭我们将在未来制造飞机的设备，将它们毁灭。你提出的战斗计划太传统了，现在，你的依据已经被发生了的大量事实篡改了。目前，我觉得只有一个可行的办法了：在希特勒袭击我国的过程中，摧毁他的空军武装。要是这么做的话，一旦冬天到来，他足下的欧洲土地将不得安宁。美国总统选举结束后，很可能会对他宣战。对于你给我发来的电报，我表示感谢。我的老朋友，你很勇敢，希望能时刻告知你的见解。

* * *

我们不赞成把最后的25个战斗机中队调遣到法国去，我们觉得，除此之外，我们对法军的帮助是极其高尚的。之前有过指示，6月7日，第五十二苏格兰低地师应该启程前往法国。这一指示已经通过了。第一个装备好并预计要调遣到法国的军队是第三师，它是由蒙哥马利将军率领的。今年年初，经过自治领政府的批准，在英国聚集的加拿大集团军的主力师，配备着精良的武装，前往布雷斯特。从6月11日开始，军队陆续到达目的地。现在看来，这种行动是无法带来一丝希望的了。法国的两个轻装备师从挪威撤离之后，已经被护送回法国。一起回去的还有撤离敦刻尔克的法国军队和人员。

很快，德国就会集中火力向我们发起进攻。第五十二苏格兰低地师和第一加拿大师是我们仅有的两个新编师，在这个生死攸关的时刻，我们还把这两个师调遣到我们法国同伴屡战屡败的战场上去。从开战开始到第八个月之内，我们能调遣到法国的武装部队的力量有限，就凭这一点来说，我们确实做出了成就。回顾过去，在我们要坚持战斗的时候，在敌军入侵的压力向我们袭来的时候，在法国明显走向溃败的时候，我们怎么会有如此的勇气，把自己仅存的那些有作战能力的军队调出去，这一点我自己都很纳闷。可能是因为，我们知道这样一点：想渡过海峡，在没有取得制海权和制空权的前提下，在没有一定的登

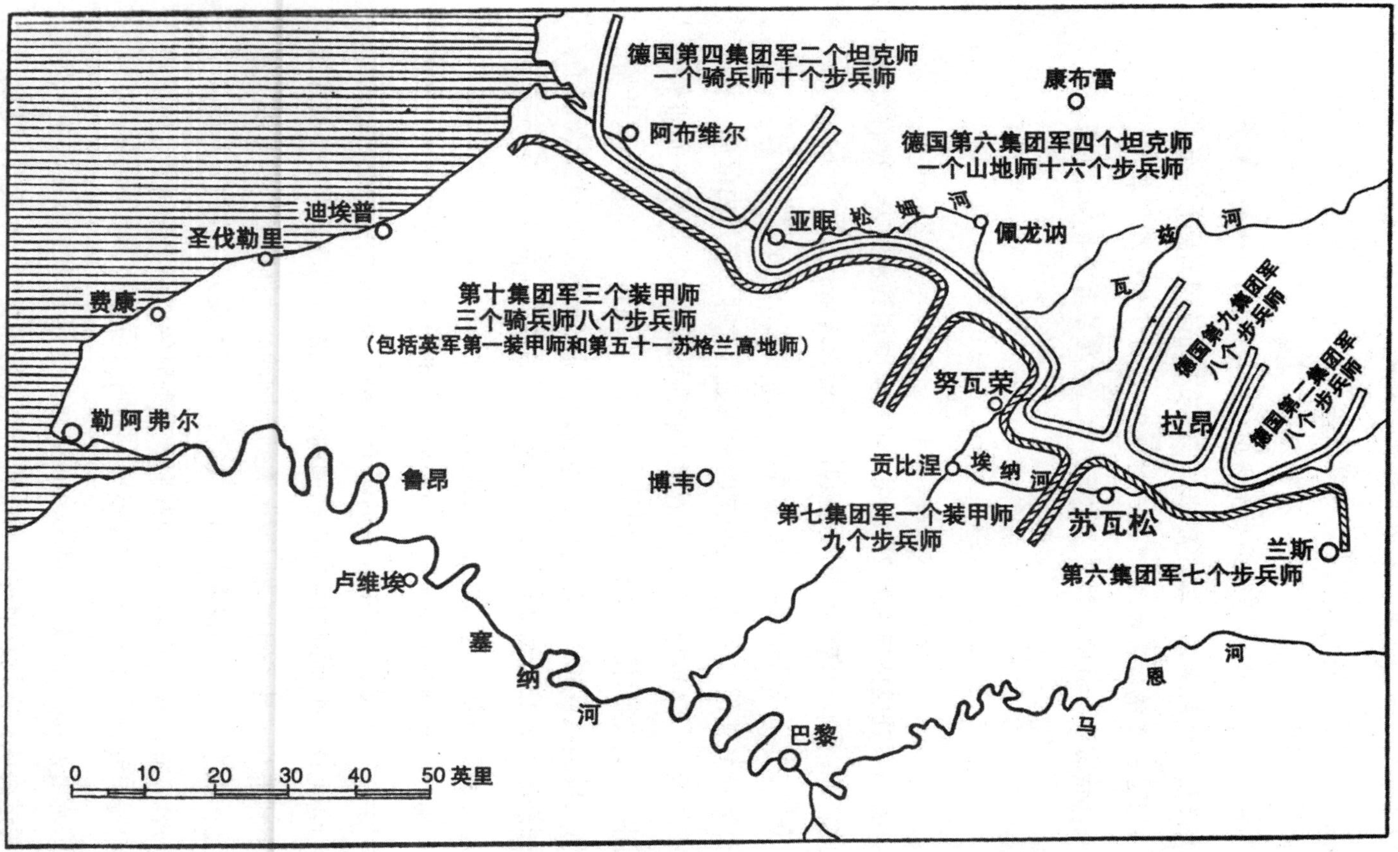

1940年6月5日西翼对峙的部队　（照原图译制）

陆艇的前提下，是很艰难的。

*　*　*

我们在法国的部队有：从马其诺防线撤离的第五十一苏格兰高地师全部人员，和陆续到达诺曼底的第五十二苏格兰低地师。他们都部署在松姆河的后方。另外，我们准备把缺少坦克营和供应队的第一装甲师——我们仅有的装甲师调遣到加来。可是，这一师在按照魏刚的计划横渡松姆河的时候，损失惨重。截止到 6 月 1 日，这个师的战斗力已经锐减到原来的三分之一。所以，需要调到塞纳河对面，重新进行整编。与此同时，在法国的基地和交通线路上，所谓的“伯曼部队”正在集合当中。“伯曼部队”由 9 个临时步兵营组成，武器以步枪为主，反坦克武器装备不多。它没有运输队伍和通讯组织。

在松姆河战线上，法国第十集团军和英国这支分遣军队准备据地坚守。这些军队的担子都很沉重，其中，第五十一师要独自坚守一条长达 16 英里的战线。他们联合法军的一个师，以及法军的坦克力量，于 6 月 4 日袭击了阿布维尔地区的德军桥头阵地。遗憾的是，这次行动失败了。

法国的战争于 6 月 5 日步入了最后一个时期。法军的战线上有三个集团军群——第二、第三和第四集团军群。莱茵河和马奇诺两条防线的防御任务由第二集团军来承担，埃纳河沿线的防御任务由第四集团军群来承担，从埃纳河至松姆河河口一带的战线的防御任务由第三集团军群来承担。第三集团军群的组成成分有：第六集团军群、第七集团军群和第十集团军群。驻法国的英国部队全部整编进第十集团军群中。此刻，在这条广阔的战线上，驻扎着约 65 个师的兵力，合计近 150 万人。而德军的 124 个师马上就要对这里发起进攻。德国的 124 个师被编为三个集团军群：沿海战线由博克负责，中央战区由龙德施泰特负责，东方战线由勒布负责。 三条战线上的德军发起进攻的时间分别是6月5日、9日和15日。我们于6月5日晚间获悉，当天一早，德军就在亚眠至拉昂—苏瓦松公路一带发起了进攻，战线长达70英里。这次战斗，是声势最为浩大的一次。

为了在法国战争的最后时刻充分发挥军队的战斗力，德国的装甲部队在敦刻尔克战争中龟缩不前，按兵束甲，这是我们亲眼目睹的。现在，全部的装甲部队都投入使用了。巴黎和沿岸之间那薄弱的、暂时部署的、眼看就要坍塌的法军阵地就是它们的攻击目标。在这本书里，我能记录的战斗只有那些我军参战了的海岸侧翼战争。6月7日，德军又一次展开了攻势，两个师的装甲部队的兵力冲向鲁昂，企图将法国第十集团军切成两部分。第十集团军战线左翼的部队被切开了，即：法国第九军（含苏格兰高地师、法国步兵师和骑兵师各2支），换言之，就是这支军队全部的剩余力量都跟其他的部队隔绝开了。当时，“伯曼部队”中有30辆英国坦克支援，它想要对鲁昂进行掩护。这支部队于6月8日被撵回了塞纳河，当天夜间，德军就占领了鲁昂。被隔绝的第五十一师和法国第九军的残存兵力，被夹在鲁昂—迪埃普一带，承受着敌军来自三个方向上的压力。

我们怕第五十一师会被驱赶回勒阿弗尔半岛，跟主力部队失去联系，所以，对这支军队的动向特别关心。之前，该师的司令官弗金少将接到过命令，在紧急情况下，要往鲁昂方向撤离。但是，已经溃败的法军司令部不允许采取这样的策略。有很多次，我们都迫切地表达了我们的观点，可惜都是徒劳。事实就摆在眼前，他们却倔强地选择无视。因此，法军第九军和英国第五十一师全军覆灭。6月9日，德军已经攻克了鲁昂，可是，我们的军队才赶到迪埃普——位于鲁昂以北35英里。到那时，我们才收到撤离至勒阿弗尔的指示。为了保护这次行动，还派出了一支部队。可是，主力部队还没有做好行动准备，德军就已经切过来了。德军的攻势是从东边发起的，直逼海岸。第五十一师和法国大量军队都被截断了。很明显，这是个进行得极其失利的举措，因为早在三天之前，这种危险的后果就已经能预料到了。

6月10日，经过一番激烈的战斗之后，这个师和法国的第九军想要从海路撤离，所以一起退至了圣伐勒里周边地带。这时，我们在勒阿弗尔半岛上其余的所有部队都已经快速地、顺利地登船了。由于大雾的关系，船舰在11日到12日晚间的时候，无法从圣伐勒里撤离。德军于12日一早抵达南侧的海崖，这样，德军的炮火就能直接炸到海滩上了。城中有白旗了。上午8时，法国第九军宣布投降。上午10时30分，苏格兰高地师的残余部队也宣布投降。成功逃出去的人数没有多少，除了1350名英军军官和士兵外，还有930名法军。第七坦克师是由隆美尔将军率领的，他们俘虏了英军8000人和法军4000人。法国人没能让我们这个师按时撤退到鲁昂，让他们不停地等待，最后，不管是进入勒阿弗尔还是向南撤退，都行不通了，他们不得不跟自己的军队一起宣告投降。对于这一点，我十分气愤。苏格兰高地师是不幸的，但是，在之后的几年内，他们的冤仇由填补他们空缺的苏格兰人报了。这些苏格兰人和第九苏格兰师融合在一起，重编成苏格兰高地师，在不同的战场周旋着。从阿拉曼到莱茵河，一直坚持到战争的胜利。在第一次世界大战中，查尔斯·默里博士写过一首诗[①]，用在这里正是时候：

城堡中的旗子降下了一半，
　城堡首脑的哀歌在昨天夜里奏响，
村里很多妇女的丈夫都被抢走了，
　孤单地为征途中的人祝福着。
为了自由和没完成的目标，
　山谷里的人都被集结起来，送往前线，
把那恶毒老鹰的爪子剁下来，
　把他的羽毛扔到海中。

① 出自《回乡集》。——原注

城堡和城市、乡镇上的勇敢的人们，

　从他们的店面和作坊中走了出来，

跟朋友愉悦地告别，凶猛地向敌人冲过去，

　老苏格兰依旧不依允许轻视。

* * *

6月11日，雷诺于上午11时左右发来电报，他也给罗斯福总统发过电报。法国的境况越来越悲惨。几天之前，我催着召开最高军事会议。会议不能在巴黎召开了，再也不能了。我们一点都不知道那里现在的局势是什么样的。德军的先遣部队肯定离得很近。我费了很大的力气，终于见到了他们。可是，这不是一个可以相互寒暄的时刻了。关于法国人作何打算，我们一定要知道。那时候，雷诺对我说，他会在布里阿尔——一个离奥尔良很近的市镇招待我们。政府迁出了巴黎，搬到了图尔。在布里阿尔周围，是法军的总司令部。按照他的指示，我应该在飞机场降落。我很愉快地接受了他的指示。所以，“红鹤”式飞机按照命令于午餐之后停在赫顿机场准备着。上午，同僚们在内阁会议上基本同意了我的想法之后，下午14时左右，我们就起飞了。临走前，我还给罗斯福总统发了一份电报。

前海军人员致罗斯福总统　　　　1940年6月11日

法国人再次邀请我过去，这表示，局势已经很危险了。现在，我正在前去法国的途中。如果你能说一些话，或者做一些事情来帮助他们，是可以扭转局势的。我们对爱尔兰也很担忧。我敢保证，美国要是能派出一支分遣队到贝雷黑文去的话，肯定会有所帮助的。

* * *

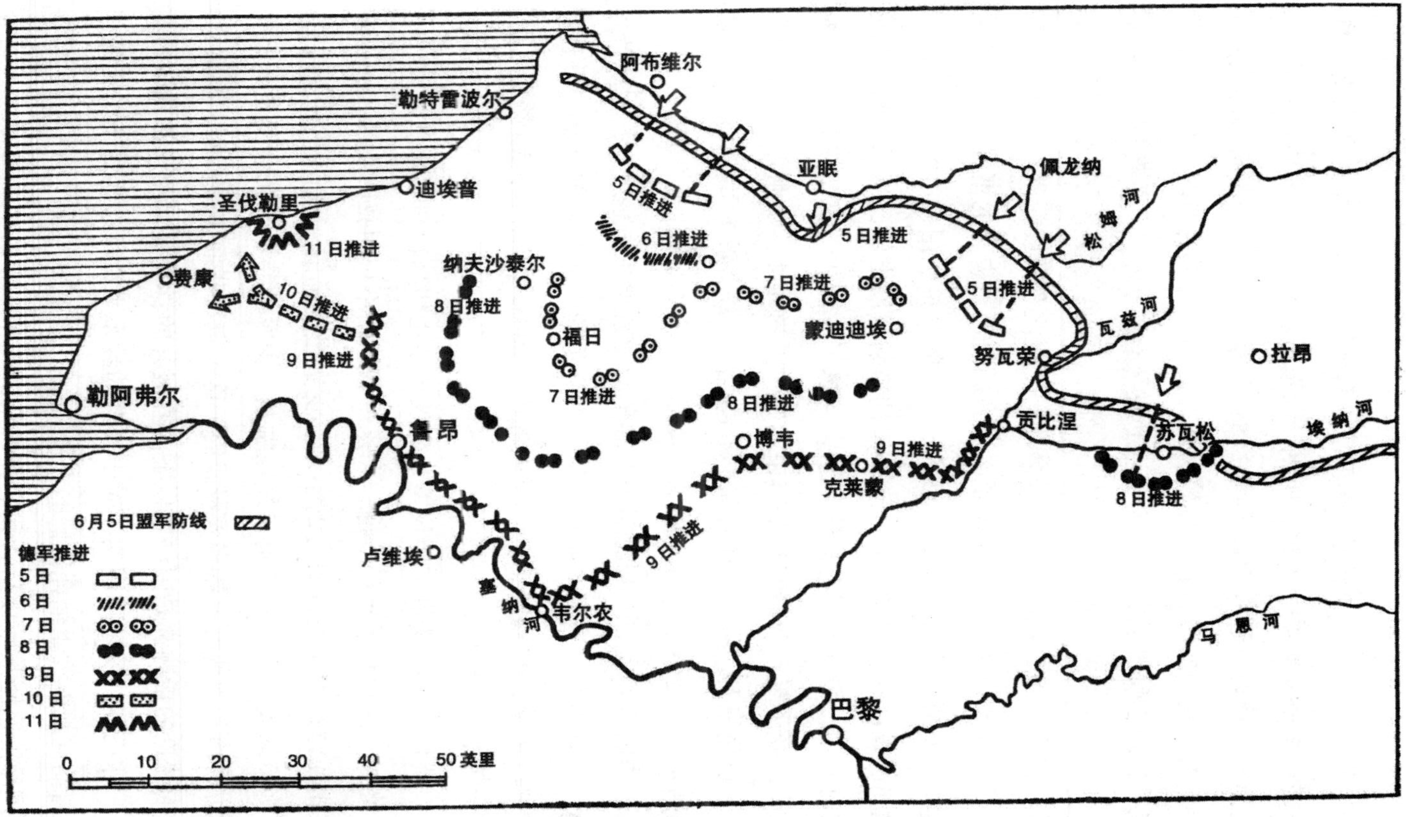

德军6月5日至6月9日的推进

（照原图译制）

算上这一次，我已经是第四次来到法国了。这次前去的主要目的，就是对军事安排做个了解。所以，陆军大臣艾登在我的要求下跟我一起出行。此外，还有现任帝国总参谋长蒂尔将军，伊斯梅自然也是不能少的。我们的飞行路线比较曲折，因为，德军的空军已经深入到海峡了。跟之前差不多，“红鹤”式飞机的飞行过程中，一直被 12 架“喷火”式战斗机保护着。我们飞行了几个小时，就降落在了一个小型机场上。机场上没有多少法国人，不一会儿，一辆汽车行驶过来，带来了一位上校。我装作信心满满地笑了笑。在局势严重失利的情况下，我觉得这样的表情是比较合适的。可是，来到的这位法国人冷冰冰的，脸色也很沉重。我马上意识到，一个星期之前我们出访巴黎以后到现在这段时间内，情况已经急转直下了。休息了一会儿，我们被送到一座别墅中。在那里，我们看见了雷诺先生、贝当元帅、魏刚将军、空军上将韦也曼等人。另外，还有职位不是很高的戴高乐将军和其他一些人。戴高乐将军是新上任的国防部副部长，他刚被任命到这个职位上不久。在一边的铁路上，一列总司令部的车厢紧紧挨在铁路边。我们这些人当中，有的要在这列车厢里休息。别墅里的电话装在盥洗室，只有那一部。电话使用频率很高，里面的吵闹声就未曾断过。想要打电话，先要等上很长时间。

我们于 7 时走进了会议室。会议记录由伊斯梅将军负责。我把我始终如一的想法重申了一遍，大家没有理由不认同我的想法。大家没有相互谴责和相互说对方的不是。现实是冷酷的，我们要学会面对。作为英国人，我们不知道前线在哪儿。德军的装甲部队会突然从某个地方冒出来，或者突然来入侵我们，这一点让我们焦躁不安。事实上，我们谈论的话题都是围绕着以下内容展开的：我极力劝说法国政府要保护住巴黎。我着重说明，对于来袭的敌军来说，在大城市的街巷里面打防守战能大量消耗他们的力量。我和贝当元帅说起 1918 年的事情：英国第五军团战败以后，我们在博韦的列车里度过的那些晚上。关于福煦元帅，我只说他改变了局势的那些事，其余的一概不提。我把克列孟梭说过的话用来警示他："我决定了，不管在巴黎的前面，巴黎的城市中还是在巴黎的后面，我都要战斗。"贝当元帅很镇定，他严肃地回复我说，当时，他可以调遣的军队有60个师还多，但现在呢，没有师可以用。他说，那时候，英军有60个师驻守在战线上。巴黎就算覆灭了，也不会对最终的结果产生任何的影响。

之后，魏刚将军把离这个地方五六十英里远的战线上的，他所了解的军事情况和无法定论的战事都讲述了一遍。对于法军在作战过程中表现出来的勇敢，他大加颂扬。他希望各方都能给予支援，特别是英国，应该把全部的战斗机队都投放到战争中去。他说："这个点是具有决定作用的点，这个时刻是具有决定作用的时刻。所以，不管把哪个空军中队留在英国，都是不对的。"在某次对空军上将道丁作了特别邀请的内阁会议上，我作出了决定。现在，根据这个决定，我作出了回答："这不是具有决定作用的点，也不是具有决定作用的时刻。这个时刻快要来临了，即大不列颠遭到希特勒动用空军力量大举来袭的时刻。制空权要是能保证，我们就能在海上自由地航行。我们必须要这么做，你所失去的一切，我们会帮你赢回来。"[①]我们会不惜一切，留出25个战斗机中队，以保护大不列颠和英吉利海峡。我们不会放弃，不管发生什么情况。在任何时候，我们都要坚持战斗。我坚信，我们能一直坚持下去，没有结点。可是，我们要是不顾这些空军中队的死活，就无法生存了。我说到这儿，要求找来西北战线总司令乔治将军。他离这里不远，于是他们派人去叫了。

过了一会儿，乔治将军到了。我把最近的局势和他说了，关于魏刚将军提到的关于法国防线的问题，他说他可以证明。我特别提出了我的游击战主张。在交战点上，德军没有人们想象得那么强大。法国军队的各个师和旅的全体人员在他们的战线上要是能竭尽全力的话，

---

① 伊斯梅将军能把这些话记下来，我十分感激。——原注

德军的行动就会因此瘫痪。可是，他们对我作出的回答是：公路上的场景很吓人，德军的机关枪扫荡着拥堵在街上的难民，难民们毫无反抗的办法，很多难民成群地逃奔。政府和军事机构都在瘫痪中。说起一个方面的时候，魏刚将军说，法国也许会被迫请求停战。雷诺马上打断他喊道："这是政治领域的事情。"在伊斯梅的记录上，我在会上有这样的发言："在困境中，法国要是觉得陆军投降是最好的选择的话，就不用考虑我们了，也不用再摇摆不定了。因为，我们会一直、一直、一直坚持作战的，无论你们的决定是什么。"我说，无论在哪个战场，法军只要坚持作战，就能扼制住甚至耗损德军100个师的兵力。这时，魏刚将军说："就算如此，我们也可以再用100个师的兵力向你们发起进攻，让你们屈服，到那时，你们会作何反应？"针对他这番话，我回答说，我不是军事顾问，不过我的技术人员们觉得，在德军进军的中途就想办法淹死他们是抵抗德军侵略最有效的办法。剩下那些人，要是敢爬上岸边来，他们的头就会被砸碎。魏刚无奈地笑了笑，说："不管怎么说，我都要承认，你们的反坦克屏障很坚固。"我记得，在我听到他后面所说的那些话里面，这句是最值得关注的了。要知道，这次会议的整个过程都是让人烦恼的。英国有4800万人口，可是在对德的陆地作战中没发挥出任何巨大的作用。法国，并且是只有法国一个国家遭受了巨大的损失：他们承担了90%的杀戮，和99%的损失。对于这些，我总是心存愧疚。

大约一个小时以后，饭菜端了上来，摆在会议桌上，我们离开座位去洗手。洗手的时候，我和乔治将军进行了一段私人的谈话，我指出：一、不管是在国内的哪条战线上，都要坚持作战，在山区，要长时间打游击战；二、一个礼拜之前，我认为去非洲是"失败主义者"们的政策，不过现在，一定要到非洲去。在法军的领导权上，我这位值得尊敬的朋友虽然也要肩负责任，可是他很少能按照自己的见解去领导。所以，我并没对这两点抱有太大的希望。

这几天发生的事情，我都是一带而过地记了下来。可是，这几天对于我们所有人来说，都是最煎熬的日子。

*　　*　　*

大约10点的时候，人们都坐下来吃饭了。我的左边是雷诺，右边是戴高乐将军。有汤，有一个不知道是蛋卷还是什么的菜，有咖啡，还有浓度不高的酒。当时，我们彼此还是很友善的，尽管德军的践踏让我们苦闷。不过，尴尬的一幕很快就上演了。读者们，回想一下，我曾着重说明过，为什么意大利一旦参战我们必须立刻给它猛烈的打击。法国同意这一观点，我们据此作了部署，为了方便出击米兰和都灵，我们将英国的轰炸机队调遣到马赛周围，停在法国机场内。现在，所有的事情都准备就绪，就差出击了。我们一坐下，就接到了空军中将巴勒特给伊斯梅打来的电话，他正在法国对英国的空军发号施令。他说，地方当局不同意让英国的轰炸机起飞，说轰炸意大利的行动会引起对方到法国南部来报仇。而且，英国根本不能抵御或者阻止这样的报仇行动。我、雷诺、魏刚、艾登从餐桌上走开，对此讨论了一下。雷诺答应,会命令法国相关部门,禁止阻止英国轰炸机起飞。可是后来，巴勒特空军中将于当天晚上发来报告说，机场被多种多样的农村车塞满了，都是周围的居民拉过来，轰炸机根本不能起飞去完成任务。

我们从餐桌上走开了，坐在另一边喝咖啡和白兰地。这时，雷诺跟我说，他接到了贝当元帅的通知，要求法国要想办法停战，有关的资料贝当已经写好了，要拿给他再看看。雷诺说："我现在还没有拿到他写的资料。对于他自己的行为，他感到羞愧。"他发自内心地认为，一切都结束了，法国应该请求停战了。可是，对于魏刚向我们发出的调派二十五个战斗机中队的要求，他还是支持的——偷偷地支持。他也应该对这件事情感到羞愧的。所以睡觉的时候——不管是在睡在别墅里，还是睡在几英里之外的军车上——我们的心情都不是很好。14日，德军进入巴黎。

*　　*　　*

凌晨，我们再次开会。空军中将巴勒特也参加了这次会议。对于向法国的基地上多调派五个战斗机中队的计划，雷诺再次强调了一遍。魏刚将军说，军队战斗力缺乏，所以他急切需要一批白昼轰炸机来填补空缺。我对他们作出了保证，我回到英国之后，会立刻跟战时内阁一起细致地、恻隐地思考法国提出的关于增援空军等各方面的问题。不过，我再次重申说，如果把联合王国的国防力量全部撤走，那就大错特错了[①]。

会议的时间很短，在快要结束的时候，我提出了如下几点：

1. 巴黎或者近郊的民众，难道不能成为分散和拦截敌军的一道屏障吗？就像 1914 年，或者像马德里那样。

2. 英法两军为什么不能渡过塞纳河下游，进行一次反击呢？

3. 战斗中协作的阶段如果已经过去了，那敌军的力量不就分散开了吗？打纵深战不行吗？向敌军的交通线发起进攻不行吗？敌军要同时和法军、大不列颠两个对手展开战斗，与此同时，在被敌军所占领的所有的国家和大部分的法国领土上，他们是否有足够的人力和物资对这些地方进行长期的控制呢？

4. 这样的话，还不足以延长作战时间，拖延到美国参战的那一刻吗？

① 有关这个问题，请参照 1938 年 3 月 15 日，甘默林将军对法国最高空军会议发表的自己的见解。他的讲话很风趣："英国就算肯救援我们，它的救援范围也最多是：也许会支援我们一些轰炸机队，还必须要借用我国的空军基地。另外，在英国本土上的执行防御任务的战斗机队，几乎没有调遣到法国的可能。"——原注

关于在塞纳河下游组织反击的计划，魏刚表示赞同。可他又表示，要组织这样的行动，他没有充裕的部队。他说，根据他的推测，在被德国人占领的所有的国家和大部分法国领土上，德国是有足够的人力和物资对这些地方进行长期的控制的。他继续说，从战争开始到现在，德国已经组建了 55 个师，制造了 4000 ~ 5000 辆重型坦克。当然，他们有些夸大其词了。

会议结束时，我很郑重地说出了我的期待：如果情况有变，法国政府应该马上向英国政府发出通知。这样，才能让英国在决定实行指导战争第二阶段行动之前，把相关人员派到法国，在他们认为方便的地方跟法国人会面。

之后，我们跟贝当、魏刚和法国最高统帅部的那些人告了别，这一次，是我们见面的最后一次。最后，我把海军上将达尔朗独自叫到一边说："达尔朗，你万万不能让法国的舰队落到他们的手上啊。"他郑重地保证，决不让这种事情发生。

* * *

十二架"喷火"式战斗机不能在回程中保护我们了，因为相应型号的汽油不够了。我们只有两条路可走：一是等到天气转好，二是冒险乘坐"红鹤"飞机赌一把。在整条航道上，都是乌云密布的，对此我们都已确切地知道了。而且，我们很想快点回去。所以，我们单独乘坐飞机启程了。临行前，我给国内发了份电报，在条件允许的情况下，让他们派护航机到海峡的上空接应我们一下。我们的飞机靠向大海沿岸的时候，天气已经晴了，乌云在瞬间就消散了。在我们的右边，距离我们 8000 英尺的地面上，勒阿弗尔起火了。烟雾滚滚飘向东方。没有见到新护航机的行踪。不一会儿，我看到机长和一个人说了一会儿话，然后，飞机马上开始下冲，大约冲到了距离宁静的大海上空 100 英尺的低空，在这个高度飞行，飞机经常是看不到的。发生什么事情了？

原来，他们看到两架德国飞机正在我们下方袭击渔船，这件事情我后来才知道。德军的驾驶员没有抬头看，我们是幸运的。快到英国海岸的时候，我们跟新的护航队接头了，忠诚的“红鹤”式飞机缓缓降落在赫顿机场。

*　　*　　*

当天下午，我于17时左右把这次的行程向战时内阁作了汇报。

就像在会议上魏刚将军发言中阐述的那样，我如实讲述了法军的境况。法军的战斗已经持续了6个昼夜，到现在，他们已经一点精力都没有了。敌军在装甲部队的配合下，以120个师的兵力向法军40个师发起了进攻。法军在任何一个交战点上都不占主动权，纷纷溃败。法军的高级司令部内因德军装甲部队的侵袭而一片凌乱，指挥系统瘫痪，他们已经不能再指挥下属的司令部进行任何行动了。法军现在所处的战线，是最后一个能组织起防御战的区域了。在这条战线上，突破口已经被打开了两三处了。如果这条战线全面溃败，魏刚将军将不对这次战争继续负责了。

很明显，魏刚将军觉得，法国坚持作战是毫无意义的。而且，贝当元帅议和的决心已定。他觉得，德军正在有条理地对法国进行破坏，他的责任，就是让国内其他地区从德国的这种破坏中走出来。我说起了他的备忘录，就是里面记录着有关求和内容的那本。他只给雷诺一个人看过这份备忘录，但是没有把它给到雷诺的手上。我说：“在这紧要关头，贝当无疑是一个危险性极高的人。一直以来，他都是个失败主义者，包括在上次的战争中也是一样。”另一边的雷诺先生好像铁了心要坚持下去，戴高乐将军也出席了会议，他的观点就是打游击。这个年轻人朝气蓬勃的，给我留下了良好的印象。我觉得，以后的发展也许会是这样的：现在的战线要是溃败了的话，雷诺会提出要求，让他率领法军。达尔朗海军上将也发表声明，法国的海军不会向敌人投降，他坚决不允许这样的事情发生。他说过，他的最后一步棋，就是把海军调遣到加拿大。可是，法国的那些政客们有可能会反对他的计划。

法国组织抵御战的能力已经接近极限了，这一点很明显。在战争里，一个章节要结束了。法国人也许会利用一些方式坚持战斗。或者在将来，有建立起两个法国政府的可能，一个是已经议和了的政府，另一个是在法国的殖民地上组织反抗的政府。在海上，他们会用自己的法国海军去战斗。在国内，他们会继续组织游击战。这种情况会不会出现，现在就下结论的话还有点早。尽管在一段时间内，我们要坚持援助法国。可是现在，我们必须要把精力主要集中在本土的防御上。

第八章　本岛防御

6月

英国竭尽全力——危险马上要来了——“突击部队”问题——地方防卫志愿军名字换成了国民自卫军——能用来对抗敌军坦克的武器不足——杰弗里斯少校的试验部门——黏性炸弹——给戴高乐的自由法国提供的援助——为了将其他的法国队伍遣送回去作出的部署——照料法国的伤患——英国军队进行魔鬼训练，防御工事不用他们来修筑——报界和空中袭击——德国在欧洲侵占的工厂有被利用的危险——中东和印度发生的情况——武装巴勒斯坦的犹太人——防御工作的进程——庞大的反坦克阻碍和别的措施

在以后的日子中，读者们看到章节中这些内容的时候，会觉得遮挡住未知道路的屏障既密不透风又让人难以理解。现在，等事情都过去了以后，等形势完全清晰了以后，人们才能清楚地看到：究竟在哪些方面，我们做得太愚蠢、太着急了；又在哪些方面，我们做得太粗心，太愚笨了。两个月的时间里，我们吃惊了两次。在战争中，德国总是先下手为强。这一点，从他们入侵挪威、攻陷色当，以及由此引发的一系列变化中就能看出来了。他们还做了什么详尽的准备和组织工作呢？在岛上的十多个甚至10多个登陆口处，我们要是把武装解除了，装备运走了，他们会不会派出多于我方的兵力，按照严密的计划，带着新式的武器，突然来袭呢？换句话说，他们有没有攻击爱尔兰的可能呢？不管一个人的推理多么精准、可信，要是没有完全的准备，这个人就跟笨蛋一样。

约翰逊博士说："对于一个人来说，他要是知道自己会在半个月之后被绞死，那么其间，他肯定是个思想集中的人。这一点你要相信我。"从始至终我都坚信，胜利是属于我们的。尽管局势紧张，我忙于工作。但值得高兴的是，我有能力去实现我的想法。6月6日是我度过的一个特别活跃、特别充实的日子。清晨，我在床上躺着思考黑暗的形势，把我当天要做的事情告诉了秘书，写进了备忘录中，上面把我要发出的指示都标记了出来。

我要先让军需大臣——赫伯特·莫里森先生，就制造用于打飞机的火箭和各种用于触发信管的零部件研究的进程（在这些方面，我们已经取得了一些成绩），向我做个报告。我又让飞机生产大臣——比弗布鲁克勋爵，就自动轰炸瞄准器的设计和制造、低空无线电定向装置、空中截击飞机等问题，向我做个报告。我这么做，是为了提醒两位新上任的大臣以及他们下属的部门，让他们知道我从一开始就对这些事情特别关注。我提议，最起码调动海军部的50名经过训练的，或者经过一半训练的驾驶员前往空军司令部，这种人事调动是暂时的。事实上，有55人已经参与了空战。我指出，要拟定一个计划：意大利要是加入到战争中来，成为我们的敌人的话，我们就袭击都灵和米兰。根据荷兰流放政府的意愿，我向陆军部提出要求，制定组建整编荷兰旅的计划。我敦促外交大臣说，比利时政府不受被俘虏的比利时国王的摆布，要承认这个政府的合法地位。而且，外交大臣要积极动员、鼓励南斯拉夫抵御来自意大利的压力。巴尔特福斯和斯凯兰是我们在纳尔维克地区修建的两个机场，现在，我们准备放弃它们了。我要求在这两个机场内藏下延迟爆炸的炸弹，这样，就能让它们在很长的一段时间内无法使用。1918年德军在最后的撤退中，就用过这种十分有效的方式，在很长一段时间里成功阻止了我们对铁路的使用，这一点我记得很清楚。可惜，我们没有延迟爆炸的炸弹！我们马上就要跟意大利开战了，我们还有很多船舰停在马耳他港口进行修葺，我真是为它们感到担忧。之前，我给军需大臣写过一个长篇备忘录，是有关于在英国本土砍伐和生产木材这一问题的。想要减少我们木材的进口数量，这是最有效的办法之一。除此之外，在之后很长的一段时间里，我们都不能从挪威进口木材了。这类的备忘录有很多都可以在本书的附录（1）中找到。

我希望正规军队的人数会更多，这样，就能重新组建和扩充陆军了。勇敢的民兵不是取得战争胜利的保障。

首相致陆军大臣　　　　　　　　　　1940 年 6 月 6 日

1. 我在两个礼拜之前听说，有 8 个营的兵力会在发出命令之后的 42 天内从印度转移到英国。命令已经下达了。一直到今天——6 月 6 日，第一批这 8 个营从印度出发，经由好望角，到达英国就要 7 月 25 日了。

2. 澳大利亚的军队正由巨轮载运而来，可是，他们在开普敦耗费了一个礼拜的时间。我相信，20 海里的前进速度还有可能来得及，但是他们的前进速度不是 20 海里，而是 18 海里。但愿他们能在 15 日左右到达目的地。是这么回事吗？不管怎么样，他们到了那里以后，马上要把本土防御部队尽可能多地带回来，能带 12 个营更好。然后，再尽快出发前往印度。到了印度之后，马上装运第二批的 8 个正规营，再以最快的速度返回英国。之后，再把另一批本土防御部队带到印度。至于之后的调遣，我们以后再商讨。……现在我只要求巨轮来往返的途中要全速前进。

3. 我得知，当地反对我们从巴勒斯坦抽调几个营的兵力，所以这项工作已经停滞下来了。对此，我感到抱歉。韦维尔将军只凭自己的看法就对局势做出预测，这很正常。但是，我们要好好想想怎么组建一个战斗力强的旅。开战的第一年，我们没能用一支合适的英国远征军救援法国，这是我们一个悲哀的败笔。我们组建劲旅，也是想对其进行弥补。你知不知道，在上次大战中，我们在第一年投入战争的兵力就有47个师。那时候，每个师都有12个营和一个兵工营。跟现在的每个师只有9个营完全不一样。官僚主义办事拖沓，我们就是栽在这点上了。

4. 我不想从英国远征军中抽走兵力，所以，我宁愿一直等待，让8个印度土著营来替代从巴勒斯坦调走的8个营的防御兵力——要是前者能马上向巴勒斯坦前进的话。不过，针对这个事情，你不用给我做时间表。运送这些不列颠营和他们印度籍的替代者的时候，能不能经由巴士拉和波斯湾航行？我一直没有收到关于这个问题的答复。

请迅速给我你的报告。

5. 我也作了另外一个准备，就是直接采取以下这个措施：把剩余的澳大利亚军队载运回去，也就是运回不列颠。关于这个事情，希望你给我一份备忘录，要特别标出预计启程的日期。

6. 你要是认为我一直在无视中东的情况，那你就错了。正好相反，我认为，我们还要指望印度呢。印度的部队连绵不断，他们应该从孟买和卡拉奇翻越沙漠，再去往巴勒斯坦和埃及。现在，印度所做的事情中还没有什么值得说说的。在上次大战中，前九个月的时间里，英国所有的正规军都是从印度过来的。相对于现在的人数来说，那时候要多得多。而且，有一支印度军在圣诞节那几天还参与了在法国的战争。相对于25年前的事情来说，现在的我们明显是懦弱又木讷的，而且缺少活跃性和实干性。你、劳埃德和埃默德应该带着我们从东部和中东的死板局势中走出来，关于这一点我的确是这样想的。

*　　*　　*

这段时间里，英国所有的人都参与了工作，他们团结一致，竭尽全力。在工厂中，男人和女人们在车床和机器边上勤劳地工作着，甚至耗尽了自己的精力，瘫倒在地上，必须让人搀着离开工厂，回到自己的家中。他们空出来的岗位能很快就被其他人顶上。全部的男人和大多女人都有一个共同的心愿，就是拿起武器。战时内阁和政府心往一处想，劲往一处使，对此，所有人都深深记着，不能忘怀。人民一点都不害怕，在议员的人民代表将人民的心声很好地表现了出来。相对于德国对法国的打击来说，德国对我们的打击要小得多。敌军发动军事袭击给英国带来的压力是最能敦促英国人的行动的，其他的事情都比不了。因为，一千年以来，英国都没遭遇过袭击。许许多多的人民都决定，必须赢得战争的胜利，否则，他们情愿牺牲自己的性命。不用以演讲的形式来激发他们的士气。他们喜欢让我表达出他们的心情，给他们的决定和打算找一个充分的依据。可能产生矛盾的问题只有一个：有的人想完成不可能完成的工作。他们觉得，凭借自己的一腔热血就能达到目的。我们装备优良的师只有两个，要把他们重新调遣到法国去。这样的决定就促使我们要采取所有能采取的措施，以便抵抗敌军对本土的直接入侵。

* * *

首相致伊斯梅将军　　　　1940 年 6 月 18 日

我想知道以下几点的情况：(1) 沿海瞭望哨和沿海的炮兵；(2) 港口和设有防务海湾的淤塞，也就是登陆点的防御设施；(3) 对上述地区的军队进行直接的援助；(4) 机动纵队和旅团；(5) 普通后备队。

以上各部队现状如何，应该找专人向我汇报。汇报内容也包括各地区内可以使用的大炮的情况。之前，我有下达过指令，应该马上将步兵坦克和巡逻战车第八坦克团投入使用，一直用到他们拿到52辆装备有大炮的新装甲坦克才可以。上个月和这个月军备的生产能力怎么样？要确保能做到：这些产品别滞留在仓库中，要以最快的速度送去军队里。这件事情由卡尔将军负责。让他做个报告出来。

本土部队的总司令是怎么看组建冲锋队这件事情的？一直以来，我们对这样的想法都很不屑，可是在上一次的大战中，德国之所以取得了一定的胜利，正是因为使用了这样的方法。在这一次的战争中，他们又是因此而获胜。所以，最起码也要有两万人组成一个冲锋队（开始叫“豹队”，后来叫“突击部队”）。至于冲锋队人员，可以在现成的部队里抽些人出来，为在战斗地点将小规模的军队一举歼灭做好准备。这些军官和兵士应该装备上像手提机关枪、手榴弹这样的新式武器，而且，要给摩托车和装甲车等提供方便。

* * *

5月13日，艾登先生在内阁提出要建立地方防卫志愿军，这个计划一提出，马上得到了全国各地区人民的积极回应。

首相致陆军大臣　　1940年6月22日

请把地方防卫志愿军的状况简单做个报告送上来，把征募和武装志愿军的情况叙述一下，并讲明他们是用来监视敌军行动的，还是用来对敌作战的？警察、军事指挥部、地方长官跟他们的关系好不好？他们服从于谁，他们的工作报告上交给谁？你若能把以上问题简单地写到一两页纸上，做个报告，我将感激不尽。

很久以前，我就想用“国民自卫军”这个称号了。1939年10月的时候，这个意见我就提出来过。

首相致陆军大臣 1940年6月26日

你给新整编的大队伍起的称号是“地方防卫志愿军”，这个名字我不敢苟同。“地方”这两个字不足以鼓舞士气。今天，赫伯特·莫里森先生跟我提议说，可以用“民防队”这个称号，可是我觉得，最好能用“国民自卫军”。要是觉得“国民自卫军”叫起来更有劲，就不要因为臂章制作完毕等小问题而对改变称号一事摇摆不定了。

首相致陆军大臣 1940年6月27日

对于我想把“地方防卫志愿军”的称号改成“国民自卫军”一事，希望你能同意。因为，我能从“地方防卫志愿军”进而想到地方政府和地方选择权。昨日，我在巡视的过程中发觉，所有的人都赞成这个称号。

所以，称号变了。没过多长时间，这个庞大的队伍就扩展到了150万人，慢慢有了精良的装备，不断扩充。

* * *

在那段时间中，德国坦克部队的登陆是我最担心的问题。因为，我曾对我们的坦克部队在德国的海岸上登陆做出过假设，所以，我自然而然地想到，敌方的想法也许会跟我的一样。我们基本没有反坦克炮和反坦克弹药，就算是再常见不过的野战炮，我们都没有。从下面这个事情中就能看出，我们能用来应对这场危难的力量有多薄弱：之前，我巡查过多佛尔附近的圣麦加利特湾海岸。我听旅长说，他的旅就驻守在四五英里长的充满危机的海岸线上。但是，他们只有3门反坦克炮。他说，每门反坦克炮只配6发炮弹。他有点责怪地问我说，他能不能让底下的士兵试发一颗炮弹，就当练习了，也好让士兵看看这种武器的破坏效果。我回答，我们可养不起这样的炮弹练习。我还说，一定要到最后时刻，在射程最短的情况下，才能放炮。

所以，我们要想按照普通的方法寻求应付他们的策略已经来不及了。我作出了决定，为了让所有新鲜的想法和新的发明快速地实施起来，摆脱各种办事程序的局限，我要以国防大臣的身份亲自指挥杰弗里斯少校，把试验场建立在华特丘基。在1939年的漂浮水雷试验中，我和这位优秀的军官都学到了很多有用的东西，就像马上要在以下的内容中看到的那样，他是个聪明而且有创造天分的人，他对整个战争都做出了一定的贡献。我和林德曼、杰弗里斯之间保持着亲密的往来。他们的头脑和我的权威都为我所用。杰弗里斯少校跟几个工作在一起的同事正在对一种能向坦克车发射的炸弹进行钻研。炸弹可以通过窗户喷射，贴到坦克车上。让弹药黏在钢板上，那么这种爆破性很强的炸药就能在爆炸的时候发挥它最大的威力。我们可以设想这样一个画面：忠于并热爱祖国的兵士和人民，跑到坦克的附近扔炸弹，炸弹爆炸的时候，会给他们带来伤亡，他们对这样的牺牲却丝毫不畏惧。能做到这一点的人有很多，这一点是毋庸置疑的。我还想过，用短棒来装这样的炸弹，再用来复枪把炸弹射出去。

* * *

首相致伊斯梅将军　　1940年6月6日

现在，制造能用来复枪发射射击坦克的炮弹是最重要的工作，就像枪榴弹一样。或者说，能制成用反坦克发射的像迫击炮弹那样的也可以。前者应该可以用黏性炸弹，不过，也可能不是这样的。不管怎么说，都要把重点放在制造能用反坦克或者用常规的来复枪发射出去的炮弹。

对于这件事情，我催得很急。

首相致伊斯梅将军　　　　　　　　　　　　1940年6月16日

谁能担任起制造黏性炸弹的任务？我听说，这件事的进展速度很慢。请让卡尔将军针对进展缓慢的问题和产生这种问题的原因做个简单的报告，今天就给我。从一开始提出这个事情算起，报告一下这件事情的情况。

这个事情每天都要敦促，但愿我每过三天就能拿到一份报告。

首相致伊斯梅将军　　　　　　　　　　　　1940年6月24日

几天之前，我有说过黏性炸弹的问题。应该提前把发明准备都做好，以保证下一步试验的成功。请交一份日程表给我，要说清楚，为什么在这么紧凑的工作中，你们还会耽误时间。

首相致伊斯梅将军　　　　　　　　　　　　1940年6月24日

根据我了解的情况，试验好像并不顺利。在落了厚重的灰尘和泥土的坦克车上，炸弹很难贴在表面。我们无疑可以制造一种更黏的混合剂，杰弗里斯少校要挺住。

有些军官，以前不知道要主动推进发明炸弹的进程，现在又来嘲讽制造的失败，我很厌恶这样的人。

这种黏性炸弹在最后，终于得到了大家的认可，说它是以防万一的最好的武器之一。

* * *

很明显，为了帮助戴高乐将军支撑着真正意义上的法国延续下去，我们要竭尽全力组建法国的部队。

首相致海军大臣和陆军、空军大臣　　　　　　1940年6月27日

1. 我们手上还有法国船舰，应该马上用它们把以下部队送回到法国的摩洛哥去：在艾恩德营内的13 600名法国海军、特伦特姆公园内的5530名陆军、阿洛公园的1900名战士、布莱克普尔的分遣队。

2. 应该让他们知道，德国人已经占领了法国全部的大型港口，而且，法国政府会安排他们以后的行动，所以，才要把他们先送到法属非洲去。

3. 可是，有想留在这里跟德军战斗的人，要马上提出来。切记，不管是哪一位军官和士兵，都不能忤逆他们本人的意愿强行送回法国管辖区。明天，运送的船舰就应该准备妥当了。部队拿好自己的武器装备，最好能尽少地携带弹药，他们的行动由他们自己的军官带领。要安排好下发给他们的军粮。纳尔维克驶过来的船只上载着的法国物资应该由我国签收，以弥补我们支付的资金。另外，"伦巴第"号和其他船舰上的弹药也是如此。

4. 对法国的伤患要给予特殊照顾。要把那些能安全送走的伤员直接送回法国。要把这些人送去哪里，还要参照法国政府的意思。政府如果想把他们送到法国的大港口，就要跟德国方面做好部署，保证进港安全。要不然，就送到卡萨布兰卡去。危险的伤员应该全部留下照顾。

5. 在上面提到的各个部队中，有些人是自发要留下来的。除此之外，肯定有一些其他人来到这里坚持作战。要给这些人一个选择的机会：一是回到法国，二是在戴高乐将军的部队里当兵士。我们应该把这个决议跟戴高乐将军讲一下，并在他接纳人的过程中提供以方便。让戴高乐将军在组织完毕的队伍前面演讲是不太可能的了，因为，他们军队的斗志已经迅速耗尽了。

但愿我们的陆军能够找回之前的状态，并有足够的力量重新战斗。可是，我期待的事情从一开始就遇到了障碍，因为，大量的队伍都忙着在他们的战线上或者沿岸区域构建防御工事。

首相致陆军大臣　　1940 年 6 月 25 日

要构筑全部防御工事，却只有 57 000 个非参战人员，这太让人诧异了。还有我担心的就是，大批的部队都调去构筑防御工事。现在这段时间里，部队每天训练的时间包括每日清晨的一次严厉的检阅在内，起码要八个小时。我们所需的劳动力，应该全部从非参战人员中想办法。我在东安格里亚巡查的时候，很少看见哪个营有列队训练的情况，旅团中的参战部队的兵力既不应该用于防御容易受到进攻的薄弱地区，也不应该用于构筑防御工事上。很明显，这样的情况无法一下子就转变过来。可也要尽快地完成转变，请告诉我你的意见。

*　　*　　*

首相致新闻大臣　　1940 年 6 月 26 日

应该对报纸和广播两个媒体界说明：在报道有关敌军空袭的内容时，要用镇定的情绪报道，措辞上要用能使人民冷静看待这个问题的语句。关于这种消息的报道，标题不要太显眼，篇幅不要太惹人关注。让公众熟悉空袭，把它当成司空见惯的事情。遭遇空袭的地点不要清楚地说出来。房子坍塌的图片不要登载上去。除非是一些特殊情况，或者能证明安德森氏家庭防空掩体的实用性的情况下才能登载。要知道，一次独立的空袭对大多数人来说，是产生不了任何影响的。人们只要没亲自体验过空袭，就不会害怕空袭。每个人都应该有这样的意识：空袭或者空袭警报跟一场雷阵雨没什么区别。请你把这些观点跟报界的权威人士说说，让他们配合我们。如果他们觉得这样做为难，我愿意亲自跟报界协会的负责人见一面。但愿不用我亲自出马。对于这件事情，到现在为止，报界的处理方式是很值得夸奖的。

首相致陆军大臣 1940 年 6 月 27 日

附件的〔自印度运送部队的日程表〕，让我迫切想了解你对这 8 个优秀的正规营想怎样安排。很明显，你突击部队的力量会因为他们而变强。有人做过这样的假设：将他们分编成两个步兵师，再各配 5 个精锐的本土防卫营，合计 18 个营。应不应该从这些正规营中抽调一些军官和兵力，让拨归这些师的本土防卫营的力量有所加强呢？这样的话，用不了多久，你就能有 6 个步兵旅了。唉，炮兵肯定要落下了，我很担心呀。不过，他们不会落下太远的，我坚信这一点。

* * *

有关议和的说法越来越多了，这时，一封梵蒂冈的信又从伯尔尼过来了，我觉得，以下的备忘录应该给到外交大臣手上：

1940 年 6 月 28 日

但愿我能和罗马教皇的大使表明：我们没有想问希特勒有关议和的条件，有关这类的问题，我们所有的外交官一概不受理。

可下面的文件把我们的疑惑和畏惧都表现了出来。

首相致林德曼教授 1940 年 6 月 29 日

我们正在紧张地准备占有制空权的同时，德国肯定也在被占领的国家中动用所有的工业力量来生产适合向我国发起袭击的飞机以及其他的军需物品。所以，这是一次比赛。他们无法让被他们抢夺的工厂马上开工，同时，我们的抵御能力和陆军的作战能力都在加强，有能对抗德国危险的攻势的能力。可是，我们要是不炸掉德国最近才占领的那些工厂，等到明年，敌我生产能力的对比情况又会是什么样呢？德国因为不再需要强有力的军队经常性地去对抗法军，所以他们在空军以及其他方面上就有富余的能力来进攻我们。这样的力量是十分凶猛的，我们难道预测不到吗？他们何时出击？截止到目前为止，因为局势的紧张，我预计是在未来的三个月内。可是 1941 年又是什么样的呢？依我看，要想渡过这个难关，还要依靠美国大量的帮助。

*　　*　　*

6 月份过去以后，我们有种越来越强烈的预感，就是德国会随时向我们发起进攻。

首相致伊斯梅将军　　　　1940 年 6 月 30 日

应该对海军部的潮汐表、月光和亨博河、泰晤士河、滩头堡的情况都作个研究，这样，才能给海上登陆找出几天最适合的时间来。要参考海军部的意见。

参谋长委员会一直很担心敌军会在爱尔兰登陆，或者伞兵从天而降。我认为，我们在军事调动上有困难，因为我们的人力和物力都不足。

首相致伊斯梅将军　　　　1940 年 6 月 30 日

我们装备完善的师只有两个，在这种紧要关头，要是从大不列颠调走其中任何一个师，都将是一个冒险的、不恰当的决策。所以我很纳闷，大陆作战要用到的整个师的军队力量和作战车辆，是不是在爱尔兰也同样需要。听说，在准备万全的情况下，把一个师的兵力从这里运载到爱尔兰也需要10天的时间，这样的说法让人反感。应该制定一个规划，能让两三个轻装旅在接到命令之后可以很快启程，最多只要三天的时间就可以抵达北爱尔兰。后备的运输工具要提前运过去。把大量的炮兵调到爱尔兰是不对的。那里貌似不是海军的登陆地点。空投伞兵也无法带着大量的大炮。不管爱尔兰最终的情况如何，都不会产生任何直接的、决定的意义。

之前，我的两个旧友印度事务大臣埃默德先生和殖民大臣劳埃德勋爵曾就巴勒斯坦调遣回军队这个问题反对过我。劳埃德勋爵是一个完全反对犹太却亲近阿拉伯的人，之前，我想要让该殖民地中有犹太血统的人拿起武装。印度的作用是什么？在这个问题上，我和印度事务大臣埃默德先生的观点产生了分歧。我的看法，是马上把印度的军队调到巴勒斯坦和中东去。但总督和印度事务部的计划当然是要从长远出发的：以印度军需工厂的生产为依靠，组建一支强大的印度军队。

* * *

首相致印度事务大臣　　　　1940年6月22日

1. 在印度，我们的部队力量已经很强大了，却没能以战争为最终目的好好利用。相对于1914—1918年来说，这次战争中印度的支援要少得多。……依我看，战争很有可能波及中东。印度的部队很能适应伊拉克、巴勒斯坦和埃及的气候。我提议，把他们新编成旅团，每个团都按照英国的新编制配上一定数量的炮兵。但愿到今年冬天的时候，这样的旅团能编出6个或者8个。部分的廓尔喀人旅团也要包含进来。

2. 有关调遣运送英国正规营的任务还要继续进行，英国正规营被调遣运送出去以后，接任防务工作的本土防卫队的抵达时间只能拖延两个星期，对此，我十分抱歉。这件事情正在操办，请将这个保证转告给总督。

*　　*　　*

首相致殖民地事务大臣　　　　1940 年 6 月 28 日

你提出的政策是不对的，我这样说的根据是：你，或者说我们，必须要在巴勒斯坦驻守大量的部队，以满足我们的急需：

步兵营 6 个

义勇骑兵团 9 个

澳大利亚步兵营 8 个

合计可能有 20 000 多人。因为这些年实行的坚持反对犹太的政策，所以不得不付出这样的代价。要是战争扩散到埃及，而且战事严重的话，所有的这些军队都必须要撤离出来。如果是这样，那犹太血统的殖民地民众的境况就岌岌可危了。尽管在这些军队中，包含我们部分的精锐部队，与此同时，别的地方也特别需要他们。可是，我敢保证，你一定会对我们这样说：不能把这些部队撤走。要是适当地把犹太人武装起来，我们就能调遣使用自己的军队了。而且，因为我们以及我们的制海权是犹太人绝对的依靠，所以他们也不会去进攻阿拉伯人了。我们都在为了活下去而战斗，但在这时，我们不使用这支强大的部队的理由居然是为了给部分保守党人一定的支持，这让我感到耻辱。

之前，我希望你能从大局上看待巴勒斯坦的形势，把抽调英国的驻军当作首要任务来对待。我无法认同你给我制定的回复，这是自然的。我不认为在近东和印度的阿拉伯人会受到如你描述的伤害。如今，我们和土耳其人之间的关系保持得还算友善，这也巩固了我们的地位。

*　　*　　*

在英吉利海峡细窄的海道前面，出现了这125年以来未遇过的强大的对手。必须要改编和重新部署的军队除了我们重新组建的正规军队以外，还有训练水平较低但是人数上较多的本土防御部队。这样，才能构成严密的防御系统，做好充分的准备，入侵者一旦到来，就要让他们无处可逃，将他们消灭。对于双方来说，都是决定生死存亡的时刻。国民自卫军已经能安插到防御体系里面了。本土军队的总司令埃恩萨伊德于6月25日向总参谋长提交了他的计划。当然，专家们都谨慎地对计划作了核查，我也曾亲自仔细地核查了它们。总体上看，这些计划是可以批准的。这个关于日后的大计划的初步提案中有三个重要的点：一、在敌军有可能来袭的沿海海滩上构筑“覆盖式”战壕，在海滩上防卫的部队可以在防卫地点战斗。还有，为了阻止快速的反击，机动预备队要给予援助。二、为了保卫伦敦，保护大型工业中心免遭敌军装甲车的袭击，需构建起一条反坦克障碍战线，从英国东部的中心穿越过去，由国民自卫军守卫；三、把组织大规模反攻的主要后备军力量部署在反坦克障碍战线的后面。

这是首个计划，随着时间的推移，它被修改和补充了很多次，但是，它的精髓是没变的。一旦敌军来袭，所有的兵力都要坚守，在采取线形防御措施的同时，也要在多方面做好防护。还有，剩下的部队行动要快，不管敌军是从海上还是从空中袭来，都要把入侵者消灭。直接补充线被截断了的兵士们，不应该在阵地里停留，应主动从敌军后路出击，扰乱敌军的交通线，破坏敌军的军资。过了一年，德军军队向海浪一样进攻俄国的时候，俄国就是因为采取了这样的措施，才收获了良好的成效。肯定有很多人不理解，为什么自己的身边会有这么多人在活动。可是，他们能够理解如下行动的必要性：在海岸上拉铁丝网、埋地雷；在狭窄的道路上设置障碍以抵御战车；在十字路口构筑碉堡；冲进他们的住所，往阁楼上堆砌沙袋；找高尔夫球场、沃土或者花园，并在其中挖掘广阔的反坦克战壕。他们欣然接受了这些繁琐的事情，甚至也接受了比这更繁琐的事情。不过有时候，他们也会疑惑，有没有一个总计划，或者说，部分人得到了干预公民财产的权力之后，会不会胡乱使用。

我们有总计划，它包含了各个方面，既严密又和谐。后来，这个计划演变成了这样的模式：伦敦总司令掌握着总体的指挥权。大不列颠和北爱尔兰整体被分成七个指挥部，下设军管区和师管区。各个指挥部、军、师都尽可能少地将兵力派到各自的防守区驻守，并留出一定数量的兵力，作为机动后备队。这样的话，在海岸的后面，防御区域就会在各个师营区里面慢慢组建起来，在防御区域之后，还有与之相似的军管区防御区域和指挥部防御区域。整条防御系统纵向能延伸100英里或以上。在后方，一道建立起来的反坦克屏障战线穿过英格兰南部向北一直延伸到诺丁汉郡境内。最主要还是国民自卫队下属的，由其总司令直接领导的最后的后备军。以上就是我们保证这支部队的兵力尽量多、灵活性尽量强的措施。

在总的组织里，又有许多不同的形式，分别管理我们东部和南部沿海的各个港口。对于一个有防御系统的港口，敌军应该不会从正面直接进攻的。我们的港口，已经全部变成了稳固的据点，不管在陆地上还是海上，都能一样防卫。在国内，对于设置港湾防务这一提议，我们的军事当局大多都是同意并且能严格执行的。在新加坡，各任高级军官就没有采取跟我们一样的政策。这一点让我很诧异，不过，这都是后话了。为了防止空运部队登陆，在英国几千平方公里的土地上都安置了障碍物。截止到1940年的夏天，我们就已经拥有375个飞机场、雷达站和储油仓库了。在这些地点，特别守备队和他们下属的飞行员是需要做好防御工作的。像桥梁、发电站、仓库、主要的工厂等等上千个类似这样的地方都是我们的弱点，为防止遭到破坏和突然袭击，一定要不分日夜地把守。现在，计划也拟定出来了，敌军若是攻占了这些地方，就马上把对敌军有好处的物资毁了。我们也拟定了特别周详的计划，交通线一旦失控，我们要事先毁掉港口的设备和主要的街道。这样，汽车的载运、电报、电话、铁路和车辆就都崩溃了。不过，我们虽然有很多睿智的、有必要性的预防计划，而且，民政部门也在工作的进程中给了军事部门很多的帮助，可是，也不能把它称之为“焦土政策”。英国人民不能毁了它，而是要保护它。

第九章　法国的痛楚

发给总统的电报——我出访图尔——局势恶化——伯多安先生——了不起的曼德尔——跟雷诺的会谈——法国要解除 1940 年 3 月 28 日所承担的义务，我拒不接受——赫里殴先生和让纳莱先生的态度都很坚决——合适的时刻出现的合适的人——法国政府作出决定，搬到波尔多去——6 月 13 日，罗斯福总统拍电报给雷诺先生——我发给总统的电报——发给雷诺的电报——“英法两国永远结盟”——总统发过来的电报让人遗憾——6 月 14 日和 6 月 15 日，我给总统的致电——6 月 9 日埃纳河沿线上的战争——法军溃败——马其诺防线上毫无意义的反抗——我们微不足道的奉献——布鲁克将军获得新的指挥权——就在布列塔尼半岛组建桥头阵地的问题举行的会谈——布鲁克发表声明称军事局势已经无法逆转——我赞成——6 月 16 日和 6 月 17 日，我军登船撤离——贝当政府请求停止战争——敦刻尔克的第二次撤离——运到不列颠的 136000 英军和 20000 波兰军——“兰卡斯特利亚”号悲惨的结局——6 月 16 日，我给各自治领总理的函电——对于英国上方的空战，我抱有的期待

对于我们的后人来说，也许觉得值得关注的点是：应不应该坚持单独作战，这是个至关重要的问题。可是，它却从没被战时内阁纳入议事日程中去。因为在当时的政府中，各党派人士都认为，这个事情是不需要议论的，是很正常的。还有，我们太繁忙了，这是一个不切实际的空想，毫无意义，我们不能把时间浪费在这个问题上。而且，面对新的局势，我们大家都是信心满满的。我们决定，要对各自治领实话实说。战时内阁让我写一封意思相同的信给罗斯福总统，把我们支持法国政府的姿态表明出来，并保证，我们会给他们提供最大的帮助。

前海军人员致罗斯福总统　　1940 年 6 月 12 日

昨天晚上和今天清晨，我都是在法国的最高统帅部度过的。对于这段期间的局势，魏刚将军和乔治将军已经用最严肃的语言对我作了说明。毫无疑问，布里特先生已经把所有的详情都告诉你了。法国的前线若是溃败了，巴黎若是被攻陷了，魏刚将军若是向他的政府正式表明，法国无法继续遵守“协同作战”了，局势会变成什么样呢？这个问题很现实。1918 年 4 月到 7 月这段期间，已步入老年的贝当元帅没有什么良好的表现。我很担忧，现在，他要利用自己的名气和声望代替法国签署一个和约。另外，雷诺想要继续战斗，年轻的戴高乐将军是他的下属，这位将军觉得十分可行。达尔朗海军上将声明说，他要往加拿大派遣法国的舰队。要是让坏人得到两艘新式巨轮，那会造成很大的损失。在我看来，不管是法国，还是在法属殖民地上，还是在两个地方都有，总之，法国肯定有很多人想要坚持作战。所以，现在就是你全力给予雷诺支持的时候，但愿你能让形势好转，让它变得对法国长久的、有效的反抗有利。尽管我明白，你对这个问题也像我一样清楚，不过，我还是要唐突地讲出来。

*　　*　　*

大概在四年以后的同一天——6 月 13 日，我最后一次出访了法国。这时候，法国政府已经撤至图尔，局势越发严峻了。爱德华·哈利法克斯和伊斯梅将军跟我一同前往，马克斯·比弗布鲁克勋爵也自告奋勇随我前往，他总是能在困境之中保持充沛的精力。这回的天气很好，晴朗的天空中看不到云彩。“喷火”式战斗机保护在我们的左右，相对于以前的飞行来说，这次向南迂回飞行绕的圈子要更大。飞到图尔的空中时，看见了昨天晚上受到凶猛炮袭的飞机场。我们和护航机们都安全地降落了，尽管机场的地面上到处都是炸弹留下的大坑。在那一瞬间，我们就知道，局势更加糟糕了。没有人到机场来迎接我们，好像也没有人希望见到我们一样。从机场的卫戍司令那里，我们借了一辆军用汽车，我们开着车从城市里穿梭，直奔市政府。听说，法国政府的总部在那里。那里没什么身份比较重要的人，不过听说，雷诺快要开车从乡下过来了，再过不久，曼德尔也要过来。

这时候，已经接近两点钟了。我提议先吃饭，商讨了一会儿，我们就开车从几条街上穿过，大街上密密麻麻的都是难民的车辆，大部分车顶上放着床垫，车里面放满了行李。我们找了一家已经闭店的咖啡馆，解释了一番之后，才吃上一顿饭。吃饭的时候，伯多安先生来找我。这段时间，他的权力越发变大了。他马上很优雅、很委婉地表达了一个意思就是：法国的反抗没有任何意义。美国要是对德国宣战的话，法国还有坚持作战的可能。对于这件事情，我是怎么想的呢？我没跟他深入探讨这个问题，我就说，但愿美国能参与这次战斗，还说，我们要坚持作战。我听有些人说，他后来四处跟别人说，我曾赞同了这个观点：美国如果不参战的话，法国就可以投降。

我们之后又去了市政府，在那里，内务部部长曼德尔等待着我们。他以前是克列孟梭的秘书，一直很忠心，并继承了他的事业。他看上去神采奕奕的。他可以说是精神和抵抗的化身。在他前面的盘子里，放着他的午餐——一只肥壮的烤鸡，他还没有吃。他就像太阳发出的光芒一样。他的两只手里都有电话听筒，一直在通过电话发出指示和决策，都没间断过。他有一个简明的观点：为了保护最多的人去非洲，一定要在法国坚持作战到最后。他是一位勇敢的法国人，而这次是我最后一次看见他。法兰西共和国重建光明之后，那些被找来刺杀他的凶手理所应当地被枪决了。不管是他的同伴还是同盟国,都十分尊重他。

没过多久，雷诺先生也过来了。一开始，他有些丧气。之前，他接到了魏刚将军的报告，说法国军队的精力和体力已经都耗尽了。前线被突破的地点有很多，难民们像海浪一样拥挤在全国各地的公路沿线上，大量军队已经毫无军纪可言。最高统帅觉得，法国现在的军队数量还可以维持治安，以等待和平时期的到来，应该趁这个时候请求停战。军方的提议就是这样的。那天，他还要再发一份电报给罗斯福先生，要向他表明，现在已经是最后的时刻了，美国的手中掌控着盟国事业的命数。之后，必须要在停战和议和之间做出个选择。

雷诺先生继续说，前天，内阁会议要求他问这样一个问题：要是最糟糕的情况出现了，英国会是什么反应。“所有盟国，一律不准单独议和”——这个严肃的盟约他是知道的。魏刚将军跟很多人的解释是：为了盟国的事业，法国已经失去了所有，法国现在一无所有了。但是，在消耗我们共同敌人的力量这方面，它做得很到位。在这样的情况下，法国已经没有继续战斗的能力了，英国如果无视这一点，坚持让它继续作战，让那些把被征服的各个国家的人们玩弄于股掌之间玩弄权术的冷酷的专家们掌控着法国人民的命运，让局势走向毁灭和陨落的话，那才是让人感到吃惊的。以上就是他目前想要表达的问题。法国正处在险境之中，大不列颠能不能认识到这一现实呢?

下面是英国的官方记载：

丘吉尔先生说，法国已有的损失，和正在遭受的损失有多大，大不列颠是知道的。现在，该到英国做出牺牲的时候了，对此，我们已经准备好了。在法国的北部，因为实行了经过双方同意的策略，战局受到挫败。英国认为，截止到目前为止，它在大陆作战中没做出什么贡献。因此，它感到悲伤。英国人还不知道德国的鞭打是什么样的，可是，他们完全明白，这鞭打有多疼。尽管这样，英国人的决心只有一个，就是打败希特勒主义，赢得战争的胜利。所有的工作都要遵照这个目的。英国的人民是不会被困境和忧虑打倒的。他相信英国的人民有承担一切、坚持作战、组织反攻并赢取胜利的能力。所以他的愿望是，巴黎以南的法国到地中海一带要坚持作战。必要时刻，就在北非作战。不管作出多大的牺牲，都要争取时间，不会无休止地等待下去的：只要美国的一句话，等待的时间就会大大减少。相反，法国就必然会灭亡。希特勒绝对不会守信。另外，要是法国坚持作战，法国的优良海军、广阔的法兰西帝国和他还有能力组织大型游击战的陆军若是坚持作战，德国要是没有灭掉英国——德国是想灭掉英国的，如果灭不掉，他们将会失败，到那时候，德国的空军如果被毁灭了，那这十恶不赦的纳粹德国就要下台了。美国要是能立即给予我们帮助，或者，就算是单纯地发表一个参战声明的话，我们离成功就会很近了。英国会坚持战争，不管遇到什么样的情况。英国的决心没变，也绝不会改变：坚决不议和，坚决不投降。非战即死，这就是英国的态度。以上是他回答雷诺先生的话。

雷诺先生说，英国的态度他从来都不会质疑。他只是着急想知道，突发事件发生了以后，英国会怎么应对。现在的法国政府，或者是到时候的另外一个法国政府可能会说：“你们会坚持作战，我们知道这一点。我们要是有胜利的几率的话，也会坚持作战的。但是，对于尽快取得战争胜利这个问题，我们一点把握都没有。我们不能依赖美国的帮助。黑暗的尽头看不到光亮。我们不能置人民于不顾，让他们一直处在德国的控制之中。除了屈服，我们没有别的办法了。……”在布列塔尼半岛构筑防御工事已经来不及了。在法国的领土上，不管是在那个区域的法国政府都无法摆脱德军的魔掌。……所以，应该问英国的问题是：“法国耗费了光阴，流淌了鲜血，已经竭尽全力了。法国一点办法都没有了。对于盟国的事业，法国再也没有什么可以拿出来的了。所以，他有单独议和的权力，虽然三个月之前，双方签订了严肃的协议，但法国的行为跟协议中团结一致的精神是不相悖的，你觉得呢？”

丘吉尔先生说，英国不管什么时候，都不会浪费时间和精力去谴责和追究对方的过错。不过，这不代表英国对法国违反近期签署的协定精神一事表示赞同。最先要做的，就是让雷诺先生再给罗斯福总统发一封函电，告诉他现在局势的实际情况。在想其他的打算之前，让他们等一段时间，看看有没有回信。英国要是取得了这场战争的胜利，法国就能找回他的尊严和强大。

尽管这样，在现在这个关头提出这样的问题，我认为也是十分严峻的。所以我要求，能不能在回答之前，先跟我的同僚们出去单独讨论一下。就这样，哈利法克斯勋爵、比弗布鲁克勋爵等人走到了一个花园中，花园中到处都是水滴，但光照很足，我们在那里聊了半个小时。回去以后，我们对自己的态度再次强调了一番。我们不赞成单独议和，不管情况是怎样的。打败希特勒是我们战斗的目标，我们觉得，我们还是能做到这一点的。所以，我们不同意法国放弃应该承担的义务。不管怎样，我们都不会谴责法国。但是，这不等于我们同意法国放弃遵守他的承诺。我极度倡导法国能向罗斯福总统再次发出号召，在伦敦的我们会支持这样的做法的。对于这种做法，雷诺先生同意了，而且对我们做出了承诺说，法国最后一次发出号召的结果没出现之前，他们会一直坚持下去的。

临走的时候，我对雷诺先生提出了一个特殊的要求。现在，法国之中囚困着400多名德国的飞行员，英国皇家空军击落了其中的大多数。根据当前的情况来看，他们应该交给我们来看守。雷诺先生愉快地答应了。可是没多久，他就没有兑现这个承诺的权力了。后来，这些德国的飞行员又加入到了对不列颠的战争中，我们不得不又一次把他们击落。

* * *

谈论完毕了以后，我被雷诺先生带到了旁边的房间中。在屋子里面坐着的，有众院议长赫里欧先生和参院议长让纳莱先生。这两位都十分热爱法国，他们情绪高昂地说，就算死也要战斗。过道上是拥挤的人群，我们穿过他们来到了庭院。我看见戴高乐将军站在门口，脸上什么表情都没有，站在那里发呆。我小声地用法语跟他问好，并说他是在“合适的时刻出现的合适的人”，他看上去好像什么感觉都没有。有大概 100 多个法国领导人员，全都一脸悲伤地待在院子中。克列孟梭的儿子被人带着和我见了面。我们跟他紧握了两下手。“喷火”式飞机起飞了，归途是顺利又快速的，我们都睡了一个好觉。这样做很聪明，距离晚上睡觉以前，我们要做的事情还有很多。

* * *

大约 5 时 30 分的时候，雷诺在我们离开了图尔之后召集他内阁的成员们在戈热开会。我和我的同僚们没去开会，他们因此有些不高兴。我们是愿意去参会的，不管我们要多晚才能启程回国我们都愿意。可是，我们压根就没收到邀请，对于法国要召开内阁会议一事，我们一无所知。

法国政府要搬到波尔多的提议在冈惹批准了。雷诺给罗斯福发了一封电报，极度号召美国，或者最起码也是美国舰队能参加到战争中来。

我于当晚 22 时 15 分做了份新的报告给战时内阁。随行的两个伙伴对我报告的内容十分赞成。我们坐在那里正谈着，肯尼迪大使就来了，把罗斯福总统对雷诺 6 月 10 日的号召的回复电报也拿过来了。

罗斯福总统致雷诺先生　　　　　　1940 年 6 月 13 日

我深为你 6 月 10 日的号召而感染了。我跟你和丘吉尔先生都讲了，我国政府正在拼尽全力地把盟国政府所急需的物资提供给他们，为了给予更大的帮助，我们也在尽自己最大的努力。我们相信盟国的作战理念，并支持他们，这就是我们这样做的原因。

美国人深深记住了英法两国军队所进行的顽强的反抗。尤其让我感动的是，你在声明中说，为了保卫法国的民主，要坚持作战，就算在作战中要逐渐退却，哪怕退却到北非和大西洋，战斗也不会停止。切记，大西洋和其余的大洋还要由英法两国的舰队掌控着，这一点非常重要。另外，记住外面过来的主要军资都是所有军队想要生存下去的必需品。

几天之前，有关大英帝国要坚持作战的问题，丘吉尔首相发表了一番演讲，它给了我力量。他们的信念对于在全世界都有领地的法兰西帝国来说，也同样适用。在全世界的工作中，海军的战斗依旧可以看出一个问题：历史给我们留下的教诲是对的。对此，达尔朗海军上将了解得很明白。

我们都觉得，总统给我们的帮助已经很大了。他准许雷诺把他6月10日的电报公布出来并作详细的解释，现在，他给我们的回复又是这么有力量的。法国要是能为此继续忍耐战争带来的深一层的痛楚，美国将参战的意图就会更进一步。不管怎么说，在总统的回电中，从两个地方能看出现在的他们就等于在参战了：一、同意给予物质上的帮助，不用说，这种帮助是积极性的；二、呼吁法国坚持战斗，就算政府被驱逐出法国境内了，也要坚持。我马上给总统致电，将我们的感激之情传达给他。而且，就总统给雷诺发去的电报，我尽量用极度夸赞的口气评说了一番。或许这几个方面我不该着重地说明，但是，对于现有的力量和能够争取的力量我必须要努力去争取。

前海军人员致罗斯福总统　　　　1940年6月13日

有关今天在图尔召开的会议，我已经把记录给肯尼迪大使过目了，他也应该跟你汇报过了。我不能把会议的严峻性说得太过。他们就要完事了。魏刚的观点是，法国还有充足的部队来稳定法国的秩序，应该趁此机会要求停战。雷诺向我们提出了一个问题，法国的疾苦和所做的牺牲都是巨大的，对于法国不应该单独议和这一规定，我们能不能解除。我们无法阻止在这场恶斗中的失败，虽然我们因此而心痛，可是，我没有迟疑，而是以英国政府的名义回绝了法国停战或者单独议和的要求。我尽力要求雷诺向你和美国再发出一次号召，请求你们的支援之后再谈论这个问题。我支持他发出号召。在这一点上，我们意见一致，现在，雷诺跟他的部长们的情绪都有所好转了。雷诺深知，想要让法国人民坚持战斗下去，就要看到能取得最终胜利的希望。这样的希望，就是你能尽最大的努力让美国在最大的程度上参与到战争中来。就像他说的一样，在黑暗的尽头，他们才能看到光亮。

我们飞回国内的时候，你这份严肃的电报已经发过来了。我刚到,肯尼迪大使就将它拿给我了。这封电报把英国的内阁感动了。要我代为感谢。不过，我一定要跟你说明白，总统先生，在世界历史向前推进的过程中，为了能让这封电报起到至关重要的转折作用，我觉得有必要在6月14日，也就是明天把电报公布出来。希特勒的和平是做出来给别人看的，我相信，这封电报肯定能让法国拒绝这样的和平。希特勒的和平是以消灭我们为目的的，也是为了更接近他控制全世界这一最终目标的。现在，法国要是不再参战了，那在电报里你所讲到的那些计划:策略上的、经济上的、政治上的和信义上的就都没有意义了。所以，我特别想马上就公开这份电报。希特勒强硬地在巴黎走纳粹式的和平，如果他没有实现这一企图，就会把战火转移到我们的头上，这一点我们完全了解。我们会竭尽全力去反抗，我们一旦成功，那么日后全新的道路将会特别宽阔，我们胜利之时，就是我们的愿望实现之时。

以下电报是我给雷诺先生发过去的：

1940年6月13日

6月10日，你给罗斯福总统发去了号召的电文，我们回来的时候，收到了罗斯福总统回复你的副本。内阁的意见是一致的，你在6月10日发布的宣言中表示要坚持抵抗，而罗斯福总统郑重的回复对于你本人在发言中表现出的精神绝对是有利的。宣言中说，法国会在巴黎的前后，在某个省，或于必要条件下，在非洲，甚至在跨过大西洋的战场上进行反抗。文件既承诺要在物资上给予更多的支援，又明确地给法国以忠告：就算到了法国形容的走投无路的地步了，也支持你坚持战斗下去。我认为，法国若能按照罗斯福总统电报的要求那样坚持战斗、继续战斗下去的话，美国需要承担的责任就是不可避免的。要把最后这一步能用的手段利用起来，也就是说，从表面上树立起一个参战国，实际上，它早就已经是参战国了。就像你预计的那样，总统没有权利自行决定要不要宣战，这是美国宪法的规定。不过，对于总统的回电内容，你若是能按其去做，我相信下一步肯定会随之而来的。我们正在跟总统请示，允许公开这封电报，就算一天两天之内，他不同意我们的请求，可是对此的记录还是有的，你可以把它当成行动的依据。对于你和同僚们的信念，我们十分佩服。这是个促进世界联合、海洋联合和经济联合的好时机，我真心希望你们不要错过，这样的联合足以给纳粹统治重重的一击。我们的眼前，摆着很清楚的行动计划，我们看到了你说的黑暗尽头的一抹光亮。

按照内阁的提议，我最终又给法国政府发去一份正式的电报，鼓舞他们继续努力。我在这封电报里，首次提到了我们两国间长久的联盟关系。

首相致雷诺先生　　　　1940年6月13日

英国和法国正在经历一个生死攸关的时刻，英王陛下为了两国誓死要保护的自由民主事业，特别向法兰西共和国政府献上自己的敬意。对在敌众我寡的战斗中，法国军队表现出的英雄主义和非凡毅力表示赞颂。法国军队的努力完全对得起法国的优良传统，敌人遭到了巨大的、长久的损失。大不列颠会尽自己最大的努力给法国以最大的帮助。趁这个机会，我们会发表声明，宣布英法两帝国之间和两国人民之间的团结是牢固的，不会破裂的。近期，两国人民会遭受多大的痛苦我们无法预计，可是我们相信，我们两国会因为这场战争的考验而融为一体——一个无法战胜的整体。不管战争会波及哪里：法国、岛上、海上、空中，我们都会战斗下去。我们要在最大程度上发挥出人力和物力的力量，把治疗伤痛的担子分担过来。我们不能从战争中退缩，要一直坚持到法国恢复稳定和光荣，坚持到生活在奴隶和压迫之下的国家和人民解放出来，坚持到纳粹统治下的文明被解放出来。这一天始终会到来的，我们现在比之前更加相信这一点。这一天的到来也许比我们预计得还要快。

以上的三封电报都是我 13 日半夜睡觉之前亲自写的，其实，是在 14 日零点之后的几个小时之内起草的。

第二天，总统发来一份电报说，他给雷诺的电报不能公布。肯尼迪先生说，总统是同意公开的，国务院虽然理解总统的意思，但觉得这样做太冒险了。总统对于我向他讲述了图尔会议的经过表示感谢，对于英国和法国军队在战争中的勇敢，总统对英法两国政府表示庆贺。总统又一次承诺，会在物质上给予我们最大的帮助和支持。但他还说，肯尼迪大使已经接到了他的通知，会告诉我，他 13 日发来的电报，不表示美国政府有参战的义务，而且，美国政府也不应该因此承担参战的义务。除了国会之外，没有人能让美国承担这样的义务，这是美国宪法的规定。关于法国的舰队，他一直很惦记。按照总统的指示，国会已经给法国国内的难民拨出了 5000 万美元买吃的和穿的。最终，他对我说，对于我在信中说到的那件事情的意义和作用，他是很注重的。

这封电报让人很失落。

我们桌子旁边的人都很明白，总统很有可能被责怪，说他挑战宪法的权威，甚至会在马上要到来的竞选中落选。而这次的选举结果，更是决定着我们的命运和比我们命运更重要的东西。为了处在危难关头世界的自由，我相信，别说是放弃总统的职务，就断丢掉自己的性命他也愿意。但是，这样做又有什么意义呢？他的苦楚，我在大西洋的这一边就能感受到。从本质上看，白宫的痛苦和波尔多以及伦敦的痛苦是不一样的。不过以个人承受的痛苦来看，却是一样的。

欧洲要是被攻克了，英国要是打败了，美国会面临什么样的困境？关于这一点，我在回电中也提到一些观点，总统可以借此去劝服其他的人。这是个决定生死的问题，不能感情用事。

前海军人员致罗斯福总统　　　　　　1940 年 6 月 14 日至 15 日

对于你的来电，我表示感谢。有些重要的内容，我已经转告给雷诺。我把好的方面的想法也和他说了。他会因为你不允许公开而失落的，我相信这一点。美国的舆论和国会给你带来的压力我知道，可是情况越来越糟糕，要是等到时机成熟的那一刻，就远非美国能够掌控的了。希特勒会跟法国提出什么样的要求，你有想过吗？他也许会说："只要法国所有的舰队都投降，我就把阿尔萨斯—洛林[①]给你们留下。"或者说："你要是不把兵舰交出来，我就毁掉你们的城池。"美国终究要迈出这最后的步子的，我坚信这一点。可是现在，法国正处在生死存亡的关头，美国要能发表声明说，会在适当的时候参加到战争中来的话，法国就能得救。否则的话，要不了几天，法国的反抗就会土崩瓦解，到时候，我

① 位于法国东部，包括上、下莱茵和摩泽尔省。二战期间，德国占领了这里，后来归还给法国。这里是德法两国颇有争议的地区之一。——译注

们只能独自战斗下去了。

这期间，我们的反抗要是失败的话，尽管现任政府和我自己肯定是要把舰队调派到大西洋对面的，可是这样的战略会引起的结果可能就是：对于局势的变化，现任领导们已经无法掌控了。英国只要肯依附希特勒帝国，那关于讲和的条件就很简单了。到那个时候，亲德政府就会建立，和平谈判也会进行。这个千疮百孔的、无衣无食的民族就会不可避免地服从纳粹的统治。就像之前我和你说的那样，美国以后的命运跟英国舰队的命运是息息相关的。因为，英国的舰队要是跟日本、法国和意大利联手，再配以德国强大的工业能源，那希特勒就会以绝对的优势控制海上的力量。希特勒自然会适当地运用这一力量，可从另一个角度来说，他也不一定这样做。在美国做好应对的准备之前，海上力量的高下肯定会很快发生变化。我们要是打败了，那么一个由纳粹控制的欧洲联邦将会出现在你们的眼前。它的人数比新大陆的多，它的力量比新大陆的强，它还装备着更强大的武装。

总统先生，我很明白，你早就明白事态长远的发展是什么样的了。可是我认为，对于以下的观点，我有记录下来的义务：我们和法国的战争同美国的利益是紧密相连的。

有关海军参谋部拟定的驱逐舰能力情况的报告，我已经让肯尼迪大使转交给你作为参考了。为了防止东岸被袭击，我们必须将大量的驱逐舰留在那里，可如果我们这样做了，那么德、意两国要是偷袭我们赖以生存的粮食和运输物品的船只的话，我们该怎么办呢？就像我之前说的，今年年底之前，也就是我们新建造的船舰投入使用之前，只要调遣 35 只驱逐舰就可以填补我们这段时间内舰只的空白。这个措施是切实可行的，是具有决定性的，可以马上实施。对于我话中的意思，我希望你能仔细掂量一下。

* * *

法国前线的局势在这个时候变得更加糟糕了。德军在巴黎西北发起了一系列攻势，我们因此而损失了第五十一师。敌军于 6 月 9 日进入了塞纳河和瓦兹河的下游。法国第十集团军和第七集团军残留的部队在南岸匆忙地布置防线。敌军把他们从中间冲破了。首都卫戍部队，就是巴黎兵团，为了堵塞这个缺口，离开了巴黎参加到战争当中去。

东面的埃纳河沿岸，第六集团军、第四集团军和第二集团军的情况要强得多。他们用于构筑防线的时间有三个礼拜，而且，调派的援军也到了。他们在敦刻尔克战役期间,和敌人向鲁昂前进的期间，受到的侵害相对较小。可是，他们的兵力还不足以坚守一条 100 英里长的战线。在此期间，敌军又集中了多个师的兵力，准备最后向他们发起一次进攻。这条战线于 6 月 9 日被攻陷了。当时，法国军队拼死战斗，尽管如此，在埃纳河岸，从苏瓦松至雷代尔地区，德军依旧构建起了桥头阵地，其范围在之后的两天一直延伸到了马恩河。德军在沿海岸的战争中奋勇前进，而德国的装甲师更是在战斗中起着至关重要的作用。现在,他们也被调遣到这场新的战斗中来了。法军本就失败了，经八个装甲师的两次猛烈的进攻之后，更加溃败得不成样子。法军的人数骤减，军队一片混乱，面对兵力、武装和技能都比自己凶猛强大的敌人，他们已经没有反抗的能力了。敌军在四天时间之内，也就是 6 月 16 日就到达了奥尔良和卢瓦尔河。德军在东边发起猛烈的进攻，穿过了迪戎和贝桑松，马上就要到瑞士的边界了。第十集团军在巴黎的西边，只剩下不到两个师的兵力了，在德军的压力下，他们从塞纳河向西南的阿朗松方向撤去。14 日，首都被攻陷。第七集团军（巴黎的守卫部队）和巴黎兵团在溃败下四散而逃。英法在西部的兵力，余下的部队，和曾经引以为傲的法军残余部队都被切断了。

作为法国的护卫和盾牌的马其诺防线上的情况又是什么样的呢?德军一直到 6 月 14 日都没有向它发起直接的攻势，有的作战部队那时已经脱离了防卫部队，只要能参加中部快速撤离队伍的士兵都参加了，可是，已经太晚了。就在那一天，萨尔布吕肯前面的马其诺防线突然之间就被攻破了。在离科耳马尔不远的地方，敌军跨越了莱茵河。敌人撵上了撤离的法军，双方交战，法军无法摆脱敌军的追击。德军于两日以后袭击贝桑松，将法军的退路堵死了。被包围的法国军队有40多万，一点突围的希望都看不到。陷入包围圈的敌军很多都拼死反抗，停战以后，法国的军官奉命传达指令过去以后，他们才投降。6月30日，最后的营垒才听从了指令。营垒的指挥官还抗诉说，在整条防御工事上，还没有损坏的地方呢。

法国战场的这场大规模的战斗是缺少了一定的组织力的，这场战争结束了。后面会对英军起到的微小的作用进行一定的补充。

* * *

在敦刻尔克的撤退中，布鲁克将军在指挥军队上曾立下过功劳。尤其是在因为比利时军队的投降而被打开的缺口处的战斗，他指挥得更是尤为优秀。所以，对于留在法国境内的英国军队和所有支援部队的指挥权，我们决定交给他来掌管，一直到人数足够多的时候，再交由戈特勋爵出任集团军的司令官。这个时候，布鲁克已经抵达法国了。14日，他同魏刚将军和乔治将军见了面。魏刚说，法国的军队已经无法再进行有组织的反抗了，也没有能力采取团结一致的行动了。包括在最西边的法军第十集团军在内，法军已经被切成了四个部分。魏刚还说，同盟国政府已经答应了，会在布列塔尼半岛组建桥头阵地，在从南至北穿过雷恩的防守线上，让英国军队和法国军队一起防御。他给布鲁克下达了命令，让他在穿过市镇的防守线上安排上自己的军队。布鲁克提出，最起码也要15个师的兵力才能守住这条150公里长的防守线。魏刚对他说，对于所下达的指示，他应该当做命令看待。

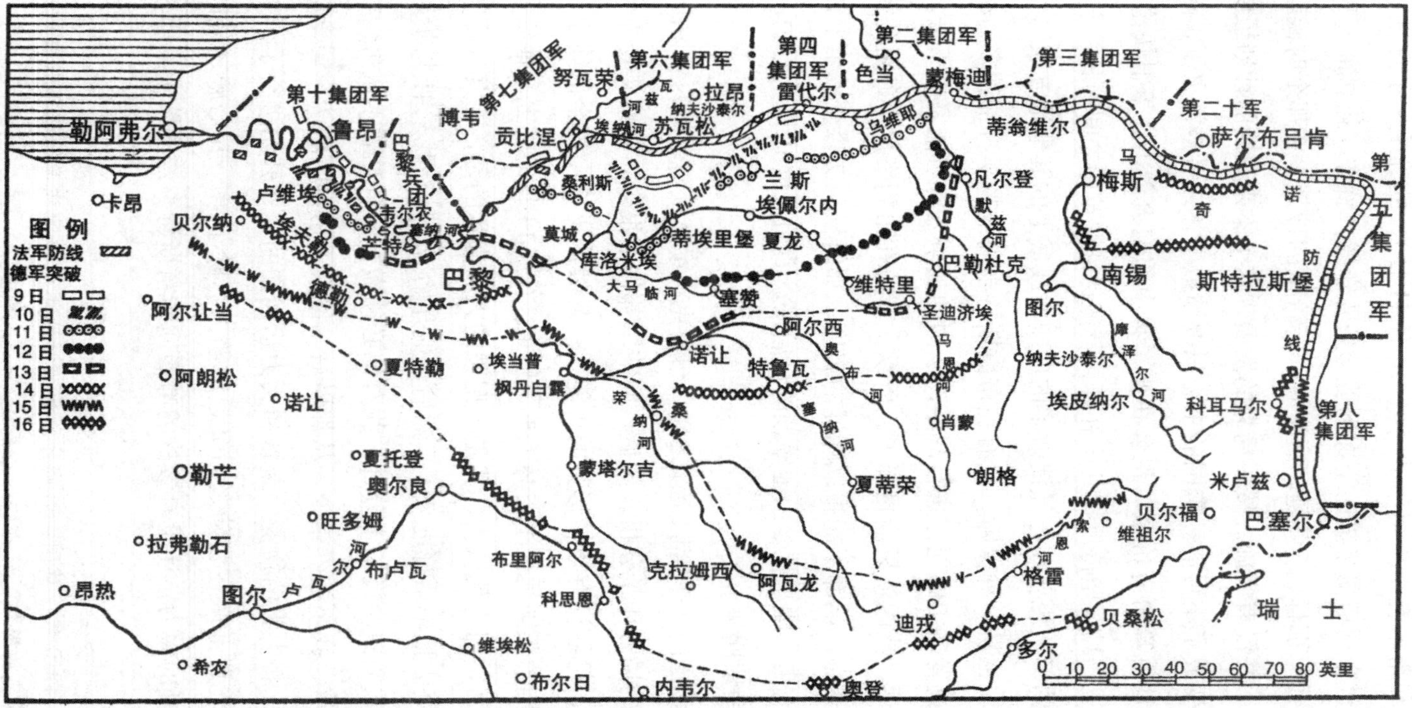

1940年6月法军最后的位置

（照原图译制）

我和雷诺在布里阿尔的时候（6月11日），的确统一了意见，同意在穿过布列塔尼半岛的下面部署一条防守线，就像“托利希—弗多莱希战线”那样[①]。可是，这个有一定价值的计划，在那个时候就被搁浅了，并没有实施。按照局势的发展，这个本来正确的计划想要实施已经变成了不可能。法国的主力只要溃败了，或者被消灭了，这个桥头阵地就算再有价值，也会在德军集中的炮火袭击之下很快沦陷。但在这里，只要坚持反抗几个礼拜，就能保证跟英国之间的联系不断，对法国的军队想要在已经溃败了的广阔的战线上的其他地方撤退到非洲的行动也是一种保障。只有在布雷斯特半岛或者孚日那种多树林的地方，或者多山的地方进行战斗，法国的战争才有可能坚持下去。要不然的话，法国就只能投降了。所以，有关在布列塔尼半岛组建桥头阵地的观点，谁都不能报以嘲讽的态度。那时候，艾森豪威尔上校还不是很有名，盟军就是由他率领的。后来，我们又付出了巨大的损失，才将它争取回来。

跟法国的司令官们交谈之后，布鲁克将军又从司令部的立场出发，对恶化的局势作了分析。然后，向陆军部作了报告，并给艾登先生打电话说，已经没有扭转形势的可能了。后续的支援应该全部终止，15万在法国的英国远征军要马上重返船上。6月14日的晚上，他给我打了个电话，因为他认为，我是个倔强的人。幸运的是，在几经周折之后，他终于把电话打进来了。然后，他开始努力地劝我采纳他的建议。我听得很明白，过了十分钟，我对他必须撤军的意见表示认可。根据他的要求，我下达了指令。从那以后，他就不用再听从法军司令部的命令了。将大批的物资、装备和兵力运回来的工作开始进行了。加拿大师的先遣部队在登陆之后又返回船上。除了第一五七旅之外的第五十二师的兵力，还没有参战的都撤回布雷斯特。法国第十集团军带

---

① 1810年，英国、西班牙、葡萄牙联军的统帅威灵顿将军跟拿破仑在葡萄牙开战的时候，建立的一条战线。——译注

领的英国参战部队没有撤退回来，但在布雷斯特、瑟堡、圣马洛和圣纳泽尔，我们其余的所有兵力都上船了。我们的军队于6月15日摆脱了法国第十集团军的指挥。第十集团军于次日继续向南撤离，同时，我军向瑟堡进发。经过一番激烈的战斗之后，第一五七旅于当天晚上突围之后坐卡车离开了战场。6月17日到18日的晚上，他们顺利上船。贝当政府要求停战的消息于17日公布了出来，它向所有法国军队下达了停战的命令。有关停战的消息，他们都不知会我们一声。所以，我们对布鲁克将军下达了一道指令，尽最大努力保护我们的装备，带最多数量的兵力坐船回国。

我们当时把敦刻尔克撤退的场景又演示了一遍，场面很壮观，相对于上次来说，使用的船只也要大得多。不同意投降的波兰军队有两万多人，他们照直前往海岸。之后，他们登上了我们的军舰抵达英国。各个方向都有德军的追兵。18日清晨，我军的后卫部队和德国军队在瑟堡半岛港口南边10英里的地方发生冲突。下午16时，最后一只船只驶离法国。那时候，第七坦克师在隆美尔的率领下距离港口还不到三英里。我们没有多少士兵被俘。

一共有136 000名士兵和310门大炮从法国的各个港口撤离出来，加上波兰的士兵人数，合计有156 000人。在布鲁克将军的率领下，上船的部队表现出了伟大的业绩。尤其是英国军官德·凡布莱克将军，他没过多久就去世了，都是因为太过劳累。

大量的人从布雷斯特和西边的港口撤离，英军在运载的过程中，遭到了德国军队肆无忌惮的袭击。17日，有一个很吓人的事情发生在圣那泽尔，这是个出人意料的事情。载着5000人的两万吨的“兰卡斯特利亚”邮轮就要起航的时候，敌军飞机对其进行了轰炸。3000多登船人员因此牺牲。空袭连续不断，小船拼命地接应其他在船上的人们。内阁办公室的下午很安静，在那里，我得知了这个消息之后，拒绝将它公布。我说：“在今天的报纸上，已经刊登了很多糟糕的消息了。”这个消息我原来计划要过几天才公布的。可是，一个又一个的意料之外的事情让我们很丧气。这些事情发生得太快了，快到我连禁令都忘了解除。很长时间以后，这个让人感到震惊的消息才被人们所知。

* * *

法国不日就会投降了，这个时候，为了让人们对此事不至于太多惊讶，我们一定要给各个自治领的总理发份电报，跟他们表示，就算只剩下我们自己，也一定要坚持作战。我们这种信念不是顽固，也不是在失望中的挣扎，我们要劝服他们，用切合实际的理由和技术上的理由让他们对我们现在的能力充满信心。所以，虽然6月16日那天的日程已经满了，可我依旧在当天下午口头传达了以下这封信件。

首相致加拿大、澳大利亚、新西兰和南非联邦各位总理

1940年6月16日

〔开始的几句话是分别对每一位总理说的。〕

对于当前的局势，我们已经使不上任何力气了。不管怎么样，我们无法肯定法国还会不会在非洲和海洋上坚持作战。无论法国人的决定是什么，希特勒已经下定了决心，要在这个岛上将我们打败，否则的话，他们就会失败。我们面对的危险主要是：在伞兵和空运部队降落的配合下，希特勒将进行集中的袭击，而且，会尝试用陆军渡海作战。从开战之初，这样的危险就一直伴随着我们。这样的险境，法国无法带我们脱离出来，因为，希特勒总有办法将它扣在我们的身上。我们周边的海岸和欧洲沿海地区已经被希特勒占领了，所以，我们面临的险境无疑就更重了。不过从整体上看，这种险境没什么特别的。我找不出无法抵抗它的依据。能不能阻挡住5000～10 000人的进攻，海军并没有说过。可是，

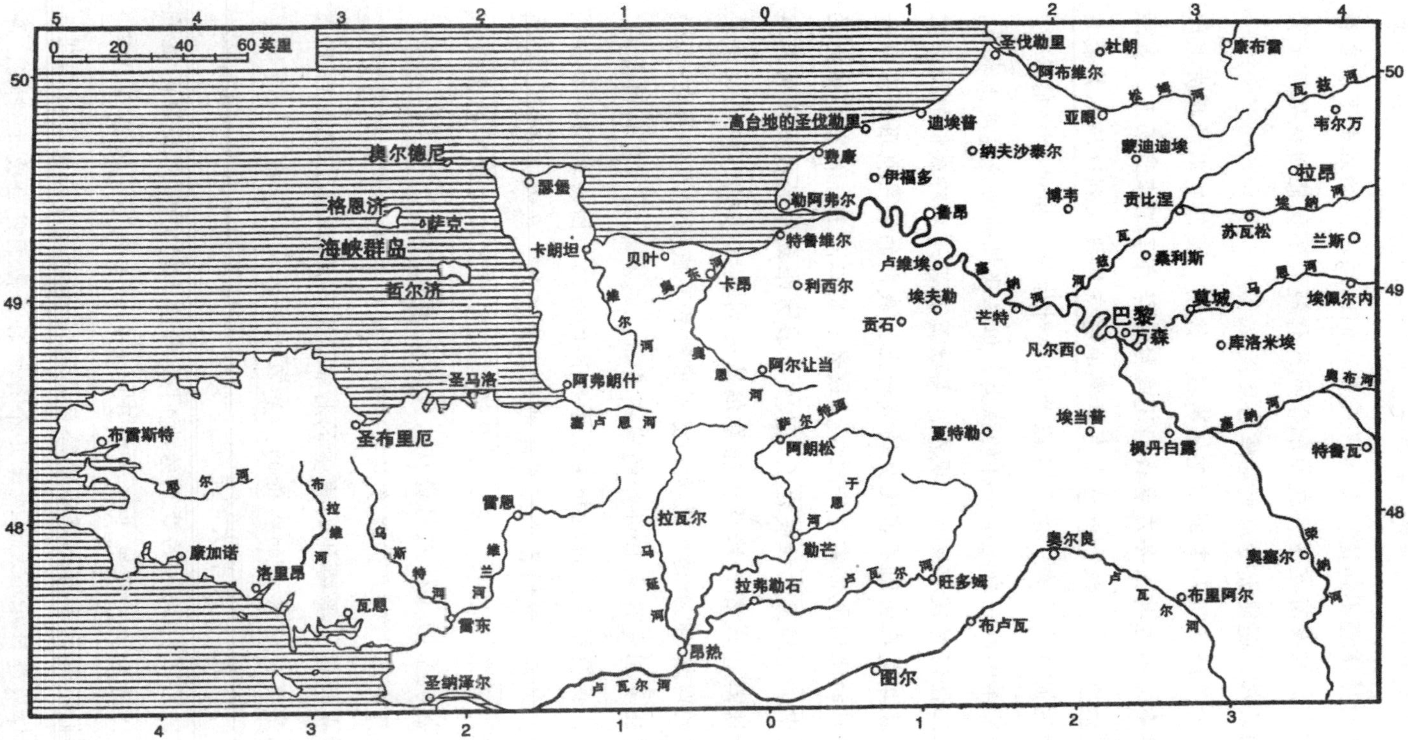

法国西部概略图（瑟堡与布雷斯特）

（照原图译制）

我们依然无从得知的是：如果是一支 8 ～ 10 万的军队，怎么运到海峡的对岸都不知道，更何况是在我们凶猛炮火的袭击下求生存呢。我们只要有空军，就能配合舰队作战，不仅能阻截从海上登陆的敌人，还能大量消灭空降的敌人。

为了给法国和敦刻尔克撤离提供援助，我们空军的损失也比较惨重，不过其主要力量我们还是努力保存了下来。而且，虽然法国强烈号召，我们依然没有草率地将空军投入到这场不算最重要的地面战争中来。我们可以开心地对你说，相对于以前来说，我们空军的战斗力还是一样的强大，但从飞机的生产速度上来看，现在比任何时候都要快。现在，驾驶员其实是束缚我们的因素之一。就算是在法国不占优势的战场上，我们的战斗机跟敌军战斗机牺牲的比例也常常是一比二，或者一比二点五。在敦刻尔克的撤离中——那里已经成为了无人区，我方跟敌军的损失比例能达到一比三，或者一比四。德军编队遇到我方飞机，即便数量是我方的四倍，也会逃之夭夭。空军中所有有威望的人都同意一点：想要让英国免遭来自海外的空中袭击，是有很大的有利因素的。首先，我们可以明白地知道敌军入侵的方向，因为我们具备各式配置。第二，我们各个空军阵地的距离不远，敌人来袭时，我们能把力量集中起来，而且可以调遣充足的飞机向敌军的轰炸机和掩护战斗的飞机发起进攻。他们被击毁的所有的飞机，都会完全损失掉，但我们很多被击毁的飞机和驾驶员都能重新参战。所以我觉得，要给他们重重的打击，让他们知道，想要白天来进犯是要付出惨重的代价的，是不可行的。敌军对我们飞机生产厂的夜袭，才是最大的危害。可是，夜袭的瞄准性没有白天好。再说，为了让敌人的夜袭给我们带来最小的灾难，我们也做了很多预防措施。敌军飞机的数量比我们的多很多，这是自然的。可我们还不至于为此就不敢给自己制定一个适当又美好的预想：空中作战进行几个礼拜或者几个月之后，他们就会疲于作战，再无招架之力。对于敌军的重要地点尤其是炼油厂、飞机生产厂或者是在鲁尔一带比较集中紧凑的军需工厂，我们的轰炸机要同时对其发起连续的进攻。对于敌军的入侵和敌军飞机的轰炸，但愿我国人民能挺住。我方和敌方的交火规模将会是前所未见的。从我们掌握的全部的信息中就能看出来，德国人对于开战至今遭受的损失感到失望。

切记，英国远征军目前都回到了国内，重新装备和正在装备的部队占一半以上，要进行陆地作战的话，兵力也许不够充足，但不管怎么说，保护本土是足够了的。不管对于上次大战还是这次大战中的任何其他时期，我们现在的本土军事实力都要大得多。所以，但愿我们能将空降或者从海上登陆的敌人全部消灭，这样，在后面准备进犯的敌军就会有所顾忌。我们必须要预知一件事情：敌军可能会以新的作战方式袭击我们，或者尝试从海上运输坦克。只要是在我们预计范围之内的，我们都要做好准备去应对。这是一场事关生死的战争，谁都无法预料或者断言战争的发展态势。可是，我们在作战的时候，必须要打起精神来。

我把情况说得很详细，这样才能表现出一点——我们之所以下定这样的决心，是有依据的：不管法国要面临怎样的厄运，我们坚决不会因为它而畏惧，进而不敢继续作战。从我个人来说，我相信一点：我们岛上的激战和大量死去战士的尸体会驱使美国参战的。敌军空军的数量比我们多，就算我们被这样的力量打败了，我们依然能调遣舰队至大西洋的彼岸以保护大英帝国，给它坚持战斗的力量，继续采取封锁的行动——这就像上次我在下院的某次演讲中提到的一样。我们跟美国齐心协力，肯定能粉碎希特勒政权，我相信这一点。在任何时候，我们都会将你可以提供给我们的帮助通知于你。你肯定会尽力给我们提供帮助的，我坚信这一点。而我们，是彻底下定决心要这么做了。

我在内阁办公室的时候口授了上面的函电，打字机同时将它打印了出来。去往花园的门是敞开着的，外面阳光充足，很温暖。我改完了草稿之后，就给空军参谋长尼沃尔空军中将拿过去过目，看看有没有需要修改的。他那时正坐在阳台上，看完之后，他马上感动地说，我所说的内容他全都同意。我将自己的决心写成了稿件之后，心情很好，感到神清气爽。发出去之前，我又最后通读了一次，心中的信念十分坚定。我的观点是对的，之后发生的一切都可以证明这一点——它们都变成现实了。

第十章 波尔多停战

法国政府迁至波尔多——魏刚将军的观点——魏刚和雷诺——肖当先生阴毒的意见——法国想试探性地知道停战的条件——英国坚持要保护法国的舰队——6月16日我给雷诺的致电——新问题的产生——英国提出要跟法国结成长久的联盟——戴高乐将军特别希望能因此巩固雷诺先生的地位——雷诺先生很满足——6月16日我的电文被短期扣押——我本计划和工党、自由党领袖乘坐巡洋舰出访波尔多，却没能如愿——英国的意见受到了不好的对待——雷诺内阁的下台——雷诺离职——和莫内先生还有戴高乐将军在唐宁街的谈论——贝当元帅组成了一个想要议和的法国政府——6月17日我给贝当元帅和魏刚将军的致电——6月17日我的广播——斯皮尔斯将军给戴高乐将军制定逃跑计划——又一次商讨在非洲抵御——曼德尔的企图——海军上将达尔朗的陷阱——“马萨里亚”号出航——曼德尔在卡萨布兰卡——达夫·库伯先生的使命——法国爱国者的命数——一个设想出来的预测——我坚定的决心

现在，我们暂时把军事上不顺利的战场抛开，说说法国内阁的变化，和跟法国内阁相关的在波尔多的人。要清楚地知道局势的变化不是件容易的事情。英国的战时内阁差不多每时每刻都在开会，任何时候有任何决议，都能立刻发出电报。电报被转移成密码需要两三个小时的时间，而且，可能也要再过一个小时才能把电报拍出去。所以，这些决定的内容经常由外交部官员通过电话告知我们的大使。大使在回复的时候也经常打电话。因此，反复和短路的错乱迹象时常发生。在海峡的两岸，局势的变化非常快，要是按照常规流程先讨论再做决定的话，事情就被延误了。

14 日晚上，雷诺先生从图尔来到了法国政府的新地址。9 时左右，他会见了英国的大使。他接到了罗纳德 · 坎贝尔爵士的通知，说国王陛下政府还在坚持 3 月 28 日协议上的内容，两国都不能跟德国议和。他还说，法国政府要是决定迁到北非，所有需要用到的运输船只，英国政府都会提供。对于大使现在接到的命令来说，这两项宣称是与之相符的。

雷诺 15 日会见了英国大使，跟他说了他所坚持的决定，把政府分成两个部分，在海外设立政权中心。很明显，这样的决定是要将法国的舰队调到另外的港口，让德国的势力无法触及。罗斯福总统对雷诺号召的回复于那天中午之前就收到了。在发给法国总理的电报里面，我尽力将罗斯福回复中的好处都讲了，尽管这样，也避免不了他的失落，这一点我很清楚。美国国会同意给予物质上的帮助，但却避开美国参战的问题不谈。现在来讲，法国对美国宣战一事已经不抱希望了。总统没有宣战的权力，也没有让国会授予自己宣战的权力。13 日晚上，内阁会议在图尔周围的冈惹召开，从那以后，就没再开过会了。阁员们现在都到波尔多了，当天下午，内阁会议就召开了。

*　　*　　*

这些天，魏刚将军始终坚信，持续作战毫无意义。所以，他计划用强制的方法让法国政府请求停战，趁着法国的军队秩序还算良好，也有足够的能力维护战败之后的国内治安。对于第三共和国的议会制度，他一直很痛恨。国家所遭遇的毁灭在他这个虔诚的天主教徒眼中看来，就是上帝给那些违背了基督教义的人们的惩罚。所以，即使他的权限很大，他还是要越权使用他顶级的军事地位的权力。他跟法国总理对着干，说法国军队没有继续作战的能力了，国家还没有落到无政府的状态，应该趁此时机将这场让人畏惧和毫无意义的杀戮终结。

另外，法国的战斗已经结束了，这一点保罗·雷诺已经意识到了。可他依旧想用法国的舰队在非洲和法兰西帝国坚持作战。被希特勒践踏过的国家全都在坚持作战。这些国家其实只是本土被敌军占领了，在海外，它们建立起的政府依然飘着本国的国旗，这些国家坚持存活着。雷诺愿意紧跟这些国家的步伐，另外，他还有更加值得信赖的办法。按照荷兰投降的足迹，他想寻找出一个解决方案。陆军的领导已经不同意坚持作战了，所以按照雷诺的办法，既能达到陆军的要求——跟敌军遭遇的时候解除武装，又能保卫国家的主权，利用主权行驶一切可能行驶的权力继续作战。

总理和最高统帅在内阁会议召开以前就针对这个问题争论了一番。雷诺提议说，政府应该以书面形式给魏刚以授权，好方便他下“停战”的命令。魏刚很恼火，拒绝了他军事投降的提议。“用这种耻辱的事情来玷污法国陆军的旗帜，这种事情他绝不去做。”他觉得，投降虽然是大势所趋，也应该由国家和政府出面解决，他带领的军队只会奉命办事而已，这是军人应尽的职责。魏刚将军是一个大公无私的人，即便这样，他也错在了这件事情上。他觉得，军人有权向共和国合法政府提出要求，因此，他把法国，甚至整个法兰西帝国的抗战事业带到了另外一条与合法政治领导的选择相悖的道路上去了。

先把跟法军荣耀相关的争论和形式抛开，谈谈这其中存在的一个实质性问题。停战协议要是由法国政府出面签字，这就代表是法国停止了这场战斗。谈判过后，法国可能不会全部被占领，军队也不会全部都丧失自由。可是，要在海外组织作战的话，德国人就会直接控制住所有没有出逃的法国人，他们会把数万名法国人带回德国，像带回战俘一样，这些人将得不到任何协议的保护。这是个实质性的问题，不能让陆军总司令来下决定，还是应由共和国政府来解决。魏刚带领的军队在他眼中看来已经没有继续作战的欲望了，所以，法兰西共和国应该低头了，应该给武装部队下停战命令了——这个命令魏刚很高兴服从。不管是从各个文明国家的律法和实际行动上看，还是从军人应尽的职责上看，他的这种心态都毫无依据。起码从理论上看，是有解决方法的。他可以这样回复："你在跟共和国的宪法抗衡，从现在开始，你司令的职务被解除了。所需的总统的审批我会拿到的。"

很遗憾，对于雷诺先生本人的态度，他自己都没有足够的信心。在这位骄横的将军背后，隐约能看见大名鼎鼎的贝当元帅。近来，雷诺很失策地被笼络到政府和内阁中那些失败主义分子的行列中，起主要推动作用的人就是贝当元帅，他们这批人都铁了心要结束战争。还有一个隐藏在他们身后的人——狡诈的赖伐尔。他已经担任了波尔多市长，一些摩拳擦掌的参议员和众议员都聚集在他的身边。赖伐尔措施的效果和优势是简明又直接的。法国一方面要跟德国议和，另一方面还必须要叛变。应该跟掌控者结成联盟，忠诚于它，横穿海峡去袭击共同的对手，这样的功绩可以用来保卫自己的利益和各个省市，跟胜利的国家站在同一边去结束这场战斗。很明显，雷诺先生经历的各种磨难，已经使他身心俱疲了，他再无精力和体力去面对一场针对个人的残酷的考验了。只有奥利弗·克伦威尔、克列孟梭、斯大林或者希特勒这样的人才有办法去经受这样的磨炼。

15 日下午，共和国的总统也出席了会议，在商讨的过程中，雷诺跟他的同僚们分析了目前的形势。然后，他跟贝当元帅要求说，要劝服魏刚将军听从内阁的观点。他指定的游说人真是糟糕透了。在这位元帅出去的空当儿，有那么一会儿的休息时间。不久，他跟魏刚回来的时候，他已经开始支持魏刚的意见了。在这关键时刻，肖当先生作为一名重要的内阁成员，提出了一个险诈的，但看上去又同时顾及到左右的建议。对于摇摆不定的人来说，这个建议的魅力很大。作为内阁的左翼分子，他说，雷诺认为的不可能跟敌军和谈是对的，可是，摆出一个姿态，让法国看上去依旧团结也是十分重要的。法国可以试探地询问德国的停战条件，同时，又有权拒绝这些条件。这条坡路很滑，一旦走上去了，自然就停不下来。法国政府试探性地询问德国的停战条件，只要这个决策宣布出去，就足以让法军残留的些许士气消散。士兵要是知道发出了这样一道要命的消息之后，还怎么进行无畏的、顽强的反抗了呢？可是，阁员们都看见魏刚和贝当的态度了，所以，他们中的大部分人都对肖当的意见产生了很深的印象。他们都同意要询问一下国王陛下政府对这个建议作何看法，同时，向英国政府发出声明，说不管何时法国都不会屈服。这时候，桌子旁边的雷诺站起来说要辞职。不过,被共和国的总统拦下了。总统说,雷诺要是辞职，他也辞职。就这样，又引起了一场乱哄哄的争论。纠结其中的两个问题是：法国舰队要不要屈服于德国，和将法国舰队开到德国控制范围以外的港口的相关事宜。他们全都赞成向英国政府提议，请求准许法国试探性地询问德国停战的条件。电报立刻就拍发出去了。

*　　*　　*

雷诺第二天又会见了英国的大使，大使对他说，英国政府可以接受法国的要求，但有个条件，就是法国的舰队要开到德国的控制范围以外。换句话说，就是把法国的舰队调遣到英国的港口去。这些内容从伦敦的电话中被转告给了坎贝尔大使以便节约时间。11 时，内阁又开了一场混乱的会议，勒布伦总统出席了此次会议。参议员长要求邀请纳内先生出席，可以同时代表他本人和他的同僚——众院长赫里欧先生，对总理要将政府迁至北非的计划表示赞同。贝当元帅即刻站起来阅读了一封信件，很多人说，这封信是代笔的。信上说要辞去内阁成员的职务。他说完，就想从房间中走出去。共和国总统以当日就会给他一个交代作为条件留住了他。这位元帅还埋怨众人说，大家耽误了请求停战的时机。雷诺说，同盟国的一方如果要求另一方解除应尽的义务，按理说来，要等到对方的回复才行。至此，会议结束了。吃过中餐后，雷诺收到了英国大使送去的政府书面回复。那天早上，他在跟雷诺说话的时候，就已经把电话中得知的回复的重点跟法国总理交代了。

* * *

最近一段时间，战时内阁跟平常有所不同，它表现出了一种激昂的状态。阁员们时刻惦记的，是法国的遭遇和命运。至于我们自身的困难和我们要面对，以及要独自面对的劫难，好像都变得没那么重要了。大家的心情是一样的，为盟国遭受的痛苦感到悲伤，希望能尽自己所能提供一些援助。还有一件事情也是至关重要的，就是要保存法国舰队。正是因为这样的精神，才诞生出英法两国的“永远的盟国”的提议。

这个提议不是我最先提出的，我是15日在喀尔顿俱乐部吃午饭的时候，才第一次听到了这个清晰的计划。当时在席间的有：哈利法克斯勋爵、科尔班先生、范西塔特爵士和其他一两个人。很明显，之前曾有过充分的探讨。范西塔特与德斯蒙德·莫顿曾于14日接见了莫内先生和普利文先生——两名法国驻伦敦经济代表团的成员。为了专程安排运输的船只，好将法国政府和最多的法国军士运到北非，戴高乐将军特地乘坐飞机来到这里参加会议。这几个先生把英法联盟宣言的草稿已经拟出来了，大体上谈的是联盟的好处，除此之外，还有一点，就是把一些真实的、能让人开心起来的事情告诉雷诺，促使他能把大量的阁员迁往北非，以便坚持作战。起初，我对这个事情的反应不是特别好。我问了很多至关重要的问题，没人能劝服我。可是，那天下午，沉闷的内阁会议开了很长时间就要结束的时候，又有人把这个问题提出来了。在我见到的党中，所有沉稳坚定、富有经验的政治家都满怀激情地认可一项重大的计划，而这个计划的意义和结果都没有考虑周全，这一点让我很诧异。我瞬间就被他们的激情感染了，丝毫没有抵抗。这样的情感促使我们下定决心要进行一场忘我的、毫无畏惧的行动。

战时内阁第二天中午开会的时候，我们最先讨论的是针对前天晚上送到的，有关正式解除英法协议中法国应该承担的义务一事，如何给雷诺一个回复。以下的回复是经过内阁批准的，按照大家的要求，我来到旁边的房间中草拟。16日午后12时35分，答复正式发出。在复文中再次承认，并重新强调要用当天一早的电话将坎贝尔的训令发布出去。

外交部致坎贝尔爵士

以下电文已经过内阁审批，请呈交给雷诺先生

丘吉尔先生致雷诺先生　　　　1940年6月16日下午12时35分

对于不允许独自进行停战或议和谈判的协议，不是我国跟法兰西帝国内的某个政权或者某个政客签订的协议，而是与法兰西共和国签订的。所以，它关系到法国的荣誉。即便是这样，假如，仅仅是假如，在谈判的过程中，法国舰队能马上开往英国的港口的话，国王陛下政府则会彻底同意法国政府试探性地询问在法国的停战条件。英王陛下有着坚持作战的坚定信念，对于以上询问停战条件的事宜，他丝毫不会牵涉其中。

中午过后没多久，即6月16日下午15时10分左右，外交部给罗纳德·坎贝尔发去了另一封相同言辞的电报。

两封电报使用的言辞都比较激烈，表现了战时内阁在上午开会时提出的会议重心。

外交部致坎贝尔爵士

请将下面的内容告知雷诺先生：

法国在接到所有的有关停战条件的回复时，我们希望其马上与我方商议。要进行商议的原因，除了两国有不单独议和或停战的协议之外，还要重点考虑到无论是什么形式的停战，将会在英军和法军共同作战的时期给英国带来怎样严峻的后果。你应该给

法国政府留下的印象是这样的：约好将法国舰队调遣至英国的港口，要表示出在我们心中，法国的利益和我们自身的利益是同等的。我们坚信，法国政府要是把将海军调遣到德国控制范围之外的条件提出来，就会增加法国在任何一场停战谈判中的力量。我们认为，法国的空军应该努力调往北非——除非法国政府心甘情愿将它们调到英国。

在停战谈判之前和谈判进行的期间，我们希望法国政府能尽量将目前在法国国内的波兰、比利时、捷克的军队解救出来送至北非去。为了能在这段时间接纳波兰和比利时的政府，英国政府正在做准备工作。

* * *

那天下午 15 时，我们又开了一次会。我跟内阁强调说，前天内阁会议要结束的时候，讨论了有关英法两国紧密合作并再次发布宣言一事。我曾在上午跟戴高乐将军见了面，他说，为了将一定的支持给予雷诺，让他的政府能坚持战斗，一定要发起一些行动以引起广泛的关注。他觉得，想要达到这样的目的，只需英法两国人民宣告要永久结盟就可以了。我深深记住了他说的这些话。有关今天上午战时内阁批准发出的电报内容，戴高乐将军和科尔班先生都害怕上面的言辞过于苛刻。据说，一篇新的宣言已经被草拟出来作为参考了，还有，戴高乐将军已经给雷诺先生打电话通知他了。结果，大家觉得现在最好先放慢行动的步伐。所以，又给罗纳德·坎贝尔爵士发了一封电报，命他缓送电文。

之后，外交大臣说，他上午开过会之后跟范西塔特爵士见了一面，他还跟范西塔特建议草拟一篇能引起广泛关注的宣言，以巩固雷诺的地位。范西塔特向戴高乐将军、莫内先生、普利文先生和莫顿少校都征求过意见。他们这些人一起起草了一份宣言。戴高乐将军和他们着重说明了一点，就是这个文件要尽快发表出去，他当晚就要带着草稿回到法国了。戴高乐将军还提议让我第二天就去法国见雷诺先生一面。

宣言的草稿被大家相传阅读，每个人读得都很仔细认真。有关当中比较为难的内容，大家都一眼就看出来了。不过，大家最终好像还是一致同意了这份联盟宣言。我说，最开始，我的直觉本来告诉我要抵制这样的想法的，可是，现在是重要的时刻，我们不能让别人谴责我们，说我们缺少想法。很明显，发表一个引人关注的声明，有助于让法国坚持作战。对于这样一个建议，不能草率地将其抛到一边，大部分战时内阁的人都表示支持，这对我来说是一种鼓励。

下午 15 时 55 分的时候，听说法国内阁要就能不能坚持作战一事做出决议，会议将于 17 时召开。另外，雷诺先生曾给戴高乐打电话说，他觉得，他要是能在下午 17 时收到回复表示支持联盟宣言的话，他就能坚持他的原则。战时内阁据此批准了英法联盟宣言最终的草稿，而且，将转送信件给雷诺先生的权力授予给了戴高乐将军。我们立刻给雷诺先生打电话，把这件事情告诉了他。为了对宣言的草稿以及相关的事宜进行商讨，战时内阁请我、艾德礼先生和阿齐博尔德 · 辛克莱爵士分别代表英国的三个政党，跟雷诺先生尽快碰面。

下面就是最终的草稿：

联盟宣言

现如今，世界历史正处在一个至关重要的时刻，联合王国政府和法兰西共和国政府再次宣称，两国将结成永远的联盟，绝不妥协地共同捍卫正义和自由的事业，对将人类带入麻木的、被奴役的生活中的制度要抵制。

两国政府宣布，从今往后，英法两国是一个英法联盟，而不再是两个国家。

联盟的宪法会对实行国防、外交、财务、经济政策的联合机构作出规定。

法国的任何一个公民都应马上授予大不列颠公民的证明，而英国的每个公民也应该加入到法国公民之中。

两个国家的领土，不管任何地方，只要遭到了战争的破坏，两个国家就应该共同承担其重修的义务。为了这个目的，两国应该像一个国家一样无私地资源共享。

在开战期间，战时内阁只设立单独的一个。不管是英法两国的陆军、海军还是空军，所有的武装力量都要服从这个战时内阁的领导。从哪里指挥最合适，就从哪里指挥。两个国家的议会要正式合二为一。不列颠帝国上的国家已经全部在组建新的军队了。在陆地上、海洋上和空中，法国会将现有的兵力维护好。联盟会向美国发出号召，为盟国的经济所需和共同事业提供大量的补给和物质支持。

战争不管在哪里开展，联盟都会集中火力向敌军发起进攻。

如此，我们一定能打败敌军。

所有的这些，我们都及时向议会反映了。可是，到了此时，已经不必对这件事情抱有期望了。从上面的内容中就能看出来，我没有亲自参与这篇宣言的草拟工作，我只给出了我的看法。之后，戴高乐将军、范西塔特、德斯蒙德·莫顿和科尔班先生都在旁边的房间中等待，我就将宣言带了过去。戴高乐将军阅览这篇宣言的时候很激动。他给波尔多打去电话，电话接通之后，他立刻向雷诺先生通报了这篇宣言。他跟我们一样，都希望两个国家和两个民族缔结的团结友善的严肃的联盟关系，能让拼尽全力的法国总理想出办法，尽可能带着军队把政府迁至北非。同时，给法国海军传达命令，开到德国势力范围之外的港口。

* * *

现在，我们来讲述下对方的情况吧。有关法国要求解除3月28日应承担的义务的两封电文，英国大使已经送达。按照大使的说法，雷诺先生的心情是沉重的，他对这两封回复有些不满。他马上说，要把地中海附近的法国舰队调到英国港口的话，意大利会即刻攻占突尼斯，而且，也会给英国的舰队增加负担。戴高乐将军给他打电话说了我的信件之前，他一直都保持着这样的思想。大使说："这就像是一副良药，能让人精神亢奋。"雷诺说，他会为了这样一份文件坚持战斗到最后的。这个时候，曼德尔先生和马兰先生正好走了过来。很明显，他们也宽心了。之后，雷诺先生脚步轻盈地去找共和国的总统，向他汇报这份文件。他坚信，他肯定能说服内阁会议，让他们赞同迁至非洲坚持作战的决策，这份文件就是最有力量的保证。我发了封电报给英国的大使，让他不要着急将上面说到的两封言辞激烈的电报发出去，或者说，不管怎么样，都要先暂停行动。雷诺总理刚离开，这封电报就被送到了。所以派出一个人追出去对他说：之前那两封电报要"废除"（可能说"暂时被扣住"更贴切一些）。战时内阁的立场一点都没有变。不过我们认为，让《联盟宣言》在最好的条件下发挥最大的作用是最好的。他要是能重新调动起法国内阁的会议精神，那么，整体上的局势就可以将细节带动起来，法国舰队就会自发向德国势力范围之外的港口汇集。我们的意见要是得不到支持，我们就还能充分运用我们的权力，把我们的条件提出来。法国政府内部都发生了些什么事情我们很难得知，而且，此次跟雷诺的会面将是最后一次——这一点我们也不知道。

那天，我们曾通过电话谈过，我说马上就去看他。波尔多的局势我们不知道，要发生什么状况我们也不知道，所以，我战时内阁的同僚们都建议我乘巡洋舰前往。相关的安排也就开始了，会晤定在第二天，地点在布列塔尼半岛海岸外附近。原本我应该坐飞机过去，不过，就算是坐飞机，也来不及了。

下面的电报是外交部发出去的：

致坎贝尔爵士（波尔多）　　　　　　　6月16日下午6时45分

首相乘坐的巡洋舰将于明天，也就是17日中午12时到达坎加诺会见雷诺先生，随行人员有掌玺大臣、空军大臣、三军的三位参谋长以及几名其他的陪同人员。这件事情已经向戴高乐将军发去了通知，他的意思是，见面的时间和地点都还方便。我们提议，为了避免引起注意，最好在船舰上见面。已经向英国舰只“伯克利”号发去了通知，雷诺先生和陪同人员若愿意乘坐的话，可以随意调派。

16日下午20时，外交大臣再次打电话过来说：

之前通知过你，先将我上两封电报压下，这样做的原因是：

首相和戴高乐将军经过商讨，决定明天在布列塔尼会见雷诺先生，他们会再试着劝服法国不要请求停战。为此，他接受了戴高乐将军的建议，会跟雷诺提议即刻一起发表声明，在各种领域之内马上结成紧密的英法联盟以继续作战。在我要拍发出去的下一封电报中，会附上国王陛下政府审批通过的宣言的草稿原件。要马上给雷诺阅读此原文。

戴高乐将军已经把这篇宣言草稿的大纲打电话告诉了雷诺先生。雷诺回复说，两国政府的决策会因其共同发表的这篇宣言而有所变化的。

今晚，戴高乐将军会将副本带回法国。

16日，战时内阁开会一直到18时才结束。会后，我就按照指示启程了。工党和自由党的领袖们、三位三军参谋长以及在各领域担任要职的官员和将领们均随我一同前往。在滑铁卢，一列专车正等候着。不到两个小时的时间，我们就能到索斯安普敦。巡洋舰以30海里的速度前进一个晚上，17日中午就能开到会面的地点。我们已经坐在列车里了。我的妻子也曾来送行。让人费解的是，开车的时间延迟了。很明显有事情发生。这时候，我的私人秘书从唐宁街跑过来，上气不接下气，他带来了以下的消息——是坎贝尔从波尔多发出来的：

> 内阁已经出现危机。……傍晚有可能会得到消息。从现在来看，本来定在明天的见面好像是不行了。

我得知这个消息以后，心情沉闷地回到了唐宁街。

*　　*　　*

下面是雷诺内阁的最终活动。

对《联盟内阁》所给予的希望已经在瞬间就消散了。这种建议很坦诚，却遭到了不怀好意的对待，这种情况十分少见。在内阁会议上，总理把文件阅读了两遍。他说他很支持，还说，正在为第二天跟我见面做准备，以商讨所有的细节。不过，在阁员中，不管是名气很大的，还是名气稍逊的人，都有一些心情比较焦虑的，他们因为意见上产生了分歧而决裂。另外，失败给他们带来的打击很重，这些人都因此而摇摆不定。据说，这个消息已经被有些窃听电话通话的人知道了。他们全是失败主义者。要想接受这样一个有长久影响的计划，大部分人都没有做好心理准备。内阁会议上，大多数人都想否决这个计划。他们觉得很诧异，而且持怀疑态度。就连平常最友善坚决的人也不置可否。这次召开内阁会议，主旨是想听到英国给法国的要求一个回答。他们全都同意：要求英国对法国要解除 3 月 28 日承担的责任一事给予应允，这样更方便试探性地询问德国的停战条件。我们正式的回复要是早一点给他们看过了，也许还有些可能性，而且，大部分人都可能会接受我们提出的重要条件（调遣舰队至英国），最起码也能给出某些合适的提议来，这样，他们和敌军的谈判才好开始。而且，德国开出的条件要是太严苛的话，他们还是留有最终的选择权，向非洲撤退的。可是这时，一个规范的“秩序，反秩序，无秩序”出现了。

对于英法联盟这个建议会带来的负面印象，雷诺没办法说服自己。在贝当元帅的领导下，很多失败主义者拒不审核此项建议。他们的各种谴责都很激烈，它被说成是“最后的时刻才搬出来的计划”，是“突然攻击”,是“要将法国变成保护国,并攻取它殖民地的建议”。他们说，法国的地位会因为它而沦为自治领。还有人抱怨，说法国人并没有拿到同等的身份，法国人得不到大不列颠公民的身份，只能拿到英帝国公民的身份，但英国人能取得法国公民的身份。这样的说辞跟宣言的原文是相悖的。

另外，很多其他的论据也被提出来了。在不怎么费力的情况下，魏刚就劝服了贝当,觉得英国走到尽头了。法国最高的军事当局说:“用不上三个礼拜，英国人就会被人掐住脖子，就像掐小鸡一样。”在贝当眼中，同英国结盟就像同“死尸”结盟一样。在上次的大战中，伊巴那加勒是多么顽强，此刻，他却大声叫嚷着说:“当纳粹的一个行省要更好，起码我们知道那是什么。”参议员雷贝尔——魏刚将军一个很要好的朋友说，这个计划代表着法国彻底的覆灭，概括起来，是要让法国从属于英国。尽管雷诺说，“相比跟敌军合作，我更愿意和盟国合作”。也都是徒劳。曼德尔问道:“你们不愿意去做英国的自治领，反倒甘愿做德国的一个区吗？”可是，这些话毫无作用。

我们切实地得知，在内阁会议上，雷诺提出了我们的建议之后，并没有得到回馈。于是，这个建议就消散了。这对坚持要继续作战的法国总理是一个要命的冲击，这代表着他在内阁已经没有了影响和声望。之后,讨论的话题全都转移到了停战和试探性询问德国的条件上了。肖当先生在讨论的过程中始终坚决又沉稳。有关舰队的问题发出的两封电报，在内阁会议上一直没有被提起。我们要求，法国在跟德国谈判之前，应把舰队调派到英国的港口，雷诺的内阁一直都没有想过这个要求。现在，这个内阁彻底解散了。这么长时间以来，雷诺的心一直紧绷着，他已经毫无精力了。大概8时的时候，他向总统递交了辞职报告，同时提议总统见见贝当元帅。这样的举动很鲁莽。对于第二天要与我见面一事，他好像还抱有期望，还对斯皮尔斯将军说了这个事情。斯皮尔斯说：“明天，另外的政府就成立了，你再也不具有代表性了。”

以下情况是从坎贝尔报告中得知的：

今天下午，雷诺先生收到了首相优秀的电报，他因此而精力倍增。后来，他对我们说，太多的人同意要试探性地询问停战的条件了，他没办法对抗。那封电报他在内阁会议上阅读了两遍，把它至关重要的作用和能带来的希望都讲了。但是，却毫无作用。

我们劝了他半个小时，给他信心，坚决扫除他同僚中的不正之风。我们跟曼德尔先生谈了很短的时间，之后，又在同天再次来到参院议长让纳莱先生那里。他跟众院议长的看法一致，都是对的。他们希望共和国总统能被劝服，新政府由雷诺来组织。

我们请他向总统说清楚，首相在电报中的所有建议，都不是针对跟敌军谈判的政府而定的。

大概过了一个小时，我们接到了雷诺先生失败的通知，他已经交了辞职报告。生活在幻想当中的贝当元帅和魏刚将军认为，他们还能像以前那样，在一张绿色的桌子上围坐下来，进行停战条件的谈判。他们的势力联合起来，给政府中软弱的阁员施压，利用革命带来的可怕后果，他们说服了这些阁员。

* * *

6月16日，在内阁办公室中，莫内先生和戴高乐将军跟我见了面。就在刚才，戴高乐将军以国防部副部长的身份下了一道命令，让正从美国运载武器前往波尔多的法国轮船“巴斯德”号驶向英国港口。莫内正在主动地制定计划，法国要是独自议和，那法国在美国签订的所有军备合同，就都转到英国去。很明显，他已经料想到这件事情了，并且，他想从他所谓的世界性毁灭中尽可能多地拯救些物资出来。在这个方面，他所有的立场对我们来说都是有利的。然后，他换了个话题，跟我们提出要求，把剩下所有的战斗机中队都调到法国去参加最后一场战斗。当时，这一战斗肯定已经结束了。我对他说，不可能打这最后的战斗了。就在这个时刻，他甚至还在用老旧的思想想问题："有决定作用的战役"，"没有好时机了"，"要是法国被攻克了，一切都结束了"，等等。可是，我不能答应他在这个方面的要求。这时候，我的两个法国客人起身向门口走过去，莫内走在前面。他们走到门口，这时，一直沉默的戴高乐转了过来，向我这边挪了两三步，用英文说："我觉得，你的做法是对的。"他的行为安静又沉稳，我能从中体会到，他对痛苦的忍耐力是令人震惊的。这个人，高大又沉稳，我在跟他的接触中一直都有种感觉——他才是法国的元帅。那天下午，他乘坐我为他调派的英国飞机回到了波尔多，不过，他不会在那里待得太久的。

* * *

当时，贝当元帅立刻开始了组织法国政府的工作，以便跟德国签订停战协定。到了6月16日傍晚，大量的失败主义者以贝当为中心就已经出现，并且聚集在一起了。所以，组阁并没有耗费多长时间。大声呼吁"试探性地询问停战条件不代表一定要采纳"的肖当先生是内阁会议的副主席，而觉得已经毫无希望了的魏刚将军将是国防部的领导。海军部长由海军上将达尔朗出任，外交部长由伯多安先生出任。很明显，唯一一个不利的事情就发生在赖伐尔先生的身上。起初，贝当元帅想授予他司法部部长的职位。赖伐尔拒绝了，而且摆出一副看不起的姿态。他请求担任外交部长，他认为，他的计划可以通过这个职位来实现——彻底改变法国的盟国关系，转而攻陷英国，在纳粹党的统治下，在新的欧洲大陆上当一个小角色。这个让人害怕的人狂乱地喊叫着，贝当元帅即刻妥协了。伯多安先生已经到外交部上任了，不过，他知道自己担不起这个职务，想要即刻放弃。可他向外交部常务次长夏尔·鲁先生说起这件事情的时候，次长很愤怒。魏刚在他的身后支持着他。魏刚走进房中，跟这位声名显赫的元帅正说着话，而这时的赖伐尔竟然怒火冲天，这一情况让两位军事领导感到诧异。这位次长的态度很坚决，决不在赖伐尔手下做事。在这种情况下，元帅又妥协了，经过一场强硬的争论之后，赖伐尔很生气地离开了。

这时候，正是最关键的时刻。在四个月以后的10月28日，赖伐尔终于上任，成为外交部长的时候，人们已经对军事上的态势有了全新的预估。到了现在，英国的对德反抗已经成为影响战争的因素之一了。这个岛国很明显是不可轻易侮辱的。不管怎么样，“用不上三个礼拜，英国人就会被人掐住脖子，就像掐小鸡一样”的寓言破灭了。这是个新的事情，全法国对此都感到欢愉。

* * *

在16日的电报里，我们曾同意法国试探性地问询停战的条件，不过有个前提，就是法国要把舰队调到英国港口。这封电报已经正式交给贝当元帅了。战时内阁按照我的意见又审批了另外一封电报，这一点作为着重的说明。可是，我们的话白说了那么久。

我17日的时候给贝当元帅和魏刚将军拍发了一份私人的电报，英国的驻法大使分别将电报的副本给了法国总统和海军上将达尔朗：

> 我愿意把我坚定的决心再次跟你强调一遍：在两次对德战争中，我们跟颇有威望的贝当元帅和名声显著的魏刚将军都是战友，他们绝对不会将精良的法国舰队交给敌军，以此来伤害他们的盟友。在很长的历史中，他们这样的做法会使自己的名声受损。可

是，那些承载着日后的希望和法军的光荣的舰队要是能开到英国，或者美国的港口，以确保它们的安全的话，这样珍贵的时间如果再浪费几个小时，那这种后果就很可能会到来。

为了保证在法国有人能支持以上的号召，我们会派自认为跟海军上将达尔朗有私人和业务上的联系的第一海务大臣和海军大臣 A.V. 亚历山大先生，和殖民地事务大臣（一直被人们认为是法国的朋友）劳埃德勋爵一起到法国去。19 日，他们费了很大劲跟新阁员进行了各种可能的联系。他们取得了一些郑重的承诺：坚决不让舰队被德国人占了去。可是，没有保证法国的舰队要驶离德国军队快速接近的势力范围之内。

* * *

6 月 17 日，按照内阁的期望，我在晚间的广播中宣布了以下内容：

法国那边传过来的信息很糟糕，勇敢的法国人民正处在严重的灾难中，对此，我感到很悲伤。我们对法国人民的感情不会变，我们对法兰西能重新振作起来的信心也不会变，不会被任何力量所动摇。我们的行动和目标是不受法国局势的影响的。现在，我们已经成了保护世界正义的仅存的武装战士了。为了保护好这一至高的荣耀，我们一定要竭尽全力。本岛的防御工作务必要做好，大英帝国只要还存在，我们就要顽强地作战，直到把希特勒给人类带来的灾难都清除掉为止。我们会达到这一目标的，这一点我们坚信。

* * *

我 17 日上午在内阁中的时候，向同僚们说起我和斯皮尔斯将军晚上打电话时的谈论。斯皮尔斯说，他觉得，在波尔多的新政府中，没有什么有利的工作能让他做了。说到戴高乐将军的安全问题，他的语气有些焦急。很明显，斯皮尔斯已经意识到，事情按照这样进行下去的话，最好的办法，就是让戴高乐离开法国。对于有关此事进行的合理的安排，我很开心地接受了。所以在当天，即 17 日，戴高乐将军上午来到了波尔多的办公室，下午预约了一些约会，在这种掩护下，他和朋友斯皮尔斯一起驾车赶到机场，送斯皮尔斯离开。他们道别的时候相互握手，飞机缓缓前行，戴高乐走了上去，机舱的门在一声响之后就关闭了。飞机起飞了，法国的警察和官员们都很震惊。在这架不大的飞机中，戴高乐带着法国的荣耀离开了。

那天晚上，他向法国人民播放了一段广播，让人无法忘怀。以下是其中的一段：

> 法国不是孤单的。在它的背后，是一个强大的帝国。它跟不列颠帝国可以团结起来，不列颠帝国掌控着海洋，而且在坚持作战。法国可以学习英国，将美国庞大的工业资源利用起来。

其他的想要坚持战斗的法国人就没有这么幸运了。贝当政府建立以后，依然有可能实现一个计划，就是到非洲去，在德国的势力范围之外组建政权中心。6 月 18 日，贝当的内阁在开会的时候就这个问题作出了讨论。那天晚上，勒布伦总统、贝当、参议员和众议院的议长曾在一起开会。差不多是一起同意要往北非派出一个代表团。连贝当元帅都无异议。就他个人来讲，希望留在法国，然而，他觉得内阁会议的副主席肖当代表他在北非行动也没什么不行的。在波尔多，紧急撤退的流言宣扬开的时候，魏刚却提出了异议。他觉得，17 日通过的在马德里开始实施的“荣耀的”停战谈判是遵守了法国的倡导的，而以上行为会对其造成破坏。赖伐尔则倍感吃惊。让他担心的是，在法国之外组建合法的政权会损害他坚决要执行的政策。他开始劝说聚集在波尔多的参议员和众议员。

达尔朗身为海军部长，却有着截然不同的观点。他认为，在此刻，让他跟那些谴责他行为的重要人士乘坐同一条船上路，是解决很多问题最容易的方法。上了船，他就能掌控他们了，政府要想安排工作，时间也会很富足的。他获取了新任内阁的授权以后，就向那些想前往非洲的政坛重要人士发出邀请，乘坐有武装保护的巡洋舰“马萨里亚”号前去。这条船原计划的起航时间是20日，从吉伦特河河口出发。可是，包括让纳莱和赫里欧在内的很多想去非洲的人都怀疑这是个陷阱，宁愿走西班牙的陆路过去。最后的一批人当中除了难民以外，有24名众议员、一名参议员和曼德尔、坎平基、达拉第。他们都是积极响应迁到非洲的人。21日下午，“马萨里亚”号就会起航。23日，贝当政府接受并签订了对德停战协议的消息由船上的无线电收音机播放了出来。坎平基马上试着劝说舰长，向英国航行。可是，这位舰长无疑是接到过命令的，对这位两天之前还是他上司的人，竟然冷冰冰地拒绝了。这些爱国人士没经历什么好运，倒经历了很多的焦躁不安。6月24日晚上，“马萨里亚”号在卡萨布兰卡靠岸之后，这些人的情绪才稳定下来。现在，曼德尔还是按照往常的规定行动着。他跟达拉第一起起草了一篇关于组建北非抗战政府的宣言，由他亲自出任总理。上岸之后，他访问了英国的领事，然后住在了埃克塞希尔饭店。之后，他想经由哈瓦斯通讯社发布他的宣言。看完宣言的草稿以后，诺盖将军很焦虑。他把电文扣押起来，不让宣布出去，却将其发给了达尔朗和贝当。现在，这两个人已经铁了心，坚决不许在德国势力范围以外组建一个有敌对隐患的新政府。在饭店里，曼德尔被抓了，他被扣押到当地的法庭中。可是，当地的长官说他没有犯罪，就宣布放人了（后来他被维希政府撤了职）。不过，在诺盖总督的指示下，他又被抓起来了，被拘禁在“马萨里亚”号上。从那以后，那艘船就被监视起来，并拘押在港口那里。船上的人禁止跟外界传递任何信息。

上面说的各种事情，我自然是不知的，我还在挂念那些甘愿坚持作战的法国人的命运。

首相致伊斯梅将军　　　　　　　　1940 年 6 月 24 日

闸门没关上以前，首要的任务好像就是即刻组建一个机构，以便让法国的军官、士兵和甘愿参战的技术人员能脱离去到各个港口。应该像以前的黑奴那样建立“地下铁路[①]”，并组建一个团体，就像“紫蘩蒌[②]”一样。充满信心的人会络绎不绝地前往，这一点我可以肯定。为了保护法国的殖民地，我们要争取一切的人力。海军和空军一定要协作。戴高乐将军和他的委员会自然拥有执行任务的权力。

6 月 25 日夜晚，在战时内阁会议中，我们得知了一些信息，包括一只船只已经从拉巴特起航的消息——上面乘坐着很多优秀的法国政客。我们决定，马上联系他们。在戈特勋爵的陪同下，新闻大臣达夫·库伯先生于清晨乘坐“桑德兰”式飞艇向拉巴特驶去。凌晨，他们到了那个城市。城市里的旗帜都降下了一半，在做礼拜的教堂中，钟声阵阵，在大教堂内，一个向哀悼法国失败的庄严的仪式正在举行着。他们尝试跟曼德尔取得联系，可是，他们所有的尝试都受到了阻挠。副总督默利斯不管是在电话中，还是在达夫 · 库伯请求见面的时候当着他的面，他都说自己除了服从上级的指挥外别无选择。“假如诺盖将军让我用枪毙了自己，我也会听从。可惜的是，他给我的命令，比让我自

① 19 世纪美国废除主义者将黑奴送到自由州、加拿大、墨西哥和海外的秘密网络。是北方各州中同情黑人的人使用的暗示语言。这个网络之所以被称为地下铁路，是因为它是秘密组织。不过，它虽被称之为铁路，却不是真正意义上的铁路运输，而是一种输送的方式。——译注

② 紫蘩蒌是美国作家奥希茨小说《紫蘩蒌》中主角用到的化名。——译注

杀还残忍。”事实上，他们这些曾经的法国部长和议员们是被当作逃犯来对待的。除了原路返回，我们的使团别无选择。几天之后，也就是7月1日，海军部接到我的命令，试着阻截“马萨里亚”号，以救援船上的人。可是，却没什么办法。这艘船停泊在卡萨布兰卡的炮台之下长达三个礼拜。之后，这批人就被送回法国，维希政府会用一种既根据自己的需要，又能博得德国人满意的方式去处理这些人。曼德尔一直被拘押到1944年，这段日子很长，很痛苦，之后，他就被德国人杀了。所以，不管是想在非洲还是在伦敦组建一个顽强的法国政府，都是不可能的了。

* * *

想象一下，要是一些关键的事情有了不同的发展，或者我们的策略有所改变的话，结果将会是什么样的呢？这样的想象很有吸引力，而且，能帮我们吸取一些教训——尽管它毫无意义。6月16日发生的十多件突发事情，直接导致了法国的沦陷。这些事情的成败，都只在一线之间。保罗·雷诺要是能过了16日的坎，那我17日中午就能和他见面了。跟我同行的代表团，一直是我国习惯于派遣出国的最强大的那一支，而且，我有权代表英国。我们会把自己的主张坦白地、面对面地告诉贝当、魏刚、肖当等人：法国舰队若不能调派到英国的港口，英国则决不允许法国解除3月28日提出的要承担的责任。另外我们主张英法建立永远的联盟。去往非洲，团结一致，坚持作战到最后一刻。共和国的总统、法国两院议长和以雷诺、曼德尔及戴高乐为中心的所有有决心的人们，肯定会支持我们的。我认为，我们那时可以在会议桌上给予失败主义者勇气，使他们的观点有所改变，如果不行，就尽量减少他们的人数，甚至将他们直接抓起来。

可是，让我们作更深一步的梦想般的假设。法国政府会迁至北非。到时候，可能会变成这样的情况：英法超国家组织，或者是工作委员会将同希特勒对抗。在英法两国的港口上，他们的舰队能够彻底掌控地中海，不管是在海上运载部队还是运输军资，都畅通无阻。除了保护不列颠以外的剩余的空军力量，还有法国多出的空军力量，都会补充以美国的军备，然后到北非的法国机场去，以那里为基地。要不了多久，他们将是作战的主要力量。马耳他岛将不再是长久以来让人担心的危险之地，它即刻就会变成我们灵活性最高的海军基地。相对于从英国起飞来说，重轰炸机从北非起飞去进攻意大利要方便得多。想要切断意大利，和它驻利比亚、的黎波里塔尼亚部队的交通线，这是个很有效的方法。跟实际投入的兵力相比，若是用来保护埃及的战斗机没有那么多，同时，跟实际投入的兵力或准备要投入的兵力相比，若调遣到地中海战场上的部队也没有那么多的话，那加上剩余的法国军队以后，我们很有可能将战场从地中海的东部移到中部去。而且有望在 1941 年之内扫清北非沿岸全部意大利军队。

法国是同盟国中的主要战斗方之一，它坚决不会放弃自己这一身份，而且将会避免陷入割据分裂的局势。法国的人民曾受到过这种痛苦的折磨，而且正在承受着。法国的本土毫无疑问会臣服在德国的控制之下，可实际上，从 1942 年 11 月英美发起进攻之后，这种情况才出现。

现在，我们已经看到了整个过程，停战协议没能让法国避免遭受激烈的重创，这一点没人能说它不对。

希特勒会有什么行动？要想去揣测这一点，就更加捉摸不透了。他能不能对西班牙的想法置之不理，强硬地穿过西班牙并在攻击、甚至占领直布罗陀之后再袭击丹吉尔和摩洛哥？这个地区是美国的关注点，而且，罗斯福总统也将它当成一件重要的事情来看待。在穿过西班牙向非洲发起大规模袭击的同时，希特勒又怎么向不列颠发起进攻呢？在这两种选择之中，他肯定会挑一种的。他要是选择了非洲，因为制海权和法国的海外基地由我们控制着，我们将陆军和空军调到摩洛哥和阿尔及利亚的时候，速度就会更快，作战力量也会更大。当然，在 1940 年的秋天和冬天，在友善的法属西北非或者从那里进行一场激烈的战斗的话，我们很欢迎。

要是从之后的观点来分析整个局势的话，希特勒主要的策略以及在战争中的主要事情，也就是不列颠的战争和德国向东进犯，就算法国政府迁到北非也不会改变什么。希特勒在巴黎被攻陷之后异常欢喜，这时候，他肯定要解决最重要的问题。法国一旦宣布投降，他就会在任何可能的情况下进攻或者毁灭大不列颠。除此之外，他只有入侵俄国这一条路。对于这两项带有冒险性质的军事行动来说，从西班牙向西北非发起强大的军事战争是有危害的。而且，最起码对他向巴尔干各国发起的进攻都是有影响的。法国政府之前要是迁到了北非的话，盟国就会站在有利的地位上了，我相信这一点。不管希特勒会不会一直追我国或者法国到北非去，这样的观点都是对的。

1944 年 1 月，我在马拉柯什疗养的日子里，一天，乔治将军来找我，我们一起吃了午饭。闲聊的时候，我把一个没有根据的想法顺口说了出来：1940 年 6 月，法国政府没有迁到北非去，可能正是因为这样，才有这么好的结果吧。1945 年 8 月，贝当接受审问的时候，乔治将军说，应该把我的话拿出来当作证据。我没有抱怨的意思，不过，我推测这个事情的发展并不是我在战争过程中，或者是在现在经过仔细思考之后的想法。

第十一章　达尔朗和奥兰事件

英国要投降吗？——6 月 18 日我的演讲——“他们最光荣的一刻”——海军上将达尔朗的时机——他写给我的最后一封信件——停战协议第八个条款——一个让人痛苦的决定——“弩炮”作战计划预定在 7 月 3 日实施——我们跟法国人提的要求——奥兰的悲惨命运——7 月 4 日我在议会的报告——对于消除法国海军一事，全世界的看法

法国溃败之后，不管是我们的朋友还是我们的敌人，全都在思索同一个问题：英国要投降吗？从我们针对很多重大问题发表的声明上来看，我代表国王陛下政府再三声明过，我们坚决要独自坚持作战。6 月 4 日，敦刻尔克撤离之后，我曾说过一句这样的话：“在必要情况下，要战斗几年，在必要情况下，要独自作战。”加上的这些话不是没有意义的，第二天，法国驻伦敦的大使接到命令来找我，问我这些话是何用意。我回答说：“我说的话就是我的用意。”波尔多溃败的第二天，即 6 月 18 日，我在下院演讲的时候，让下院想到了我的那些话。之后，我“简单把我们坚持作战的决心的确切的根据列举了一下”。我能跟议会担保，我们三军的参谋们都抱有一个美好而又适宜的期望，就是取得战争最终的胜利。我对他们说，之前，我收到了四个自治领总理的来电，对于我们坚持作战的决定，他们十分支持。而且宣称，他们愿意跟我们一起面对。“整体的局势是可怕的，我们从全局着眼，并且很理智地看待我们所面临的险境的时候，我觉得，我们彻底应该加强警觉，拼尽全力，不过，没什么是值得害怕或恐惧的。”我继续说：“在上次大战中，最开始的四年里，同盟国总是遭遇困难和失败。……我们再三地问自己：‘怎么样我们才能取得胜利呢？’谁都无法给出准确的答案。到最后，突然间，凶神恶煞的敌人就意外地溃败在我们的面前了。不过，我们被胜利迷了心智，做了很多傻事。结果，胜利的果实就这样被我们丢了。”

“不管法国日后如何，法国政府（或者是另外一个法国政府）日后会如何，在这个岛上以及英帝国范围之内，我们都会对法国人保持住并肩作战的情谊，并且一直保持下去。……我们要是凭努力取得了最终的胜利，胜利的成果也会分给他们的。的确，所有的人都会重新得到自由。对于我们的合理条件，我们绝不退步，一点都不妥协。……捷克人、波兰人、挪威人、荷兰人、比利时人已经将他们和我们的事业融在一块了。他们将会重新振兴自己的土地。”讲话结束的时候，我说：“魏刚将军口中的‘法兰西战争’已经宣布结束了。按照我的推测，马上就要开始的是‘不列颠战争’了。这一战关系到基督教文明的存活和灭亡。这场战争决定着英国人民能否生存，制度能否久远，帝国能否存活。很快，敌军的火力和暴力就会向我们袭来。希特勒明白，他一定要在岛上消灭我们，否则的话，他就会失败。我们要是能抵抗住他，那么整个欧洲大陆就会得到自由，世界上的人都会步入一个宽广的、灿烂的、光明的、美好的世界。可万一我们失败了，那包括美国在内，包括我们所了解的、所惜爱的一切在内的世界，都会掉入一个新的‘黑暗的时期’的悬崖之中。况且，要是乱用智慧科学的话，会给我们带来更大的灾难，也许灾难的时间要更长。所以，属于我们自己的责任，要敢于承担。为了让英帝国和它的联邦在存活一千年以后，它的人民能说一句：‘他们最光荣的时刻就是此刻’，我们必须要英勇地承担。”

这些经常被人们拿来用的话，全都会在胜利的时候得以实现的。只是现在，只能嘴里说说而已。对于散播在全世界的不列颠的民族之气，有的外国人很难理解。不列颠人在群情激昂、满腔热血的时候，这些人也许会感觉这是一种装腔作势，为和平谈判摆出来的美好的姿态而已。很明显，希特勒急于结束在西欧的战争。他提出的条件都是最有吸引力的。很多人跟我一样，对他的目的都进行过研究，下面这种情况是很有可能的：他可以答应让不列颠和英帝国以及它的舰队保持原状并且签订合约，这样，里宾特洛甫在 1937 年跟我说到的授予在东欧行动自由的权力就可以获得了，这正是希特勒心中最渴望的。截止到现在，我方还没有给希特勒带来重大的损伤。他战胜了法国的同时，我们的确是失败的。在很多国家中，大多厉害的阴谋家对海上入侵的问题和我们空军的能力都抱有质疑的态度。在他们心中，根深蒂固的思想就是德国很强壮、很吓人。所以才不相信这个，有什么好奇怪的呢？不管是民主制度下的，还是专制制度下的政府，不管是处在四面楚歌下的民族，还是被遗弃了的民族，在面对可怕的侵略的时候，都能断然应对，在面对议和的时候，都会对其产生鄙视之心，更何况又提出了很多合理的议和条件呢。好听的话不是承诺，很有可能建立另外一个政府。“战争中投机取巧的人，曾经猖狂了一阵，却以失败告终。”美国离得远远的。谁都不对苏俄做什么担保。日本、美国、瑞典和西班牙有一些冷眼旁观的人，为什么英国人不能像他们一样，用与自己无关的态度，或者用看两虎相争的态度，看着纳粹德国跟共产帝国互相争斗到双双负伤呢？后来的人们不愿相信：当时，没有人觉得我刚才总结的问题应该提到内阁的议事日程上去，就连在最私密的私人谈话中，这个话题也没人说过。只能用行动来解释这些疑问了。行动马上就要开展了。

* * *

按照美国当局的要求，罗希恩勋爵急着要问应不应该经由英国穿过大西洋，将补给英国舰队的军备和修理装备运送过去。我致电回复他说：

1940 年 6 月 22 日

现在，没有必要采取这个防预措施。

以下电报我也发给了自治领的朋友们：

致麦肯齐·金　　1940 年 6 月 24 日

你要是把我 6 月 5 日的电报重新看一下，就会了解到，国家如果失败了，也不会跟美国协商，促使他们参战，并把我们的舰队派到大西洋的彼岸。相反我认为，现在就去想局势的最终走向是不明智的。我们有能力保卫本岛，我相信这一点。我觉得，对于英国舰队的转移问题，是没有根据要去准备或去认可的。我坚决不同希特勒进行和平谈判。可是，至于未来的政府会不会这么做，很明显我无权干涉。要是美国抛弃了我们，在本岛战争中，我们又战败的话，那以后的政府就有可能重走吉斯林[①]那条路，做好接受德国控制的准备，并接受它的保护。在给总统的电报中我已经提醒他注意这种隐患了，你要是能跟我一样提醒他，就是对我们很大的帮助了。

愿你一切都好。卓越的加拿大师正为了不列颠跟我们并肩作战，我们感到很开心。

我又给史末资发了以下的电报：

1940 年 6 月 27 日

很明显，首先，我们一定要将袭击大不列颠的所有军队打退，还要表示出，我们能保住空军力量的发展。要证明这一点，必须要经过考验。希特勒要是无法在这里打败我们，他可能就要向东

① 吉斯林是挪威投靠法西斯德国的叛徒。1940 年，他曾建立起在纳粹统治之下的傀儡政府。——译注

调头了。他当然也可以直接采取这样的行动，不用向不列颠发起进攻，这样，他军队的能力就能充分发挥出来，同时，还能缓解马上就要来临的动机所带来的压力。

这种因为冬天而产生的紧张我不认为其具有决定作用，可是，要是吃不饱，只靠秘密警察和军事行动去掌控整个欧洲大陆，失去了动员群众的积极措施的话，绝不是长久之计。

我们空军作战能力的提高，特别是在免遭轰炸所累的地区的作战能力的提高，对于在德国的希特勒来说，是一种日渐加重的困难。他在欧洲和亚洲就算取得再大的成绩，对于他来说，这些困难也起着至关重要的作用。

现在，为了保卫英国的领土，我们组建的力量强大的部队正在根据进攻的安排进行整编。预计在1940年和1941年间，大规模的两栖部队进攻就会发动起来。目前，我们依然按照原计划组建55个师开展着工作。可是，我们的军备供应多了，帝国的人力和物力也调用起来了，所以就有了组建更多个师的可能性。不管怎样，我们毕竟是在内线作战。希特勒要保卫的受饿的地区很多，可海上却被我们掌控了。所以，攻击西欧的地点有比较宽松的选择余地。

为了跟你对总体局势的看法保持密切的联系，我将这份私人电报拍发给你，一直以来，我都很尊重你的观点。

我们有决心，觉得我们能承受这场最大的风暴。

首相致罗希恩勋爵（华盛顿）　　1940年6月28日

要不了多久，我自然就要在广播上演说了。不过，我不觉得现在演说有什么意义。别太过在意美国舆论的影响了。能影响他们的，只有局势的发展。4月份之前，他们是那么相信盟国会取得最终的胜利，甚至觉得不需要任何帮助。但是现在，他们却又坚信我们会失败，甚至觉得没人会帮助他们了。我们一定能把敌军的进攻击退，保证空军在空中的灵活性，我相信如此。不管怎么样，我们都决定要尝试。应该继续给总统和其他人灌输这样的思想：敌军要是来英国进犯，在激烈的战争后要是夺取了大部分土地的话，就会有类似吉斯林那样的政府冒出来，跟德国议和，接受德国的保护。那时候，“主张议和的政府”就会把英国的舰队变成拿来跟德国讲条件的工具了。到时，英国就会对美国产生反感，就像现在法国恨我们一样。截止到现在，我们确实没有从美方获得任何有价值的帮助。他们不借给我们驱逐舰，而步枪和野战炮也是7月末才收到的。总统是我们的朋友，这一点我们知道。可是，想讨好共和与民主两个党的国家委员会，是没有意义的。真正重要的问题是，在三个月之内，希特勒能不能掌控得了不列颠。我觉得不可能。不过，这件事情无法在事前讨论。你要舒缓平静一些。这期间，没有人心情不好。

*　　*　　*

海军上将达尔朗在波尔多就快结束的那段期间变成了重要人物。我跟他除了正式场合就没怎么接触过。他在重新组建法国海军这个问题上做出了巨大的努力，我因此而尊敬他。他十年的专制管理取得了良好的成效，法国海军现在比法国大革命的任何一个时期都要强。他曾于1939年12月出访英国，在海军部举行的正式宴会上，我们招待过他。他举起酒杯向我们表示谢意的时候说过一些话，首先，他提醒我们说，在特拉法尔加战役[①]中，他的曾祖父死去了。所以我觉得，

---

① 特拉法尔加海战是英国海军历史上取得的最大的胜利。英国海军在总司令纳尔逊的带领下，打败了拿破仑率领的法国和西班牙联合舰队。这次海战，将拿破仑企图征服英国的妄想彻底打碎了。——译注

他跟很多法国人一样，善良，却痛恨英国人。从英法海军1月份举行会谈中可以看出，这位海军上将利用他手中的职权，对从政治上身处海军部长的所有人都极其妒忌。这种观点已经成为了他的执念，这是能影响他的行为的，这一点我相信。

之后，我上面说到的大部分的会议，达尔朗都有参加。法国的反抗要结束的时候，他再三跟我保证，不管发生了什么情况，法国舰队都不会被德国占了去。这位海军上将野心膨胀，又很自私，现在在波尔多，他毕生的事业迎来了一个重要的时刻。在率领舰队的所有方面，他实际都有绝对的领导权。只要他给船舰下达命令，让它们向英、美或者法国殖民地的港口前进，这些舰只都会奉命行事，尽管有的舰只已经在半路上了。雷诺的内阁于6月17日的上午垮台以后，他跟乔治将军说，他下达这条命令的决心已定。乔治第二天下午看见他的时候，问他情况怎么样了。达尔朗说，他改主意了。问其原因时，他简明扼要地回答："现在，我是海军部长了。"这句话的含义不是说他为了当海军部长才改变主意，而是，成为海军部长之后，他的思想不一样了。

人类只为自己的利益考虑的那点事有多么徒劳啊！达尔朗的状况是我们见过的，最能说明这一点的真实例子。作为海军上将，达尔朗不管乘坐哪艘军舰到法国以外的随便一处港口去，就能脱离德国，变成摆脱德国控制的拥有法兰西所有权益的主宰者。戴高乐将军逃亡到英国的时候，只带着一颗不肯屈服的心和几个跟他有一样心情的人。他绝不会像戴高乐将军那样。位列世界第四位的海军的军兵都对他保持忠诚，他可以率领这支海军转移到德国控制范围之外。这样的话，达尔朗就是法国抗战的领导人，他的手里掌控着一件很有威力的武器。英、美两国的造船厂和兵工厂都可以为他所用，以便支持他的舰队。他要是被认可了，美国就会保证法国在本国的黄金储备拥有足够的资源。法兰西帝国全部都会凝聚在他的身边。什么都无法阻止他成为"解放法国的人"。那么，他想要得到他苦心追求的荣耀和权力就是件很容易的事情了。可是，他却不这么干。在两年的时间中，他都担任了一个让人忧心、鄙视的职务，那之后就横死了，结果不甚光彩。他曾为法国海军和法兰西民族勤劳地服务过，却遭到了他们的唾弃。

* * *

最后，应该在这里记录一个事情，1942 年 4 月，正好是在达尔朗被刺以前的三个礼拜，他给我写过一封信。他硬是说他遵守了承诺。这封信是他用于为自己申辩的，因此应该保留，我将它发表在这里。毫无疑问，法国的舰艇上从未配备过德国人，德国人也从未用它来攻击过我们。这不全是海军上将达尔朗政策的功劳。但是，他曾在法国海军的官兵中传播过以下的想法，这是事实：法国的舰艇被德国人占领之前，要不惜任何代价将它毁了。因为，他恨德国人就像恨英国人一样。

海军上将达尔朗致丘吉尔先生[①]，阿尔及尔　　1942 年 12 月 4 日

亲爱的首相先生：

1940 年 6 月 12 日，在布里阿尔魏刚将军的司令部中，你将我带到旁边说：“达尔朗，我希望你务必不能交出舰队。”我对你说：“坚决不会的，那跟我们海军的传统的荣耀是相悖的。”在波尔多的海军大臣亚历山大和第一海务大臣庞德也于 1940 年 6 月 17 日获得了我发给劳埃德勋爵的一样的回复。假如我没同意给法国海军下达开往英国港口的命令的话，那是因为，我清楚这样的决定会导致法国本土和北非的沦陷。

我憎恨英国的心影响了所有这一切，这一点我承认。之所以会这样，因为我是一名海军军人，而之前发生的悲惨的事情伤害了我的心。此外，也是因为我认为你对我的话抱有质疑。某天，

① 此处是译文。——原注

顿普伊给我带来了哈利法克斯勋爵的口信说：在英国，没有人不相信我说的话，可是，却不相信我能兑现我的话。在土伦停靠的舰队都自动毁掉了，这一点足以证明，我是言出必行的。因为，我已经不再是海军的领导了，可舰队却执行了我从前下达的一道没有更改过的命令，而违抗了赖伐尔政府的指示。按照我的领导，也就是贝当元帅的指示，从1941年1月到1942年4月间，我只得采取一个新的策略，这样才能让法国和法兰西帝国避免遭到轴心国的占领和践踏。因为情势变化得太突然，所以，我们的政策跟你们的是相悖的。我又能怎么办呢？那个时候，你又帮不了我们，而且，不管和你作何种表示，都会给我们的国家带来厄运。用自己的武装力量保护法兰西帝国是我们的责任，从始至终，我都没接受德国的帮忙，就算在叙利亚的时候也一样。要是我们尽不到这种责任，轴心国就会占领北非，我们自己的陆军也会被撵出去。那么今天在突尼斯，英国第一集团军根本不可能跟法国部队并肩对战德国和意大利了。

11月8日，盟国军队在非洲上岸的时候，我一开始是按照命令行事的。之后，我发觉不能这么做的时候，我马上下达了停火的命令。这样做是为了减少不必要的牺牲，避免一场与敌对双方的友好感情相悖的、矛盾的战斗。一面有维希政府的刁难，而我又不想让战争持续下去了，所以，我要服从美国军事当局的安排。这样，我才能兑现自己的承诺。我于11月11日听到了一个消息：德国违背了停战条约，占领了法国，贝当元帅为此提出正式的抗议。那时，我才觉得我又重新获得了自由。向贝当元帅效忠的同时，跟轴心国开战，向最有利于法兰西帝国的幸福之路迈进。作为国家首领的临时代言人，我在法属非洲最高当局的支持下，在公众舆论的认可下，在非洲组建了民族委员会，并下达了命令，法国军队要跟盟国一起作战。从那时候开始，法属西非就认可了我的职权。我的行为要是没有贝当元帅的保护，人们要是单纯地把我看成异己分子的话，我永远都不会收获这样的效果。现在，那些用自己的方式对战德国的所有法国人大部分都会和好的，这一点我坚信。但是我觉得，现在他们仍需继续采取自己的行动。现在，一种幽怨憎恨的情绪仍存在着，尤其是在法属西非。这种情绪就像你所知道的一样强烈，甚至对我获取进一步的成效产生了阻碍。我不攻击任何人，这是我应尽的义务。互相给予便利和帮助才是我的要求。现在，最重要的事情就是打败轴心国。在获得解放的那一刻，法国人民会自己选择他们的政治制度和他们的领导人。

首相先生，您能和罗斯福总统一起发表声明，我十分感谢。英国同美国的想法一致，也希望法国能重新组建他1939年的完整的政权。我的国家一旦恢复了主权和自由，我只有一个希望，就是带着已经尽忠职守的心情辞去我的职务，归隐起来。

首相先生，请允许我向您致敬。

法国舰队司令　佛朗索瓦·达尔朗

* * *

在伦敦，我们这些最高当局的领导们都知道我们岛上实力的作战部署，而且，我们对全国的精神是有自信的。对于近期的未来，我们抱有的自信跟国外普遍猜测的完全靠胆量去恐吓或者用优美的言辞是不一样的，而是在对实际的情况有了正确的认识和预测上建立起来的。我在下院演讲的时候，我的依据都是跟其他人仔细讨论之后的事实。有的事实我们花了很多年来研究。对那些难以忘怀的日子，我和我的专业顾问深有体会，现在，我就以此为根据来详细地分析一下“侵略”的问题。不过，我们最初要先实行一个步骤。这个步骤很明显，也很残忍恐怖。

要是法国的海军加入德国和意大利的舰队中，而且在地平线上，来自日本的压力已经越来越大，这样，大不列颠就面临着事关生死的危机，而且，美国的安全也会受到严重的影响。在德法的停战协定第八条中有这样的规定：除了因保护法国殖民地的利益而保留的那些法国舰队，剩下的应一概“集结在指定的港口上，而且在卸下武装的时候，要由德国或者意大利来监督。”所以，德国和意大利很明显会控制住全副武装的法国战舰。当然，在同样的条款中，德国政府庄重地声明，作战的时候，他们不想为了自己的利益借用法国的船舰。可是，希特勒以前一点诚信都不讲，再加上当时的事实来看，但凡是个有脑子的人都不会相信他的话的。而且，对于这个承诺，此条款还有一项补充：“为保卫海岸的警力和用于扫雷的船舰不在此限制范围之内。”这句话该怎么理解，都是德国人说了算的。最终，不管在何时，或是用任何违背协议的借口，都可以将停战协定废除。实际上，对于我们来说，它一点都不安全。我们心甘情愿去冒险，不管付出任何代价，竭尽全力，决不让法国舰队落到敌军的手中。否则的话，我们的其他的国家可能会被毁灭。

战时内阁一点都不犹豫。一个礼拜之前，那些由衷认可同法国结盟的大臣们，此刻都做出决定，必须采取所有可能采取的措施。这个决定很让人反感，我这一辈子所下的决定中，这个决定是最违反天理的，最让人痛不欲生的。它能让人想起之前的事情——1807 年在哥本哈根，皇家海军夺取了丹麦舰队。可如今呢，之前，法国人还是我们亲密的战友，对于法国遭遇的不幸，我们给予了最真诚的同情。另外，这件事情关系到我们国家的生死存亡和共同的事业。这是希腊式的惨剧，可这个行动对于不列颠以及靠他来存活的子民来说，是至关重要的。我想起丹东[①]在 1793 年说过的一些话：“那些国王联合到一起来恐吓我们，我们就在将其中一个国王的头扔在他们的脚边，向他们宣战。”所有的事情都是受到这样的思想去控制的。

① 法国资产阶级政治家、法律家，是法国大革命中的积极分子。——译注

*　　*　　*

以下是法国的海军的安排方式：停靠在朴次茅斯和普利茅斯的舰只有：2 艘战列舰，4 艘轻巡洋舰或者反鱼雷舰，几艘潜水艇——其中有一艘很大的“苏尔古夫”号，8 艘驱逐舰，还有小规模的实用扫雷舰和反潜舰只约 200 艘。这些舰只都归我们掌管。在亚历山大港，法国战列舰有 1 艘，法国巡洋舰有 4 艘（包括装着 8 英寸口径大炮的新式巡洋舰 3 艘）。还有一些小型的船舰。这些船舰都由一支强大的英国战队在保护着。两艘最好的船舰（“敦刻尔克”号和“斯特拉斯堡”号）停靠在地中海西侧的奥兰和周边的军港密尔斯科比尔。相对于“沙恩霍特斯”号和“戈兰斯诺”号来说，这两艘战斗巡洋舰要好很多。建造目标就是要在质量上更胜一筹。要是德国人占领了这些船舰，对我们的商船航线来说，是有害的。此外，还有两艘法国战列舰、几艘轻巡洋舰、少量驱逐舰、潜水艇和其他的船舰。在阿尔及尔，停着 7 艘巡洋舰，包括装着 8 英寸口径的大炮 4 艘。还有一艘航空母舰和两艘轻巡洋舰在马提尼克。“让·巴尔”号战舰从圣纳泽尔开过来，停靠在卡萨布兰卡，只是还未装上大炮。这种海军实力在世界范围内，估计都算是比较重要的一支船舰了。它还没有建造完毕，而且，不能在卡萨布兰卡继续建造直到完成。当然，它肯定不能被开到别的地方。“梨歇留”号马上要竣工了，它已经到达了达喀尔，军舰可以航行，舰只上 15 英寸口径的大炮能够正常发射。在别的港口上，也停着很多不是很重要的法国舰只。最终，还有些船舰停靠在土伦，那是在我们掌控范围之外的了。“弩炮”战斗计划定下来了：只要是我们能靠近的法国舰队，都要在同一时间抢夺、控制。或者，用有效的方式毁灭它，或者让它无法发挥作用。

首相致伊斯梅先生　　　　1940 年 7 月 1 日

1.“纳尔逊”号和它 4 艘驱逐舰被海军部留在了本国的海域内，

预计3日清晨开始实施“弩炮”作战计划。

2.2—3日晚上，要在朴次茅斯、普利茅斯和亚历山大都采取所有能采取的措施。条件允许的话，在马提尼克也实行“弩炮”计划。这种措施会在达喀尔和卡萨布兰卡产生怎样的影响，一定要考虑好。为了避免有利用价值的船只逃走，所有的警备措施都要调动起来。

事情变化的速度很快，我又补充说：

在海峡上，海军部要加强舰队的实力，让它拥有40艘驱逐舰和一些提供支援的巡洋舰。尽可能在两三天之内达到这样的要求，而且，在以后的两个礼拜之内，这种实力要保持住，到时再依形势而斟酌。同时，西方航道上的损失无法避免。但愿能每天给我提供一份日报，将巡逻于朴次茅斯和太恩河之间的船只，或者可用的船只数量提供给我。

* * *

7月3日，天亮没多久，英国将朴次茅斯和普利茅斯之间的所有法国船舰都控制住了。这个行动很突然，攻击就是要在意料之外。我们投入了肯定是占优势的兵力，从全过程中能看出，在德国人控制下的各个港口处，他们很容易就能夺下任何法国军舰。在不列颠内，其他船舰的转手都算融洽的，除了“苏尔古夫”号之外。水兵们上岸了，都很开心。两个勇敢的英国军官和一名优秀的水兵在“苏尔古夫”号潜艇上被打死了[①]，还有一名水兵受伤，被打死的还有一名法国的水手。

① 皇家海军——海军中校D.V.斯普拉格，皇家海军——海军上尉P.M.K格里费兹，皇家海军——一等水兵A.韦伯。——原注

但是，有上百名官兵自愿跟我们联盟。在取得了光荣的战绩之后，“苏尔古夫”号于1942年2月19日被击毁沉船，船上勇敢的法国海军军官、士兵们全都牺牲了。

*　*　*

地中海西部的打击是最要命的。7月1日早上2时25分，海军中将赛默威尔带领的“H舰队”——包含战列巡洋舰“胡德”号、战列舰“勇敢”号、战列舰“坚定”号、航空母舰“皇家方舟”号、巡洋舰2艘、驱逐舰11艘，全部接到海军部发出的指令：

为7月3日的“弩炮”计划做好准备。

霍兰德上校是赛默威尔的军官之一，他很勇敢，很优秀。近期，他曾就任驻巴黎的海军武官，他很同情法国，他带来的影响也极大。7月1日，海军中将赛默威尔于中午后不长时间拍发电报说：

“H舰队”司令海军中将跟霍兰德等人商讨之后，很同意他们的看法，也就是说，不管怎么样，都要避免暴力。霍德兰觉得，我们的攻击会让各地的法国人跟我们产生矛盾。

对于这个问题，海军部于下午18时20分给出了回复：

国王陛下政府已经决定这样做了，法国人要是不同意你们提出的种种方法，会果断击沉的。

半夜之后，即7月2日上午1时零8分，下面这封呈交法国舰队的、话语严谨的电函的原文就给赛默威尔发出去了：

国王陛下政府命令我将下面的文件传送于你：

对于法国政府向德国政府协商停止战争一事，只有满足以下条件，英国政府才能同意，就是：在签订停战协议之前，为避免法国舰队被敌军抢夺，要把它们开到英国的港口去。6月18日的内阁会议上宣布：法国舰队应该于陆地上的战争宣布投降以前就加入英国海军的队伍中，否则的话，就自己击沉舰只①。

虽然，法国现任政府可以认为，他们跟德国和意大利的停战协议和他们之间的承诺是不相矛盾的。可是，按照我们之前的经验，国王陛下政府不相信德国和意大利不会在某个适当的时机内夺取法国舰队，用它们来对抗英国以及它的盟国。

在法意停战协议上，有这样的规定：法国舰队应该开回法国国内的港口，战争停止之后，还要要求法国提供舰只，用来进行海岸防卫和扫雷。

到目前为止，我们一直是你们的战友，你们精良的船舰被德国或者意大利的敌人占领，我们不能置之不理。我们下定决心要坚持战斗，要是我们打赢了（我们觉得自己会赢），我们坚决不会忘记，以前，法国是我们的同盟国。我们的利益就是法国的利益，德国是我们共同的敌人。我们要是打赢了，我们会郑重声明，恢复法国的领土，将光荣还给法国。我们为了这个目标，要彻底做到：敌军不至于用法国最优良的船舰来进攻我们。在这样的状况下，国王陛下政府命令我，现在就在以下的办法中选出一种来，让在密尔斯科比尔和奥兰的法国舰队去执行：

① 之前，这一段曾引起过分歧。海军上将达尔朗到6月14日还同意在一定条件下，将法国舰队调往英国的港口去。不过，到了6月18日，他出任了海军部长。那之后，法国新一届政府在贝当元帅的带领下拒绝向英国的要求给出任何承诺。所以，此段中的第二句话，就无法代表法国的立场。在危险期间内，对于这最后关头的变化，海军部的主管官员并不了解。——原注

（甲）跟我们一起出航，为了获得对德和对意大利之战的胜利而继续作战。

（乙）裁减船员，我们要监督他们去往英国的港口。裁减掉的船员要尽快遣送回去。

上面的办法你要是能接受其中的一种，战斗结束的时候，我们就会把你的船舰还给法国。在战争期间，船舰要是有损失的话，我们会如数赔偿的。

（丙）还有一个办法：你要是认为一定要约定，德国和意大利只要不破坏停战协议，你们就不会用舰只向他们发起进攻的话，就裁减船员，跟我们一同去西印度群岛的法国港口之一，就像马提尼克那样。在那边，彻底按照我们的要求解除船舰的武装力量，或是交给美国，让其妥善保管到战争结束，船员就能遣回了。

对于这些公平的合适的建议，你要是不接受的话，那我只能深感抱歉地请你在六个小时之内，将你们的船舰击沉。

最后，你们要是不能按照以上的办法做事情，那我只能按照国王陛下政府的指示，运用所有的力量，阻止德国或者意大利掌握你们的船舰。

以下电报是我于2日晚间命令海军部发给海军中将的，发出的时间是下午22时55分：

迄今为止，你所肩负的担子是英国舰队司令部所遇到的最不开心的、最难的重担之一。不过，我们百分百地相信你在执行这个工作的时候是不会手下留情的。

破晓的时候，舰队司令出航了。大概9时30分，到了奥兰周围的海域。霍德兰上校奉他的命令亲自乘坐一艘驱逐舰出访法国，会见舰队司令让苏尔。让苏尔不同意见面，于是，霍兰德命人将上面引用的文件送了去。舰队司令让苏尔的回答是书面形式的，他说，坚决不能让法国的船舰完好无损地被德国和意大利占领。还说，要是动武的话，他们也会动武的。

谈判持续了整整一天，霍兰德上校于下午16时15分的时候终于获得批准，能登上“敦刻尔克”号，可是那以后，跟法国舰队司令见面的时候总是冷场。在此之前，舰队司令让苏尔给法国海军发过两封电报。下午15时，法国内阁会议为了研究一下英国的条件而召开会议。魏刚将军作为参会者，在传记中记录了会议上发生的事情。由此可以得知，好像第三个方法（将法国的舰队开到西印度群岛上去）根本没有在会上提到。他说：“我不知道海军上将达尔朗是不是故意的，也不晓得他了解不了解那几个条件。现在想想，相对于当时人们跟我们讲的那些条件来说，英国的最后通牒没有那么严厉。而且，还提出了第三个方法——一个可以接受的方法，就是法国的舰队开到西印度群岛海域去。”[①]对于这个漏洞——要是能算作漏洞的话，直到现在，还没有什么人对此作出过解释。

从他们发来的电报中可以明显地看出，英国舰队司令和他重要的官员们都很伤心。除了发布最直接的命令之外，没有其他的办法能迫使他们向近期的战友们发起进攻。海军部的情绪也都很激动，不过，战时内阁坚持着它的决定。整整一下午，我都在内阁办公室坐着，和我重要的同僚们还有海军大臣、第一海务大臣保持着紧密的联系。下午18时26分，最后的电报发出去了：

> 法国的船舰一定要根据我们的要求行动，要不然，就让它们把自己击沉，也可以由你们在天黑以前击沉。

可是，行动已经开始了。这支强大的法国舰队有岸上炮台的保护，

① 雅克·魏刚：《魏刚将军的任务》。——原注

下午17时54分，舰队司令赛默威尔向其发起进攻。下午18时，他在报告中说正在激烈地战斗。轰炸大概进行了十分钟左右。“布列塔尼”号战列舰被毁了。“敦刻尔克”号进入了浅水区无法行驶。“普罗旺斯”号战列舰冲到了沙滩上。“斯特拉斯堡”号逃脱了，这只船舰受到了“皇家方舟”号空投鱼雷的袭击，不过，它也开到了土伦，跟那些从阿尔及尔开来的驱逐舰相同。法国舰队司令戈德弗鲁瓦和英国舰队司令坎宁安在亚历山大港商谈了很长一段时间，同意把燃油放出来，把大炮主要的装置拆卸下来，也同意遣回一批船员。航空母舰“赫尔米兹”号于7月8日在达喀尔对“梨歇留”号战列舰发起攻势，有一只汽艇作战得很勇敢。一枚空投鱼雷击中了“梨歇留”号，让它受了重伤。经过很长一段时间的协商，停靠在法属西印度群岛上的法国航空母舰还有两艘轻巡洋舰，按照同美国的协商，放下了武器。

我于7月4日向众议院将经过和情况详尽地做了报告。有关“斯特拉斯堡”号战列巡洋舰从奥兰逃走和“梨歇留”号被打得无法行动的报告虽然还没有收到，可是，我们采取的一些行动已经让德国人很难再觊觎法国的海军了。那天下午，我的讲话持续了一个小时甚至更长。我把我所知道的那些让人不开心的事情，全部都报告了出来。对于我向议会和全世界发表的那篇报告，我没什么补充的内容。为了让文章看上去更均匀，我认为，还是在最后的部分引述一个文件比较好，可以以此来说明这个让人悲伤的事件跟我们所处的困难之间真正的联系。所以，在众议院，我将那篇传阅在政府高级官员中的，已经经过内阁批准了的训令阅读了出来。

敌人有计划的进攻或者为了保护我们自己领土的战争不管在哪一天打响，首相都希望奉劝在政府中、在军队中、在民事部门中所有身居要职的人一句：一定要尽好自己的职责，保持警惕，保持自信。在时间和条件允许的情况下，我们既然已经采取了所有的警备措施，就没有必要去担心：在我国登陆的不管是空投还是从海上来的德国军队人数会比现在我们实力雄厚的武装力量所能消灭或者俘虏的人数还多。皇家空军现在的力量是之前都比不上的，它的状态良好。德国的海军此刻比以往任何时候都要孱弱。不列颠的陆军现在比之前任何时候都要坚强。首相希望，在英王陛下手下那些重要职位上的人们能够树立一个沉稳、坚持的形象。对于他们当中，或者他们的手下当中那些散布不清晰又扭曲的言论的行为，他们应该阻止和回击。不管是任何人、任何军官、任何官员故意传播影响，蛊惑人心，让人消极，或是散布、制造不安和负面情绪的言行，应该马上举报，有必要的话，就撤了他们的职。能配得上战士这一称谓的，也只有那些在空中、海上、陆地上跟敌军交过手，而且有过硬的军人的素养的人了。

我阅读这篇训令时，议院会场很安静。不过，到了最后，却出现了一个场景，那是我这一辈子唯一经历过的一次：所有的人都起立了，大家在欢呼，欢呼声一直没停。之前，保守党对我总是有几分保留态度。我每次走进议院，或者在重要的场合起身讲话时，能为我热烈的鼓掌的人，都是坐在工党位置上的人。不过此刻，人们在这严肃的、激烈的掌声中联合在了一起。一番猛攻以后，法国海军这个影响战果的关键因素一下子就被消灭了。这件事情，被所有的国家都深深地记住了。很多人觉得，不列颠快要战败了，已经濒临绝境了。不明就里的人也觉得，不列颠面对入侵的大军，已经害怕得快投降了。但是，同样的一个不列颠，却能向他昔日最亲密的朋友发起无情的进攻，将毫无争议的制海权暂时控制在自己的手中。这表示，英国的战时内阁什么都不怕，任何事情都会坚持到底。的确是这样的。

* * *

7月1日，贝当政府迁至维希，想成为非洲占领区的法国政府。

知道了奥兰的事情之后，他们就下达命令，利用空军去直布罗陀报仇。飞机从非洲的基地起飞，向这个港口扔下几枚炸弹。他们于7月5日正式同大不列颠决裂。总统勒布伦于7月11日让位给贝当元帅，他和贝当元帅的票数统计是569票对80票，占了绝对的优势。还有弃权的和没到场的票数共有17张。

法国民族的本性，让他们的人民对奥兰事件所蕴含的意义深有体会。全国都在痛苦着，这件让人悲痛的新的事件，要转化为新的期望和能量。之前，我没有询问过戴高乐将军的意思，他的态度很坦然，法国解放重见光明之后正式地表示过，他的行为是对的。在法国"抵制运动"中，泰让先生是优秀的成员之一，之后，他出任过法国国防部部长。他对我说过一件事情，我对此表示感激，应该把这件事情记在这里。有两个农户住在土伦周边的村庄中，两家的儿子都是海军士兵，都死于奥兰英军的大炮下。所有的邻居都去参加了他们的葬礼。两家要求，在棺材上同时覆盖上英国国旗和法国国旗，人们尊重他们，并满足了他们的愿望。我们从中可以看出，单纯的人们对事物的领悟能力已经提升到了怎样一种境界。

* * *

在美国政府的高级官员里面，传播着一种慰藉的情绪。大西洋的防御能力好像又跟之前一样了。这就让这个伟大的共和国家有足够的时间为安全问题做准备。此后，有关不列颠要投降这样的讨论再也听不到了。此时，只有一个问题：敌军会侵袭并掌控它吗？现在，考验来临了。

第十二章　反攻的武器

1940年

敦刻尔克撤离之后，我的态度——给伊斯梅将军的6月4日的备忘录——对一些往事的回顾——1917年7月我制定过的老计划——最早对坦克登陆艇的看法——1944年“桑葚”人工港最初的形态——给伊斯梅将军的，关于反攻的命令——“突袭部队”——坦克登陆艇和伞兵——1940年7月7日我发出的备忘录，内容是有关建造能传送六七百辆坦克的海滩登陆艇的呼吁——1940年8月5日，我发出了有关装甲师计划的备忘录——每次海上运输能载两个师——联合作战指挥部的建立——对罗杰·凯斯爵士的任命——国防大臣直接带领下的联合计划委员会——1940年、1941年登陆艇制造工作进行的情况——1941年7月25日，我给罗斯福总统的致电——我一直要求装甲部队要在海滩登陆

刚知道“敦刻尔克奇迹”的时候，我的第一个想法就是，想要完成这样一个奇迹，就要发起一次反攻才行。很明显，很多事情还无法预料的时候，就要化为主动。6月4日那一天，我特别忙，因为，我要为到下院去发表的重要演讲做准备。在前文中，我已经略微提到这个讲话了。可是，我完成这个事情之后，赶紧又发出了一道指令，指令的内容是我们现在应该保持的思想和应该鼓励我们去做的行动。

首相致伊斯梅将军　　　　　　　　　　　　　　1940年6月4日

我们虽然有制海权，在空中，由我们战斗机组成的防御力量也很强大，可是，我们依旧对德国要在英格兰登陆这种危险很担心——这种担心是应该的。我们担心每一处海湾、每一个沙滩和每一个港口。此外，伞兵有可能来袭，攻取利物浦或者爱尔兰。我们的精神要是能受到这种思想的鼓舞，那是最好的了。可是，德国要是对我们的海军实力置之不理，轻易来犯，那有人就会忍不住要问一句:“我们为什么以为不能对他们采取同样的行动呢？”法国被彻底防守的老旧思路给毁了，我们要防止这样的思想毁掉我们积极的精神。在被德国控制的国家的沿海地区，找出办法将大量的德军控制住是很重要的。我们应该马上开始组织进攻部队，向这些沿海地带发起攻势。那个地区的居民对我们很友善。有些能够单独行动，装备也很全的单位就可以纳入到这种部队中去，每个单位大概1000个人，加在一起的话，有不到10 000人。进攻的目标要保密到最后的时刻，这样才能保证袭击是出乎意料的。在敦刻尔克，从我们亲眼所见的那些事情就能看出，在必要的时候,军队向指定地点撤退（我觉得也可以说前往）的速度是多么快。要是能不被德国人强迫着畏缩在这个岛上做防御的准备，而是让德国去猜测我们接下来会从哪里向他们发起进攻，这样该有多好啊！要想从这种发自内心和精神的向敌人低头的意念和先获取先机的状态中摆脱出来，我们要费一番苦功。

上面的意见由伊斯梅转交给了参谋长委员会。从原则上讲，它得到了他们的真诚的支持，而且在我们通过的很多决议中反映了出来。渐渐地，它发展成了一项规定。这时，我的思绪还聚集在坦克战争中，是进攻战，而不是单纯的防守战。这需要生产大量的坦克登陆艇，后来，这个事情成为我经常关注的事情之一了。因为，以后所有的一切肯定会成为最重要的事情，所以，我必须要回忆一件深藏在我心里很久的往事。

* * *

我一直痴迷于两栖战斗，从特制的登陆艇上把坦克开到敌军戒备疏松的海岸上，我已经有这样的想法很久了。1917 年 7 月 17 日，在劳合 · 乔治政府出任军需大臣之前的十天，我自行制订了攻取福里希安群岛内的博尔库姆岛和许尔特岛的计划，没有让专家们帮我。这个计划的目的是得到一块海外基地，提供给小舰队、驱逐舰和我们的空军力量使用。这样，我们在数量上占优势的海军实力就能加强，我们周密的封锁线可以重建，也能消除敌军蠢蠢欲动的潜艇对我们在大西洋上供应线的攻击，为美国军队调至法国提供便利。劳合 · 乔治先生特别认同这个计划，特意将它印给海军部和战时内阁。

以下这一段是这个计划的一部分，它一直都没被公开：

从〔博尔库姆岛或许尔特岛〕上岸的军队，在舰队大炮的保护下，〔应该让〕从防鱼雷运输舰上卸载下来的装甲驳船散发气体和浓烟，以便进行援助。一个师登陆所用的驳船数量大概要安排 100 艘才够用。另外，要准备比如 50 艘或者一定数目的坦克登陆艇，每艘登陆艇运载一辆或者几辆的坦克，艇前装上铁丝网破坏器。只需要利用吊桥，或者让艇头倾斜，坦克就能借助自身的力量上岸。这样，步兵在向要塞或者炮台的入口发起进攻的时候，就不会被铁丝网阻拦了。以前，登陆时总会遇到困难，现在这个新的特点可以避免这个问题。我们的野战炮兵需快速上岸对铁丝网进行破坏。

以下是第 27 段：

有一种险境总是存在着：我们的企图会被敌军意识到，先调派精兵来支援他的防守部队。对博尔库姆岛来说，起码是这样。因为，这个岛的安全是敌军很重视的问题。另外，驳船的挡板可以作为屏障，利用其进行登录，挡板要能抵制机关枪的子弹。驳船的数量很多，就算遭到凶猛的火力袭击（重炮火力），也是轻微的损失。相对于本计划中建议的数量来说，实际使用的坦克数量可以更多，尤其是要使用高速轻坦克。如此的话，登陆地点就可以选在敌军没有做好反击准备的那些区域了。人们也许会认为，上面说的方法很新颖，且切实可行。

* * *

在这个文件里，我还另拟订了一个方案：在赫恩礁北面的浅水区建造一个人工小岛：

30段。以下是建议你考虑的方案之一：在亨博河的哈利基处、瓦什湾、梅德韦河、泰晤士河安置一定的平底船和沉箱，材质是混凝土的，而不是钢铁的。按照整体的计划，做的时候要根据下沉的深度。当水被倾空以后，它们可以在水面上飘，所以，它们能被拽到人工岛上的指定位置。到达了用浮标标注的人工岛的指定位置之后，就把嘴管打开，把它们沉进水中。之后，在方便的时候用吸泥管吸进的泥沙将他们装满。平底船或者沉箱的尺寸是从50'×40'×20'至120'×80'×40'，规格不等。利用这样的方式，就能在海洋中建造一座可防鱼雷、可挡风雨的港口，就像环形珊瑚岛一样，配备有驱逐舰、潜水艇修藏坞和飞机降落的平台。

这样的方案要是行得通的话，就能有效地改善，而且，它可以应用在很多不同的领域。或许，做一个能载动一座独立的重炮炮塔的混凝土的平底船或者沉箱也是可以的。外舱进水之后，就沉进海中，可以由人来选择地点，就像索楞特[1]的炮台那样。而且，还能另外制造一些混凝土材质的架构物体，它们可以沉到水中，架构物体中要有储藏室、储油库或者卧舱。因为没有让专家们研究过，所以，这里所讲的只是一种可能性。讲的只是零部件的生产、运输，和人工岛、驱逐舰基地的配置和安顿方法。

31段。从技术上看，这个计划要是对的，就不用利用军队，或者避开各种险境向一个有防御体系的岛屿发起进攻了。利用这样的方式，可以发起意料之外的突袭。因为，德国有可能知道这种混凝土材质船只的存在，不过，他们自然会推断出一个结果：它们是用来封锁河口用的。不能不考虑这样的想法。这样的话，敌军在我们的岛屿或者防波堤系统接近全部完成以前，是不会明白它们的用途的。

不管怎么样，准备的时间都要耗费一年。

在帝国国防委员会的存档中，这个文件存放了快25年了。在《世界危机》一书中，我没有把这个计划公布出来。在那本书中，它本来能单为一章，不过，一方面它篇幅不长，另一方面又没有实行，所以，就没发表出来。这是个幸运的事情，因为，对于这次战争来说，我提及的这些想法比以往任何时候都要重要。显然，德国人很注意阅览关于战斗的作品。只要是身份像我一样的人写出来的作品，对于参谋员来说，对其进行研究是一件很平常的日常工作。这个古老的文件的理念在我的心中扎下了根，在这紧要时刻，它又构成了我们行动的基本准则。经过很久之后，它体现在1943年凶猛的坦克登陆艇队伍上，也体现在1944年的“桑葚”港口[2]上，这些表现让人难以忘怀。

---

① 位于英格兰和韦特岛之间。——译注

② 位于法国北部，是个人工港口。——译注

*　*　*

1940年6月6日，那一天真是没白过，我心头的石头总算是放下了，也有了规划未来的能力，我开始草拟很多备忘录。我下达命令，开始设计和生产坦克登陆艇，并且不停地督促。

首相致伊斯梅将军　　　　1940年6月6日

昨天，即6月4日，我发出了一份有关进攻计划的备忘录，以下是进一步的说明：澳大利亚的军队到来之后，应不应该把他们分成几个分遣队，250个人一个队，装备上手榴弹、迫击炮、手提机关枪、装甲车或者相似的武器。这样，他们一面能在我国抵制敌军的攻势，一面能在敌人现在占领的友好国家的海岸上上岸。这样的思想我们应该杜绝：那些位于海峡港口的，和各个港口之间的区域是属于敌军的。有关派遣优秀的特派人员到丹麦、荷兰、比利时和法国等地进行了何种部署，都应该制定出大胆的计划，对于那些由射击手组成的经过特训的部队，要好好加以利用。在海岸地区营造一种可怕的气氛，首先采取的措施，是"打完就跑"。不过那之后，或者说，我们的组织健全了之后，我们就能对加来或者布洛涅发起突袭，将德国那些野蛮人的守卫队杀死，或者俘虏，坚守在当地，一直到做好围攻或者向当地发起猛烈进攻的准备之后，才能撤离。以前，我们不太积极的抵抗进行得很顺利，现在，必须要结束了。但愿联合参谋部能向我提出一些措施，能在德国整条沿海占领区发起凶猛大胆的，且持续不断的攻击。坦克和装甲车必须要装在平底船上，这样，就能从平底船开到岸上去，延伸到内陆，发起意外的攻势，将主要的交通线切断，将德军尽数斩杀之后再回来。大约就在德国优良部队尽数去攻打巴黎的时候，在防线上留守的只剩下普通的军队了。应该肆意骚扰这支军队，以下就是应采取的行动：

1. 建议组建攻击连队。

2. 由于我方从大局上掌握着制海权而并不是敌军，建议运载坦克，以便其在沙滩登陆。

3. 把间谍系统和情报系统铺设在沿海所有的地区。

4. 安排规模为 5000 人的伞兵部队。

5. 马上安顿好我们六门 15 英寸口径的大炮，内管都装好，保证其射程达到 50 或者 60 英里，为了抑制德军的炮火，可以把它们安装在铁路大炮支架上，或者安装在钢筋混凝土材质的炮台上。在四个月以内，德军要轰炸我们必须要隔着海峡。

不管在哪个方面，都采取了适当的行动。后来，“攻击连”改名为“突击部队”，包括从皇家海军陆战队抽出来的十连兵力。在挪威战役中，这个组织的核心就形成了。在本书相应的地方，会对射程能打过海峡去的重炮进行阐述。我特别后悔的事情是，之前，我曾答应将我亲自提议的 5000 伞兵降到 500 人。

* * *

对于生产登陆艇的事情，我经常惦记着，我心中总是在想，对于我来说，它是危险的。从另一个角度来说，它也是向敌军发起进攻的方案之一。在开战之前，就尝试建造攻击艇了，而且，在纳尔维克战争中，有几艘还投入了使用。不过，在纳尔维克或敦刻尔克，它们之中的大部分都损失了。现在，我们不止需要一些能吊上军队运输舰的小型舰艇，也需要远航的船舰，这样，坦克和大炮才能运到发起进攻的地方，然后在海滩上把它们卸下来。

首相致军需大臣　　　　1940 年 7 月 7 日

设计和生产用于给英国军队运载坦克，以便跨海对敌国发起进攻的船舰的进程如何了？这件事情可以交给前海军造船总监霍普金斯先生去钻研。他现在肯定有闲暇的时间，因为“耕种者第六号”[①]的时代已经过去了。在每次的航运中，这样的舰只必须要运送六七百辆坦克，而且，能在沙滩上把坦克卸下来或者从沙滩上运走。坦克自然也能卸在码头上，这两个作用要是在条件允许的情况下，最好能合二为一。

首相致伊斯梅将军　　　　1940 年 8 月 5 日

之前，我提出过请求，要送交一份 1941 年装甲师发展的预报表，也就是：到 3 月末之前，应该有 5 个师，之后，每过一个月都增加一个师，一直到 1941 年 8 月末为止，可发展到 10 个师。装甲车和其他辅助的车辆要给每个师都装备上。

陆军部的计划进展如何，请告知。此计划很大，定做的坦克的数量能不能与之匹配。

还有，关于海外运输工具工作的进程，请交给我一份报告。在每次行动中，这些运输工具的数量应该是能够两个装甲师使用的。这个工作是海军部在做，还是军需部在做？我觉得，霍普金斯先生也许有闲暇的时间能处理这个事情。

首相致伊斯梅将军　　　　1940 年 8 月 9 日

有关设计和运作海上运载装甲车，并在沙滩上将其卸载下来的事情，需要再交一份报告给我。

我于 7 月份组建了一个单独的联合作战指挥部，由参谋长委员带领钻研和演习这样的战术，海军元帅罗杰 · 凯斯爵士出任指挥部首长。我们之间的亲密接触，还有他和国防部之间的联系，都能克服因为这

---

① 用于向有防御工事地点发起进攻的掘壕机。——原注

样一个特别的使命而引发的部门之间的种种困难。

首相致伊斯梅将军和爱德华·布瑞奇斯爵士　1940年7月17日

海军元帅罗杰·凯斯爵士已经被我任命为联合作战指挥部的长官了。由鲍恩将军出任的职务，和他所管理的物资，都应该让罗杰·凯斯爵士接手。鲍恩将军应该得到这样的通知：这种作战的范围增大了，正因如此，要由高级别的军官来接手，这对他本人和他的手下来说,没有一点的影响。他很明显要进行有效的配合。对于这位长官在出任皇家海军陆战队军务署署长时的工作，我感到深深的褒奖。不管怎么说，在这个机构里面，皇家海军陆战队要起到主要的作用。

在做下一步的部署的时候，罗杰·凯斯爵士在和三军各个部门联系的时候，可以以国防大臣伊斯梅将军代表的身份来联系。

*　*　*

之前，我有说过，组建国防大臣办公厅很顺利，而且，它的权力越来越大。我于8月末采取了一个正式的流程——也是我一直坚持认为要采取的流程。到现在为止，参谋长委员会一直带领着联合计划委员会工作，从职务上看，参谋长委员会是联合计划委员会的直接领导。我认为，截止到现在为止，这个重要的机构办事的效率并不高，应该将他放在我私人的掌控下。所以，对于我们指挥作战系统中这个很明显的变化，我请求战时内阁给予批准。我所有的同僚都开心地接受我的意见，所以，我发出了下面的指令：

首相致伊斯梅将军和爱德华·布瑞奇斯爵士　1940年8月24日

1. 联合计划委员会应该从下礼拜一开始，直接听从国防大臣的命令，成为前帝国国防委员会秘书处，即国防大臣办公厅的一个组成部分。里奇曼台街是这个会的办公所在地。这个会在海、陆、空军部之中现有的地位会得到保留，而且，该会与三个部之间的联系也会保持。这个会提交给国防大臣的计划，要拟订到细节。在征求过伊斯梅将军的建议之后，就可以开始拟订自己的计划了。显然,他们要服务于参谋长委员会,要谨慎地研究呈交上来的事情。

2. 联合计划委员会亲自拟订的，和按照以上机构的指示拟订的所有的计划，都要呈交给参谋长委员会，以便审批。

3. 以后，要是有产生疑问或产生争执的地方，或者遇到了重要的事情，那么，任何一个计划都应该呈交到战时内阁国防委员会去，以便审批。首相、掌玺大臣、比弗布鲁克勋爵和海、陆、空军部的三位大臣组成了国防委员会。三军参谋长和伊斯梅将军也出席了。

4. 首相有责任将现在的工作汇报给战时内阁。但是，参谋长委员会和战时内阁的关系不要有变动。

对于这个变化，参谋长委员会接受了，没有表示出任何大的歧义。约翰·蒂尔爵士写了一份备忘录给陆军大臣，我为此再次向他作了保证。

首相致陆军大臣　　　　1940 年 8 月 31 日

对于“军事作战上的提议”，联合委员会应该向我提出，这一点没有问题。按照我发出的命令，这个会就制订计划，仅此而已。至于以后，要不要接受这些计划和实施起来的变化，应该由参谋长委员会来决定，就像现在一样。参谋长委员会当然也有责任对内阁、首相和国防大臣提出意见。大家觉得，他们在组织法上的地位不用去改变。而且，我主张同他们合作，就像以前一样，通过他们来完成我们的工作。

我会有这样的想法——一定要跟联合计划委员会保持直接的接触并由我直接管理它，是因为，开战一年以后，由现任的指挥作战系统提出的所有的计划我都记不起来了。你和另外两位军务大臣是我可以依靠的人，这一点我相信。在指挥作战的时候，帮我发出切实可行的命令，摒弃拖沓无力的办事作风。到目前为止，敌军不管什么情况下都会占尽先机，就是拜我们的作风所赐。计划委员会的人数一定要经常增加，这是自然的。

事实上，这个新的流程进行起来很顺利，让人感到快乐。我想不起来之前有过什么样的阻碍。

* * *

此后，海军部还特别组建了一个司，用于钻研生产出各种型号的登陆艇，并主管有关的各项事宜。1940 年 10 月，第一艘坦克登陆艇（L.C.T.）开始试验。这样的坦克登陆艇大概生产了 30 艘，因为其体积过小。然后，为了方便走海陆去往中东，就改良了设计，并逐个部分生产。1941 年夏天，开始运送到了那边。这些舰艇的作用得到了验证，慢慢地，我们积累了经验，因此，之后生产的这种特殊的舰艇的性能逐渐得到了提升。对于这种新的特别的制造业，海军部十分忧心它会耗费大批的造船业的资源。幸好，以后的事情证明了一个事情：为了不扰乱大型造船厂的规划和工作，坦克登陆艇的生产可以另行在没有从事过造船行业的建造公司来完成。如此，我们预计的大型的规划就有可能在此基础上实现。不过，船舰的大小也会因此受到束缚。

坦克登陆艇不适合投入到海洋上，打远程战斗，它适合用于穿越英吉利海峡的进攻战，也适合在地中海进行较大规模的战斗。还需要一种船舰，体积更大，也更适合在海上航行，它就像坦克登陆艇一样，既能在长途航行中载运坦克和其他的车辆，又能将它们在海滩上卸载下来。所以，我就下达命令，要设计这样的船只。起初，这种船叫作“大西洋坦克登陆艇”，之后，又改名为“坦克登陆艇”（L.S.T.）。要想生产这样的船舰，就无法避免要动用那些正在紧张工作的造船厂的人力和物资。所以，按照第一个图纸——海军部称之为“温奈特”建造出来的船舰只有 3 艘。剩下的都是在美国和加拿大生产的，不过，模样是根据之后设计出来的图纸做出来的。同时，为了运送坦克，我们还改造了 3 艘吃水浅的游船，后来，它们发挥了很大的作用。

到 1940 年年末，对于两栖作战的真正意义，我们有了一个准确的定义。这种特别的舰艇以及周边产品的制造不停地发展着，联合作战指挥部负责对能将这些新式武器投入使用所需的部队进行扩编和训练。在国内和中东地区，都设立了特殊的训练地点，以便实现这些目的。当这些定义和它的所表现出来的东西有了基本的雏形之后，我们就会给美国的朋友们介绍它们。几年的努力之后，效果越发的明显了，在需要它们的时候，它们变成了锋利的武器，在我们宏伟的计划和行动的过程中，它们发挥了不可或缺的作用。在开始的几年，因为我们在这个方面所做的努力深深影响着战争的发展，所以，我要把之后取得的重要的进程提前讲述一部分，这样，才能对事情发展的开头和结尾作个阐明。

1941 年的夏季，参谋长委员会表明，计划生产登陆艇只是为了小规模的战斗，最终，我们回归大陆。要尽最大的努力，比我们所能做到的努力还要大。这时候，海军部已经完成了坦克登陆舰的新的设计图纸，而且呈交给了美国，美国也一起拟定出了细节上的设计。美国于 1942 年 2 月开始大批量生产这样的舰艇。这便是乙型坦克登陆艇(L.S.T.〔2〕)，在之后的作战中，这种型号的登陆艇所表现出来的性能十分良好，它做出的独特贡献也在于解决了把重型车辆卸载于海滩上这样一个难以解决的问题。最终,这样的船舰生产了 1000 多艘。同时，在大西洋的两岸，用于进攻大陆所用的小艇的制造一直没停过。全部的小艇要运到战场上去都要利用运载进攻部队的船舰来完成。所以，一项大规模的改造计划就开始拟定了。它能让英国、美国的军队运输船舰有能力运载这些舰艇和大批其他特别的配备。这种船舰叫作“步兵登陆舰”(L.S.I)。一部分编进了皇家海军，剩下的还是保留商船的身份，在我们进攻的所有的行动中，船长和水手们的驾驶工作完成得非常好。在军队运输的舰队中，这些船陆陆续续地穿梭着，将支援的部队运往中东和其他的地方。中途避免不了会有损伤，不过，不得不作出一些牺牲。这时，各种为攻击所用的其他类型的辅助船舰也开始制造了。我们因为要致力于潜艇作战，所以登陆艇的制造工作在 1940 年和 1941 年受到了些束缚。到 1940 年年末的时候，制造登陆艇所能投入的人数还不到 7000 人。次年，这个数字的增长也不大。可是，截止到 1944 年的时候，这项重大的工作仅仅在英国投入的人力就多达 70 000 人。而且，美国投入在这个工作中的人数还要多得多。

* * *

在这方面，我们所做的一切努力都关系着战争的发展，因此，我愿意把我在 1941 年致罗斯福总统的一份电报附在这里：

1941 年 7 月 25 日

这段时间，一直在思考我们的作战计划，要想到 1942 年的战争，也要想到 1943 年的战争。重要基地的安全保证了之后，就要计划争取大量的兵力，以夺得胜利。从总体上看，我们先要加强封锁力度，加大宣传。之后，要向德国和意大利发起日渐凶猛的轰击。光靠这些行为，就能在敌人的内部引发骚乱或崩溃。不过，应该也拟订一个这样的计划：在条件允许的情况下，要登陆去营救被控制住的人们。要想实现这个计划，既要有很多坦克，又要有能运载坦克并将其卸载在沙滩上的船舰。美国生产的众多商船里面，可以选出一部分来改造一下，让它们更适合成为坦克登陆艇。对于你来说，这不算难。

没过多长时间：

首相致第一海务大臣　　　　　　　　1941年9月8日

按照我的建议来说，没有要求总统在已经安排完毕的工作之余，还要建造这样的“温奈特”，而是请求总统，从美国正在生产的1942年的众多的商船中选出一些安装上舰首和侧舱门。这样，它们就能把船上的坦克卸载到沙滩，或是坦克登陆艇上。再通过坦克登陆艇运到海滩去。

请帮我一下，把这一点跟总统解释清楚，告诉他现在设计的美国商船的改造方法。

现在，越来越多的人说我对1944年诺曼底那种大型的敌前作战持反对的态度，为此，为了让人们明白，我要说明的是：一开始，我就积极地推进生产这种大型舰艇的工作，主管此事的部门也被授予了很大的权力。这种大型舰艇被编制成舰队，将装甲部队运送到海滩上，从那里登陆。目前，人们大多都意识到，要进行大规模的战斗，这种舰艇是不可缺少的。在本书中，我会用当时写的文章去解释这个问题，并证明我一直坚持的主张和实际发生的事情是一样的，跟过程完全一致。

第十三章　走投无路

1940 年 7 月

英国是否会沦陷？——美国的担忧——英国态度坚定——事情变得纯粹化了，就不用再担心——7 月 19 日，希特勒提出和平建议——我们对此作出的反应——拒绝德国的外交接触——瑞典国王的举动——我对受到威胁的海岸进行察看——蒙哥马利将军以及驻扎在布赖顿的第三师——至关重要的公共汽车——埃恩萨伊德指挥国民自卫军的权力由布鲁克将军接手——我与布鲁克将军的来往——一些在 7 月份时发出的指示以及备忘录——伦敦的防卫工事——险境中的沿海地区的境况——有关军队的壮大以及装备的统计——林德曼图表——取消了将第二加拿大师调遣到冰岛的方案——应该阻止敌人的船只在英吉利海峡聚集——美国的步枪运到英国了——独特的警戒手段——法国的“七五”炮——在英吉利海峡上德国增加了炮台——我们采取的应对办法——我去多佛尔对海军上将拉姆齐进行访问——谆谆教导并督促改善我们的炮台——“艾里泊斯”号浅水炮舰——肯特海角的防卫工作——英国的重炮在 9 月间聚集——我们军力的增强——完成考验

法国于 1940 年夏季被占领，从那时候开始，我们就陷入了孤军奋战的状况之中。我们无法从英国各自治领、印度或各殖民地获得有效或者及时的支援以及供应。获胜的德军，他们拥有非常完善的装备，并且在后方，他们还缴获了许多的武器以及兵工厂，他们正把这些武器大量地聚集起来，打算对我们进行最后的致命痛击。意大利拥有十分强大的军队，他们已经向我们开战了，他们全心全意地想要在地中海以及埃及击溃我们。在远东的日本，也睁大着眼睛，心怀不轨地注视着我们，并且，干脆明了地提出要求，要对滇缅公路进行封锁，从而将中国的物资供应截断。对于纳粹德国，苏俄在条约上负有责任，而且，对于希特勒，苏俄在原料上也是给予了他鼎力支持。丹吉尔国际共管区如今已经被西班牙占领，西班牙随时都可能成为我们的敌人，并且提出要求，要获取直布罗陀，或者请德军从旁协助，一起进攻直布罗陀，还有可能是设置大炮，以图将直布罗陀海峡的通道封闭住。法国如今由贝当以及波尔多政府统治，它最近迁到了维希，在重压之下，它随时都有可能向我们开火。如此看来，土伦残留的法国舰队，必将被德国人掌控。确实，我们现在是四面楚歌了。

各国在奥兰事件之后，对于英国政府以及英国人民的决心已经看得非常明白了，我们必定会奋战到最后。可是，虽然说士气低迷这样的缺点在英国并不存在，但在面对这些严重而具体的困难时，我们将如何去处理呢？我们国内的陆军，唯一拥有的武器就是步枪了，这一点我们都很清楚。实际上，在全国范围内，我们只有不到500门的各类型野炮，不到200辆的中型以及重型坦克。在敦刻尔克损失的那些军火，我们的工厂还需要好几个月的时间才能将其补上。有一点是意料之中的，那就是几乎整个世界，都觉得我们的死期已经到了。

在整个美国，都充斥着极度惶恐不安的气氛，这一情况，在其他没有沦陷的自由国家都是一样的。怀着沉重的心情，美国人暗中思索：自己的资源本就有限，现在为了沉溺在一种大度又毫无指望的情感，而白白耗费这些资源，这样做是否值得？为了弥补自己在备战上的疏懒，他们应当做的，难道不是对每件武器都尽心尽力爱护着吗？只有毫无谬误的判断，才能将这些以事实为依据，并且令人折服的观点抛开。美国那位极其圣明的总统以及他的重要官员和高级顾问，他们正准备迎接第三次总统大选，就算是这样，对于我们的命运以及意志，他们都一直抱有信心，从未放弃，对他们，英国实在是不胜感激。

对于英国人民所具有的那种气质，我认为那是一种荣耀，英国人民拥有那种既乐观又冷静的气质，可以将颓势挽救回来。在战争之前的日子里，我们英国人曾经沦陷在了极端和平主义之中，同时，目光也非常的短浅，在政党政治的争斗上，他们沉溺其中难以自拔。对于防范工作，他们没有用心准备过，但是又不以为意地在欧洲事务所的中心走马观花。如今，有一项任务需要他们去面对了：对于他们以前的善心以及粗心大意的安排，现在要一并清算了。他们连一丁点的颓丧之感也没有。对于那些征服了欧洲的人，他们表现出一种轻视。如此看来，他们是不会投降的，即使要用他们的血来浸染他们的英伦本土也在所不惜。在历史上，这将写下满是荣光的一页。在过去，这样的故事非常多，曾经，斯巴达人征服了雅典人。迦太基人在面对罗马的进攻时，曾孤军奋战过。这样的记载，在以前的史册上并不少见，当然，还有好多完全没有记载或者被人们永久遗忘的悲剧：有些国家英勇、骄傲并且待事乐观，这样的国家，甚至是整个民族都被灭亡了，只有他们的名字流传了下来，而有一些，连名字也未能流传下来。

有一点，很多英国人并不清楚，外国人知道的就更少了，那就是我们岛国的地位，在军事技术上，有着自己特殊的优势。甚至于，就一般范围来讲，在战前那些犹疑不决的日子里，如何在海上防御以及随后的空中防御上维持重要设施这一点，大家都难以意识到。敌人的战火出现在英格兰土地上，被不列颠人看见，这样的事，已经快要一千年未曾出现了。所有人在不列颠抗战最激烈时期，都表现得沉着冷静，他们宁愿牺牲自己的生命，也要决战到底。我们所表现出来的意志就是这样的坚毅，无论敌友，全世界都慢慢看清楚了这点。为什么会有这样的一种意志呢？因为想要处理现在的问题，只能使用暴力手段了。

*　　*　　*

此外，事情还有其他的一面。我们最后的后援部队，也被我们调遣到了法国，加入到法军徒劳无功的反抗之中。而与此同时，由于我国空军的出击或者转移到大陆，也逐步削弱了空军的实力，这就是6月份，我们所面临的最大危机的其中一个。要是希特勒真的是智慧超群，那么袭击法国战线的速度必然会被他放缓，或者说，在敦刻尔克之后，停顿三到四个星期在塞纳河一线，同时，筹备对英国的进攻。如此一来，他想要让我们陷入两难的境地，就会有很大的余地去实施了。我们的两难困境是：要么丢弃法国，让它自己承受灾难；要么为了我们以后的生存，将我们最后的资源耗光。对于支持法国抗战下去，我们进行的鼓动越大，那么我们就有越大的义务，去承担对它的支援，而英国防卫的所有准备工作，就会因此更难展开，特别想要保住那25个战斗机中队，是难上加难，而它们又关系着英国的生死存亡。我们在这一点上，不会退让半步，可是，我们的那个盟国正在奋力反抗，要是我们不接受的话，肯定会让他们极其愤怒，我们间的所有关系都会因此被割断。我们眼下的新局势已经大幅度简化了，在谈到这个局势时，我们的一些高级司令官，甚至于出现了一种切实的欣慰的态度。就像在伦敦的一个军人俱乐部里，一位侍者对一位灰心失意的会员所说的一样，“先生，无论如何，我们已经加入了这场决赛之中，并且，这场决赛就在我们自己家的运动场上呢！”

* * *

就算是到了现在，对于我们的实力，德国的最高统帅部也未曾看轻过。齐亚诺说，他在1940年7月7日的时候，在柏林拜访希特勒，那个时候，他曾与冯·凯特尔将军进行过一次长时间的会谈。跟希特勒一样，凯特尔也跟他谈论了攻打英国一事。他一再强调，到现在为止，还没有一个肯定的决定。他认为，具有登陆的可能性，但是，又必须要顾虑到，这一场战争肯定是“极为艰难，并且一定要非常小心地战斗，因为，有关这个岛国的军事筹备工作以及沿海防御工事，所能获得的情报少之又少，并且，这些少之又少的情报也不是十分信得过。”[①]现在看来，用大规模的空袭对付大不列颠的飞机场、工厂、主要交通枢纽，势必不难做到，并且，这样做也是十分有必要的。不过，有一点不能忽视，那就是英国空军具有非常强的战斗力。凯特尔对英国人打算用于防御以及反攻的飞机数量进行了估算，应该在1500架左右。最近，英国空军大幅度增加了袭击行动，这一点他不否认，他们在执行轰炸命令的时候，非常的准确，并且，一次性出动的机群，数量多达80架。不过，英国的飞行员十分不足，而且，目前有一批飞行员正在袭击德国的城市，肯定不能用从未受过训练的新飞行员来替代他们。为了能使大英帝国的体系崩溃，凯特尔极为坚持对直布罗陀发动进攻，不过，凯特尔以及希特勒，都未曾提到过战事会进行多长时间。只有希莱姆偶然间提到过，大概在10月初，战事就会结束。

这就是齐亚诺所作的报告。曾经，他以“墨索里尼的好心”为依据，向希特勒提出，在这次侵略战争中，派遣10个师的陆军以及30个空军中队加入。希特勒婉言谢绝。只有几个空军中队被派了去，不过却没有取得什么好成绩，接下来我们就会说到这点。

* * *

希特勒在7月19日的时候，在国会上进行了一次志得意满的演讲。他在演讲中预测，用不了多久，我为了避难，就会跑到加拿大去，接着他就提出了他所谓的“和平建议”。其中一些较为有力的话，我摘录在了下面：

我在这样的时刻，进行了自我反省，我认为自己有这样的义务，

① 选自《外交文件》，第378页，作者齐亚诺。——原注

再一次呼吁大不列颠以及其他国家，希望它们能用理智以及常识来看待这件事。我认为，发出这样的呼吁，所需要的地位我自己是拥有的，因为我是胜者，而不是求乞施舍的失败之人，我是代表着理性在发言。我认为，任何理由，都不能使战争一直这样下去。我只要想到了战争所带来的伤害，就感到万分悲伤。……对于我的这次发言，丘吉尔先生可能会置若罔闻，说我是因为出于对最后胜利的恐慌以及疑惑，才会有这样的发言。要是事情真的是这样，那么以后，无论发生了什么样的事情，我都不会再感到良心不安了。

希特勒将这种姿态摆了出来，在这之后的几天，在瑞典、美国和梵蒂冈，德国的外交活动就展开了。让欧洲在自己的意愿下臣服之后，希特勒肯定是十分乐意让英国认可他所做的事，这样一来就可以将战争结束了。实际上，他之所以提出那样的建议，是想让英国取消参加战争的各种理由，而不是为了和平。驻守在华盛顿的德国代办，想要接触我们的驻美大使。这时，我发出了一封电报，内容如下：

1940 年 7 月 20 日

哈利法克斯勋爵今天是不是在华盛顿，我并不清楚，但是，对于德国代办的信函，不能作出任何回答，这一点应当要告知罗希恩勋爵。

不过，最开始，我是打算与上院以及下院，都开展一场正式的严肃的辩论。所以，我同时写信告知了张伯伦先生以及艾德礼先生：

1940 年 7 月 20 日

或许，对于希特勒的演讲，该如何回答，值得让上下议院来共同商议。应该由两院的议员来作出有关的决定。可从另外一方面来说，这样做，无疑会将我们的负担增加。对此你们持何种看法？

在我的同僚们看来，这样做多少有些小事化大了，大家对这一点的看法是完全相同的。所以，决定把原来的安排改为，让外交大臣用广播的形式对希特勒的装模作样进行拒绝。外交大臣在22日晚上时，就将希特勒那个“根据他个人的心意进行招降的呼吁‘扔到一边’去了”。由希特勒统治的欧洲的景象以及我们为之战斗的欧洲的景象，外交大臣对这二者进行了比较，同时宣布，“只有在自由得到确切的保障了，我们才会停止战斗。”可是，实际上，在从收音机收听到希特勒的演讲之后，还未等到国王陛下的政府授意，英国的报纸和英国广播公司，就马上驳斥了一切意图进行谈判的想法。

在7月20日，齐亚诺跟希特勒进行了另一次会晤。他在谈到此次会晤时说：

> 对于希特勒昨日的演讲，英国报纸作出了反应，从这些反应中来看，取得和解的可能性完全不存在，所以，对于英国，希特勒打算在军事上给予其重击。他还重点指出，大不列颠抵抗的可能性，由于德国的战略地位、势力范围以及经济控制范围，而被大幅度削弱，所以，大不列颠会在第一次对战之中就被瓦解。几天前，空袭已经展开，并且，力度在持续加大。在抵挡德国的空袭方面，英国防空设施和战斗机的迎击并没有取得很好的效果。所有工作已经准备妥当，现在，正在探究决定性的袭击该如何展开。[①]

在自己的日记里，齐亚诺也曾说过：“英国毫不热情的反应在19日晚上第一次传来，这时，一种难以掩盖的失望之情充斥在德国人中间。”希特勒“乐意和大不列颠之间达成和解。对英国作战将会是一场艰苦的浴血之战，他很明白这一点，同样他也清楚，对于流血牺牲，各地的人民都是十分反感的”。从另一个角度来说，墨索里尼“担心

---

① 选自《外交文件》第381页，作者齐亚诺。——原注

在希特勒那篇非常奸巧的演说中，英国人会找到什么把柄，以此展开谈判”。齐亚诺说：“由于跟以往相比，墨索里尼现在是最为需要战争的时候，若是英国展开了谈判，那么墨索里尼就会失望之极。”[①]不过，他实在不用心急。他所需要的战争肯定会到来，一切只是时间问题而已。

德国在幕后继续展开着外交活动，这一点不用怀疑。8月3日的时候，瑞典的国王觉得，现在是时候跟我们商议这件事了，我对外交大臣提出建议，让他用以下的话对瑞典国王进行回复，正式的官方回复文件，正是以此为基础写出来的：

（开始）国王陛下政府在1939年10月12日的时候，为了具体说明自己的立场，曾经就德国的和平建议，向议会作了报告，这份报告是经过长久的思考才作出的。纳粹德国从那时候开始便对它附近的小国进行侵略，犯下了一系列新的十恶不赦的罪行。挪威惨遭荼毒，如今，正被一支德国侵略军控制着。丹麦受到攻击和抢夺。虽然，比利时以及荷兰在尽全力让希特勒先生满意，并且，对于这两个国家，德国政府也作出过各种尊重中立的承诺，可是德国还是占领了这两国国家，并对它们进行奴役。尤其是荷兰，在鹿特丹大屠杀之中，那些长期策划的阴险残忍的行为，可以说已经达到了顶峰，有成千上万的荷兰人在这次大屠杀中被残害，城市核心部分被毁坏。

欧洲的历史被这些令人恐惧的事件抹上了难以清洗的污点，它将在欧洲历史上留下十分黑暗的一页。从这些事件中，英王陛下的政府非常清楚地看到，不管任何理由，都不能背叛他们在1939年10月所通过的决策已经确定的准则。与之相反的，他们所下的决心是，尽一切努力用尽所有办法来与德国对抗到最后，直到将希特勒主义完全瓦解，从一个恶棍带来的灾难中将全世界

① 选自《齐亚诺日记》第277至第278页。——原注

解救出来，他们的决心不会有一丝一毫的动摇，是如此的坚定：就算要一同走向灭亡，他们对于自己的责任也不会逃避或者退缩。在上帝的协助之下，对于自己要完成的任务他们绝不会毫无办法，这一点他们深信不疑。或许，这会是一个长期性的任务，不过，德国随时都会提出停战的要求，或者公开提出和解，就像它在1918年所做的一样。不过,德国想要提出这样的要求或者建议，前提一定是他们已经用行动作出承诺，而不仅仅空口说白话，他们必须要承诺对捷克斯洛伐克、波兰、挪威、丹麦、荷兰、比利时，特别是法国的自由以及独立的生活进行恢复，并且，对于大不列颠和大英帝国，在全面和平中，要提供行之有效的安全保证。(完)

接下来，我进行了补充：

在外交部的备忘录中有一些概念，在我看来，似乎有些太显摆聪明了，对于目前的时代以及相关问题的庄严以及简朴的氛围而言，在政策上太过拘泥于一些礼节形式，是不太合时宜的。就眼下看来，我们还没有作出任何一点成绩来，稍微开口说两句话，就会带来误会。想要逼迫德国作出并非空口白话的建议，我想，唯一的方法就是类似于我起草的那种强硬的回答。

我在同一大里，又向新闻界发表了一份声明，内容如下：

1940年8月3日

德国打算进攻的可能性绝对没有结束，首相希望大家都能明白这一点。德国人说他们不准备进攻了，这是一个谣言，现在，他们正四处散播这个谣言。一直以来我都不相信他们所说的话，那么对于这个谣言，就更加不相信了。随着时间的推移，我们的能力正在逐渐变大，准备也变得越来越充分，这一点我们都能感觉得到。不过，我们的警惕之心绝对不能因为这样就有一丝一毫的放松，不能在精神上有所懈怠。

*　　*　　*

参谋长委员会在6月底的时候，经由伊斯梅将军在内阁向我提出了建议。他们觉得，我应该对东部和南部沿海一带受到威胁的地区进行察看。所以，为了完成这项让人开心的工作，我每个星期都会抽出一到两天的时间来，如果有必要的话，我就会在自己的专车上睡觉。在火车上，有各种各样的设备，可以让我完成自己的日常工作，并且，能经常与白厅维持联系。太恩河、亨博河以及很多具有登陆可能性的地区我都进行了视察。在肯特郡，加拿大师为我进行了一次演习，再过不久，从冰岛调遣过来的一个师，就会将加拿大师补充成为一个军。对于哈利基和多佛尔的登陆防卫工事，我也进行了察看。在我最开始的那几次视察中，其中有一次，我对蒙哥马利将军带领的第三师进行了视察，在以前，我还从未见过这位将军。这一次，与我同行的是我的夫人。第三师在布赖顿旁边驻扎着。曾经，在进行装备的时候，这个师是优先进行的，当时正准备将它调遣到法国区，可是就在这时，法国的抵抗就停止了。蒙哥马利将军的司令部位于斯特灵旁边，他进行了一次规模十分小的演习给我看，轻机枪车的侧翼运动，是这次演习的特色所在，当时，他只能聚集七八辆这样的车。结束了演习，我们一起乘车，顺着海岸线驶经肖朗和赫弗，最后到达布赖顿防线，这条防线可谓是无人不知无人不晓，在这个地方，有着我不少的童年回忆。我们进行午餐的地点是皇家阿尔宾饭店，码头的尽头正在这家饭店的对面。饭店里可以说空无一人，这里的人绝大多数都撤离了，不过，在海边或者是操场上，还是有一些人在散步。近卫步兵第一团的一队士兵正在码头上的亭子里要用沙袋堆建一个机关枪据点，我看见了这一幕，觉得十分有意思，因为这与我幼年时看耍把戏的那种亭子非常的相似。这一天，天气十分的舒适宜人。我与这位将军相谈甚欢，这一次的旅行让我感到十分开心。不过：

（限本日行动）首相致陆军大臣　　　　　　1940 年 7 月 23 日

原本我以为第三师会集中起来，留作后备之用，对敌人入侵部队的前锋随时进行抵抗，可是我发现现实与我想象的并不一样，第三师现在安置在 30 英里长的区域里，我对此感到十分忧心，不过，更让我感到吃惊的是：在其他各个方面，这个师的步兵虽然有非常充分的机械化装备，但是运输士兵去前线地点所必备的公共汽车，却是极其紧缺。[①]对于机械化部队来说，这一点非常重要：

---

① 这是我在 1914 年 9 月，登陆法国海岸线时，给皇家海军陆战旅想出的一个老套法子。当时，我们在伦敦的街头，征集了共计 50 辆的公共汽车，一夜之间，海军部就把它们运去了法国。——原注

在我加入第四轻骑兵团的时候，他的兄弟维克多效力于第九轻骑兵团，我跟他在 1895 年到 1896 年间，建立起了十分深厚的友谊。有一回，他骑的那匹马的后脚立起来，他向后摔了下去，盆骨被摔断了，这让他的一生都处于难耐的痛苦之中。不过，他的职务他还担任着，并且，也能够继续骑马。在 1914 年从蒙斯撤离的时候，他因为操劳过度光荣献身了，那段时间他担任的是我们跟法国骑兵团之间的联络官。

布鲁克将军还有一个名为隆尼的兄弟。他比维克多年长，也比我大了好几岁，在 1895 到 1898 年的那段时间里，人们把他当作英国军队里面后辈中的优秀人物。之所以会这样，不光是由于他在那个时候的数次战役里面立下了赫赫战功，还因为他的才华在参谋学校里就初现锋芒了。在南非的战争里，他出任南非轻骑兵团副官一职，这个团拥有 6 个骑兵营，在对莱迪史密斯进行支援的那段时间里，助理副官一职，我曾出任过几个月。斯宾克普、瓦尔科兰茨和图基拉河那片区域里，我们曾并肩作战。我从他那里学到了很多战略战术。我们在解放莱迪史密斯的那个晚上，一起骑马进入了这座城市。后来，到 1930 年的时候，那时候的我，虽然只是议会里的一个年轻议员，可是我已经可以协助他对索马里战役进行指挥了，在那次战役中，他又获得了极为崇高的声誉。早些年，他曾得上了很严重的关节炎，在第一次世界大战的那段时间里，他只能待在国内，对一个后备旅进行调度。我们的友谊一直维持到 1925 年，也就是他英年早逝的那年。——原注

配置公共汽车，随时处于准备状态，立刻可以投入使用；而第三师蔓延了如此长的海岸线，这一点对于它们来说就变得更为重要了。

从朴次茅斯那里我也听到了与之相类似的抱怨，已经准备好、可以立刻投入使用的交通工具，那里的部队也没有。现在国内拥有为数不少的交通工具，不管是公共汽车还是卡车都有，并且，还有非常多的汽车司机，他们也随着英国远征军回来了。由于考虑到了这一点，那么我想这方面的缺失可以立刻得到弥补。不管怎么样，我都希望在今天，你们能够告知第三师师长，要是他同意的话，那就可以征用那一大批公共汽车，这些汽车到目前为止，只是作为游览车在布赖顿海滨驶来驶去。

* * *

陆军大臣在 7 月中旬的时候，提出了一个建议，他说埃恩萨伊德将军指挥本土部队的指挥权，应当让布鲁克将军来接手。我在 7 月 19 日的时候，仍旧继续对那些可能被入侵的地区进行视察，那时候，我也对南方指挥部进行了视察。他们开展了某种战术演习给我看，在这次演习中，参与的坦克，不少于 12 辆。布鲁克将军负责指挥这一防线，我整个下午都与他一起坐着汽车进行巡查。他有着十分杰出的战绩。之所以这样说，不仅是由于在我军撤退到敦刻尔克，他在伊普尔河旁边进行了一场具有关键意义的侧翼战，并且，在 6 月的前三个星期，我们派遣了一些新的部队去法国，他在调遣我们这些部队时，凭借着自己的坚毅以及机智，完成了自己的任务。就私人方面而言，我经由两位阿兰 · 布鲁克的英勇兄弟与他保持着联系，这两位兄弟是我早前军营生活中的友人 。

这些私人的关系以及回忆，并不能左右我在重大的人选问题上的观点。不过，它们是个人友谊的一个基础，我与阿兰 · 布鲁克的关系在战时，之所以能一直保持下去从未间断过，并且日益变得成熟，正是靠了这些基础。我们在1940年7月的下午，一同乘车进行巡查，时间长达四个小时，对于本土防卫的看法，我们二人之间的观点似乎是相同的。我在与其他人进行了一些必需的商议之后，接受了陆军大臣的建议，让布鲁克从埃恩萨伊德将军手中接过领导本土部队的工作。出于军人的尊严，埃恩萨伊德将军愿意接受退役的安排，在任何情况之下，他做事的时候，总是以军人的尊严为前提，这是他的一个特性。

入侵的威胁持续了一年半时间，布鲁克在这段时间里组织并带领本土部队。后来，他又出任了帝国总参谋长的职位。随后的三年半时间里，我们二人在一起又继续工作，直到取得最后的胜利。接下来，我准备讲述的就是他在1942年8月的时候，劝告我，让我对埃及以及中东的指挥进行毅然决然的改组，从而让我都得到非常多的好处，我还要讲述的是在1944年的时候，为什么在渡海攻打大陆的“霸王”作战计划指挥上会让他失望之极。他不仅仅对大英帝国作出了极大的贡献，对于盟国他也作出了极大的贡献，因为在战时的绝大部分时间里，他曾长时间出任参谋长委员会主席以及帝国总参谋长的职位。在这本书的各个卷中，我不时会说到我们之间有不同意见的时候，不过，也会说到我们之间有非常多的十分和谐的统一观点，并且表明我对这份友谊十分看重。

* * *

到了现在，我们对于敌人入侵的可能性，给予了越来越仔细、越来越执着的关注。关于这一过程，从我的一些备忘录中可以看出来。

（限本日行动）

首相致空军大臣以及空军参谋长　　　　1940年7月3日

我听说，各个相关方面都觉得，你们应当做的是，将火力集中起来，对德国控制下的各港口的舰只以及驳船进行轰炸。

首相致伊斯梅将军　　1940年7月2日

阁议员韦奇伍德先生就伦敦的防卫写了一封信，这封信非常有特点并且让人兴致盎然，请你参阅一下这封信。伦敦的情况怎么样了？我有一个非常确切的观点，那就是：在伦敦的每一块土地上我们都要开展斗争，让大量的侵略军被它吞没。

首相致韦奇伍德先生　　1940年7月5日

对于你写给我的信，我心怀感激。我渴望能够在短时间内得到数量更多的步枪，来对国民自卫队（或者是地方防卫志愿军）继续进行武装。伦敦的每一条街道以及它的郊区，我们都要誓死防卫，要是侵略军胆敢深入伦敦的话，那么伦敦就会将他们吞没，这一点请你务必相信。当然，我们希望看到的，还是在海里将他们绝大部分都淹死最好。

有件事令人有些诧异，那就是在关于伦敦的问题上，负责拟定入侵计划的德国陆军总司令，原本也是用“吞没”这个词语，可是现在又作出决定，要避免用这个词了。

首相致伊斯梅将军　　1940年7月4日

为了在敌人入侵时进行躲藏，必须要修建适合的掩护物，现在为了鼓励以及协助那些住在受威胁港口的人们去修建掩护物，都采用了些什么办法？那些积极的举措应当要立刻采用。军官或者是地方当局的代表，应该一户户去走访，还有一些家庭并没有听从我们的劝告，他们决定留下来，必须对这样的家庭进行说明，让他们都待在地下室里，并且，对于地面的建筑，要进行支撑以及加固。应该为他们提出一些建议，并且，给他们原料上的资助。

对他们的防毒面具也要进行检查。这些工作，从今天开始就应当积极开展起来。这样的方法，对他们的自动撤离会起到促进作用，同时，为那些未撤离的人，也做好了恰当的准备。

首相致伊斯梅将军　　　　　　　　　　1940 年 7 月 5 日

一些居民居住在沿海一带受威胁地区，现在应该针对这一问题向相关部门下达明确的指令：(1) 在鼓励居民撤离时应当竭尽所能，一方面在无形中让他们感受到强制命令的压力，另一方面，经由地方长官或者地方团体，在当地进行宣传，注意这样宣传并不是全国性的。对于那些想要留下或者没有地方去的人，应该要进行解释：他们这些沿海的城镇，一旦开始与入侵的敌人开战，他们就再也不能离开，想要离开就只能等到战争结束以后了。所以，为了能让他们有一个安全的地方可以躲藏，应该鼓励并协助他们将地下室整理出来。现在有的，那些形式多样的德森式家庭防空掩体，应该要提供给他们，据说，现在有些新式的掩体不需要用钢材。只有靠得住的人才能允许留下，那些可疑的人坚决禁止留下。

请你们以这几点为基础，草拟出一个详细的方针，交给我来审核批阅。

首相致林德曼教授　　　　　　　　　　1940 年 7 月 7 日

(将副本送给伊斯梅将军)

为了明确 30 个师的全部装备进展情况，我准备让统计局进行相关图表的绘制。一个方格代表一个师，而每一个方格又分为几部分，这几部分所代表的如下：军官与人员；步枪；轻机枪；反坦克枪；反坦克炮；野炮；如果有的话，还要加上中型野炮；以及可以同一时间运送三个旅的交通工具等等。要是这些方格所代表的装备已经基本完成了，那么就可以用将图表涂上红色。我希望，这个图表可以每周审阅一次。相似的图表也可以为国民自卫队绘制一份。不过，需要表明的只有步枪以及军队就可以了。

首相致陆军大臣　　　　　　　　　　　　　　1940 年 7 月 7 日

麦克诺顿将军在昨天的时候，对我们进行了通知，他说将第二加拿大师全部调遣去冰岛，那时候，你跟我一样，都感到十分的吃惊。很显然，这犯了一个非常大的错误，在那样遥远的战场上，却投入如此精良的部队。不过，显而易见的，前面的三个营已经动身了。这件事没有任何人听闻。我们应该在最短的时间内，将两个加拿大师整编为一个军，以军为单位来作战。

关于训练等问题引起了一些争议，这些争议已经引起我足够的关注了，不过，那些论点都无法让我信服。在这一方面，我们应当再一次进行周详的察看。将第二线的本土防卫队调遣到冰岛去，这是完全可行的。在那些重要的据点上，他们应该要将防御工事加固，然后，为了能对任何登陆的敌军进行重创，还应该配备一个“戈比斯”型的精锐的营队。要是你愿意去解决这件事，我将会十分的感激你。

首相致海军大臣以及第一海务大臣　　　　　1940 年 7 月 7 日

1. 为什么对任何在法国海岸一带活动的舰只如此容忍，而不去袭击，这一点我实在想不明白。很显然，只使用空军是绝对不够的。应该要派遣一些驱逐舰，让飞机作为他们的掩护。德国人要在我们卧床附近的英吉利海峡组建一支巨大的舰队，并且这支舰队会在多佛尔海峡从容不迫地开过来开过去，难道我们真的要眼睁睁地看着这一切发生吗？这是一个全新的开始，这个开始对我们具有极大威胁，对此我们一定要进行反击。

2. 我希望能收到一份报告，这份报告中所要说明，不光包括上面提到的那些点，还包括我们在那些地方的布雷区的状况以及改善的措施。是不是过了十个月，水雷就会失去效果？要是确实

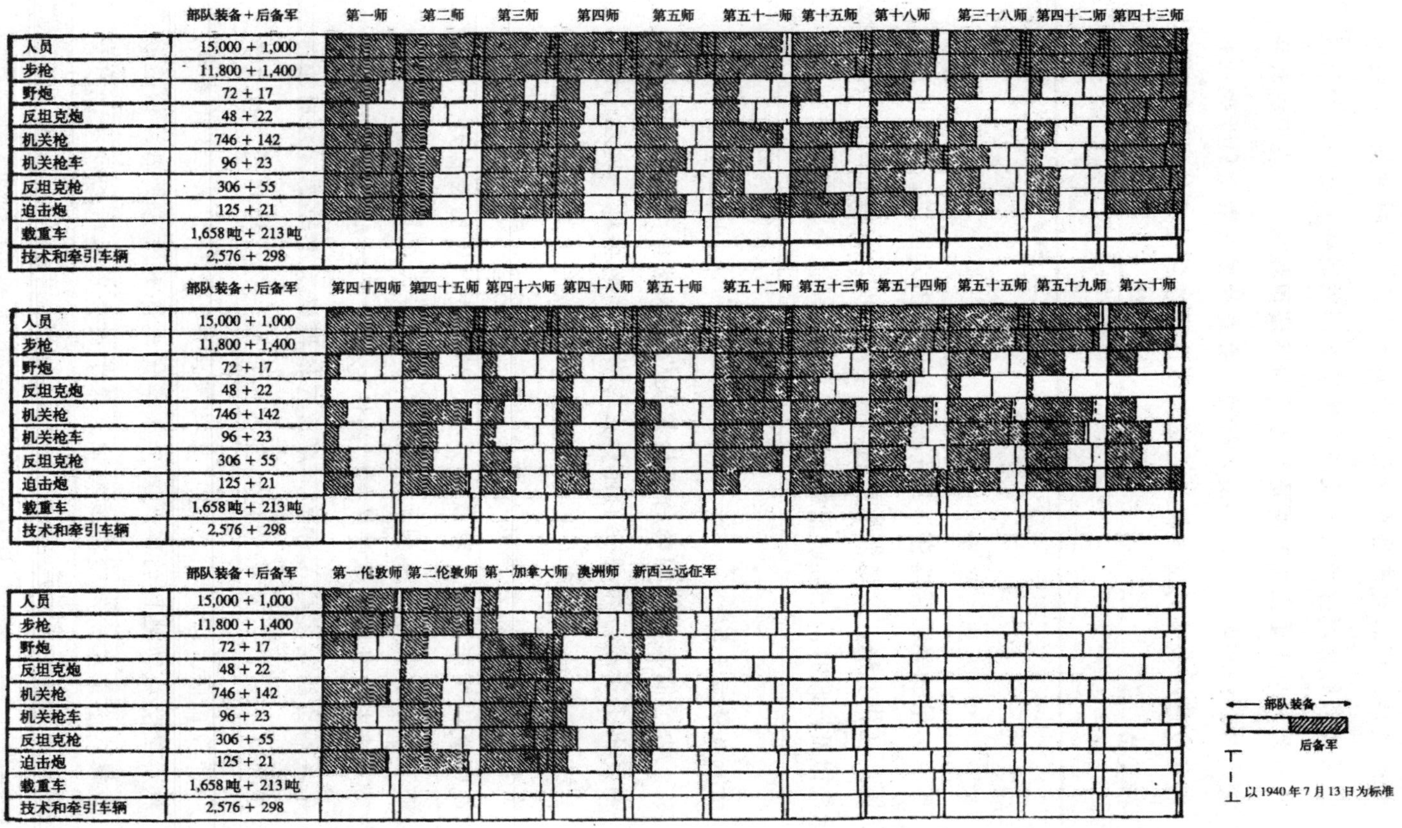

1940年7月13日 步兵各师的准备状态

如此的话，那么就应当再加设几排新水雷。为了对付敌人派遣来扫清道路的舰艇，为何不能想办法在夜间的时候，在法国的航道上设置一个水雷区呢？要是因为德国将法国控制了，我们就放弃使用自己的海军，这是坚决不行的。要是德军向着我们开火，我们就应该在合适的空军掩护之下，派遣一艘巨型军舰，对他们进行攻击。

* * *

有大量的美国武器在7月份的时候，经由大西洋，安全地运到了英国。在我看来，这是很重要的一件事，所以，我再三发出指令，在运输以及接收时，一定要非常地留神。

首相致陆军大臣　　1940年7月7日

为了能指引你们的将步枪护航队进入港口，我已经对海军部发出了请求，希望他们能作出各种特别的安排。现在已经有4艘驱逐舰被他们派了出去，远道迎接你们，9日的时候就可以全部进入港口。具体进入港口的时间，你可以向海军部打听。我听说，对于起卸、接收和分发这批步枪，你已经作好了完全的准备，对此，我感到无比的开心。在当天夜里或者第二天凌晨一两点的时候，送交的部队的步枪，最少要达到10万支。事先我们已经制定好了方案，应该严格按照这个方案，准时由专车将这些武器以及军火分发出去，并且，前往起卸的港口负责指挥的官员，一定要是十分清楚这项业务的高级官员。这样看来，为了使受威胁地区的国民自卫队军优先得到这些武器，你应该会提议尽量先分发给沿海地区。关于你决定采用的办法，希望你能事先告知我一声。

首相致伊斯梅将军　　　　　　　　　　　　　　1940年7月8日

与上一次相比，将用更迅速的船只去装载下一批美国的弹药以及枪弹。关于这件事，已经进行了哪些措施？还有，不知道会让什么样的船只，去运输最近托运的军火，这些船只具有怎样的速度？有关这些问题，你最好向海军部打探明白。

首相致海军大臣　　　　　　　　　　　　　　1940年7月27日

现在正不断到来的是大量托运的枪炮以及弹药，将那个加拿大师除外，我们以前海运的任何物资，都难以与这批军火相抗衡。由于人们正对这些枪支翘首以盼，所以这20万支步枪就代表了20万人，这一点可不要忘了。在7月31日，这些运输的船只就能到达了，这实在是太好了，为了保证它们能够安全抵达，我们一定要作出最大的努力。最为不幸的事，将会是把这些枪支以及野炮损失掉了。

那些船只装载着非常珍贵的军火，当它们从美国到达我们的海岸的时候，各个港口上，早有特备的用来装运的火车等着了。为了等着接收这批军火，可以说各郡、各镇和各村的国民自卫军，连续几夜通宵等待。为了备用，不管是男人还是妇女，都不分昼夜地在装备这些武器。站在对付敌人的伞兵和空运着陆的部队这方面来看，到7月底时，我们已经是一个武装好的国家了，现在，我们已经化身为一个“马蜂窝”了。其实我并不希望进行战斗，但是不管怎么说，要是我们必须进行战斗了，那么，我们很多的男人以及一些妇女，手里都有了武器。第一批50万支0.303口径步枪将提供给国民自卫军使用，这一批步枪，虽然每支枪所附加的子弹只有50发，而我们在把枪分给他们的时候，只敢将10发子弹发给他们。同时，现在的工厂还未进行制造；在这一批步枪到达之后，我们就可以将30万支0.303口径的英式步枪发给正规军使用，这些正规军现在正日渐强大起来。

对于那些每门附带了1000发炮弹的“七五”炮，有一些鸡蛋里挑骨头的专家十分看不上它们。如今拉炮的牵引车十分缺乏，没有很好的方法可以马上得到更多弹药。由于口径不一样，在操作上会出现很多难题，但是，这些我都不在意，这900门“七五”炮，在1940年和1941年的整个时间里，都使我们国民自卫军的战斗力得到了大幅度加强。专家们设计出了很多机器，并且还对一些人员进行了训练，让他们能将炮由木板上推上卡车，然后运走。当你在为了自己的生存而进行战斗的时候，你会发现不管哪一种大炮。都强过没有大炮，后来，我们拥有了英国的“二五”炮以及德国的榴弹炮，这时候，这种法国的“七五”炮就显得有些跟不上时代了。不过，它还是一种很不错的武器。

* * *

德国在八九月的时候，在英吉利海峡增设重炮，对此我们非常的关注。加来和灰鼻角周围是炮台最为集中的地方，显而易见的，他们的目的是要将跨越海峡最短的航线控制住，而不是为了阻挡我们的军舰进入海峡。现在，我们已经知道了，下面列举的这些专门提供给这个地区使用的大炮，在9月中旬就架设好了：

（一）“吉戈菲”炮台，位于灰鼻角南边，设有4门38公分口径的大炮。

（二）“腓特烈—奥古斯特”炮台，位于博戈尼北边，设有3门30.5公分口径的大炮。

（三）“大选帝王”炮台，位于灰鼻角，设有4门28公分口径的大炮。

（四）“亨利公爵”炮台，位于加莱与白鼻角之间，设有2门28公分口径的大炮。

（五）“奥登伯格”炮台，位于加来东边，设有2门24公分口径的大炮。

（六）M1，M2，M3，M4 炮台，位于灰鼻角—加来地区，共设有 14 门 17 公分口径的大炮。

另外，除了这些，到 8 月底的时候，沿法国海岸架设了不少于 35 座的德国陆军重型和中型炮台，以作防御之用，除此之外。用缴获的大炮还架设了七座炮台。

我曾在 6 月份的时候下过一个命令，在多佛尔海角架设大炮，这些大炮的射程要能达到海峡对岸。如今，虽说效果比不上预期那么大，但已经看到一些成效了。对于这件事，我个人非常的关注。今年夏季的那几个月非常的动荡，我在那段时间里，曾去过几次多佛尔进行视察。在城堡的据点里面，挖掘的那些非常大的地下走廊以及地下室都在白垩层里，城堡的阳台非常开阔，在天清气朗的时候，站在阳台上可以看见法国海岸线，这些海岸线现在已经沦陷在敌人的手中了。当时的司令官是海军上将拉姆齐，他与我是朋友关系。第四轻骑兵团一名上校是他的父亲，我年轻的时候，曾在这位上校底下效力，当时，拉姆齐还未长大，很多时候我都会遇见他到夏特的兵营广场来。在战争开始的前三年，他辞去了参谋长的职务，因为他与本土舰队司令在意见上出现了分歧，他跟我商议过这件事。这一次，我与他交谈了很长的一段时间，随后，与多佛尔要塞司令一起去对那些防御工事进行查看，我们的这些防御工事，正在快速的改善之中。

在多佛尔以及伦敦，对于相关的情报，我都进行了细致的探究，可以说是每一天，这些情报所都对德国炮台的进展情况进行了报道。在 8 月份的时候，我就多佛尔炮击海峡对岸一事，发表了一系列的备忘录，从这些备忘录中就能看出，我十分希望能够在敌人的大炮还未及回击之前，将他们的一些重炮阵地炸毁。由于那种射程可达海峡对岸的最大的重型大炮，我们至少拥有三门，所以我坚信，在 8 月份的时候就能做到这一点。到了后来，我们已经无法与德军硬碰硬了，因为他们的力量实在太强大了。

首相致伊斯梅将军　　1940 年 8 月 3 日

1. 为了能应对德军新架设的炮台，应该尽快将我要求在多佛尔架设的 14 英寸口径大炮安装好。必须要等到所有大炮架设好了，才允许开炮。不过相关的射击方案，应该现在就开始起草了，同时，那些由强大战斗机队保护的落弹观测机，在这一次让人振奋的射击中，对它们可曾进行了什么部署，这一点我想要知道。另外，那两门架设在铁路炮架上的 13.5 英寸口径的大炮也应当准备就绪了，不管射程能否达标，都应当做好准备。应该将一些伪装的大炮架设在其他不同的地方，想办法让它们发出符合实际的光亮、浓烟以及尘埃。你们可以想出什么样的办法,请告知我。我想，现在应该已经在着手进行，将 13.5 英寸口径大炮架设在铁路支线的工作了。请将情况汇报给我。

2. 如今由于德国舰队向南转移，进入了基尔运河，另一种局面出现了。不久之前，为了在重型军舰的支援下越过狭窄的海峡进攻大陆本土，舰队总司令写了一份意见书，他在这里面也谈到了一种局面，但是现在出现的新局面不同于他谈到的那种局面。应该对海军部进行咨询，要是总司令打算提出更深一层次的建议的话，最好将敌人改变了安排这一点考虑上。

首相致海军大臣　　1940 年 8 月 8 日

非常迅速并且有效地就将在多佛尔架设 14 英寸口径的大炮的位置确定出来了，并且架设工作也已经完成，这让我觉得十分感动。那些帮助完成这项任务的人们,对于他们所做出的热诚的努力,我表示深深的嘉许，请你将我的意思转告给他们。

8月22日的时候，敌人的炮台打响了第一炮，他们对运输舰队进行了轰炸，但没有取得成效，后来，他们又轰炸多佛尔。我们在进行回击的时候,用的是那些已经完成安装的14英寸口径大炮其中的一门。从这时候开始，炮火对战就时有发生。在九月这个月份中，敌人对多佛尔发动了6次袭击，9月9日的那次是最为猛烈的，发射了超出150发的炮弹。运输船队受到的损失很小。

首相致海军大臣以及第一海务大臣　　　　　　1940年8月25日

要是你们提出的计划是用“艾里泊斯”号[①]对灰鼻角德军炮台进行轰击的话，那么我将感谢万分。让我十分开心的是，据说你们觉得这样是符合实际并且具有可行性的。这是与我们的需求最为符合的了。不管是任何理由，都不能让我们一直等待安置在铁路上的那些大炮。当然，要是他们已经安装完毕了，那就可以与那门14英寸口径的大炮，在黎明的时候一起发动攻势。那些炮台，我们必须要将它们摧毁。我认为，这个工作不用等到下个月“艾里泊斯”号开过来了才开始，你们觉得哪样的月光条件才是合适的？我希望知道你们的意见。

首相致伊斯梅将军以及参谋长委员会　　　　　1940年8月27日

敌人想要将多佛尔海角和海峡最狭窄之处，逐渐掌握在控制之中，这看起来是有一些道理的。如果要进攻英国，这就是一个必备的筹备过程。从现在开始，敌人会与我们的空军持续战斗，

---

① “艾里泊斯”号是第一次世界大战中使用的一艘舰只，它是一艘浅水炮舰，它配置了两门大炮，都是15英寸口径的。对它进行了再次的装备之后，就让它在8月份的时候，开往斯科帕湾去开展射击操演。因为在操演中发现缺陷，并且天气也比较恶劣，所以耽误了一些时间，一直等到了9月底，才驶到了多佛尔，所以，等到了 9月29日—30日的晚上，它才对加来展开轰炸。——原注

步兵各师的准备状态（只有部队装备，后备军不在内）

1940年9月17日（人员1940年8月31日）

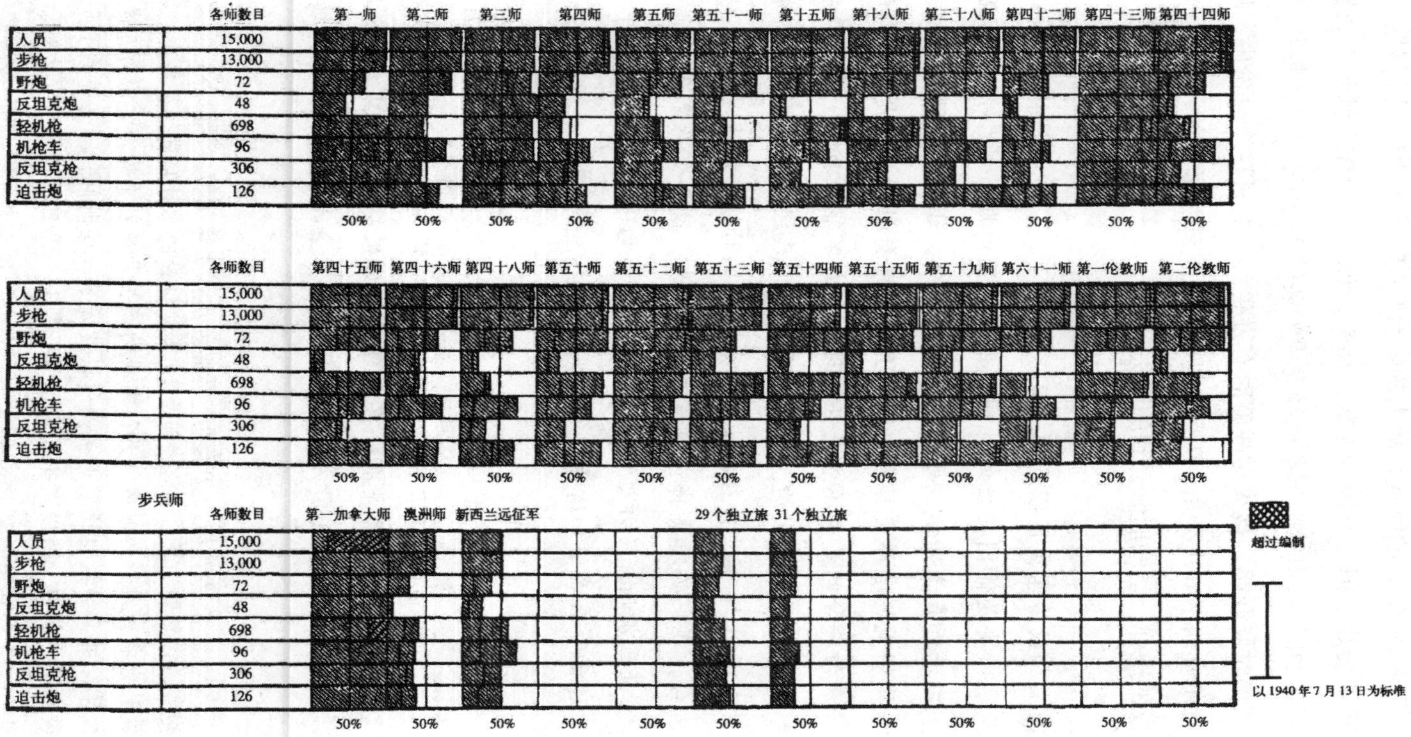

意图以多取胜，消耗光我们空军的军力。如此一来，就可以把我们的军舰从海峡的基地驱逐出去。我们预测，他们还会聚集大量的炮队在法国沿岸上。在用重炮保护多佛尔海角这一方面，我们正在开展何种部署？在两个半月之前，我曾提出，架设重炮。现在,有一门已经架设起来了。那两门在铁路上的大炮也快架设好了。如今，我们听说，因为装了过多的炸药，这些大炮不精准了。对于绝大多数的重炮，我们应该把它们的炮筒内部加厚，让口径变得较小，对炮筒的来复线进行加强，使至少能达到50英里的射程，如此一来,在对25或者30英里进行射击时,准确度就会比较高了。有关这件事，到了现在为什么还没有人提出建议给我，这一点我想不清楚。不管这些炮兵阵地会遭受到何种袭击，我们都必须坚持一点，那就是在多佛尔海角维持具有优势的炮兵阵地。我们必须力争用大炮掌控海峡，将敌人的炮塔摧毁，同时，对自己的炮台进行增强。

在另一封备忘录中，我曾经提出过要求，让“艾里泊斯”号进行一次让敌人难以意料的突袭。我认为，让这艘炮舰摧毁灰鼻角的炮台，应该是能够完成的。这艘炮舰是一艘装甲炮舰，能够对空袭进行抵抗。在这一方面，有没有进行过什么工作？它加入战斗的时间是什么时候？当然，应该让空军部来协助。战斗应当以进攻为主。在白天的时候，我们应该用飞机开展落弹观测。或许，最适合接受这项任务的，是“旋风”式战斗机第一中队，它们配备了“麦林”20型机枪。“艾里泊斯”号遭遇空袭，要是这样的情况一出现，我们的空军就应该马上提供有力的支持，同时，立刻对敌人的空军展开攻击。

请你们将自己的计划交给我。

首相致伊斯梅将军转参谋长委员会　　　　　　1940年8月30日

有关肯特海角防御一事，我曾提出过一个备忘录，另外，有一点我们必须要想到，那就是德国会在很多时间内架设大量极具威力的炮台在法国沿岸。理所当然的，德国的想法是利用大炮来对海峡进行控制。由于我们已经拥有一门14英寸口径的大炮以及两门架设在铁路上的13.5英寸口径的大炮，所以目前看来，我们的力量比他们强大。另外，还应当用最快的速度为驻扎在多佛尔的海军上将，提供大量最新式的6英寸或8英寸口径的大炮。“纽卡斯尔”号以及“格拉斯哥”号现在正在大修,海军部正商讨将“纽卡斯尔”号或者是“格拉斯哥”号的大炮拆下来用，这一点我很清楚。应该用从来没有过的速度，对其中的一两个转塔进行安装。请将在各方面的工作以及时间安排做成书面报告，交给我。现在，正在架设的是一门9.2英寸口径大炮，这是陆军演习用大炮，我们肯定还有一些12英寸口径的大炮架设在铁路炮架上。要是海峡不能为我们的舰只所用，那么敌人也别想用上。就算这些大炮的射程无法到达法国海岸，但是这些大炮的用处还是非常大的。

应当在可以阻挡敌人登陆的港口和地方，将我们的一些重型大炮架设起来，比如说18英寸口径的榴弹炮以及9.2英寸口径的大炮，并且，就像帝国总参谋长说的那样，对我们发动的反攻进行支持，发动这些反攻的目的是为了制止敌人建设桥头阵地。在上次战争中，我们保留下来了一些大炮，这批大炮绝大多数都闲置着没有投入使用，并且，进行了一整年的修葺。

有关援助反攻同时对敌人在泰晤士河南北两岸登陆进行阻挡，请就此草拟一份周详的方案交给我。有一些重型炮架设在了北边较远的地方，这些我已经看见了。

关于多佛尔与伦敦之间，以及哈利基与伦敦之间，真正切实的布防状况，我希望可以知道。目前，我们已经完成了沿岸的防卫工事，对于这一带防线，我们找不出任何理由不对它进行加强，这些防线与激励反攻的原则毫不冲突。

不过，怎么利用一门或者是两门新式的6英寸口径大炮对

35000码以内的一切德国船只进行轰炸，才是眼下最要紧的问题。与此同时，为了能从美国得到最少两门16英寸口径的海岸炮，我正为此努力着。这种大炮肯定是十分精准的，因为它能够达到45000码的射程，并且发射1.5万吨的炮弹，只需要装较少的炸药。曾经，美国陆军的斯特朗将军向我提到过这种大炮，说是获得的可能性很大。他觉得，美国陆军自己就能从一些复式炮台中分几门炮以及炮架出来，可以不用经过政府。

请将这种大炮的详细情况汇报给我。要在三个月之内将混凝土的基座建成，想来是很有希望的。我认为，需要同样长的时间，才能把这些大炮运输到这里来。我们只有为数极少的舰只，可以在甲板上装载这种大炮。

首相致伊斯梅将军以及第一海务大臣　　　　1940年8月31日

眼下，攻击法国炮台已经是迫在眉睫了。从昨天的照片上来看，事实上，那些大炮已经在规定的位置架设起来了，所以我认为，应该趁着那些大炮还不能够回击的时候，就轰击它们，这才是最明智的做法。敌人安装好的大炮，数量已经足够多了。所以我觉得，“艾里泊斯”号不能再拖延了，多耗一天时间，我们的任务难度就会更大一点。

现在最为紧迫的应该是摧毁敌人的炮台，并且制止其进行扩张，因为就炮台方面而言，我们的准备工作远远不及敌人。

我们海防的重炮力量，在9月上旬的时候，有以下一些：

战争前拥有的海防力量

两门9.2英寸口径大炮

六门6英寸口径大炮

近期增加的海防力量

一门 14 英寸口径大炮（海军）

两门 9.2 英寸口径大炮（铁路炮架）

两门 6 英寸口径大炮（海军）

两门 4 英寸口径大炮（海军）

另外，用不了多久，就要从旧战舰“埃恩公爵”号拆下 13.5 英寸口径的大炮两门，作为补充之用，将在铁路炮架上安装这两门大炮。此外，还有从“胡德”号上，也拆下了 5.5 英寸口径大炮四门。由皇家海军和海军陆战队操作和使用这些补充大炮中的绝大部分。

虽然，在数量上面，敌人超过了我们，不过要是我们按此行事，就能将强大的火力聚集起来。

另外，在第一次世界大战之后，我保存下来了一些大炮，有 18 英寸口径的榴弹炮一门，12 英寸口径的榴弹炮 12 门，这些大炮都架设好了，准备对敌人的登陆进行阻止。这些大炮全都是机动化的，所以，不管敌人选择何处进行登陆，都能给敌人当头一棒。

* * *

我们的心渐渐镇静了下来，并且对于开展长期的、艰苦卓绝的战斗，我们也越来越有信心，因为没有发生任何的灾难，七月份和八月份这两个月就过去了。随着时间推移，我们的力量正在不断壮大，对这一点我们深信不疑。全国人民都在尽心尽力地进行工作，在经过了一天的辛苦以及通宵劳作之后，他们去睡觉的时候，心里都非常的愉悦，越来越相信：我们拥有时间，我们肯定会取得胜利。现在，形式多样的防御工事布满了所有的海滩。全国各个地方都编成了防区。工厂生产了大批军火。到了 8 月末，我们拥有的新坦克，已经超过 250 辆了！美国“基于道义所付出的行动”，已经取得效果了。从早到晚，所有接受过训练的英国正规军以及本土防卫队，都在不断地进行操练，并且，期盼着与敌人对战。已经有超过100万的国民自卫军人了，他们在步枪不够的情况之下，就会赶紧将霰弹枪、猎枪或私人用的手枪拿起，或者说，要是没有枪支的话，他们就会将长矛和棍棒拿在手中。虽然，已经很慎重地逮捕并审问了为数很少的一些间谍，并且，对这些间谍也进行了审查，但是，第五纵队并不存在于不列颠。那些共产党人只有很少的人数，现在他们已经失去了踪迹。所有的人都奉献出了自己的全部。

在9月份的时候，里宾特洛甫去罗马进行访问，当时他对齐亚诺说："防御工事并没有修建在英国的国境上。想把它完全击溃，只要一个师的德国兵就足矣。"说出这样的话，只能显示出他的愚蠢。但是，我还是时常在思考：要是20万德国冲锋队真的登陆成功了，那将会变成何种情况？冷酷无情的大屠杀，在双方都会上演。对于对手，谁也不会抱有仁慈或者宽容。那些令人胆寒的政策他们肯定会采用，而我们也不打算抱有一丝仁慈。我准备将这样的口号喊出来："至少，我们还可以一对一硬拼。"甚至，我还想到，美国的态度，肯定会因为这样令人胆寒的状况而发生改变。不过，这些波澜不定的想法，一个也未曾变成现实。在遥远的北海以及英吉利海峡，忠诚勇敢的舰队正在灰暗的海面上遨游巡视，整夜不眠地关注着敌人。战斗机飞行员要么驾驶着飞机在空中翱翔，要么冷静地待在他们精良的飞机旁等待命令，只等一声令下，就可以马上起飞。这个时代，是一个让人忘却生死的时代。

第十四章　侵略问题

曾经对侵略问题进行的探究——全新的空军力量——6月18日，我在议会上作出的汇报——首次出现的传言——6月28日我提出的备忘录——7月10日，我就“侵略”问题作出的备忘录——机动后备队具有的重要作用——长达2000英里的英国海岸线——第一海务大臣的备忘录——这些地点敌人有可能进攻——在他所预算的保障安全所需兵力的基础之上，我再增加了一倍兵力——1940年8月5日我提出的备忘录——对于我军的布置我提出了建议——参谋长与我有相同的观点——我们将重心放在东海岸——德军准备向南海岸进攻——我们将阵线进行转移——我军的布置在八九两月的变化——敌人跨过北海发动攻击的危险还没有消除——七八两月的紧迫局势

从敦刻尔克进行了撤离，在这之后，特别是三周以后，法国政府宣布了投降，这时候我们能看出，英国人的内心都有这样的疑问出现了：我们这个岛会不会被希特勒侵略和征服呢，或者退一步说，他有没有能力做到这点呢？我并不是第一次遇到这样的问题。帝国国防委员会对这个问题的所有探讨，我身为海军大臣，在第一次世界大战之前，就有三年时间能参与进去。我代表整个海军部，我们一直主张，就算最低的限度，我们也应该从远征军的六个师中留下两个师，用来对本土进行保护，直到本土防卫队和其他战时部队具备了战斗力为止。

就像“猛将”威尔逊海军元帅[①]说的那样：“要是没有守门员，这场国际性的足球，海军就踢不了。”可是，第一次世界大战伊始，我们是这样的一种状况：我们所有的海军都行动起来了，英国的大舰队在海上，离敌人的老巢非常远，它们十分安全；眼下有什么意外、突发事件或者灾难，我们都看不见，我们自以为我们在海军部做出的工作，会远比嘴上说的更为杰出。1914年8月5日，阿斯奎斯先生在内阁会议室召开了阁员与高级军事当局的特殊会议，我在这次会议上，取得第一海务大臣，也就是巴吞贝格的路易亲王的完全赞同，在这之后，我就正式宣布：为了参加即将开始的大战，就算将所有正规部队马上调遣到法国去，仍然可以确认，海军仍然可以承担将敌人的入侵或者大规模进攻击退，保卫本土的工作。对我们而言，将这个军队调走都是没有问题的。在最开始的六个星期里，6个师全部都调离了。

对于海军的意义，要是有了正确的认识，那么海军所能发挥出的作用将是巨大的。那些大小不一的舰队，它们占据了优势，在它们面前，可以说不可能将陆军运过海峡。海军保护大不列颠的力量，由于蒸汽机的加入，而得到了大幅度的提升。在拿破仑时期，一阵风将他的平底船从布洛涅吹过了英吉利海峡，而我们用来进行封锁的那些舰队，也可能被这阵风吹走。不过，从那个时候开始，能从发生的那些事中很明显地看出，我们占据优势的海军力量，已经得到大幅度增加，完全能在运输途中就将敌人消灭了。现代化的设备会给军队带来种种麻烦，而对于他们的海上运输来说，每一种麻烦都将带来更大的不便以及困难。同样的，在他们登陆后，各种非常难解决的麻烦也会出现在后勤工作之中。在上一次，我们本土的命运陷入危难中的时候，我们牢牢握住了占据优势的海军力量，并且，在后来，证明了我们的海军力量十足。敌人与我们展开大规模海战的可能性为零。他们无法与我们的巡洋舰队

① 指亨利·梅特兰·威尔逊（1881—1964），别名巨人，在第二次世界大战中担任盟军地中海战区总司令。——译注

交战。与敌人相比较，我们的小舰队以及轻型舰只，多出了十倍。另外，天气，尤其是雾，带给我们的好处，我们在预测的时候也要包括进去。就算是天气不利于我们，而敌人居然在某一个地方或者某几个地方成功登陆了，可是，敌人还是无法解决如何维持交通线以及如何对占领据点进行供应等问题。第一次世界大战的情形就是如此。

可是到了现在，出现了空军。在侵略问题上，这个全新的极其重要的事物，会产生何种影响呢？要是敌人利用空军力量的优势，在多佛尔海峡两岸将狭窄的海面控制住，那么我们的小舰队所遭遇的损失将非常巨大，甚至于，这样的打击是致命的，这一点是显而易见的。在受德国轰炸机控制的海面，没有人愿意把巨型战舰以及大巡洋舰开进去，除非是遇到了最为糟糕的状况。实际上，在福斯湾以南或普利茅斯以东，我们并没有让自己的主力舰队停靠在那些地方，不过，我们的轻型战斗舰在哈利基、纳奥萨洲、多佛尔、朴次茅斯和波特兰沿岸的警戒巡视未曾间断过，并且，参与巡视的舰只数量也在持续增加。到了 9 月份的时候，已经有超过 800 艘的舰只在巡视了，敌人想要消灭它们，只有动用空军，并且消灭工作也不能一步到位。

可是，在空军这一方面，到底谁的力量更大？在法兰西的战争中，我们与德军对战的比例是一比二或者一比三，也给他们带来了相同比例的损失。我们在敦刻尔克只能用一比四或者一比五的比例来进行战斗，因为我们为了对陆军的撤离进行掩护必须要不断地进行巡逻，我们取得了很不错的结果，并且这个结果也对我们非常有好处。空军司令道丁上将准备在我们自己的领海以及没有掩蔽的海岸与州郡上，开展对我方有利的战斗时，使用一比七甚至一比八的比例来进行。对于德军的空军力量，我们是非常清楚的。据我们所知，从整体上而言，德国的空军力量在这一时期里，将非常集中的地点除外，其他的地方，与我们的力量形成的比例，大概是三比一。虽说，在与凶狠强大的德军抗战的时候，我们在数量上比不过他们，但是，我得出的论断是：我们在自己的领空上，在自己的国土上，在自己的领海上，可以将德国的空军击溃。要是事情真的照此发展，那么我们的海军就能继续对海洋进行控制，并将所有入侵的敌人消灭。

当然，还有第三种可能性存在。德国人向来以心思缜密、目光远大而闻名，那么他们会不会暗中筹备了一个庞大的舰队，这个舰队拥有特殊的登陆艇，不用港口或者码头，这些登陆艇就能在海滩随意的一个地方对坦克、大炮、摩托车进行卸载，并且，在以后还可以提供足够的后勤给登陆部队呢？早在1917年，我的脑海里就出现过这样的想法，这点我已经提到过了，而现在，由于是我在指导，就导致事实上已经按照这个想法来行动了。不过，德国能拥有这样的装备，我们找不到任何理由让自己相信这一点，但是，在对问题进行思考的时候，将最坏的情况也考虑进来，这才是最好的做法。曾经，我们花费了四年的时间，抓紧开展实验，并且，还从美国得到了非常多的物质支持，这一切，都是为了筹备出与诺曼底登陆规模相当的登陆装备。当然，眼下德国想要做到这种程度，他们所需要的人力以及物力都可以大幅度减少，不过，他们拥有的“瑟比尔”式渡轮，数量并不多。

所以，如果想要在1940年夏季或者秋季对英国发起攻击，德国就必须在局部地区拥有海军优势、空军优势以及大量的特殊登陆舰艇。可是现在，是我们拥有海军优势，也是我们在掌控制空权。最后，我们觉得，任何特殊的舰艇他们都没有建造或者设计出来，这一点从我们现在了解的情况来看，事实的确是这样的。我对于1940年德军进行侵略的问题的一些基本想法，就是上面所陈述的那些，以这些基本想法为起点，我逐日将命令以及指示发了出去。这些命令以及指示包含在了下面各章中。

*　　*　　*

我在6月18日的会议上，将总体的大纲很明了地表述了出来：

要是有 5000 或 10000 人的几股敌军在黑暗的夜晚或者大雾笼罩的清晨，趁机突然跨越海峡，在海岸的某些地点登陆，对我们进行攻击，海军从来没有说过自己能够阻止这些敌人。海军力量的效果，取决于侵略部队巨大的数量，这一点在现代条件下尤为显著。要是入侵的敌军，拥有庞大的数量，那么，我们的海军就可以觉察到，并迎面对他们进行打击，就可以一口咬住他们。有一点我们坚决不能遗忘，就拿 5 个师来举例，就算他们的装备再轻巧再便利，在运载的时候，还是需要 200 ～ 250 只船，并且，因为现在出现了现代化的飞机侦察以及飞机摄影的技术，所以组织和调遣这样一支队伍跨越海峡，要是缺少强大的护航队，这件事是非常难完成的；就算退一步来说，可能远在到达海岸之前，这样的一支队伍就会遇到阻截，全部人员都会在大海上送命，或者，最为糟糕的情况是，在准备登陆的时候，跟他们的装备一起，全都被攻击得支离破碎。

* * *

有很多人早在 6 月底的时候，就进行了报告，他们说，敌人将英吉利海峡包含在他们作战方案内的可能性很大，所以，我马上下达命令，进行侦查。

首相致伊斯梅将军　　　　1940 年 6 月 27 日

敌人可以在我们不知不觉的情况之下，将规模宏大的运输舰队开到海峡的各个港口，或者说，我们现在为了能让我海军半途对敌人的运输舰队截击，使用了扫雷艇扫清出一条航道，而敌人会使用某种部署水雷的办法来阻止我们，这样的事真的让人难以相信。不过，对于这样的传言，仍然要督促参谋长委员会多加留心。

在当时看来，穿过海峡进行侵略几乎没有多大可能，不过，不管怎么样，对于这种可能，我们都要进行非常严谨的探究。对于我们的军事布置，我并不是十分的满意。让军队明白他们到底担负着什么样的任务，是我们必须做到的，特别是，在那些受到威胁的海岸，不应该将固有的兵力分散布置，造成资源的浪费，或者，在整个海岸线上将重兵不恰当地进行部署，从而将国家的资源浪费了。所以，我写了如下一些电报：

* * *

首相致伊斯梅将军　　1940 年 6 月 28 日

首相给参谋长委员会的备忘录

1. 三军参谋长送来了一份文件，随后，参谋长委员会也送来了文件，请对这两份文件进行参阅。

2. 有些海滩可能遭遇袭击，对于这些海滩用牢固的防御工事进行封锁，同时采取安全手段保护东海岸的大小港口，这应该是一个妥当的办法。相对而言，南海岸受到的直接威胁没有那么大。要是港口以及码头等设施都没有的话，敌人就不可能进行大规模的进攻。我们海军万一败北，那么将在东海岸的哪个地缝跟敌人交锋，谁也不清楚。有一些地方可能会被占领。只要这样的情况发生了，那么就跟马其诺防线的部队一样，沿岸战线的其他地方的部队也会失去作用。虽然，在海滨作战对防守这方面很有好处，但是为了取得这种好处，付出的代价是对所有的海滨进行防守，这显然是行不通的。对于地点而言，一定要有选择性地进行设防，不过，要是时间充足的话，可以扩大并改善设防的区域。

3. 在需要进行设防的海岸，想尽一切办法安排一些固定的部队，同时将经验丰富的上次大战中的军官配过去。毕竟我们是不是拥有大量的“猎豹”旅团，决定了国家的安全，这种“猎豹”旅团能在很短的时间内，也就是四小时内开进被占领地点，目前，这样的旅团我们只有9个，不过用不了多久就会增加到15个。就算侵略军到达了海滩，妄想登陆也不是件容易的事；我们海、陆、空三军，会对他们进行猛烈夹击，在这种情况下要运输给养给侵略军就是难上加难了。所以，对那些躲过了海上的阻截而成功登陆的部队，能不能既迅速又果断地进行斗争，这才是所有事情的关键所在。我们当然有办法对付这些事，但是前提是，在海滩防御战中野战部队不能将力量耗光，它必须保持住高度的机动性，进行躲避，一旦发现情况，立刻能够行动。

4. 如果非常的不幸，某一个港口被敌人攻占了，那么我们在对付这样的情况时，就必须使用一支配有炮兵的规模较大的部队。虽然这样不幸的事发生的可能性极小，但为了能对付这样的情况，还是应当留下4～5个优良的师当作总的后备部队。敌人登陆的规模，我们预测不会多于10 000人，就算在哪个地方一起登陆，那么一共也就是30 000人。关于空军着陆的规模，估计最多有15 000人，在2～3个地点一起降落。敌人并不具备这样的实力，可以时常进行这种空降。空运部队在白天登陆的话，就非常容易被我们的空军歼灭，那么它能不能在晚上强行登陆呢？这一点也难以确定。

5. 与上述情况相比，坦克方面的情况有所不同，有一种非常适合的方案，那就是在某些地点安置大炮以及障碍物，以此将坦克登陆的地点减少。可能会用来装运坦克的驳船或者平底船，它们的体积、特性、速度以及这些船是自身带有发动机还是由其他船来牵引，对于这些情况，海军部应当要进行报告。这样的船在夏天一出动就会被察觉，就算是有雾，甚至是大雾，在它们距离海岸还有几小时的时候无线电测向站就能够发出警报，因为这些船只的时速很难达到7英里以上。对于这些船只，从隐秘的港口开出的驱逐舰必须要给它们迎头痛击。对于阻挡物的部署，各地的固定部队应当要持续加强，建立反坦克小队。对于敌人残留下来的坦克，我们自己的坦克后备队必须要对它们进行攻击，并且，可以肯定的是，坦克后备队所驻扎的地方，应该可以利用铁路快速开到受攻击的地方。

6. 有可能入侵进来的是敌人的伞兵，第五纵队以及摩托车队，或者是，伪装后出现在一些难以预料的地方，对于应对这样的情况，可以让我们的国民自卫军在特种兵分队的帮助下进行。一定要多加留心敌人的诡计：他们可能会穿上英国军装。

7. 总而言之，对于总司令的方案，我十分赞同，不过，应该从海滩上将野战部队尽量调遣来，将它们编入“猎豹”旅团，还有其他一些能够马上行动的机动部队中。总后备队应该是重点注意的对象。海滩难以决定战争的成功或者失败，机动队以及总后备队才能决定成功与否。由于长时间的空战以及飞机的供应都被摧毁，空军就会失去战斗力，在这个时候，对于反抗规模宏大的入侵，海军的力量仍然能发挥至关重要的作用。

8. 只有在现在夏季的这几个月中，上述的建议才适用。在秋季来临之前，我们肯定能得到更优良的装备，我们的力量也会壮大。

7月份里，对于这个问题的讨论，不管是在英国政府内部还是在普通的公众里，都越来越多了，我心里的忧虑也越来越强烈。一直以来我们都未中断过侦查，并且用上了空中摄影，即使是这样，在波罗的海或莱茵河或斯卡尔特河各港口，任何大批船舶集结的迹象，我们都没有发现，并且，运输舰只或者是装有发动机的驳船，从多佛尔海峡驶向英吉利海峡的情形，我们也确实没有发现。不过，对于我们所有人来说，我们最为主要的责任就是，做好一切准备以抵抗侵略。有关这个问题，我们的军事当局和本土部队司令部都在集中精力思考着。

有关侵略问题

首相备忘录

首相致本土部队总司令、帝国总参谋长以及伊斯梅将军

1940 年 7 月 10 日

1. 在运送军队沿着我们的海岸线入侵时，使用小型舰只甚至是用小船来运输，在我看来，实在是不可想象的。这类型船只大量聚集的确切征兆我还没有见到，并且，将跨越最狭窄的海面除开，我们有众多的武装巡逻舰队，在这种火力之下，冒险将大量的军队送到海上去，这是非常莽撞的一种行为，甚至可以说这无异于自杀。海军部的武装巡逻舰艇数量有 1000 多，其中时常去海上巡视的有两三百艘，舰艇上的船员都具有非常丰富的经验，想要穿过海峡而不被我们察觉是不可能的，在北海较为开阔的地方，侵略军的一段航程是在白天，所以歼灭他们会更容易。还有驱逐舰队跟随在这些巡逻舰只的后面，现在在亨博河和朴次茅斯之间就安排了 40 艘驱逐舰，在最狭窄海面上的占多数。多数舰艇都是晚上巡逻白天休息。所以，在晚上，它们可能会遇到运送敌军的敌方舰只，可是，在三小时内赶到敌人在海岸登陆的任何一个地点或者是几个地点，也是很可能的。他们能够立刻摧毁登陆艇，将登陆的部队阻截，并且，轰炸已经登陆的敌军部队，这些敌军部队的装备再怎么轻巧便利，都必须将它们从舰艇上搬运到海滩上。不过，要是我们的舰队采用了阻截行动，在这种时候，过了破晓，就需要我们的战斗机提供强有力的援助了。我们的驱逐舰只需要对登陆部队进行激烈的阻截，对于这些驱逐舰来说，在破晓后利用战斗机对它们进行掩护，是十分重要的。

2. 向本土舰队总司令提出的问题，他在得到内阁的授意之

后，给出了回答，你们应当参阅这个回答，向他提出的问题是：要是敌人在护送入侵部队时，使用的是重型军舰，这该如何是好？他作出的回答是：现在，根据我们所知道的情况来看，将那艘停靠在特隆赫姆的军舰[①]除外，他们所有的巨型战舰都在大修之中，至于特隆赫姆港的军舰，我们占据绝大优势的舰队正紧密地监视着它。13日到16日，这几天内，在“纳尔逊”号和“巴勒姆”号再次装备完成之后，两支英国巨型舰队很可能就要成立了，这两支舰队，每一支的火力都十分强大。所以，北面爆发战争的危险就能得到抑制，并且，还能对特隆赫姆港军舰向南发起的进攻进行快速的迎击。另外，还有非常强大的巡洋舰力量在泰晤士河和亨博河，这些巡洋舰再联合小的舰队，想要对付任何敌人用来对登陆进行掩护的轻型巡洋舰都足够了。所以我觉得，敌人很难将大量装备完善的军队运上英国的东海岸，不管是大批的部队，还是在渡海之后分散成小分队登陆，难度都不会有所降低。要是敌人打算使用大型舰只从北边运输军队开始攻击，难度系数将会更大。或许能这样说：将波罗的海各个港口除外，现在，任何敌人将各种船舰聚集的迹象都没有出现，已经到了让人担忧的地步了。依靠着在空中进行持续的侦查以及潜水艇的持续巡视，警报应该能及时发出，同时，对于敌人来说，我们的布雷区也增加了一层阻碍。

3. 南海岸遭遇敌人袭击的可能性更加小。并没有大量的船只聚集在法国的各个港口，而小的船只也为数不多，这一点我们都清楚。正在对多佛尔的大炮网进行增强，并且，将要扩张到法国海岸。这一举措，有着极为重要的关系，对于这项工作，已经下令让海军部持续地快速进行督促。他们觉得，重要的船只、军舰

---

① 实际上，鱼雷击中了停靠在特隆赫姆的两艘军舰，“沙恩霍斯特”号和“歌奈森诺”号，它们已经不能行动。——原注

或军队运输舰都没有从多佛尔海峡穿过。所以，要是说现在南岸正处在一种极度危险的境况之下，我是很难相信的。当然，或许敌人会在布雷斯特发动规模很小的战争去攻打爱尔兰，不过，在入侵部队跨越海峡的时候还是非常不安全的。

4. 荷兰以及德国的港口，是主要危险的来源地，多佛尔至瓦什这一区域的海岸，是他们攻打的主要目标。这个危险区域，伴随着夜间时间增长，而慢慢向着北方扩展，不过，到了这个时期，天气状况会变得越来越不利，想要实施“渔船攻入”的方案就更加困难了。另外，在双方交战的时候，敌人很可能难以调动空军来进行帮助，因为天空中的云彩太多了。

5. 所以，为了能开展最高形式的攻势作战和反攻的训练，我建议你们以上述推断为基础，可以从海岸上将大多数编好的师调遣回来，让它们成为援助部队或者是后备部队，当然，以上的推断应该与海军部核实一下。至于海岸一带的地方，可以慢慢交给正规军以外的部队以及国民自卫军负责，因为这一带已经做好了防御工作。从原则上来看，我认为你们会赞同这样的观点的，接防时的速度，可能会是唯一的问题所在吧。使用最快的速度开展，我希望在这一点上，我们彼此都能赞同。

6. 空运部队的攻击问题，在这个备忘录里没有提及，不过，它的论断并不会因此有所改变。

* * *

有一点应该要说一下，那就是我跟我的顾问，我们都觉得与南海岸相比，在七月八月这两个月中，东海岸更有可能遭遇攻击。实际上，两边的海岸，在这两个月中都没有遭遇攻击。下面很快就会说到，利用 4000 ~ 5000 吨的中型战舰以及小型的船只跨过英吉利海峡进行侵略，这才是德国的策略；到了现在，我们才明白过来，他们压根儿就不打算从波罗的海和北海各港口用大型运输舰运送大批军队，他们也不抱这样的希望；从比斯开湾各港口展开进攻的方案，他们更是从未有过。不过这并不代表，在把南岸选作进攻目标这一方面，他们的想法是正确的，而我们的想法是错误的。要是在侵略东海岸这方面，敌人能有办法在这方面下手的话，那么将更为恐怖。当然，想要入侵南海岸，只有等到那些必备的船只由多佛尔海峡开向南边，并且在法国港口汇集才行，否则的话，根本不可能做到。在7月份的时候，这种行动的任何一点迹象都没有显露出来。

但是，为了以防万一，我们也必须有所准备，同时，要注意不能将我们机动部队的兵力分散了，并且要将后备军聚集起来。只有将每一个星期的消息以及时局关联起来，才能解决这个致命而又棘手的问题。大不列颠的海岸线参差不齐，不计其数的海湾遍布其上，将爱尔兰排除在外，周围也长达2000多英里。这个周长是如此的大，在它的任意一个或者几个地方，都有可能相继遭到攻击，只有一个办法阻截敌人，那就是顺着海岸线或者边境组建监视线以及防线；与此同时，为了能在最短的时间里到达被攻击的地点，发动激烈的反攻，应当竭尽全力成立巨大的、接受过高度训练的机动部队，让他们作为后备部队，进行合适的部署。在战争的最后时期，希特勒察觉自己被包围了，我们可以看到，当他在面临这样的一个难题时，他在解决的时候，犯下了一个十分严重的错误。他建立了一个交通系统，这个系统类似于蜘蛛网，可是，他却将蜘蛛遗忘了。法国之所以会受到毁火性的打击，正是由于它们进行了不恰当的部署，对于我们来说，这好像就发生在昨天一样，出于前车之鉴，我们才没有将“规模宏大的运动战”遗忘了。在我们日渐增加的资源所允许的限度内，对这一方针，我竭尽全力地去推进它。

7月10日，我发出了一份文件，在这份文件中，我表达了自己的看法，这些观点与海军部的观点大致相同；庞德海军上将在两天后，将一份根据这个文件草拟的意见书送了过来，这份意见书内容十分完整，思维也是非常的缜密。在意见书中，对我们会遇到的各种危险进行了重点谈论，这是自然而然并且十分恰当的。

可是在总结的时候，庞德海军上将说：“有一点似乎是具有可能性的，那就是一批敌军，人数大约在 10 万，他们没有遇到海军的阻截就到达了我们的海岸。……不过，德国想要对他们的供应线进行维持，就必须让德国的空军将我们的空军和海军同时击败，不然的话，根本无法维持供应线。……要是敌人的登陆真的展开了，那么他们肯定想快速攻打伦敦，他们会在自己经过的地方，就地搜刮供应物资，并且逼迫英国政府投降。”最高数字 10 万人为限，第一海务大臣分别按照敌军出发的港口以及可能攻击我方的海岸进行列表：

自比斯开湾港口起到南海岸	20 000
自海峡港口起到南海岸	5 000
自荷兰和比利时港口起到东海岸	12 000
自德国港口起到东海岸	50 000
自挪威港口起到谢特兰群岛、冰岛和苏格兰海岸	10 000
	97 000

我非常满意这项预测。就算敌人在 7 月的时候入侵，我们快速改善的陆军也能对付他们，因为敌人不能将重武器带上，并且，用不了多久时间，所有据点的供应线都会被截断。所以，我交给参谋长委员会和本土部队司令部两份文件，内容如下：

首相提出的备忘录

对于这些文件，参谋长委员会以及本土部队司令部应该要进行探究。在进行工作时，可以让第一海务大臣的那个备忘录作为一个基础，同时，就我个人而言，虽然相信与海军所说的相比较，他们的实际行动会做得更好，并且在运输途中，入侵部队遭遇的损失会导致他们进攻的规模进一步减小，不过，我们也应该将地面的准备工作做到稳操胜券的地步才行。当然，从地面部队这方面来看，应该将攻击的规模再提升一倍，也就是说用20万人，来依照第一海务大臣所制定的比例进行安排。去应对这样的侵略，我们的本土部队已经有了足够的力量了，并且，它的力量还在快速地壮大着。

要是以此为前提，对我们迎击敌人的登陆计划再次进行审视，而让内阁明白作出的改进是哪些，我会感到十分开心。虽然说严重袭击出现在北部的可能性比较大，可是南部地区也必须采取最高警戒手段，因为伦敦具有着最为重要的地位，并且这一带海面非常狭窄，这一点一定要牢牢记在心里。

这项规定得到了大家一致认同，我们在随后的几周里就遵照这项规定开展工作。我们发出了一些指令，对我们的主力舰队在狭窄的海面上应该采用的行动进行指示，我非常赞同这些指令。跟海军总司令福布斯海军上将在7月20日深入研究之后，经由海军部，将以下决定公布出去：

(1) 在我们的重型军舰还没有获得发现敌方重型军舰的报告之前，海军部的头领并不想让我们的重型舰队开到南部去，将在我们海岸进行登陆的敌军击溃。

(2) 如果为了支援登陆部队，敌人的重型军舰甘愿冒险，从北海的南边向我们的海岸进攻的话，那么我们的重型军舰也愿意冒这个险，开到南边去迎击敌人。

为了防止我军兵力被不适当地分散，我们要对敌人进攻我方连绵海岸线的各种可能以及规模大小预测出更为确切的论断，为了这个目的，8月初的时候，我又送了一份备忘录给参谋长委员会。

关于入侵的防守问题

首相兼国防大臣提出的备忘录

1940年8月5日

打算在大不列颠的所有海岸线上设置防御工事，对作战力来说，这一点将带来非常大的损耗以及各种不利，不恰当地采用消极防护体系会带来危险。考虑到这一点，我提出了如下一些建议，希望对此进行考虑：

1. 将敌人的港口当作抵御入侵的第一道防线，我们应该始终坚持这一点。我们在利用空中侦察、潜水艇监视以及其他方法得到情报之后，就应该将所有可以利用的适当的兵力，用来对敌人聚集的舰只进行坚决的攻击。

2. 周密的海上巡视，是我们的第二道防线，以对敌人的部队进行阻截，并且，在运输途中将他们歼灭。

3. 在敌人接近陆地，尤其是在他们进行登陆的时候，对他们发动反攻，这是我们的第三道防线。必须事先在海上就部署好这种反攻行动，一定要让空军提供支援；为了让入侵者无法对占有点提供供给，海军以及空军的反攻应该持续不断地开展。

4. 像上述一样，为能给海军以及空军提供合适的攻击目标，并且让空中或其他形式的侦察能够打探到敌人的准备和行动，就要设立地面防御队以及本土部队，为的就是让大量的敌人来到这里。

5. 不过，要是在不同非登陆地点敌人成功登陆了，那么，当地海滩上的抵御，应该在上面说到的我方海空两军的协助之下，尽最大可能给予敌人重击。如此一来，就会让敌人不得不用光弹药，并且还能在一个有限的区域内钳制住他们。衡量任意一段海岸能不能够进行防御的标准，是看将机动部队调到登陆地点进行强有力的反攻，这一行动能在几个小时之内完成，而不是看海岸上有多少兵力。在敌人最弱的时候，我们必须趁机用最快的速度以及最大的力量向敌人发起猛烈的进攻；这里所说的敌人最弱的时候，是敌人已爬上岸、交通被阻断、供应耗完的时候，而不是像有些人说的是敌人下船的时候。一定要在六个小时以内聚集10 000名装备完善的士兵，在12个小时内能聚集20 000名，进攻任意一个敌人建立的强大据点。在还没有明确判断出攻击的真正重点之前，本土部队司令部应该仔细思考的一个问题是怎样对后备队进行把握。

6. 空军以及海军从瓦什到多佛尔一带，也就是海峡地区对入侵进行抵抗，这个任务确实比较艰巨，这一点不能否认。敌人最大的攻击目标是伦敦，而这一扇形海岸线地段的防线也与伦敦最为靠近。由于海军以及空军已经确认大量的舰只难以进入法国海峡的港口，那么作为掩护用的战舰就更不用说了，所以，从多佛尔到赖茨思德角这一扇形地段只会受到较小的威胁。现在，海军部进行了预测，根据该预测，在这条广阔的前线上，最大的进攻规模也就是5000人了。①为了在进行反攻时能利用占优势的人数，并且还可以在南部的扇形地带将大量的兵力节约下来，为了进一步保障安全，将兵力增加一倍，就可以当作一种恰当的布置。应该尽量减少这一地带的海岸部队，而尽量增加机动后备部队。这些机动部队在接到命令后，一定要能够立刻开到东南扇形地带。当然，我们只能逐周地去推算情况。

---

① 在此处，从遥远的比斯开湾各个港口可能开来的2万人我还没有说到；不过，就跟大家即将看到的一样，要对付这一潜在的危险（现在我们才清楚，这样的危险并不存在），我所提议的我军的这种安排，已经足够了。——原注

7. 当说到大不列颠西岸的时候，我们就要遵照一系列全新的状况来行事了。宽阔的海面是敌人的必经之路，一旦敌人靠近海岸的举动被我们侦察到，我们就有足够的时间用巡洋舰和小型舰队对他们展开攻击。海军部的安排一点要满足这个需求。现在，敌人没有护送军队的战舰。举个例子，我们在面对占据优势的空军以及海军的时候，难道会调遣 12 000 人搭乘没有护航的商船前往挪威海岸或斯卡格拉克海峡和卡特加特海峡登陆吗？做出这样的举动，别人肯定会以为我们疯了。

8. 可是，为了保证布里斯托海峡和爱尔兰海不会受到来自南面的攻击，从康沃尔到爱尔兰安插强大水雷区的方案，海军部仍然应该继续实施，这样才能达到三重保险。在这一地区特别需要进行布雷，因为自从我们的商船从北方航线绕道开始，我们将西（南）面的航道的大量舰只调派走了，西南面因此更为薄弱，防护更为稀少。

9. 这一地区与康沃尔接触点以北的所有地方的防御问题，都会因为这一布雷区的插入而变得简单，并得以缓解。最难受到来自海上的袭击的，就是从康沃尔到康得尔岬这一扇形地带，这一点我们一定要看到。有关这里的防御工事，只需要用几门大炮以及陆上水雷发射管对主要的港口进行防守，并且将少量的防御兵力安排在港口的出入口①就可以了。将我们原本有限的人力以及物力在这一扇形地带浪费了，是绝对不行的。

10. 主力舰队的活动范围，囊括了从康得尔岬以北到斯科帕湾、谢特兰群岛和法罗群岛。将入侵部队从挪威海岸运送，敌人需要冒非常大的风险，并且，就算抵达了科洛姆提河口，也难以马上带来严重的问题。现在正在隐藏着的敌人，到了那时候就会到处窜来窜去。敌人会遭遇各种各样的困难，走的那些地方都是

① 也就是指后面的出入口。——原注

人迹罕至的地方。在调遣来足够的部队给予敌人迎头一棒，并马上将他们的海上交通线截断之前，我们有足够的能力将敌人牵制住。这样一来，他们离任意一个重要目的地的路程会更加远，并且，还需要大批的车辆进行运输，如此敌人就会陷入一个更为困难的境地了。我们无法在这个扇形地带坚守全部的登陆地点，结果很有可能是白忙一场。与从伦敦对面的东南海岸入侵进行比较，我们准备反击的时间会更充足。

11. 第二个非常重要的扇形地带是从科洛姆提河口到瓦什，它的地位仅次于从瓦什到多佛尔。不过，这里的所有港口和海湾都有海上的以及后方的防御，并且可以在24小时内用占据优势的兵力进行反击。由于入侵部队也就是大规模的突袭部队，能够在短时间内在太恩河造成极大破坏，而在提兹河的破坏程度则更加严重，所以一定要把太恩河当作第二重要的攻击目标，其地位仅次于伦敦。另外，与南边进行比较，海上以及空中的条件都比较有利于我们。

12. 对全部这些扇形地带，联合参谋部应该要确定其劣势以及防守的相对比例，确定出在海滩和海港进行局部防护的人数，还有在几天或者几小时之内，大规模的反攻可以开展起来。对攻击以及防御的相对比例，我提出了一些观点，具体如下，请多加考虑：

科洛姆提河口到瓦什（包括瓦什在内）①……………………3

瓦什到多佛尔海角……………………………………………5

多佛尔海角到赖茨恩德角，并绕到开始布雷的区域………1.5

从开始布雷的区域到康得尔岬 ……………………………1.25

康得尔岬往北到科洛姆提河口………………………………0.5

① 这些数字当然不是代表几个师，而是代表比例数。——原注

对于我们的所有情报，参谋长委员会再次进行了审查，之后让这个委员会的秘书霍勒斯上校做了一份报告，作为对我的备忘录的回答。

有关入侵的防御问题

首相　　　　　　　　　　　　　　　　　　　　　　1940 年 8 月 13 日

1. 在询问了本土部队总司令的看法之后，参谋长委员会在 8 月 5 号的时候就你的备忘录进行了探讨，对于你在 1 至 5 段所论述的观点，我们一致赞同。

2. 本土部队总司令再三对我们阐明：全部官兵都觉得，要是敌人暂时在海岸上得到立足点，则一定要立刻向敌人发动反攻，这一点是至关重要的。因此，他们将使用如下的一些措施：各个师一旦训练完成，并且装备充足，可以发动攻势作战的时候，就立刻将他们调遣回来当作后备军。

3. 对于沿岸各扇形地带的劣势以及来自海上的攻击，你进行了估算，得出一个相对的比例，参谋长委员会对此也非常赞同。现在，本土部队各个师的部署情况与你在第 12 段里列出的数字非常接近，这点确实值得关注。具体部署情况如下：

4. 在理论上，你所提出的防卫比例如下：

科洛姆提河口到瓦什……………………………………3

瓦什到多佛尔……………………………………………5

多佛尔到北康沃尔……………………………………1.5

北康沃尔到康得尔岬…………………………………0.25

康得尔岬到科洛姆提河口……………………………0.5

共计…………………………………………10.25

5. 要是将一支拥有 10 个师的兵力根据以上方案来部署的话，那么在福斯—瓦什扇形地带就能部署 3 个师，在瓦什—多佛尔扇形地带部署5个师等等，实际上，有26个师在本土，并且，要是将你估算出来的数字乘上26，然后再与这26个师真正的部署情况进行一番比较，就能得到以下的结论：

扇形地带	按首相所估计的易受入侵点分配	实际分配的师数
科洛姆提河口—瓦什	7.5	8.5
瓦什—多佛尔	12.5	7—10
多佛尔—北康沃尔	4.25	5—8
北康沃尔—康得尔岬	0.5	2
康得尔岬—科洛姆提河口	1.25	0.5

6. 与粗看之下相比较，这两组数据的共同点会更加相近，瓦什—多佛尔扇形地带以及多佛尔—朴次茅斯扇形地带，这两个扇形地带的“可使用”师的数目是能够随时变更的，因为驻扎在紧邻伦敦北面和西北面的后备师，不仅可以部署在瓦什—多佛尔扇形地带，还可以部署在多佛尔—朴次茅斯扇形地带。共有15个师可以提供给联合扇形地带使用，而按照你的要求来看，你所需要的师是16.75个。

7. 参谋长委员会提出了一点，你是根据来自海上的袭击的规模来估算数字的，可是，真正的部署情况却应将来自空中的袭击也计算在里面。正是由于我们在南方的防御部队可能被敌人战斗机组成的“幕布”包围起来，敌军就可以选择相对来说比较狭窄的海峡发动突袭，所以现在南方沿岸的防御好像有些超出了实际的需求。

* * *

我们正对这些文件进行审核、准备付印，情况却在这时开始出现了大的变化。希特勒已经下达最后命令，实施“海狮”作战计划，并且已经在积极筹备之中了，我们杰出的情报机构证实了这一点。如此看来，他是要闯一次了。而且，他攻击的战线完全不同于东部海岸，也就是说他的战线根本不在东海岸之内，可是，对于将重心放在东部海岸，参谋长委员会、海军部还有我，仍旧是一致赞同。

可是随后，情况急剧转变。夜间有大量的自动推进的驳船和摩托艇开始跨越多佛尔海峡，顺着法国海岸悄悄挪动，并且慢慢在加来到布雷斯特一带法国海岸的各个港口上聚集起来。这一举动，已经被我们每天进行的空中摄影明白无误地证实了。要重新在靠近法国海岸的海面安置水雷区，已经是不可能的事了。我们马上开始使用自己的小型舰只对那些运送部队的船只进行攻击，对于这一系列新发现的开战入侵的港口，轰炸机中队集中起来对它们进行轰炸。与此同时，我们还获得了很多的情报，这些情报显示，德国军队会有一个或者几个军，正顺着这段地方海岸聚集，准备进行攻击。情报还显示，敌军的铁路运输也是十分的忙碌，并且有大批军队聚集在加来海峡和诺曼底。后来，根据报告得知，有两个山地作战师配备了骡子，它们在布洛涅附近，很显然，它们想要从福克斯通悬崖翻越过去。而在这时，大量的威力巨大的远程大炮也出现在了法国的海峡沿岸。

我们开始将自己的重担从一条腿上转移到了另外一条腿上，为的就是对付这种新出现的威胁，并且，为了将我们逐渐强大起来的机动后备队调遣到南边的防线去，我们将所有的运输条件都改善了。大概是在8月份的第一个周末，布鲁克将军那时正担任本土部队的总司令，他指出，就跟东部海岸受到敌人入侵的威胁一样，南部海岸受到的威胁也在变大。随着时间的流逝，我军的人数、效率、机动性以及装备也在增加。

8、9月的时候，我军的分布情况有如下变动：

8 月	9 月
瓦什—泰晤士河…………7 个师	4 个师加一个装甲旅
南部海岸…………5 个师	9 个师加 2 个装甲旅
可投入任何一个扇形地带的后备队…………3 个师	3 个师加 2 个装甲师，再加伦敦区的一个师（等同于一个师）
可供南部海岸使用的师共计…………8 个师	13 个师加 3 个装甲师

所以，到了 9 月下旬，我们可以投入到包括多佛尔在内的南部海岸防线的兵力已经达到 16 个精锐师了，在这 16 个师里，有 3 个装甲师，或许可以与 3 个师的装甲旅等同，这些师全部都可以为沿岸防御部队提供补偿，能够快速加入战斗，对任意一处登陆入侵的敌人进行攻击。如此，我们就可以把敌人狠揍一顿，布鲁克将军已经准备就绪，在必要的时候就给敌人当头一棒，他比任何人都擅长于此道。

* * *

我们在这段时间里对此仍然忧心忡忡：会不会有大量的拥有小型或中型舰只的敌军潜伏在从加来到特斯赫林和赫里格兰的那些海湾和河口，以及荷兰和德国沿海的大群岛屿上，也就是上次战争中的“沙地谜题”上。好像从哈利基向右到达朴次茅斯、波特兰，甚至于可能到达普利茅斯这一带以肯特角为中心的地方，立刻就要遭到攻击了。敌人不会为了与其他的浪潮相配合，而从波罗的海利用大型舰只穿越斯卡格拉克海峡，掀起第三次入侵的浪潮，我们只有一些反面的证据来证明这一点。因为想要把重型武器运送给已经登陆的部队、或停泊于东部海滩附近的补给船上以及在补给船附近建立大供应站，除了这一个方法就再也没有别的办法了，所以这一点对于德军能不能得到胜利来说，有着举足轻重的作用。

现在，我们进入了一个十分紧张、必须保持高度警惕的阶段。在这个阶段里，我们肯定会有重兵把守在从瓦什往北一直到科洛姆提河口；而且还作出了部署，要是敌人强行从南边攻入，那么就将这里的兵力抽点出来。在这个岛上，我们的铁路情况十分复杂，而且本土的领空也仍旧由我们掌控，因为有了这些条件，便使我们有十足的信心，在敌人的部队完全显露出来之后，要是在第四天、第五天以及第六天有需要的话，为了支援南部防线，我们还可以抽出来 4 个或者 5 个师。

对于月光以及潮汐，我们曾经进行了详细的探索。我们估计，敌人也许会在晚上的时候进行渡海行动，而在破晓的时候登陆；现在我们已经知道了，德国陆军统帅部也正是这样计划的。为了维持秩序并且能够精准地靠近陆地，他们还盼望在渡海的过程中能够有较为明亮的月光。在对这所有的事情进行了精准的权衡之后，海军部觉得，9 月 15 至 30 日之间，是对敌人最为有利的时机。现在我们能看到，我们的敌人在这一点上与我们有着相同的观点。在多佛尔海角，或者在多佛尔到朴次茅斯这段海岸甚至是在波特兰登陆的任何入侵部队，我们都有足够的实力去歼灭他们，对于这一点我们深信不疑。在我们的最高指挥机关充分统一了思想之后，对于逐渐明朗的前景，我们不禁感到欣慰。这也许是一次绝佳的机会，可以对强大的敌人进行打击，震撼整个世界。那些展现在我们眼前的希特勒进攻的氛围和征兆，也同样让我们的内心不禁愤怒起来。确实，对于有些单纯从技术的观点出发的人，他们真想让他来闯一下，看看他跨海远征，全部被消灭以后，对于整个战争局势会带来何种的影响。

我们在 7 月以及 8 月的时候，将大不列颠的上空，尤其是东南部伦敦附近各个郡的上空掌控住了，我们空军也更为强大，将优势占据了。在伦敦和多佛尔之间驻扎的是加拿大集团军，这个地点让这个军团最适合趁机出动。他们的刺刀尖利无比，斗志昂扬。为了不列颠以及自由，给予敌人猛烈的致命攻击，这会让他们感到无比的骄傲。这样的火焰燃烧在每个人的心中。在整个地区都遍布规模巨大纵横交错的防御系统、防御据点、反坦克障碍物、碉堡和掩蔽设施等。放眼望去，海岸线上满是防御工事以及炮台，并且，因为将大西洋上的护航船只大幅度减少（这让我们的船运损失没有那么严重），以及在现役中编入新建的军舰，让小舰队的数量以及质量都有了大幅度的提升。我们将一些舰只调到了普利茅斯,其中有“复仇”号，“百人首领”号，这是旧靶舰也是一艘演习舰，还有一艘巡洋舰。到了这个时候，本土舰队拥有的最大能力，可以没有多大危险地巡航到亨博河甚至瓦什湾，所以，在每个方面的准备，我们都已经充分做好了。

最后，在 10 月份秋分的时候，按往常的惯例，经常刮的狂风就要到来了。显而易见的，要是希特勒真的有胆闯一下的话，那么就是在 9 月份的时候了，对于他来说，9 月中旬的潮汐涨落以及月亮盈亏，都是极为有利的。

* * *

危险消失之后，对于“侵略的恐慌”在会议中有时还会提到。当然，最不恐慌的人肯定是那些最清楚状况的人。我们掌握了空中以及海上的优势，将这点除外，我们还拥有一支斗志昂扬的生力军，虽然说这支军队的装备并不是很完善，这支部队的人数相当于四年后为阻止我们返回欧洲大陆德国聚集在诺曼底的军队人数。在诺曼底的时候，虽说在前一个月里，我们登陆的人数就达到了 100 万，并且，我们还有大批的武器以及其他所有有利条件，可是战斗还是持续了很久，并且十分的惨烈，我们为扩大开始攻占的区域、开辟宽大的战场，花费了快三个月的时间，可是，只有在以后才能证明以及了解这些军事行动的意义所在了。

*　　*　　*

眼下，应该将话头调转，去说说敌人那边的状况了。根据我们现在所了解的事情，对敌人的准备以及策划进行一番说明。

第十五章 “海狮”作战方针

德国海军部的策略——德国依靠征服法国以及低地国家来制造条件——三军首脑与元首在7月21日的时候会面——明知道有困难，希特勒还是下了指令——德国海军与陆军参谋的辩论——雷德尔与哈尔德有不同的观点——接受妥协计划——德国海军部有了新的担忧——德国的海军以及陆军将领将责任推给了戈林以及空军——戈林妥协了——希特勒将进攻的日期往后延——英国的反攻——“克伦威尔”命令在9月7日发出——让人激昂的药剂——德国人不明白两栖作战——三军出现分裂——德军把自己的筹码压在了空战上

我们缴获了一些德国的档案，从这些档案中，我们可以知道，德国海军部在1939年9月3日战争开始后不久，就让参谋人员着手对侵略大不列颠的问题进行探究。德国人跟我们的观点并不一样，他们坚信，跨过英吉利海峡是仅有的办法。对于任何其他的方法，他们都从来没有考虑过。要是一早我们就知道了这点，那么我们就不用再忧心了。从英吉利海峡发起进攻，遭遇的海岸正好是我们防卫设备最牢固的地方。这是一条古老的海防前线，是针对法国修建的，沿岸港口的防御工事都已经准备好了，我们主要的舰队基地都在这个地方。这几年，在这里也修建了大多数的机场以及制空站，为的是保护伦敦。在我们的这个岛上，像这样可以让我们更加快速加入战斗，或者将规模如此庞大的海陆空兵力集中起来的地方，只有这儿了，它是独一无二的。

雷德尔海军上将感到十分害怕，要是下令让德国海军对英国发动进攻，海军的力量会不够。因此，对于许多条件他都提出了要求。首要条件就是将法国、比利时以及荷兰的海岸、港口和河口完全掌控住，所以，在黯淡不明的战争阶段，就将这个计划放置在一旁了。

让人难以意料的是，忽然间就具有了这些条件，在敦刻尔克之战以及法国投降之后，他就紧跟着揣了一份方案去面见元首了，虽然在心里并不是十分的确定，但是也感到非常的开心。在 5 月 21 日，还有随后的 6 月 20 日，对于这个问题他都与希特勒进行了探讨，他之所以这样做，是想阐明，要是下令对英国发动攻击，那么就需要有周详的计划,不能鲁莽行事,他并不是为了提议入侵才这样做的。对于这件事，希特勒也抱有疑虑，说“这种任务的特殊困难他也非常清楚”。他也抱着一种期望：英国很快就会求和。最高统帅部直到 6 月份的最后一个星期，才将这个主意拿定，而第一道命令直到 1 月 2 日才下达，将侵略不列颠的作战计划，当作一个可以实施的计划。“元首判定：当某一些条件具备了的时候，就可以在英国发动登陆，当然，这些条件中最为重要的是将空中的优势占据。”希特勒在 7 月 16 日的时候发出指令：“虽然现在在军事上，英国处在一种绝望的状况之下，可是还没有表现出求和的态度，所以我决意要着手制订一个在英国登陆的方案，并且，在有必要的时候，要实施这个方案。……应该在 8 月中旬让整个计划准备就绪。”因此，各个方面都在抓紧时间完成这项任务。

* * *

在 6 月份的时候，对于德国海军的方案，我就听到了一点风声，大多数是机械的。他们准备用重炮在灰鼻角对多佛尔进行轰炸，然后在多佛尔海峡法国海岸上利用强大的炮兵进行掩护，这样就可以开辟出一条窄小的走廊在英吉利海峡最方便的一条线上，用雷区将两边包围起来，并且，将潜艇部署在外围，以进行保护。陆军坐渡船经由这条走廊跨过海峡，随后，大部队就分批进行支援。到了这里，海军的任务就算是完成了，后面的问题就让德国陆军将领们去处理。

我们的海军具有压倒性的优势，而我们的空军也占据了优势，用这样的空军进行掩护，利用小型舰只，就可以将他们的布雷区摧毁，同时，将那些为了保护布雷区而聚集起来的一二十艘潜艇也摧毁掉，所以，这个想法从最开始就不具备获胜的希望。就算是这样，在法国被攻占之后，所有人都看得出，迫使英国投降，才是防止长时间战争以及战争带来的所有后果的唯一希望所在。在挪威周围海面的战争中，德国海军受到了严重的打击，这跟我们以前说到过的一样，它本身就溃不成军了，所以，不可能给陆军提供太大的支援。但是，德国海军还是有自己的方案，他们能否在无意之中交上好运，任何人都不能妄下判断。

在刚开始的时候，对于侵略英国的问题，德国陆军统帅部还感到难以下决定。对于这件事，他们不仅没有任何的策划，而且也没有任何的准备，并且，连相关的训练也未开展过。不过，他们的胆量已经大了起来，因为在几个星期里，他们接连打了几次出色的胜仗。陆军的任务并不是保障渡海行动的安全，可是，一旦大部队登陆成功，他们就觉得，他们应该肩负起战斗的任务了。确实如此，雷德尔海军上将早在 8 月份的时候，就认为应当提醒他们对渡海的危险多加注意，说不定在跨越海峡的时候，他们就会被歼灭。德国海军部在明确接到运送陆军渡海的任务以后，就一直表现得十分消极。

三军首领在 7 月 21 日的时候会见了元首。元首对他们说，战争决定胜负的时刻已经到了，可是对于这一点英国还毫无意识，他们还抱有转败为胜的希望。他说到了美国对英国的支持，以及德国对苏俄的政治关系，这些或许会出现变数。他说，快速结束战争的最有效办法就是实施“海狮”作战计划，这一点应该要有所认识。希特勒跟雷德尔海军上将进行了长时间的会谈，在这之后他才明白，横渡海峡的计划，因为潮汐、海流以及海上的各种变幻莫测，而会牵连到何种问题。“海狮”

作战计划被他说成了“一项极其冒险而英勇的事业”。“就算是航程并不长，但是这是跨过敌人掌控的一个海域，而不是跨过一条河。这跟攻打挪威不一样,不可能一下子就过去了,采用突袭的方法是行不通的。这些敌人肯定会对我们进行反抗，他们在防守上已经做了准备，并且，他们的态度非常坚定,而且,我们一定要利用到的海域也被他们掌控着。需要四十个师来进行陆地作战。物资的提供以及储藏是问题的难点所在。能够就地在英国得到什么物资的供应这样的事，我们不要抱有任何希望。”最为重要的一个前提是将空中彻底掌控，利用具有强大威力的大炮在多佛尔海峡对渡海行动进行掩护，并且设置布雷区以作保护之用。他说:“由于北海以及英吉利海峡到了 9 月下旬气候就会变得非常糟糕，到了 10 月中，就开始有雾了，所以一年中的时间也是一个重要的条件。所以，一定要在 9 月 15 日完成主要的登陆行动，一旦过了这一天，德国空军与重型武器的协作就不是那么靠得住了。既然一个决定性的因素就是空军的协助，那么在决定日期的时候，就应该将这一点当作主要前提来考虑。”

德国的参谋人员之间，因为登陆的海岸宽度以及进攻目标的数量的问题，而发生了一场辩论，这场辩论非常激烈并且粗鲁。陆军提出要求，他们希望登陆的地点是多佛尔到波特兰以西的莱姆 · 里季斯的全部英国南边海岸的一大片地方。他们提议开展一些辅助性的登陆，地点在多佛尔以北的拉姆斯格特。可是德国的海军参谋部则认为，北福兰角和威特岛西端之间的地方，才是安全跨越英吉利海峡最合适的地点。曾经就这一点，陆军参谋部草拟了一个方案，打算让 10 万人在多佛尔往西到莱姆湾之间的各地点进行登陆，再让 16 万人紧随其后进行登陆。德国陆军统帅哈尔德宣布，至少应该有 4 个师在布来顿地区登陆。他还提出建议，在迪尔跟拉姆斯格特中间进行登陆行动，最少的兵力也要有 13 个师，尽最大可能同时登陆整个战线的各个据点。另外，为了在运送第一批登陆军的同时将 52 个高射炮中队也运过去，德国空军还提出了要求，要准备舰只。

可是，海军参谋长再三强调，如此规模宏大的行动或者如此快速的行动，几乎是难以完成的。保护登陆部队穿过所说到的广阔的海域，这个任务他没有能力去担负。他的意思是说，在这些范围以内，陆军应当挑选出对登陆最有利的地点。就算是将空中的优势占据了，可是海军的力量也只能每次保护少量的人渡海，他们觉得，最为容易的航道应该是多佛尔海峡最狭窄的地方。需要200万吨的船只，才能将第二批16万人以及装备一次性运送过海峡。这些必备条件都是幻想，就算是有了这些条件，登陆的港口要接纳下这么大批量的船舶也是很困难的。能够做到的只是运送这些师的第一梯队跨过海峡，去建立狭小的桥头阵地，至少还需要两天，才能运送这些师第二梯队进行登陆，那么要将认为一定要登陆的6个师运送过去就更不用说了。他更深入地指明，在广阔的海岸线登陆，就代表着每个选定的登陆地点之间，它们的涨潮时间会有一些差别，相差时间3个小时到5个半小时不等。所以，要么就接受某一些地点不利的潮汐影响，要么就将同时登陆这个想法放弃。想要驳斥他这个想法，是很难的了。

很多珍贵的时间，就在他们你来我往的备忘录讨论战中被消耗了。哈尔德将军直到8月7日，才与海军参谋长当面商谈。在这次商谈中，哈尔德说："对于海军的建议，我坚决不接受。站在陆军的角度来看，我觉得，这无异于是自寻死路。直接将登陆部队送到绞肉机里面去更好。"海军参谋长给出了回答，因为在广阔的海岸线上登陆，只会让军队在运输途中惨遭牺牲，所以对于这个计划他同样也不接受。最终，希特勒采用了一个折中的方法，可是这个方法既无法满足陆军的需求，也不能让海军感到满意。8月27日的时候，最高统帅部发出了一项指令，规定"陆军的行动必须要将可以利用的船位以及跨海与登陆的安全考虑进去"。放弃了从迪尔到拉姆斯格特之间的所有登陆地点，不过登陆的海岸线由福克斯通延伸到了博格诺尔。等到这样的协议达成的时候，已经到了8月底。空战的胜利理所当然地成为这一切的依赖，到现在，空战已经持续六周了。

最后的方案依据最后决定的登陆地点拟订了出来。龙德施泰特接过了军事指挥权，可是他的军队被削减为13个师，以及12个师的后备部队，主要是因为船舶不够。第十六集团军来自鹿特丹与布洛涅之间的各个港口，它们会在亥斯、拉伊、黑斯廷斯和伊斯特本周围进行登陆；至于第九集团军，来自布洛涅与勒阿弗尔之间的各个港口，它们将会对布来顿与沃信之间的海岸发动攻击。要从地面占领多佛尔，随后这两个军会合，向着特博勒—埃斯福德—梅菲尔德—阿伦德尔这条掩护线一起挺进。第一批登陆的师，总共会有11个。在登陆一个星期之后，可以向前挺进到格雷夫森德、赖吉特、彼得斯菲尔德和朴次茅斯，他们还非常乐观的抱有这样的希望。后备部队让第六集团军来充当，它麾下的各个师都随时候命，准备进行支援，要是在情况准许的前提之下，还能够把攻击的海岸伸展到韦默思去。只要桥头阵地成功建立，想要对三军的人数进行增加就是轻而易举的事了，“这是因为，”哈尔德将军说道，“在大陆上能够与德国相抗衡的军事力量已经找不到了。”确实如此，骁勇善战、装备优良的部队德国有非常多，可是，这些部队需要的却是船只以及安全的运送。

海军参谋部接到了最重要的第一项任务。德国可以用来应对自己全部需求的海运船只，大概有120万吨。而这其中的一大半都要被运送侵略部队占去，如此一来，在经济上就会带来非常大的动乱。海军部在9月初的报告中，已经征用了以下舰只：

运输舰	168艘（共计70万吨）
驳船	1910艘
拖船以及网船	419艘
摩托艇	1600艘

需要配备船员给这一大批船只，让它们从海道以及运河行驶到集合的港口。在这段时间里，从7月初开始，我们就对停靠在威廉港、基尔运河、库科斯哈芬、不来梅和艾姆登的船舶发动持续的攻击；也曾经出其不意地攻击停靠在法国港口以及航行在比利时运河内的小型舰只和驳船。打算侵入的大量船只在9月1日开始往南边移动，从这时候开始，英国皇家空军就对它们进行了监视，并且对它们的情况及时进行汇报，同时在沿着安特卫普到勒阿弗尔的所有海岸线上，猛烈地攻击它们。德国海军参谋部对此进行了记录，说道："在沿岸的海面上，敌人开展的战斗防御、将轰炸机聚集起来轰炸'海狮'出发的港口和沿岸的侦查行动，仍旧在持续着，这足够证明，现在，敌人已经准备对我们即将开始的登陆进行抵抗了。"

又说道："英国的轰炸机，以及英国的布雷队伍……还是具有非常强的战斗能力，并且不能否认，就算英国部队的行动对德国运输造成的障碍还不是决定性的，但毫无疑问，这些行动是成功的。"

即使不断受到阻挠，遭受耗损，但是德国海军仍然是将自己的第一部分工作完成了。考虑到突发事件以及损耗，他们已经作出了百分之十的宽裕，这些宽裕已经全部耗尽了，可是，余下的与第一阶段所计划的最低需求量相比，只少了一点点。

德国的海军以及陆军，到了这时候，都将自己的重担往空军身上推。英国的舰队以及小型舰只占据了压倒性的优势，在这种情况之下，让德国空军进行掩护，在航道的两边安插水雷，这就是开辟走廊的所有计划，这个计划能不能成功，全看德国空军能不能把英国空军打败，将英吉利海峡以及英格兰东南部的制空权完全掌握住，所要掌控的不光是渡海航道上空的制空权，还有登陆地上空的制空权。在三军里面，比较老的两个军中，都将负担往戈林元帅身上推。

戈林相信，就数量方面而言，德国空军已经占据了较大的优势，在几周的鏖战后，就能够把英国的空防击溃，将英国在肯特和苏塞克斯的机场破坏，将英吉利海峡彻底控制住，所以他毫不迟疑地就将这个重担接了过来。另外，他还坚信，对英国进行轰炸，特别是对伦敦进行轰炸，会迫使萎靡而又热爱和平的英国人意志消沉，以至于到了主动求和的程度，尤其是在他们的地平线上，入侵的威胁日益变大的时候，他们就更想要求和了。对于这种观点，德国海军部不敢苟同，他们有着非常多的疑虑。他们觉得，只有在确实没有别的办法的时候，才能实施“海狮”作战计划。他们曾在7月份的时候提出过建议，只有在无限度的空袭以及无限度的潜艇战能够“让敌人依照元帅提的要求进行和平谈判”才能展开行动，不然的话，就应该将展开行动的时间延迟到1941年春季，可是，看到空军最高统帅如此的信心十足，凯特元帅跟约得尔将军都感到极其开心。

这一段时日对于纳粹德国来说，真是风光无限。在逼迫法国承受贡比涅停战协议的侮辱之前，希特勒就已经开心得不知如何是好了。曾经，德国军队已经趾高气扬地穿越过凯旋门，走到了爱丽舍田园大街。那么还有什么事是他们做不到的呢？为何不乘胜追击而是举棋不定呢？所以，参加“海狮”作战计划的海、陆、空三军都在各自的范畴内探究着对自己有好处的条件，而将那些不利的条件抛给自己的战友。

随着时光流逝，他们产生了种种疑惑，行动往后拖延。7月16日的时候，希特勒发出了一条命令，其中规定，应该在8月中完成所有准备工作。海、陆、空三军都觉得，这个任务无法完成，到了7月下旬，希特勒才认同了，攻打英国的最早时间为9月15日，与此同时，他的决策也被保留了下来，等待计划中将空战加强的结果明朗之后，再采取措施。

海军参谋部在8月30日的时候作了报告，说对于入侵的舰队，英国已经采取了应对办法，所以，在9月15日的时候，准备工作不可能完成。按照他们所提的建议，入侵的时间被向后延到了9月21日，除此以外，还有一个附加的要求：必须要提前十天告知他们。这也就意味着，9月11日的时候就应该将预备命令发出。海军参谋部在9月10

日的时候，再次作了报告，说一直以来天气都十分恶劣，并且英国也进行了反轰炸，所以他们遭遇了重重困难。他们表明，虽然要到 21 日，海军方面必需的准备才能完成，可是，规定的完全掌控英吉利海峡上空的制空权的行动因素，却完成不了。所以，在 11 日的时候，希特勒又将预备命令往后推了三天，24 日变成了最早入侵时间，但是到了 14 日，入侵的行动又被他往后延期了。

* * *

雷德尔海军上将在 14 日的时候，提出了一些建议，具体如下：

（一）现在，要完成这项行动所需要的条件，空中的状况还不满足，所以，仍然有很大的风险。

（二）要是“海狮”作战计划没能取得成功，就表示英国的声望将会大幅度提升，而对我们入侵英国有利那些影响都会烟消云散。

（三）应该要持续对英国，特别是对伦敦进行空袭。要是天气状况好的话，就还要将空袭加强，不必因为“海狮”而产生顾虑。空袭应该会带来决定性的成果。

（四）可是，为了让英国人时时刻刻都处在忧虑中，所以不能放弃“海狮”作战计划；要是放弃这一计划的消息走漏了出去，那么英国人就会因此而放下心中大石。

到了 17 日的时候，展开行动的时间就无止境地向后拖延了，关于出现这种情况的主要原因，敌人与我们的看法是一样的。雷德尔继续说：

(1) 为了在海峡进行登陆，我们进行了准备工作，敌人已经大范围得知了这一情况，现在，他们正持续采用反攻手段。为了

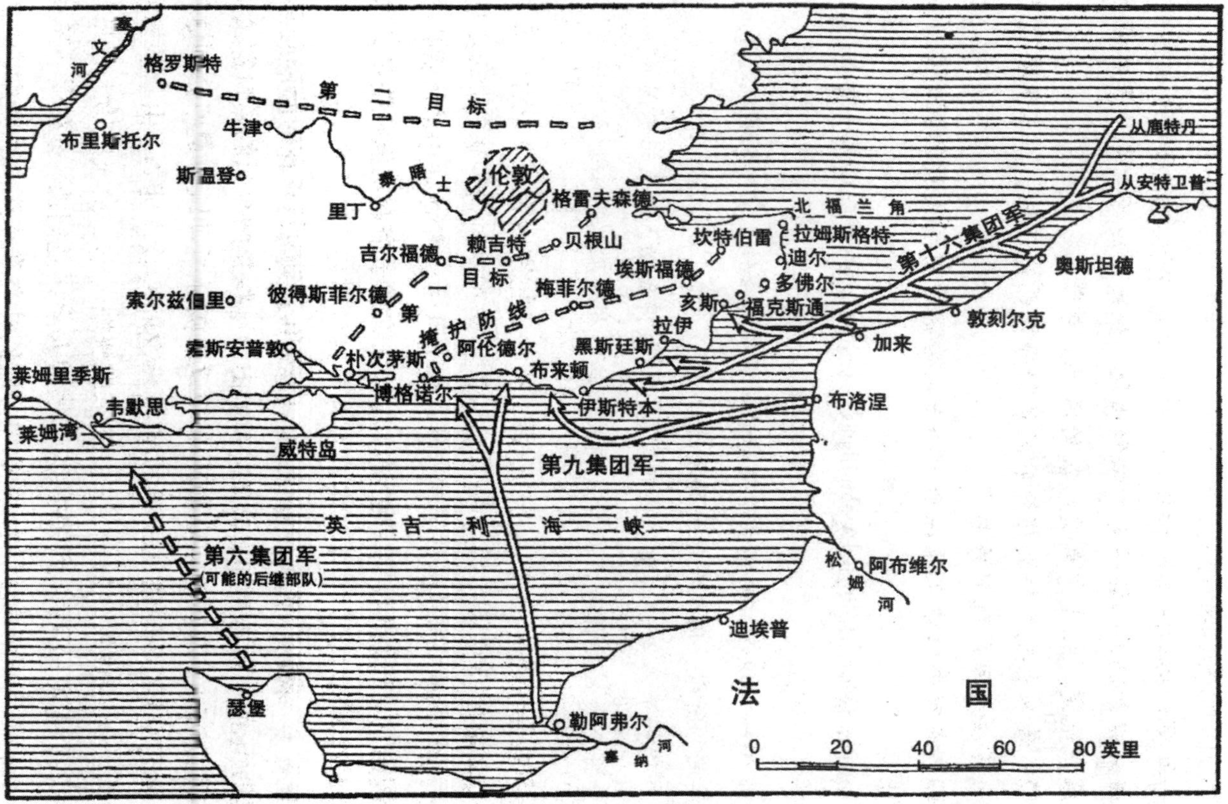

德国入侵计划略图　（照原图翻译）

证明这一点，可以举出下面的例子：敌人的飞机已经对一些港口展开了攻击以及侦查，而这些港口正是德国展开这一军事行动的港口，在英国南部沿岸海面、多佛尔海峡和法比沿岸海面，时常有敌人的驱逐舰出现，经常派遣舰只去靠近法国北部海岸的海面上去巡视，丘吉尔最近一次进行的演讲等。

(2) 在敌人的本土舰队中，虽然有很大一部分舰只仍然在西部基地停靠着，可是，他们主要的舰队，已经做好了准备，要对我军的登陆给予反击。

(3) 在南方以及东方的港口上，我们的空中侦察机已经发现了大量的驱逐舰（至少有 30 艘）。

(4) 目前，所有的情况都说明了，这一场战争中，敌人的海军已经投入了全部的注意力。

* * *

8 月份的时候，一些德国士兵的尸体从海面上被冲到了韦特岛与康沃尔之间沿岸的各个地方，这些尸体有 40 具左右。德国军队曾经在法国沿岸利用驳船开展登船演练。有些驳船为了躲避英国的轰炸，开到了海上去，或者是因为遇到英国飞机的轰炸，也有可能是因为天气恶劣，所以有些驳船沉了。那些德国军队打算入侵的谣传，就是从这里来的，听说，德军要么是被水淹死，要么就是被海上燃烧的汽油烧死，遭受的损失出乎意料的严重。对于这些谣传，我们并没有进行辟谣，在被占领的国家里，这样的谣言在无拘无束地传播着，越传越夸张，那些被欺压的人民因此而大受激励。比如在布鲁塞尔，就有一间商店，它们在陈设的男用浴衣上，写的标语就是："专门为英吉利海峡游泳而提供。"

我们在 9 月 7 日的时候得到了一些情报，这些情报显示，驳船以及小型舰只正向西边以及南边，往奥斯坦德和勒阿弗尔之间的港口挺进，在德军将要展开实际行动之前，这些船只是不会来这些港口的，因为英国空军对聚集这些船只的港口进行了激烈的轰炸。因为有160架轰炸机从挪威调派了过来，所以在阿姆斯特丹和布雷斯特之间，德国空军的战斗力得到了提升；也发现了有短程俯冲轰炸机队在加来海峡地区的前沿飞机场上。前几天我们抓捕了四个德国人，他们在东南海岸上从一个划艇上登陆，他们在登陆后被抓住，他们已经承认自己是间谍，打算在接下来的两周内，对伊普斯维奇—伦敦—里丁—牛津地区后备部队的举动随时进行汇报。对于敌人入侵西南沿海来说，9月8日至10日之间的月光条件以及潮汐条件都是十分有利的。基于对这一点的考虑，参谋长委员会觉得，入侵的可能已经十分紧迫了，防卫部队应该立刻准备听令。

那个时候，在本土司令部里面，还找不出一个方法能够将原本打算八小时内准备战斗的指令更改为某一些程度适中的“马上进入备战状态”。所以，在9月7日下午8时的时候，本土部队就向东岸和南岸两个管辖区域下达了“克伦威尔”这个密码指令，也就是“入侵迫在眉睫”的意思；事实上，这些管辖区域就是行动站，供沿海前哨部队使用。驻扎在伦敦地区的一切部队还有总司令部后备队的第四以及第七军，也收到了这个指令。为了能让联合王国里其他的全部管辖区域都获悉这一事情，这项指令也下达给了他们。以这一点作为依据，国内某些地方的国民自卫军指挥官，就擅自做主，将教堂的钟敲响，将国民自卫军召唤过来。这样一来，各种流言蜚语就出现了，有的说敌人的伞兵已经登陆了，有的说德国的快速鱼雷艇靠近了海岸。对于“克伦威尔”这个确切的密码指令已经开始使用这件事，我与参谋长委员会都毫不知情；所以在第二天的时候，发出了指示，为了在以后碰到状况的时候，能够一步步将警戒加强，而不是宣称入侵迫在眉睫，必须要拟定出一种程度适中的警戒讯号。就算收到了“克伦威尔”这个密码指令，也不可以将国民自卫军召集起来，当然特殊的任务要除外。并且，不能因为听到其他人敲钟了或者是别的什么原因就去敲钟，只能是一名国民自卫军战士亲眼看到敌军降落伞兵的数目到达25了，才能敲响教堂的钟。不难想象，这件事带来了非常多的议论以及担忧，不过，不管是报纸还是议会，对于这件事都没有提出任何意见。对于所有相关人员来说，这件事可以看作是一次预防演练，也是效果不凡的药剂，让大家振奋了起来。

* * *

对于德国入侵的准备工作，我们一直在进行追忆叙述，当追述到准备工作进入最紧张状态的时候，我们就能够看出，在最初他们所怀有的胜利情绪是如何一步步变为疑虑，到了最后，则是彻底不抱希望了。实际上，早在1940年的时候，他们的信心就已经失去了；在1941年的时候，他们虽然将这个方案再次提了出来，可是，这个方案在法国被占领后那些风光无限的日子里带给德国首领们的那种幻想，再也没有出现过。7月以及8月是对命运起着关键性作用的两个月份，在这两个月中，我们可以看出，有关于大规模两栖作战可能会遭遇的困境，海军总司令雷德尔曾对他的陆军以及空军的同事进行过全力的阐述。德国海军的缺点他非常的清楚，同时，他还知道，没有足够的时间来作充足的准备。对于哈德尔所提出的，在广阔的海岸同时进行大规模登陆的庞大计划，他一直在尽力进行约束。与此同时，极具野心的戈林并不想加入联合作战计划，在那些被入侵地区，对敌人的海、空军的反抗进行系统性的削弱时，让他去充当一个谦恭的配角，他是十分不乐意的，他只一心想单独利用自己的空军获取让人震惊的胜利。

德国最高统帅部肯定不是一个持有相同目的、相互之间对自己的能力以及限制有恰当的了解的互助组织，这一点从记载中很容易就能看出来。任何人都渴望成为天空中最为耀眼的那颗星星。很明显的，他们之间的摩擦从最初的时候就存在了，只要可以将责任往雷德尔身上推，哈尔德就不愿意对自己的计划进行修改，让这个计划更切合实际更具可行性。元首肯定会进行干涉，可是，对于改善三军之间的关系并没有取得多大效果。在德国威望最高的是陆军，在对待自己的海军同事时，陆军将领总是拿出一副上级对待下属的姿态。势必会出现这样的一个结论：在一次重大的军事行动中，德国陆军肯定不乐意让海军来支配自己。战后，有人拿这些问题来问约得尔将军，他烦躁地答道："我们的安排与尤利乌斯·凯撒的安排是一模一样的。"从这句话里能够看出，一个地地道道的德国陆军军人对于海上战争持有何种态度，对于登陆会遭遇的困难一点也不清楚，也不知道安排大量兵力在设防的海岸上会遇到怎样的海上危险。

在英国，不管我们有何种缺陷，但是对于海上的事情，我们是完全清楚的。这么多世纪以来，我们世代相传，已经非常熟知它了，我们的水兵甚至于我们整个民族都被它的传统激励着。对于入侵的威胁，我们为什么可以冷静的应对？这就是最主要的原因了。在国防大臣的率领之下，三军参谋长相互配合，共同对军事行动进行指挥的这种机制，已经成为了一种史无前例的互助精神、相互了解以及尽力配合的模范。随着时间流逝，在我们找到机会，能够从海上向敌人大举进攻的时候，将这一行动所必需的准备工作彻底完成，以及对如此规模宏大的、极具风险的行动在技术上的各种需求有足够的了解，是我们开展这次行动的根基。就算是在 1940 年的时候，德国拥有接受过优良训练的两栖部队以及现代化两栖作战的种种装备，可是在我们海军以及空军面前，他们的希望也会被扑灭。实际上，他们不仅缺少工具，还缺少锻炼。

* * *

曾经我们也看到过，我们大量的忧虑以及疑惑是如何一步步变为坚定的信念的，从最初，我们就信心满满地对敌人入侵方案进行了解析。从另外一个方面来说，对于这个充满风险的方案，德国最高统帅部以及元首都是越看越不满意。当然，我们双方对于这个方案的评价以及对方的心情，我们相互间是不清楚的。不过，从 7 月中开始直到 9 月中，每隔一周，就可以更加明显地看出来，对于这个问题的看法，德国海军部与英国海军部之间、德国最高统帅部与英国参谋长委员会之间、以及元首与本书作者之间，是相一致的了。要是在其他事情上，我们的观点也能达成这种统一的话，那么战争就能够避免了。我们之间统一的观点自然是：空中的战斗是所有事情的关键。两边的战斗人员怎么才能分出胜负这是问题的所在。另外，德国人想不明白，这种空中轰炸英国人民能不能承受得住（当时，轰炸的效果被人过度地夸大了），英国人民会不会臣服，并且逼迫英王陛下的政府投降。戈林元帅对这一点抱有极大的希望，可是我们没有一丝一毫的惧怕。

附　录

(1)
首相以个人名义发出的备忘录以及电报
1940 年 5 月至 12 月

5 月

首相致伊斯梅将军并转相关人员　　1940 年 5 月 18 日

到现在为止，近炸引信还有所需的火箭发射器一直被看作保护船只最为重要的军火。可是，为了对飞机制造厂还有其他重要的地点实施保护，就需要更多的近炸引信以及火箭发射器，有些地方特别急需这些东西。在这方面采用了什么样的手段吗？为了进行必需的生产，希望明天能够拟定出一个详细的方案。对于发射器的设计，有没有需要改进的地方？对于这件事，海军军械司司长能够在船只方面提供一些帮助，可是有一点一定要注意，不能让海岸容易受到袭击地区的供给中断。对于这项生产工作需要一些什么样的组织或者措施，希望能在明天的时候报告给我。

首相致殖民地事务大臣　　1940 年 5 月 23 日

韦奇伍德[①]提出了一些问题，你对这些问题进行的回答，我十分赞同；在巴勒斯坦以外的地区进行战斗的时候，我不想征召犹太籍的部队。目前在巴勒斯坦地区最为主要的目的，也可以说是仅有的目的是：现在还有 11 个营的精锐正规部队留在了那里，要将这些部队调遣出来。这样的话，为了保护自己，犹太人就一

① 此处指下院议员约西亚·韦奇伍德先生。——原注

定要武装起来，并且要尽快对他们进行恰当的组织。他们与外界的关联已经被我们的海军力量斩断，对于他们袭击阿拉伯人，我们可以利用海军的力量以及其他友善的方式，时常进行阻止。另外，因为我们的部队一定要尽早撤出，所以，在我们的部队撤出的时候，不可以让犹太人一点武装都没有。

首相致飞机生产大臣 **1940年5月24日**

为了商谈以及确定近期和未来飞机生产的数量，我希望能够跟林德曼进行一次会谈。这么长一段时间以来，我总觉得，我们提供给空军部的那些飞机，他们没有尽力分配出去；为了调查清楚这些飞机的用途，我希望能得到空军部手中所有飞机的统计表，现在林德曼正在为我索要这个表。

有一点非常重要：不仅仅要将一切储存和备用的飞机利用起来，并且还应该将驾驶人员算上，整编成一个中队。眼下战火已经逼近我们，为了能够装运炸药对敌人在荷、比、法等国沿岸的机场进行轰炸，一定要尽最大能力筹备最多的飞机，甚至于跟你说的一样，就连教练机以及民航机也要利用上。对于飞机的出厂以及使用的一切数据我都一定要知道，希望可以让我每一周都能了解最新的状况。

首相致林德曼教授 **1940年5月24日**

希望能做出一张单页的报表来汇报坦克的情况。我们已经提供了多少坦克给陆军？一个月里，各种坦克的制造量是多少？还有多少坦克在制造厂？预估的数量是多少？对于重型坦克有什么安排？

——“耕作者”的制造方案，会受到现在的作战方法以及坦克可以将防御工事摧毁这一事实的影响。这样看来，只要一个较小的数量就足够了。

首相致爱德华·布瑞奇斯爵士 **1940年5月24日**

各位大臣必须出席这样的以及那样的委员会，我觉得这些委员会有点过多了，并且，这些委员会又难以得出什么明确的论断。应该采取一些裁减以及合并的方法，将它们进行精简。第二点，报表的事情一直让内阁很苦恼，应该尽力将报表的数量减少，并且在一个小的范围里使用这些报表。希望内阁办事厅人员提出一些方法，来实现将报表简单化的这两项工作。

首相致空军大臣 1940年5月27日

在今天的公报里面，你在几个地方对“让它难以战斗”的敌机和“被摧毁”的敌机进行了区分。这是因为两者间确实存在差别，还是单纯为了防止文字的重复使用？要是单纯为了防止文字重复，那么就与英文的权威解释不相匹配。为了修辞而损害了真正的含义，这是不应该的。

也请你今天做出报告表明你的观点：在比利时海岸作战，你觉得天气晴朗对我们更有利还是多云对我们更为有利。

首相致伊斯梅将军及帝国总参谋长 1940年5月29日

战争的方式出现了变动，因此导致“耕作者六号”的作用已经受到了关键性的影响。虽说在几种攻击以及防御作战中它还起到一些作用，可是，已经不可以再将它看作是唯一一个攻破要塞防线的武器了。我提议，在今天的时候就对军需大臣下命令，让他削减原计划的一半。也许再过几天，它就要被削减为四分之一了。那么由此而节省出来的人力以及物力，可以利用在制造坦克上面。要是在九个月里面，德国人可以将坦克造出来，那么我们也肯定可以做到。关于你另外优先制造的那1000辆坦克，请你将总的计划交给我；敌人或许会在1941年使用的那些改良过的坦克，我们这批坦克应该能对付它们。

要是还没有成立反坦克委员会，那么为了能对攻打德国最新式坦克的各种兵器进行探究以及设计，就应该马上成立这个委员会。请提出一份名单，并交给我。

6月

首相致爱德华·布瑞奇斯爵士 1940年6月3日

将被扣留的那两万人送到纽芬兰或圣赫勒拿岛，这件事已经开始进行了吗？这件事是枢密院议长手中处理的事务中的一项，对吗？要是答案是肯定的，那就请向他询问一下。我想用最短的时间用船送走他们，不过我猜想，在那边也会有很多事需要进行安排。这些事情是不是已经在实施了?

首相致空军大臣 1940年6月3日

从你的报告中，内阁得知现在你的战斗机驾驶员不足，并且这件事现在已经对我们起到了局限作用，对于这点，我们感到十分的担忧。

在这一方面的失败，空军部还是头一回愿意承认。有大批的飞机都是专门用来对飞行人员进行训练的，与我们相比较，德国人用在这方面的飞机就少多了，这点我们都很明白。我们在好几个月之前，曾听空军部说，没有飞机的驾驶员达到数千名，所以对于这些人必须要“重新整编”:所谈到的这些飞行员多达7000名，就飞行时数而言，我们多次俘获的德国驾驶员，都少于我们的飞行人员。可是最近又听说驾驶员不够，这是怎么一回事呢?

在飞机的提供和修整，以及在飞机制造部门处理混乱和弊端的方面，比弗布鲁克勋爵已经获得了让人惊讶的发展。要是我们由于驾驶员不够而将飞机放在一边不使用的话，这会成为非常悲哀的一件事。所以，我希望在人员方面，你也可以做到与比弗布鲁克勋爵相同的程度。

首相致林德曼教授 1940年6月3日

我期望你可以每隔几天或者每隔一周，做出一份简要的报告送过来，以说明军火生产的增加或者减少的情况，可是你并没有这样做。我没有办法得出一个准确的观点，除非你把报告送过来。

首相致林德曼教授 1940年6月3日

有一份名为“生产方案：参谋长委员会的备忘录”的附件，请你看一下，在这里面好像有很多地方思维不够严谨。很明显，在之后的五个月里面，只要是我们可以做到的事情，我们就应该“抓紧时间进行”。虽然说在以后的日子里，生产量肯定会下滑，可是就我个人而言，我觉得找不出任何理由对已经批准了的三年作战计划进行修改。事实的确如此,要是法国彻底沦陷了的话,那么跟以前相比较，这些计划就更有用处了。请把你的想法告诉我。

首相致林德曼教授 1940年6月7日

（密函）

因为听到了将延期制造近炸引信的消息，我感到十分的担忧。

出于对这件事的重要性的考虑，并且曾经我也一再下指令，尽快将这一工作开展起来，所以的确应该让两三间公司同时研制近炸引信。这样一来，就算有一个地方的不能成功，其他几个地方还可以继续开展工作。

这件事已经发展到哪个地步了，请向我汇报。

到现在为止，你还没有将任何一份具体的报告交给我，向我汇报在我们制成近炸引信之前，为了近炸引信已经定做了的火箭，还有为普通引信定做的火箭的生产状况。

由于我们一定要按照他们炸毁我们飞机工厂的程度去对他们的飞机工厂实施轰炸，所以对于稳定投弹瞄准器的制造你应该继续下去，这一点是极其重要的。对近炸引信感兴趣的人和对稳定投弹瞄准器感兴趣的人，要是你可以将他们全部聚集起来的话，我就会在下周听取他们的建议，并且监督他们开展工作。

首相致飞机生产大臣 1940年6月11日

12月22日的时候，举行了一次有关投弹瞄准器设计的会议，在这次会议上作出了一个决定：应该用最快的速度将“马克Ⅱ”型空投炸弹改装成为高空稳定瞄准投弹。“马克Ⅱ”型空投炸弹的数量为2600个，在当时，绘图的任务已经完成了90%。请明确地告诉我接下来要展开的工作。改装成的投弹瞄准器只有一个，这是什么原因？我想请你查阅一下卷宗，查清楚从中作梗的人是谁。

首相致空军大臣及空军参谋长 1940年6月11日

这一份报告[1]写得非常棒。希望可以马上作出部署，关于你所谈到的那几段

---

① 这份报告指的是有关于“皇家海军”作战方案的报告，详情参见《晦暗不明的战争》。——原注

河流，就利用你昨天谈到的那些空军部队去对它们进行空袭，听说那里经常有船只来往。这件事，不用去征求法国的同意。不过，河道水雷的继续投放，还是要得到他们的允许，这件事我正在处理。在这段时间里，在下游你们要尽快有所行动。请做出一份报告，向我汇报你们准备如何行事。

首相致殖民地事务大臣 1940年6月16日

征召一个西印度群岛团，这样做是不是合适，你有没有思考过这点？可以将这个团分为三个营，在用人的时候多任用英国军官，而且，代表的岛屿应该占绝大多数。给土著人民一个机会，让他们变成帝国军力的一分子，为帝国效力。同时，也让金钱进入这个贫穷的岛屿。

眼下我们的武器不够，不过这个问题有办法来处理。

首相致海军大臣 1940年6月17日

你所提出的在西地中海部署重型战舰的建议，也就是：用“却敌”号和“威望”号对斯科帕湾进行封锁；在洛塞斯利用“罗德尼”号、“纳尔逊”号还有“勇敢”号来对这个岛实施保护；“胡德”号和“皇家方舟”号在直布罗陀跟“坚定”号会集，关注法国舰队的归顺趋势。对于你提出的这个建议，我感到十分满意。

有一点极其重要，那就是：为了保护埃及不受意大利的攻击，驻扎在亚历山大的舰队应该要留在那里。不然的话，我们在东方的地位将太早遭受到损害。这支舰队的部署做得非常好，足够用来对我们在土耳其的利益进行维护，对埃及以及苏伊士运河实施保护。并且，要是战争形势发生了变数，还能够向西边发动攻击，或者是由苏伊士运河来对帝国进行保护，还可以从好望角绕道，开去我们的贸易航线上。

有关东方舰队的安排一定要时刻留意，在明确知道法国舰队的境遇以及西班牙会不会开战之后，才能重新考虑这些舰队。

就算是西班牙宣战了，我们也不能因为这样就觉得应该把东地中海放弃。要是我们不得不将直布罗陀放弃了，那么我们就应该马上将加那利群岛占领，它可以变成一个非常优良的基地，用来对地中海西部入海口进行掌控。

首相致国内安全大臣 1940年6月20日

听说，在上周六的时候已经作出了决定，为了掩饰工厂以及同类型的工业目标而施放烟雾的任务，由你这个部门承担。我觉得这项任务极其重要，你委任谁承担这项任务以及取得了何种成果，这些我都想知道。

首相致海军部 1940年6月23日

由于停泊在直布罗陀港里随时都有可能遭遇岸上的轰炸，所以我认为，让“胡德”号还有“皇家方舟”号停泊在那里什么也不干，是极其不好的。

在添加了燃料之后，它们应该要出海，只能偶尔回来，短时间地停留一下。

如今正在采用何种方法？

首相致伊斯梅将军 1940年6月24日

对于将在法国俘获的德国飞行员送到我们国家来，已经得到了雷诺先生的首肯，对于这件事，有没有收到什么消息？

首相致外交大臣 1940年6月24日

如今看来，关于驱逐舰的事，已经没有必要在今天或者明天再次给总统发电报了。显而易见的，他的举动会受到法国舰队归顺趋势的影响，对于这件事，我满怀希望。现在是不是要举行参谋会议，我还难以拿定主意。关于美国方面，我猜想，他们应该会将会谈的全部焦点都集中在将英国的舰队转移到大西洋彼岸基地的事情上。现在，正是应该让所有人都为了崇高的战斗而士气昂扬的时候，在这种时刻对这样的问题进行讨论，肯定会将我们的信心减弱。用不了多久，我就会亲自再一次发电报给总统，来说明驱逐舰以及飞艇的事。

首相致殖民地事务大臣 1940年6月25日

巴勒斯坦的犹太人对自己进行了武装，正是由于这样，他们受到了你的前任严酷的处罚，这导致我们的部队现在已经不被需要了，却不得不留在那里对他们进行保护。请将犹太人有哪些自卫武器以及机构明确地告知我。

首相致军需大臣 **1940年6月25日**

关于提升美国进口钢材数目一事，你在6月22日的时候来信了，对此我表示十分的感谢。现在，我们每个月的购买量是60万吨左右，下个月的购买量会在此基础上增加一倍不止，因为法国的合同已经转让到我们这里来了，这一点我是知道的。这让人感到非常的满意，在我们还可以购买的时候，一定要从美国那里竭尽所能多买一些。

首相致外交大臣 **1940年6月26日**

在战争结束的时候，对直布罗陀问题进行“探讨”，我觉得对于我们来说，提出这样的意见没有一丝一毫的好处。西班牙人很清楚，只有两种情况：一是我们大获全胜，那么探讨将得不到任何的结论；二是我们战败了，那么就没有必要进行探讨了。仅仅用这一类型的修辞就能对西班牙的决定产生影响，我是无论如何也不会相信的。

首相致伊斯梅将军 **1940年6月28日**

我们针对于法国海军的政策已经非常确切了，不过，我还是想听听海军部的意见，对于某些可能产生的后果，他们进行了什么样的预测，这种后果也就是指：法国站在了与我们敌对的立场之上，并且，我们未能争取过来的那些法军，被德国以及意大利抢了过去。我希望在下周日能看到报告。

首相致伊斯梅将军 **1940年6月28日**

关于民工的数量，让人十分的不满意[①]。那天我在内阁说了，人数要达到57000，那时候大家对我说，我提出的这个数字，与实际使用人数相比只是较小

---

① 民工指的是构筑防御工事的那些工人。在上次的备忘录中（1940年6月25日），详情参见本书第八章第174页。——原注

的一部分，10万人才与目标更为相近，在周末之前，还有很多人会赶来。可是到了现在，我们的人数只有4万。关于这件事，希望你能对我进行详细的说明。

因为将使用民工这件事忽视了，从而导致战斗的部队难以进行训练，这样将犯一个极大的错误。

在周一的内阁会议上，一定要把这个问题提出来。

首相致内政大臣 **1940年6月28日**

请你列一个名单交给我，将你俘获的知名人士罗列在名单上。

首相致林德曼教授 **1940年6月29日**

有些多管发射器以及火箭，不管是在云雾中还是在黑夜里都可以用雷达来指挥，要是这种多管发射器以及火箭，我可以拥有很多，并且还拥有那种可以在白天很好的使用，在月夜以及星光下效果不是特别好，但也能使用的近炸引信，那么对于防御空袭来说，会起到关键性的效果。所以，现在最首要的目标，就是制造这种将各种性能结合起来的武器。在各个方面，我们离这个目标都已经非常近了，不过，好像也遇到了很难处理的问题。为了能让我给出最高的优先权来推动这件事，我希望你能将自己的看法以及事实总结起来，然后作一份报告给我。

首相致林德曼教授 **1940年6月29日**

就我所了解的情况来看，已经有大部分的封锁失去了作用，在这种境况里，大规模地空袭德国，是我们握在手中的仅有的决定性武器了。

在不久的将来，我们有可能将重担卸下，前提是我们不用在法国维持一支军队，也不用为法国提供牛肉、煤等一切供应品。希望可以交给我有关此事的报告。

有关供应牛肉的问题，受到的影响已经到了何种程度？现在，我们已经没有义务为法国军队提供牛肉了。为什么与重型军火工人的配给量相比较，国内军队的配给量会多那么多，这实在让人想不明白。虽然我还难以确定具体哪一方面会受到影响，但发生的这些事情，肯定会影响到冻肉与鲜肉的麻烦问题。

7 月

首相致伊斯梅将军 1940 年 7 月 2 日

有数百名德军乘坐军队运输艇在泽西岛或戈恩吉岛进行登陆，要是这种假设成真的话，那么就应该马上对晚间偷偷登陆这两个岛，将侵略者击毙或者俘获的方案进行研究。这项工作让突击部队来承担正好。应该会很容易从居民或者撤离的人里面探听到有用的消息。敌人在进行战斗的时候，用航空母舰将增援运送过来会是唯一的办法。这样一来，对于空军战斗来说，就出现了一个非常好的时机。请一定要制定一个方案交过来。

首相致外交大臣 1940 年 7 月 3 日

有很多具有影响力的法国人，他们归附于贝当政府，这些人在我国以及法国驻英国的军事人员里，大肆进行有效宣传，对我们公开并且积极展开的帮助戴高乐的所有政策进行反对，这一点我坚决不能容忍。在我看来，这些事都是非常重要的：在摩洛哥尝试建立一个法国政府，将“让 · 巴尔”号以及其他舰只的控制权争取过来，从大西洋海岸的某个基地，在摩洛哥打响一次战役。在原则上，内阁对这种尝试是非常赞成的，并且，除了一些细微的技术问题，为了要采用那种消极的防御方案，而要放弃这个尝试，我基本是不会同意的，并且那种防御方案也早被证明会损害我们的利益。

(限马上行动)

首相致海军副参谋长及海军助理参谋长 1940 年 7 月 5 日

现在德国人已经把法国所有的海岸都占领了，在海峡护航船队方面，你们曾作出了什么样的部署？希望你们可以用书面的形式将这件事告诉我。昨天我们的护航船队遭到了敌人的飞机以及快速鱼雷的轰击，而且轰击的程度十分严重。“已经控制住形式，并且空军也正在进行有效的协助”，我希望今天早上能够得到上述这样的保证。

首相致海军大臣、陆军大臣及空军大臣

（由爱德华·布瑞奇斯爵士实施） 1940年7月5日

有些人告诉我，说因为难以得知更多军事方面的情况，所以战时内阁以外的“高级别”同僚感到非常的不高兴。要是每一周都进行一次集会，那么三周时间三军的每位大臣都能跟他们进行一次会面了。我认为，这对于你们来说，算不上一个沉重的负担。未来的作战计划对任何人都不可以说起，永远都只能让极少数人知道这些计划；不过，可以多谈谈有关过去的解释以及对现在的介绍。我想，你们肯定会赞同以上的方法，所以我让爱德华·布瑞奇斯爵士将指令发出去了。

首相致雅各布上校 1940年7月6日

关于敌人打算空袭或者登陆的所有新迹象的具体报告，请你在今天的时候从联合情报参谋部那里索取。今天晚上，把报告交过来。

首相致飞机生产大臣 1940年7月8日

由于现在战争局势情况非常严峻，所以对于战斗机的需求变得非常急切；在将敌人攻击粉碎以前，战斗机的制造应当是最为重要的任务。但是，在我对怎么赢得这场战争的问题进行周详的考虑的时候，我发现，值得信赖的方法只有一个。从大陆陆军部队来看，我们并不具备战胜德国的军事力量。那些封锁都被破坏了，希特勒能够从亚洲或者可能从非洲得到物资。要是在这段时间里，他被打退或者不再打算对英国发动攻击，那么他就会回过头往东去，而我们想要阻挡他，也没有足够的能力了。可是如果英国用非常大的重轰炸机对纳粹的本土实施破坏性以及摧毁性的轰击，那么就可以迫使他再回来，并将他击溃。为了可以用这个方法将他击败，我们一定要拥有必需的条件，因为除此之外，我还没有发现其他什么方法可以打败他。要是目标比空中优势低，我们就不能接受。何时才能将空中优势占据呢？

首相致空军大臣 1940年7月11日

就普通情况来说，轰炸机遭受的损失好像不至于如此严重。对不来梅进行轰炸的飞机里，每六架里面，还能飞的只剩下一架，这是让人最为担心的地方。对于以下这些事我们需要付出非常大的代价：(甲）对德国的港口以及被德国掌控的港口和河口的状况进行侦察；(乙）轰炸侦察中发现的驳船以及聚集的船只。另外，对德国展开远距离轰炸，有一点值得注意，那就是轰炸要时常不断地开展，但同时，要尽可能节约飞机以及人力。组建大量的轰炸机队是最为重要的，可是现在数量还不多。

首相致内政大臣 1940年7月11日

我觉得你应该起草一项提议，在眼下的战争时期，只要是没有通过国务大臣批准，而擅自离开岗位时间超过六个月的议员，应该将他的议席撤销，这一提议对所有议员都适用。

首相致伊斯梅将军 1940年7月12日

那些小型圆掩体的仿制以及安装工作完成得怎么样了？可以在机场的中间设置这种掩体，并且可以利用压缩空气瓶，让它变高两三英尺，就像一个对机场进行操控的角楼。我第一次看到这样的掩体是在上周，我去视察兰利机场的时候。从防御伞兵这方面来看，这是一个不错的办法，应该要大力推行。对于这件事，希望可以制定一个方案交过来。

首相致陆军大臣 1940年7月12日

如今，在部队里宣扬你的政绩的时刻到了，具体措施是给全部的团以及单位发放小的徽章以及勋章，他们非常喜欢这些。曾经我看到伦敦的爱尔兰士兵佩戴着绿色还有孔雀蓝的穗子。筹集制造铜徽章的费用对我们来说是很容易的，要用到的金属也非常的少。对于各种形式的团队会长标志，我们都应该予以鼓励。在法国的军队里面，有一种较为新鲜的方法：官兵们佩戴的还有一种团队徽章，这种徽章不是正式的，他们向人民赠送这种徽章。这个方法我非常看好，我们那些即将要长期处于艰苦生活中的官兵们肯定会因此感到开心，这点我坚信不疑。对于军乐队，你所采用的那些方法，我觉得非常不错，他们在街头的演奏，我们何时才能听到？就算是阅兵游行的规模不大，那也会非常有好处，尤其是在类似于利物浦及还有格拉斯哥这样的城市。总而言之，只要是在部队并且有又有闲暇时间的地方，就应当想办法进行军事表演。

首相致伊斯梅将军，转参谋长委员会　　1940年7月12日

1. 我们跟意大利军队所进行的那些接触，让我们觉得，针对意大利本土，我们能够从海上以及空中展开一次更为激烈的攻势。看来很有希望让舰队更无约束地使用马耳他了。利用各式高射炮还有飞机对马耳他的空中防务进行大力增强，应该对此制定一个方案。用“掷蛋者”布置空中布雷屏，曾经也觉得在这个岛是可以收到效果的。最后还要说一下光电引信，到8月底，就可以制成这种引信了，在白天使用，所产生的效果会非常不错。要是在那个地方，我们可以拥有一支更强有力的空军部队，那么就不用那么担心敌人的报复了。

2. 马上将具体的方案制订出来，用最快的速度对马耳他岛的防空力量进行提升，我希望能够在三天内将计划交过来，并且，对时间进行的估算也要附上。在大炮还没有送出去的时候，就应该通知马耳他岛，让他们准备好炮位。

首相致伊斯梅将军　　1940年7月12日

请向参谋长委员会转告以下通知

国王陛下政府已经确定了的方针是：让法国部队成为一个可以在海、陆、空作战的优秀的顽强的部队，对他们进行勉励，让他们心甘情愿地与我们并肩作战，给予他们极大的照顾，将他们对于法兰西国旗的情感激发出来等等，同时，应该将它们看成法国的代表，他们代表着法国继续作战。有效实施这一方针的任务，应该由参谋长委员会承担起来。

对于波兰人，这一方针也同样适用；还有对于荷兰、捷克及比利时在我国的部队，以及反纳粹的德国人的外籍军团，这一方针也是适用的。不应该单纯用管理上的不方便为借口，而对这项方针造成阻碍。现在大不列颠正在孤军奋战，要让这一场战争具有普遍的国际性质，我们的能力以及威望才会得到大幅度的提升。

我希望能够得到一个承诺，那就是保证不遗余力地去实施这个方针。我发觉奥林匹亚的处境非常糟糕；毫无疑问的，这是因为有些军官在从中作梗，对法国士兵志愿参战进行阻拦。眼下有一个机会，可以对法国人进行帮助，他们会在7月14日举行庆祝仪式，并且在那天他们会敬献花环给福煦的雕像，我们可以借机帮助他们让仪式取得巨大成功。

首相致伊斯梅将军 **1940年7月13日**

提醒海军部队对这些舰只，尤其是“西方王子”号的重要性要多加关注。它有着什么样的速度？要是我们的这5万支来福枪蒙受了损失，这将成为一个劫难。7月8日到12日之间，运输船队会从纽约起航，还是要提醒海军部队这些船队的重大影响多加注意。各个运输船队进入危险地区的时间是何时？什么时候能够抵达？希望能向我汇报你们所采用的办法。

首相致爱德华·布瑞奇斯爵士 **1940年7月13日**

我收到了来自各个方面的提议，觉得蒙羞祈祷日的活动应该再开展一次、大主教对于这件事有什么样的观点，你能不能私下询问一下？

首相致伊斯梅将军 **1940年7月14日**

有一件事我认为至关重要，那就是眼下每个人都应该多注意自己的防毒面具。按我的猜想，这些防毒面具里有大部分都应该要仔细检修了，希特勒对我们使用毒气计划的可能性非常大。这项必需的检修工作该怎么下手去做，你能不能研究一下？应该马上采取措施了。

首相致伊斯梅将军，转空军副参谋长 **1940年7月15日**

你所提出的，在眼下的月盈时期展开轰炸的那个计划，我十分的赞同。可是在基尔运河，我们为什么没有取得任何的效果，这一点我想不明白。这个计划可以制止那些做好准备的驳船以及船只由波罗的海出发，侵略我们，所以这件事情是最为重要的了。据说，你投掷了一些炸弹在这个区域，但是却没有取得效果。我希望你可以告诉我，在这一方面，你以前的方法是怎么样的。空袭开展了几次，投掷的炸弹有多少，所使用的炸弹是哪种类型，为什么到了现在，运河还是畅通无阻的？你能不能拟定一个方案，可以使将来取得更好的结果？当然，这件事是极其重要的，现在，正是关系最重大的时刻。

首相致伊斯梅将军　　　　**1940年7月15日**

为了避免遭受轰炸，在14英寸口径大炮的上面加建防护设施的事情，一定要落实到位。应该像沿海架设的6英寸口径大炮上面那样，将钢架安装起来，在钢架上盖上沙袋。所有都要进行伪装。你会了解到，在发射了120发之后，就一定要更换大炮了。这时候就必须将钢架拆除，等更换完大炮，再将钢架重新安装起来。我想，这应该不是什么困难的事。

首相致伊斯梅将军　　　　**1940年7月18日**

希望能够不断对陆军部进行督促，让他们依靠建立工兵营或者别的什么方法，将外籍军团争取过来。请每一个星期交一份报告给我。

首相致内政大臣　　　　**1940年7月19日**

不管是大孩子还是小孩子，我都不准备让他们送一封信给麦肯齐·金先生，这是很显然的。要是我委派什么人去送任何的信件的话，那么肯定是对于现在从本国撤离，我完全不支持。①

(限即日行动)

首相致内务大臣　　　　**1940年7月19日**

最近这段时间，我曾关注到一个问题，那就是全国各地的地方长官还有其他法院在执行的近期案件以及规定里面，判处的泄露机密案件非常多。应该让内政部再次审核所有这类案件，国王陛下有意赦免那些对国家并没有恶意的人，或者

① 这里指政府发起一个计划：让儿童撤离到加拿大以及美国。可是在1940年9月17日，“贝拿勒斯城”号被潜艇击沉之后，就放弃了这个计划。——原注

是那些造成的危害并不严重的人。从那些近期造成轰动的案件中，你挑选几个出来，用公开的形式进行赦免，这样就能形成一种必要的指引，给地方法官看，要是没有这种指引，对于议会的意图以及目的，他们将很难领悟。

首相致海军大臣及第一海务大臣 1940年7月20日

在以前，我就提醒过你们对这样的危险要多加注意。我觉得，让“胡德”号在直布罗陀港停靠着是不对的，在那里它将陷入一种危险之中，那就是随时都可能遭遇榴弹炮的袭击。“胡德”号和“皇家方舟”号都应该出海进行巡航，并且应该根据情况来决定，是不是要让“勇敢”号和“坚定”号一同前去。要是西班牙的局势没有再度恶化，它们就还能回到原地，进行燃料的添加，或者是去执行别的任务。请告诉我你们的观点。

首相致外交大臣 1940年7月20日

有关中日之间达成周详的、公平的以及得体的和平这件事，你觉得我们是不是不用太急躁？对于这种和平，蒋介石是不会接受的；亲华的人士也全部反对；这对于我们处理滇缅公路问题，不仅没有任何帮助，还会让问题变得更加困难。我觉得，对于我们来说，让日本人从他们所纠结的事中解脱出来，是没有一点好处的。将这件事暂时放置一个多月，然后再看看情况会怎么样，难道不是一个不错的办法吗？

首相致陆军大臣 1940年7月20日

韦奇伍德写了一封关于“伦敦防务”的信，请认真地参阅这封信。就我看来，在计划上，对于政府的中心区域，只需要按照能够防御500名伞兵或者第五纵队这样的规模来进行安排就可以了。如今的计划怎么样了？打算应对的规模是多大？

乔斯是一个非常开朗并且大度的人，你可以帮他一些忙。

首相致不管部大臣 1940年7月20日

我们是不是正在对国内的木材资源进行合理地开发，从我所得到的消息来看，我对此保持怀疑。

当然，这件事主要是由军需大臣来管理的。近段时间，他已经就这个问题进行了一些内部的整顿，这点我是知道的。

首相致伊斯梅将军　　1940年7月21日

关于保护白厅、中央政府等地方的方案，希望你们可以提出一份报告交给我。打算进行的防卫，能抵御多大规模的攻击，这个方案由谁来负责？设置一道反坦克屏障在圣詹姆斯公园是为了什么？这样做得到了谁的指示？撤销的命令是什么时候下达的？

首相致伊斯梅将军　　1940年7月23日

据说，要是停放更多的油车在机场上的话，那么给战斗机加油就会变得更加快速，我希望可以马上采取行动，让加油的设备能够增加一倍，或者是得到大幅度增加，因为在空战中，让战斗机再次飞上天空，所节省下来的每一分钟都是极其珍贵的。

首相致陆军大臣　　1940年7月23日

我对你提出了下面这个问题：在冰岛上面，是不是正在浪费着加拿大第二师还有它的所有作为。到现在，我似乎还没有收到你对这个问题进行的回答。

首相致陆军大臣　　1940年7月23日

1. 在各个被压迫的国家中德军的最详细情况，要尽一切努力获取。同时，要与当地居民取得密切联系并且将情报人员安插进去，这一项工作肯定是十分紧急并且必须完成的。经济作战部新成立了一个机构，我希望对于这项工作，这个机构正在抓紧时机大规模开展着。这样的工作，任何一项都不带有军事行动的性质。

2. 对于这些海岸国家，要是使用以前在布洛涅和格恩济岛那种无知的策划不当的方式去进行骚扰，是十分愚蠢的。那种小规模袭击的举动一定要严格禁止，并且，为了不激怒沿岸居民，导致他们与我们对抗，一定不要发布那些让人厌恶的公告。

3.5000 人以上 10000 人以下的规模被看成是中等规模，现在罗杰·凯斯爵士正对这种规模攻击的所有计划进行探究。这种袭击，在今年冬天可以对法国海岸开展两三次。一旦等到入侵的危险减小或者消失，而罗杰·凯斯的书面方案也完成的时候，我们就一起进行商议，并且下达命令，让参谋人员着手进行周详的准备工作。要是能够顺利开展这种中等规模的攻击，那么利用小股军队对法国海岸进行骚扰的提议，也不会有人反对了。

4. 在 1941 年的春季以及夏季，展开规模宏大的装甲部队的突袭行动一事，应该要进行预算了。有关这方面的物资筹备已经走到我们前面很远了，如今只要大概探究一下这种类型攻击的可能性就可以了，在 8 月底之前，关于这件事各种的命令都没有必要下达给参谋部。

首相致伊斯梅将军，并转参谋长委员会　　　　1940 年 7 月 24 日

应该将步枪还有弹药发给所有的外籍军团，当然，反纳粹的德国人必须除外，可以先让他们当工兵。当然，我们肯定已经探究过了，在武装外籍军团[①]的时候，到底是用国民自卫军手中的那些英国军用步枪（现在正在用美国步枪替换这种步枪），还是直接就用美国步枪。概括来说，我支持前一种方法。在不久的将来，我们很可能会需要波兰人及法国人在国外进行战斗，所以，将波兰人和法国人重新武装起来，是最为紧迫的了。光说步枪，在优先权这方面，外籍军团的武装应该要在英国军队的后面，但是要在国民自卫军的前面。就算要从我们自己的军队中拨出一些轻机关枪等武器，我们也应该要为他们配发一部分这样的武

①　……法国人　2000
……波兰人　14 000
……荷兰人　1000
……捷克人　4000
……挪威人　1000
……比利时人　500
……反纳粹的德国人　3000
……共计　25 500 人。——原注

器。有关为他们提供大炮的事情，进行得怎么样了？只要分配几门“七五”炮就行了。应该尽可能将波兰军队训练成熟。关于人数以及武器，请每一周都给我送一份报告。

（限当日行动）

首相致海军大臣、第一海务大臣及海军副参谋长　　1940年7月25日

在三周前，我曾谈到了在入侵部队登陆地点的后方布雷这个计划，当时海军参谋部已经认识到了这个计划的意义，但是现在我不禁觉得，这个计划的意义比他们所认识到的更大。在这段时间，我曾经将便函送了过去，提请你们对此再多加思考。

入侵部队的登陆时间如果是在晚上或者是早上，那么在白天的时候，我们的小型舰队就可以从后面对他们发动攻击，但是这些小型舰队又会遭受激烈的空袭，这一部分是空战中必不可少的。可是，在夜幕降临之后，为了将登陆地点的所有支援阻断，在接近海岸的地方可以部署一层或者是一道水雷，一旦完成了水雷的布置，对空袭也就不需要进行防御了，所以，在第二天的时候，小型舰队也不用驶回来，这样一来，空袭以及防空中的损耗就可以避免了。不管怎么样，我都觉得，为了对敌人的登陆进行封锁，必须在使用小型舰队进行袭击以及安插水雷这两个里面选择一个，不然的话，就是毫无远见。在登陆的时候，敌人可能选择了好几个地方，你们可以对一个地方进行水雷封锁，这样就可以对另外一个地方发动攻击。要是登陆的敌人占领的不仅是一片海滩而是一个港口，那么理所当然的就要更为广泛地运用上述的办法了。

对于这件事，请多加留意，并且，哪些船只能够使用，这些船只什么时候可以准备就绪或者改装完成，请向我进行汇报。

首相致海军副参谋长　　1940年7月25日

请提出一份报告给我，说明一下对德国、荷兰及比利时港口用水雷以及障碍物进行封锁的事，已经开展到什么地步了。

首相致外交大臣 1940年7月26日

应郭先生[①]的请求，我昨天接见了他，并且关于滇缅公路的情况也非常坦诚地向他进行了说明。我通过外交部送给蒋介石的那封信，我也亲口对郭先生说了。当然，他非常急切地要我说明，三个月的期限到了之后，应该要怎么办。我回答，我没有办法进行预测，所有的事情都要依照那个时候的情况才能判定。我对他进行承诺，强迫蒋将军违反自己的意思以及政策来接受条件或者进行谈判这样的事，我们绝不会做的。郭先生看起来好像挺满意的，但是脸上还是透露出了一丝担忧。

首相致财政大臣 1940年7月28日

英国人民的财产既然已经被罗马尼亚政府征用了，那么我们为什么不能对罗马尼亚人表态，为了弥补我国人民的损失，我们将要使用他们的冻结资金？大概在六个星期之前，罗马尼亚在伦敦的财产已经被你查封了，这点我很清楚。这些人对我们采用的手段实在是太卑劣了。

8月

（限即日行动）

首相致海军大臣及第一海务大臣 1940年8月1日

现在对“俾斯麦”号还有“提尔皮茨”号的行踪进行侦查是极其重要的，因为日本已经采取了一种威胁性的态度。请把你们最近得到的消息都送过来。由于在接下来的几个月里，这些舰只的活动充满了危险性，所以我觉得，空军应该想尽一切办法让这些舰只的战斗力丧失。

要是日本对我们宣战，或是逼迫我们进行战斗，我觉得，你们应该将以下舰只派去新加坡：“胡德”号；三艘巡洋舰，装备有8英寸口径大炮；两艘“拉米伊”级战舰以及12艘远程驱逐舰。

已经完成的日本战斗巡洋舰的图例，也就是它们的结构细部图，请把它交过来。

---

① 此处指的是郭泰祺（1889—1952），当时郭泰祺正担任国民党政府驻英国大使一职。——译注

（限即日行动）

首相致海军大臣及第一海务大臣 1940年8月2日

一定不要如此广泛地部署我们的舰只，不过，对于海军部所提出的应对紧迫局势的原则，我是完全赞同的。与“威望”号相比较，我认为“胡德”号具有更强的震慑力。关于在空中对“俾斯麦”号和“提尔皮茨”号进行攻击一事，请就其可能性提出一份报告给我。我觉得这是必备的重要过程之一。另外，现在没有必要作出任何新的措施，来应对日本即将展开的军事行动。

听说，我们的三只油船在托利岛周围的海面上被击沉，这引起了我极大的关注。希望可以将几艘驱逐舰从东海岸那里调遣过来。但是，最好等到8月的月盈期过了之后，我们再着手进行此事。在这时，也要给部队分配美国的大炮以及步枪了。

（限即日行动）

首相致伊斯梅将军 1940年8月2日

1. 对空军部增加飞机驾驶人员的数量以及对驾驶人员进行训练的方案进行审核，是我下周最主要的一项工作。请先征询一下比弗布鲁克勋爵的观点。

2. 在秋季的时候要给部队教授战略课程，有关于这件事的计划，希望你能提出一个报告给我。

3. 回收各种废铁的工作，已经进行了什么样的部署？希望将一页简洁的单页报告交过来，对今年的进展进行阐述。

4. 我在海军部任职的时候，对于船舶打捞维修的工作十分有兴趣，并且在四个月以前，在那里开展了一次会议。那个时候，这里的工作由一位海军军官主管，也就是蒂尤尔上校。请提出一份报告给我，说明一下从那天之后，在船只打捞和维修方面，开展了些什么样的工作。

5. 一旦遭遇攻击，防空大队还有警察应该承担何种任务，对此我也期望能在这星期内，得到一个结论。这件事首先是由掌玺大臣来解决的。与此同时，有关允许将防空大队队员调到国民自卫军里，并且让他们一去就能够参加斗争的事情，我们也应该思考一下了。停止或者控制防空大队队员的酬劳已经到了何种地步？应该继续控制这种酬劳。

6. 关于坦克师的发展以及将来建立坦克师的方案，希望你能就此提出计划，向我进行汇报。到了1941年3月31日的时候，装甲师应该有5个了，到了5月底的时候，应该在此基础上多加两个。现在在这件事情上，人力以及物力的趋势怎么样，希望你能告诉我，也希望你可以告诉我近期关于装甲师的编制和组织的看法。所有这些事都应该写在一页纸的报告上，将所有主要的以及次要的要点都说明。

首相致伊斯梅将军　　　　1940年8月2日

有一件非常要紧的事，那就是赶制国民自卫军的制服。希望你能将交付制服的时间预估出来，并告诉我。

(限即日行动)

首相致海军大臣　　　　1940年8月2日

不论在何种境况之下，只要发现了敌人的舰只，就击沉它，或者说，没有采用适当的手段来保障船员的安全就把船击沉，这样的事我是不支持的。将这样的情况除外，要是由于空袭或者别的军事原因，导致无法将俘获的船只当做战利品带回港口，那么对于将敌人舰只击沉就没有理由不支持。很容易就能看出将船只击沉，将珍贵的吨位损失所带来的坏处。在20次里面，海军部难以遵照常用的办法，派遣一批船员登船将船开回来的次数居然有19次，这一点我始终搞不明白是为什么。我赞成对“荷尔弥恩”号[①]所采取的措施，在处理这件事时，是符合上述的总原则的。

---

① “荷尔弥恩”号是一艘希腊的小轮船，在1940年7月28日的时候运送军事物资去意大利，在途经爱琴海时，被我们的巡洋舰截击。我们的巡洋舰在截击时，被飞机袭击了。所以，我们舰只把“荷尔弥恩”号击沉了，让船员登上接近陆地的小船。——原注

首相致爱德华·布瑞奇斯爵士 1940年8月2日

应该将放假以及减少工时的所有问题尽快提出来，交给内阁来研究。现在说危险已退去，实在是言之过早。对工人说，他们已经疲惫了，这种做法犯了大错。不过，换一个角度来说，稍事休息也是很有必要的。为了在内阁商议的时候，可以有贝文先生、比弗布鲁克勋爵及军需大臣的意见当作参考，请你与他们联系一下。关于文职官员以及各位大臣和高级军职人员的假期，正在进行怎样的安排，我也想了解一下。对于这件事必要有一个定论，不过我们应该要极其谨慎，免得在安逸的氛围中被敌人突袭。

首相致掌玺大臣及内政大臣 1940年8月3日

针对敌人入侵时警察应该担负的责任一事，默第斯通勋爵提出了备忘录，这份备忘录已经随信附送过来了，在这份备忘录中提出了一个非常难的问题，一定要快速将这个问题处理掉。有这样一种做法：在任何被入侵的地方，警察应当对人民反抗敌人的行为进行制止，并且放下手中的武器，变成敌人的奴仆。显然，对于这样的做法，我们不能负责。坦率地说，对于规章制度中需要进行改进的那些地方，我还没有想出符合实际的方法。可是，从原则上来说，警察似乎应当是随着最后一批英王陛下的部队，由所有被入侵地区进行撤离。对于防空大队以及消防大队等队伍来说，这个原则也是同样适用的。他们会撤离到别的地区继续服务。或许，在对入侵进行公布的时候，警察、防空大队、消防队等队伍就应当融入到军事力量中去。

首相致伊斯梅将军 1940年8月3日

请将所有与法国或其他被占领国家相关的情报送给莫顿少校，由他来向我进行汇报。这个指令一定要落实到位。

首相致陆军大臣 1940年8月3日

让戴高乐将军的那三个营，还有坦克连和司令部等具有完善的装备，是至关重要并且十分紧急的。因为如今看来，在不久的将来很可能要使用戴高乐将军的一些兵力。很显然的，这些事已经在进行中了，可我还是希望尽一切努力加速进行。

昨天莫顿少校的备忘录你已经见到了，请告诉我，见到这个备忘录之后，情况有了什么样的改善。

首相致爱德华·布瑞奇斯爵士及其他有关人员 1940年8月3日

1. 不管生产委员会同意还是不同意，我认为有关工厂工作以及全体员工假日的通令，也应该让劳工大臣在周二的时候交给内阁。或许我们应该只是这样宣布一下："正在尽一切努力这样局部地进行交错假期的安排"，或者是与之相似的话，因为假期我们是肯定要给予的，可是绝不能营造出假日的氛围。

2. 霍勒斯·威尔逊爵士给各个部门的信函，我都十分赞同。在写这些信函的时候，也是遵照了我的指示。

3. 对于各位大臣的假期，要是你进行了修整，并且让三军对驻扎在政府中心区的高级军官也作出了相同的假期安排，我会感到非常的开心。

首相致爱德华·布瑞奇斯爵士 1940年8月4日

就初次在多佛尔使用带铁丝的不旋转投射弹部署空中布雷屏所提出的报告，附在了该备忘录中，我已经将这个报告送给我的同事们进行传阅。看来，这种武器具有至关重要的作用，对于地对空的防卫来说，尤其是对那些很容易被俯冲轰炸的船只以及港口来说，将会出现关键性的扭转。

首相致林德曼教授 1940年8月4日

在对第二年的粮食、航运以及农业政策方面的集中讨论，你做了哪些工作？我认为，应该在运输粮食的时候，使用1800万的吨位，耕种的田地再多加150万亩，并且在有关提高粮食分配以及进一步做好粮食储存工作方面，下令粮食部拟定一份方案交上来。以上述条件作为基础，这应该是很容易做到的。

首相致空军大臣及空军参谋长 1940年8月4日

将德国主力舰摧毁的任务，由于日本采用对抗举动的危险，而变得更加重要了。据我所知，空军准备，一等到月光充裕，就马上对这些船只展开迅猛的攻势。

以下这些舰只都是非常重要的目标:停泊在基尔运河码头的“沙恩霍斯特”号和“歌奈森诺”号;停泊在汉堡码头的“俾斯麦”号;停泊在威廉港的“提尔皮茨”号。就算是只让“俾斯麦”号耽误几个月的时间，也会对海上力量的所有平衡带来极其重大的影响。请告诉我你们的想法。

首相致伊斯梅将军　　1940年8月5日

从法国非占领区得到的情报，不管是在数量上，还是在质量上，都让我非常的不满意。似乎我们与这些地方的隔离状况，已经类似于与德国的隔离状况了。要是这些报告都是经由情报机关筛选过和做成简要摘抄送过来的，那么这并不是我想要的。现在，这些报告正由莫顿少校为我进行审核，并且将他觉得重要的报告提交给我。全部的报告都要经由他过目，并向我提交切实可靠的报告原件。

另外，对于如何改进以及展开我们有关法国的谍报以及如何让谍报人员持续来往，希望你能就此提出建议。要是有必要的话，为了达到这个目的，可以让海军方面提供便利。就现在的维希政府而言，我们所得到的情报只有这么一点点，这简直是微不足道。对于美国、瑞士以及西班牙的情报人员，已经如何利用了?

首相致伊斯梅将军　　1940年8月5日

订制20个一组、10个一组、5个一组的不旋转投弹多管发射器以及单管发射器的订单有多少?

(1) 普通火箭

(2) 空中布雷

(3) 光电引信

(4) 无线电引信

以上这些东西有多少已发了订单?以上这些东西，在六个月内，估计能交付多少?

为了代替空中布雷，架设在英国军舰上的多管发射器很快就要使用光电引信了。这就要求对发射管进行改装。在这种改装变得适合需要的时候，能够立刻在英国军舰现有的炮架上安装新的发射管，为了达到这个目的，海军部应该尽早对此进行探究。

海军部也应当要提出一份报告，说明一下利用军舰上的大炮对短的空中布雷进行发射的研究工作有没有新的进展。在我离开海军部以前，也有一些相关方面的研究，我希望能重新了解一下这些研究的情况。

首相致矿产大臣 1940年8月6日

听说，为了准备给冬天使用，在夏天的时候你就把大量的煤储藏了起来。这是一个极为明智的防患于未然的方法，我非常想知道这个举措已经进行到何种地步了。去年1月份的时候，我们的燃煤非常匮乏，导致我们极其焦虑。对此，我希望你可以采用一些防患方案。

首相致陆军大臣 1940年8月7日

为了使用如今已经大批量生产的黏性炸弹，对士兵进行了训练，请告知我，对于这些训练进行了什么样的安排？

首相致伊斯梅将军 1940年8月9日

记载了各项进口计划的报告书，请你向军需大臣索要一份。有关这些项目，应该要向林德曼教授征询建议。请送给我参阅一下。

你还没有就战争第二年的方案，分条仔细地向我进行汇报。

首相致陆军大臣以及帝国总参谋长 1940年8月9日

按照比例来看，第一师所拥有的装备已经非常高了，并且还将国民自卫军的一个旅囊括了进去。我发觉，这个师分布在海滩的各个地方，并且没有留下后备部队以作反攻之用，对于这件事我感到十分的担忧。如今仍然闲置着没有上前线的师还有几个？是什么原因导致在海滩的各地部署了大批配有大炮等武器的师？

首相致比弗布鲁克勋爵 1940年8月9日

要是在制造飞机与制造坦克之间，必须选择一个放慢速度的话，我甘愿将坦克的生产牺牲掉，可是我认为情况还不到这种地步，因为它们之间还没有那么多相矛盾的地方，应该是能够进行协调的。从你的话语中，我可以推算，你认为与军需大臣协商处理是能够做到的。

首相致新闻大臣 **1940年8月9日**

有一点非常重要，既让戴高乐将军在无线电广播中，时常用法语发表讲话，并且竭尽全力寻找办法把法语的宣传传播到非洲去。有人向我提供了消息，说比利时人会从刚果方面提供帮助。

我们与戴高乐之间达成的协约，能不能寻找出什么办法把它转播到西非电台？

首相致伊斯梅将军 **1940年8月10日**

关于将美国的“七五”炮分发给部队，以及将0.300来福枪分发给国民自卫军的报告，请每周为我准备一份，并且要在报告上说明，在得到来福步枪之后，他们交出的“李梅特福”式步枪有多少支。请马上开始这项工作。

首相致伊斯梅将军，转参谋长委员会 **1940年8月10日**

在参谋长委员会与本土防御部队总司令商谈之后，首相希望能将驻守海滩各个地区的部队以及后备部队所用的小型武器弹药的状况汇报给他。

首相致矿产大臣 **1940年8月11日**

现在出口市场出于停顿之中，我坚信你会趁此机会，在全国范围内，将我们的储藏量提升。对于这些事，尤其是地位非常重要的煤气、水以及电厂的储存，我希望你能抓紧时间进行。水与电的供应量提升了20%左右，这一点我已经注意到了；在对这些分布得到的存储进行积累的时候，一定不能出现不恰当的处理，对于它们，我们迟早会用到的。

为了让运输大臣对铁路的情况多加注意，我要给他一份备忘录。

你的计划，因为法国的沦陷以及我们的出口市场失去了四分之三，而被严重打乱了，对此，你肯定会感到极大的压力。为了提高生产，你作出了所有的努力，在这之后，很难对突然到来的衰败进行解释，可是，我坚信，人们肯定能够理解这一点。你对我说了肯特郡矿工那些顽强不屈的作风，我觉得，这种精神体现，确实让全国工人感到振奋。

首相致新闻大臣 1940年8月11日

尽可能将法国的新闻在北非以及西非进行广播是极其重要的，因为对于戴高乐将军，我们设计了一些活动。一定要让英国的广播公司对这一要求进行配合，并且请你在周一的时候交一份报告给我，说明所有的部署都让人感到满意。

我没有必要太过于强调，对于你的命令，你有权力让英国的广播公司去遵从。

(限当日行动)

首相致运输大臣 1940年8月11日

可能会有很多的困难，因为敌人的轰炸以及我们对港口的封锁而出现，对于这些困难，我希望你可以交一份详细的报告，汇报一下你们都采用什么样的应对方法。

我国的进口物资，从伦敦港进来的通常有四分之一，需要经由默尔西河的有五分之一，各有十分之一是从索斯安普敦、布里斯托海峡和亨博河进口的。对于这样的一个前景，我们一定要进行设想：这些门户中，有可能是全部，也有可能是一部分会被封锁，可能一次只对一处进行封锁，也有可能一次对多处进行封锁，可是，我坚信，你肯定拟定了各种方案，以应对各种各样的突发事件。

由于我们的船只有了大幅度的增加，或许跟缺少船舶吨位相比较，更难以处理的是港口设施以及公路设施，这对于工作的开展会形成阻碍。所以，最为重要的事情或许是为了应对各种突发事件，你所作的准备工作。

首相致爱德华·布瑞奇斯爵士 1940年8月12日

现在，在军需部的下面设置一个木材管理局是否有必要？

有关于眼下木材的状况以及政策，请向军需部索要一份简明的报告。

首相致掌玺大臣以及玛杰森上尉 1940年8月12日

或许，在众议院会议结束之前，让我对战争的情况进行总结性的讲解应该是较为适宜的，将战争第一年以及新政府前三个月的状况都说明一下。大家是希望我进行一下说明的，我认为最合适的时间是周二，也就是20日的时候。当然，这样的说明应当在公开的会议上进行。对此你们持有什么意见，请告诉我。对于这件事，可以在本周中进行通知。

到时候要是可以录音的话，那么我的很多麻烦就可因此省掉了，到了晚上的时候，可以用无线电对整篇讲话进行传播，或者是只对广泛感兴趣的一些部分进行传播。要是没有作出决策，就这样进行安排可以吗？要是不可以，那能不能在本周内就通过一个决策呢？我猜想，下院对此应该会抱支持的态度。

首相致内政大臣 1940年8月12日

有关在敌人侵入的境况之下对警察的指令的草案已经交了过来，这个草案并不符合我对近段时间内阁的决策的观点。对于非武装部队人员，我们并不奢望或者是鼓动他们加入斗争，可是，我们也不阻止他们作战。对于警察，应该将他们分为战斗人员与非战斗人员、武装人员与非武装人员，对于防空大队，也应当遵照这个方法快速进行处理。在作战时，对于周围的国民自卫军以及正规军，武装人员一定要积极地提供协助，必要的时候，与他们一同撤离；而对于非武装人员来说，在对民众执行“停滞不动”政策时，应当要提供积极的协助。要是他们处在了敌人有效占领的区域里面，他们可以投降并且屈服，就跟其他的居民一样，但是，他们在那些地方用任何的方式协助敌人维持秩序都是不允许的，在其他方面也不能为敌人提供帮助。他们应当尽一切努力为居民提供帮助。

首相致运输大臣 1940年8月13日

铁路当局储存的煤有多少，跟平时的相比较，情况如何，我希望能知道这些事。现在应该会有较多的剩余量，因为我们对欧洲的出口贸易已经处于停顿状态了。毫无疑问的，你肯定会趁此机会，堆满一切可利用的煤场，这样一来，在采煤停顿的时候，或者，甚至于在另外一个异常艰难的冬天，在各个分部合适的地点，我们都拥有非常多的藏煤，可以提供给铁路使用。千万不能因为商议价格，而将这项储存工作停止了。为了确保煤价的公平以及合理性，如果在有必要的时候，就一定要采用仲裁的方法。

首相致陆军大臣 **1940年8月13日**

对于现在国民自卫军，要是因为装备的不足以及缺少其他设施，而必须控制它的数量的话，那就可以征召一支国民自卫军后备队，暂时，只发肩章给后备队的队员，而不分配武器以及制服给他们，你认为这样能行得通吗？为了能按地区将他们组织起来，使用类似于“莫洛托夫鸡尾酒”这种非常简单的武器，并且在敌人入侵的时候能够报到，听从指令，他们现在唯一要做的就是对一些训练课程进行学习。

成立国民自卫军的主旨就是，让所有人民都有机会协助保卫祖国。我想只有采取这样的一些措施，才不会让那些入伍被拒的人们感到大惑不解，极其失望，从而让成立国民自卫军的主旨丧失。因为国民自卫军停止招募新兵，而让很多人感到沮丧以及委屈，这样的事情我急切希望能够避免。

对于这个建议，你有什么样的看法，请告诉我。

首相致伊斯梅将军 **1940年8月19日**

我听说，有关于“威迫”〔达喀尔〕作战计划的实施一事，〔约翰·〕坎宁安海军上将认为，9月12日是唯一适合的日期，要是因为暴风雨，而将这一天错过了，那么下一次时机就要在27日以及28日才出现了。要实施这个计划，只能等到潮水以及月光条件都合适的时候，这件事真假如何？从这段话里能够看出一个十分严肃的问题。要实施这个计划，必须要在月光以及潮水条件都非常理想的时候，坎宁安海军上将不应提出这种想法。虽然说条件没有达到最理想状态，可是，只要条件尚可，这个计划就应该尽快实施。在各种各样的天气以及情况之下进行战斗，这是人们一定要能做到的。要是将实施的时间拖到了8日之后，肯定会带来极大的不幸。对于这件事，请在今天向我报告。

首相致伊斯梅将军 1940年8月21日

有关火焰喷射器的观点，我不敢苟同。要处理这个问题，必须牵扯到其他形式的战争努力。敌人进攻的可能性正在快速变小。现在看来，在入侵之时，敌人不太可能排成纵队从安装有这种设备的狭窄道路上通过。成立石油作战处，是对我们的机构进行毫无必要的重复。只要有适当的时机以及场合，不管是什么方法，都会取得很好的效果，这一点我十分相信；可是，这样的时机会出现吗？要是这种时机出现了，那么它出现的场合一定是我们所设想的地方吗？要让军队沿着大道挺进，前提必须是先用小股兵力将道路扫清，并且在纵队的两边，对侧翼进行保护。

首相致海军大臣 1940年8月22日

有关于再次实施建造主力舰的计划，我正等着你提出方案呢，在上次的内阁会议中，我已经将这个计划提出来了，并也得到了内阁的准许。在处理这个问题的时候，不能将对钢材以及工人的总需求抛开不看，不过，对于再次实施这一计划，从原则上来说，我是非常支持的。

对于那些非常不幸被我们忽略了的舰只，我希望可以趁着这个机会去修理一下，将“皇家君主”级舰只改装为一只军舰，进行适当的装甲并安装上厚甲板防雷胴。这些舰只在明年攻打意大利的时候就能用上了。非常遗憾的是，现在我们还没有将它们改造完成。在再次实施建造战舰计划之前，应该先把这些船只改装了，这是理所应当的。

首相致伊斯梅将军 1940年8月24日

有关杰弗里斯少校的情况请汇报给我。任用他的人是谁？领导他的人是谁？应该将这位军官提拔到更高的位置上，因为我觉得他非常有能力，并且充满气概。为了能给他更大的权利，必须要将他提拔为中校。

首相致空军参谋长和空军副参谋长 1940年8月24日

有两件事十分重要，一是将空军中队的人数提升，二是将可以立刻投入战斗的飞机和飞行人员的数量提升。现在，参加作战已经一年了，可是我们有效装备的飞机还只有1750架，而在这里面，可以马上使用的又只占了四分之三。你不能满足于这个数字，这与我们在战前所预测可以使用的数字相比较，还少了很多。

首相致运输大臣 1940年8月25日

你交过来的有关港口清理的备忘录，我已经饶有兴致地读完了。

我发现，关于我国通过西部港口能不能得到你所想要的那种规模的供应，运输大臣还持有怀疑态度。对此，希望你能提出自己的看法。

去年冬季的寒流，引起了非常大的混乱现象，这种现象会不会让人们出现这样的疑虑：铁路系统在遭遇突变的时候，能不能马上适应过来？

在粮食或者是军需品的计划里都未曾包含石油，毫无疑问的，石油的进口安排已经做好了。现在看来，我国石油的进口，在和平时代通过伦敦和索斯安普敦的进口量达到五分之二。我们的储存量非常多，可是，要是为了减轻铁路的运输，而要更加充分地使用公路运输的话，那么理所当然的，我们的石油消耗量也会提升。

关于粮食以及军需品的进口计划，我猜你肯定跟粮食大臣以及军需大臣商议过，如此一来，要是出现了什么大的变故，就能够马上执行其他的方案。

首相致陆军大臣 1940年8月25日

国民自卫军的新突击队组织，人们将它叫作“辅助队”，对于它的壮大以及发展，我一直都满怀兴致地关注着。

我听说，当地人入侵的时候，可以把这些辅助队当成正规部队的一支有效的协助力量，因为在组织上，这些辅助队不仅严谨而且极具想象。

希望你可以随时将发展情况告诉我。

首相致海军大臣以及第一海务大臣 1940年8月25日

从附件里看出，仅仅在一天之内，就有40 000多吨的损失。我觉得这件事极其要紧，战时内阁应该要对其进行格外思考。所以，能不能请你们准备一份报告，对近期损失的数目还有原因进行说明，并且说说对于这种危险，海军部队都采取了哪些手段进行应对，你们觉得还应该采用哪些方法，在哪些方面战时内阁可以为海军部提供帮助。

关于这份报告，希望能在下周四的时候向战时内阁提出。

(限即日行动)

首相致伊斯梅将军 **1940年8月25日**

请将斯劳发生的事情立刻向陆军部进行报告。请向他们指明，大批量地将车辆聚集在一起的危险性，以及将车辆疏散和隐藏的必需性。请你让陆军部拟定一个让库存车辆尽量疏散的方案出来。车库里面是不是已经没有积压的车辆或者多余的车辆了，这一点我们也应该要查清楚。要是在一次空袭中就损失了1000辆珍贵的汽车，这会是一件让人非常痛心的事。

首相致空军大臣 **1940年8月25日**

在周四的时候，我去垦利机场进行了参观，看到了大家都在谈论的炮手，并且叫他发射了一支火箭。另外，使用这种遇险火箭的主张，是我在今年年初主持的海军部委员会上提出来的。所以，我非常清楚这个问题。空军部提出过分的请求，并且依靠着自己占据优先权的地位，对其他也比较重要的生产项目进行严重干预，这样的事情已经出现过几次了。这里有一种观点：对于防卫低空袭击来说，使用P.A.C.火箭[①]或许会是一种非常好的中间防御，不过，一定要在总的生产计划中加入这种火箭的生产。对于这个观点我十分赞同。就我个人而言，我认为，一个月制造5000枚左右就行了，不过，对于每周生产1500枚，也就是每月生产6000枚，这样的想法我更为赞同。回收铁丝的计划，要是真如你所说已经得到了更深入的展开，并且可以确保铁丝的节约也卓有成效，那么就可以按情况来提高产量。

---

① P.A.C.是“Parachute and Cable”（降落伞和铁丝）的缩写。P.A.C.火箭是不旋转投射弹的一种；1940年1月13日的一份备忘录中对不旋转投射弹进行过说明。具体请看第一卷第2版第 674页。——原注（此处的页码为英文原版页码。——译者）

（限即日行动）

首相致陆军大臣 1940年8月25日

战时内阁曾下命令，让陆军部去对延时炸弹进行处理。这在敌人进攻时，很有可能会变成他们的一种特别措施。敌人在昨晚的时候，将一些这类炸弹投到了伦敦市内，导致交通受阻。甚至于他们可能会向白厅投掷炸弹。我认为，为了应对这种袭击方式，应该尽可能想办法在大城市准备充足的清除队。为了不将人力以及物力白白耗费，这些清除队一定要具备极高的机动性。他们一定要乘坐机动车辆，可以很快地从一个地方转移到另外一个地方去。对未爆炸炸弹还有其降落的时间进行报告的事，我猜想你们肯定已经采用了一套极其周详的办法，应该将这些报告马上送到本土防卫司令部延时炸弹清除处或者是各地区的分处，我想延时炸弹清除处应该已经成立了。这项工作充满了危险性，应当将它看作十分荣耀的事，一旦完成了任务，就应该进行嘉奖。

新成立的延时炸弹清理处的方案以及人数，我都很想看一看，有关到今天为止已经完成的工作以及使用的方法，要是你能将它们写成一份简洁的报告交过来，我会感到非常开心。你所需要的那些科学界权威人士，我猜想你应当与他们有着密切的联系。

另外，现在关于空军部同样利用延时炸弹去对敌人进行报复的情况，我正在向他们索要。

（请让伊斯梅将军看一下）

首相致空军大臣 1940年8月25日

现在我们的战斗已经能进行到了如此激烈的地步了，你在这种时候仍旧要维持空运中队眼下的规模，我认为并不是很恰当。当然，将我们战斗机中队的后备力量和作战力量增强以及处理教练机的事情，是我们仅有的目的。在你的思想中，一定要让提升“战斗力”占主导地位。所有的事情都应该以它为转移，不管是行政上的便利还是地方已规定的权益，都必须以它为先。要是我坐在你的位置上，我肯定会多次搜集。有一件事让我感到十分惊讶，那就是我在赫顿机场的时候，看见了大批的飞机，我宁肯所有政府人员乘飞机进行视察的安排都撤销，也不愿意让这种事成为一个借口，不将这些力量纳入到战争之中。

我曾经进行过思考，赫顿机场能够提供的那些飞机，用来整编成为两个属于后备队的杰出战斗机中队或者是轰炸机中队，都是绰绰有余的，这样一来，原本就应该发给队员们那些飞机，队员们就能真正得到了，在合适的时候，他们可以拿来进行训练。一旦出现情况，就可以让他们加入战斗。

在非军事方面，空军可能遭遇的各种问题，你能不能每天都思考一下呢？各个基地的指挥官都想尽可能地将能力掌控在自己的手中，这是理所当然的。在海军方面，将领们也是一样的。就算你已经进行了彻底的搜集，可是过几周再去进行一次搜查，你又会再次得到很多收获。

对于你的老朋友所提出的这些建议，我希望你能多加考虑。

首相致海军大臣和第一海务大臣 1940年8月27日

下面的这个文件请转交给地中海舰队总司令海军上将坎宁安：

首相兼国防大臣指示：

主要是为了确保亚历山大才作出了这个指示。你们在马特鲁港驻扎的军队只能控制在一定数量之内，这点中东驻军总司令会进行通知的。应该竭尽全力对这一阵地实施保护，不过，要是这一个阵地以及中间的某些阵地，遇到了威胁或者是产生了什么变数，那么就要将从亚历山大向南沿（三角洲）耕种区这一条线死死守住。因为对于飞机来说，通常时速能达到300英里，并且非常耐飞，所以，与从20英里外对亚历山大港的舰队进行空袭相比较，从120英里外对其进行空袭的效果不一定会差。事实上，通常都觉得，让机场离真正的战线远一点会更好。随着部队战线的前移，机场并不会前进。在这段时间里，亚历山大的沦陷会带来多么可怕的后果，所有人都清楚，它会让整个舰队不得不从地中海撤离。怎样才能更好地保护马特鲁港以及其他阵地，要是你们能事先就向我提出十分有利的建议，我会非常的感谢。

首相致伊斯梅将军，转交联合计划委员会 1940年8月28日

很快，夜长昼短的时期就要来临了，所以，一定要重新探讨一下灯火管制的

事情。与彻底熄灯相比较，我支持采用遮盖灯光的办法。为了能做到这一点，一定要制定一套有关于利用街头辅助照明电灯的周详方案。这个方案应该尽可能地在使用煤气灯照明的整个伦敦中心区优先实施。同时也要研究，在其他各大城市中心区所使用的最合适方案，并且，审核各地区的方案。这样做的话，就可以随便对灯火的明暗进行控制，最后，听到空袭警报时候，就可以将灯火灭掉。这样的灯光本身就不能太亮了。为了可以将去年圣诞节采用的便利措施长时间使用下去，就一定要研究商店橱窗使用的减弱的灯光。有一些工厂地区，得到特许可以在夜间不熄灯继续进行工作，只要是在这些地区的周围地带，就允许采取遮掩灯光的办法，这样一来，工厂的目标就不会那么显眼。在那些空防较弱的城市，也应该考虑一下，采取在合适距离之外的空地上设置灯光以及照明的方法，以便迷惑敌人。

首相致空军大臣、空军参谋长及伊斯梅将军　　1940年8月29日

昨天的时候，我去麦斯顿机场进行了视察，距上次空袭后，已经过去的晴天有整整四个，可是我发现，在飞机的跑道上，还未填平的弹坑占大多数，可以说机场已经不能用了，这样的状况让我感到忧心忡忡。要是你想到了在斯塔文杰机场德国人做的那些事，以及在填平弹坑时他们那令人惊讶的速度，对于我们这种效率低下的修复破坏的方法，我就不得不提出严重抗议。将空军能够提供的人员算在里面，在那里能够进行工作的共计 150 人。他们所有人都作出了最大的努力。他们缺乏有用的工具，他们的所有做法，看起来与维持如此一个战斗要害的主旨完全不匹配。

最晚在 24 小时之内，就要填平所有的弹坑，那些超过了 24 小时还未将弹坑填平的情况，一律要报告给上级。应该马上组织起一些负责填坑的连队，这样才能确保这项工作取得更好的效果。举个例子，最初的时候，在轰炸最激烈的英格兰南部你可以成立两个连队，每个连拥有 250 个人。这些负责填坑的连队应该装备各种有用的工具，并且为能在几个小时之内就赶到任意一个被轰炸的地方进行工作，这些连队必须具备高度的机动性。同时，在那些受到空袭的地方，在各个机场，都应该让当地的承包商积存大量的大小石子以及其他可用的材料，这些材料和石子至少能将 100 个弹坑填满而无需进行补充。以后，在其他的地方也要推广这样的方法。这样一来，当那些具有机动性的负责修复弹坑的连队到了目的地的时候，立刻就有可以使用的材料了。

在前一段时间，我发现德国人用木箱子将石块装起来，用来对弹坑进行修复。对此，海军副参谋长在挪威战役的时候，就曾提醒要多加留意，或许，应该让你们看看他当时发给我的那封电报。

目前，是空军的哪个部门在管这件事？

填平弹坑之后，应该想办法对它们进行伪装，让它们看起来还像还未被填平，不过这仅仅只是一种修饰。

首相致伊斯梅将军　　1940年8月30日

（转所有相关部门，包括军事部门、国内保安部、飞机生产部以及供应部）

有很多的玻璃在空袭中都会碎掉，这点我们可以预料。到了冬季，玻璃可能不够，要是不将玻璃换上，建筑物将遭到严重的损坏。

所以，在使用玻璃的时候应当越节省越好。玻璃碎了，要是可以的话，就只装上一两块，其他的地方就利用木板来遮挡。大窗户所使用的玻璃我们无法提供。要是温室里面什么都没有的话，就不必要使用玻璃，这些玻璃都应该储藏起来。在麦斯顿的时候，我看见了一座非常大的温室，里面有很多的玻璃；不过有很多都碎了，不能再使用，我下令，剩余的玻璃应该要好好储存起来。

提供玻璃的状况怎么样了？看起来应该对制造商进行督促。

在政府大楼应该都只安装那种临时的窗户，这种窗户只需要使用一两块玻璃，这样一来，这些窗户被震坏的时候，只需要对那一两块玻璃进行替换就行了。针对这件事，请你提出一份周详的报告给我。

首相致伊斯梅将军　　1940年8月31日

要是法属印度想要进行通商，那么就要让他们表态，说愿意与戴高乐将军进行联系。不然的话，就不能跟他们通商！这可不是什么随随便便的事。应当对印度事务大臣进行通知。

眼下，跟任何法属地区的联系有关的事情，都是极其重要的。

首相致伊斯梅将军 1940年8月31日

另外再分配任何的巡逻战车我都没有批准过，当然，除了那批已经发往中东的巡逻战车。从原则上来说，虽然应该再分配一些巡逻战车，以便足够装备一整个装甲师，可是，要进一步从我们本土进行调遣，必须要根据我们本土军力的状况才能确定。如此重要的决定，若是没有询问过我的意见，就不能下定论；有关这方面的事情，我一定要与内阁进行商榷。

首相致军需大臣 1940年8月31日

我听到一个消息让我感到非常的开心，那就是我国的化学战用品的储量已经逐渐变多了。请将总的数量告诉我。那些必需的容器应该要跟上提供量的步伐。容器的数目够吗？请你对此多进行督促。

9月

首相致伊斯梅将军，转参谋长委员会 1940年9月1日

与降落伞比较，要是使用滑翔机更好的话，那么我们当然应该使用滑翔机，不过，对此是不是已经认真进行考虑了？为了采用一个仍抱有怀疑的、试验性的方案，而将一个已经得到证实的方案放弃了，我们有没有可能上当？请提出一份报告交给我，说明一下在滑翔机方面做了什么样的布置。

首相致海军大臣以及第一海务大臣 1940年9月1日

据你们的报告所说，你们在16日之前，难以对那些德国远距离炮台进行轰炸，这让我极其关注。你们这样会让敌人的大炮日益聚集起来，如此下去，不用多久，英国的舰只想要进入多佛尔海峡就十分困难了，并且为敌人攻打多佛尔自身创造了条件。这件事你们准备如何应对，请将你们的想法告诉我。

当根据方位架起大炮已成为事实，而我们却没有力量进行反击的时候，敌人就会开始出动，这是理所当然的。就多佛尔自身的防御而言，重炮的力量普遍单薄，

这件事也是十分的让人担心。坐看危险一天天变大，却不在事先想办法对此加以预防，这样的事我们坚决不能做。“艾里泊斯”号在 16 日的时候，肯定会遇到极大的火力，这些火力比它以及别的任何舰只在下周遇到的都要大一倍。

在上次的大战之中，我们对科诺库和比利时沿岸的其他德国炮台时常进行轰炸，这件事我仍然记得。在夜间的时候，只要将浮标固定并且利用测音设备，在射击时就能十分精准。我要提出一个要求，那就是在本周要制定一个作战计划。请看看附送过来的照片。

首相致伊斯梅将军，转参谋长委员会　　　　1940年9月1日

要是没有流多少血，甚至于不流血，“威迫”作战计划就取得了成功，那么战争局势将会变成什么样，我想你们一定也在思考这个问题。现在来看，要是戴高乐在那里以及稍微靠近北边的地方站稳了脚跟，他就会想办法在摩洛哥找一个立足的地方，我们就可以利用自己的军舰以及军队用来再实施一次“威迫”作战计划，要是行之有效的话，就马上在更加要紧的地方开展。在别的地方展开的这种作战，可以将它们命名为“威逼”。

首相致陆军大臣　　　　1940年9月1日

在今年冬天要安排部队的教育以及文娱，请就此事提出一份周详的报告交给我。这项重要的工作会交给谁?

首相致印度事务大臣　　　　1940年9月1日

1. 虽然我感到十分抱歉，但是我必须对你说：我认为，因为印度方面并不急需飞机或者是高射炮，而我们这里又在进行着激烈的战斗，所以我们不能够从这里将飞机或者高射炮调遣出去，去保护印度；将美国提供的物资拿去印度建设飞机制造工业，也是不可能做到的。为了给中东提供支援以及重新进行武装，我们已经冒了非常多的危险了，对于这件事也许有很多人会提出疑问，在我们本土战争慢慢平息之后，在很长的一段时间里，这场战争都会将我们多出来的物资占用。

2. 现在，印度不应当成为我们肩负的一个重任，而应该为我们提供帮助，这是极其重要的。现在有很多的英国部队以及炮兵在印度被困住，你要是想想这些部队以及炮兵的数量，还有在战争开始一年后，到达战场为数不多的印度军队，你就会发现，这笔买卖我们亏大了。在 1941 年的时候会在中东进行规模宏大的重要战役，要是你现在为这些战役尽一切努力将印度师组织起来，那么我会觉得十分的开心。

首相致海军大臣、第一海务大臣以及海军部军需署署长　　　　1940 年 9 月 5 日

长期以来，我都非常着急着想要将“英王乔治五世”号往北部开去。要是“俾斯麦”号竣工了，“英王乔治五世”号出现了什么变数，那损失将是非常严重的。电机工人等当然可以乘坐这艘船舰去北部，一直到斯科帕湾去。曾经，这艘船舰经过了让人焦急的长时间修复，要是在刚把它修复完成，而且又非常急需它的时候，将它损失了，那会让人非常的心痛。太恩河的防卫与斯科帕湾的比较起来，简直是糟糕透了。

(限即日行动)

首相致外交大臣　　　　1940 年 9 月 5 日

能不能给罗希恩勋爵发电报，告诉他，对于他解决整个驱逐舰问题的方法，战时内阁表示同意。并给他带去问候。

同时，还要问问那些武器的事情进行得怎么样了？这些武器包括：摩托鱼雷艇 20 艘；P.B.Y. 型〔飞艇〕5 架；飞机 150 ~ 200 架；来福枪 25 万支。除此之外还有一些其他武器。对于以上的这些武器，我想他们曾做出过承诺，并且，还另外承诺了很多。应该将这些问题马上提出，就算是一个小时也不能拖延。“要抓紧有利时机。“

(限即日行动)

首相致陆军大臣以及帝国总参谋长　　　　1940 年 9 月 8 日

有关于巴勒斯坦的骑兵师的电报我收到了，这让我感到十分开心。在整整一年的时间里，眼睁睁看着这些优良的部队闲置着，实在是令人大为心痛。见他们改编为机关枪营，然后改编为摩托部队，最后改编为装甲部队，这一切能越快开始越好。请不要让任何事情阻碍这件事。现在，要在马背上将苏格兰龙骑兵第二团以及近卫骑兵绑住，这在他们看来，无异于一种羞辱。只是让几个营队的步兵或者是骑兵骑着矮马对巴勒斯坦险峻山多的地区实施保护，这还可以说得过去，可是，这些正规的团队具有古老的传统，在这一次战争里，他们有权力闯一番事业。在这个计划得到实施之前，我希望可以见到你们的电报，表示你们赞同这一计划。

首相致海军大臣 **1940年9月9日**

你针对新计划所提出的报告，我已经参阅了。我在3月份的时候给内阁提出了一个备忘录，我很清楚，你看过这个备忘录之后，会对你的备忘录重新进行拟定。有一件事让我感到不太满意，那就是不赞成重建“皇家君主”级的舰只①。我觉得，“皇家君主”级舰只的建造应该在其他所有战舰的前面，当然，那些可以在1942年年底完工的舰只要排除在外。这也就是说，“豪”号的建造你们可以继续下去，可是考虑其他5艘主力舰的事情，就可以等到明年将海军预算提出来的时候再进行。对于中断航空母舰“刚毅”号还是暂时限制的那8艘巡洋舰的施工一事，我找不出任何理由来支持这种做法。对于全部的新舰只来说，要是最晚也可以在15个月里完工的话，那么对那些因为改装反潜艇而出现空缺的船只进行补偿一事，我肯定会准许。有些特大型号的驱逐舰可能会超过这个期限，对于这样的驱逐舰一律不能纳入战事紧急计划内。

你将最后的计划制定了之后，我们就能够开会进行商议了。

首相致伊斯梅将军 **1940年9月10日**

1. 舰队是新加坡主要的防卫力量所在。不管舰队是不是在这个地方，它都可

---

① 我在1940年9月7日的时候（应为7月15日。——译者）发出的备忘录中的建议，还有我在下面分别在1940年9月15日以及1940年12月26日发出的备忘录，具体参见《单独作战》第七章。——原注

以将保护这个地方的作用最大限度地发挥出来。举个例子来看，关于中东舰队，我们刚对它进行了大力度的加强，它们只要接到命令，用不了多久就能驶达新加坡。由于舰队在那个要塞可以添加燃料、军火以及进行维修，所以如果有必要的话，舰队在到达新加坡之前，就可以加入一场战斗中。在马来西亚就算日本人登陆成功了，甚至于已经开始包围这个要塞了，一支占据优势的驰援部队的能力也绝不会因为这样就难以发挥出来了。与之相反，那些实施包围的人才会陷入一个更为困难的境地，因为他们进入了沼泽与丛林里，与本国的联系也被阻断了。

2. 所以，强大有力的地方驻军以及海军的一般能力，应该成为新加坡防卫的基础。有一个观点完全不可取，那就是想要保护马来半岛并且守住所有马来亚，这个地域十分宽广，长达400英里，最宽的地方有200英里。对于这样的一个任务，仅仅派遣一个师过去，不管装备了如何有用的通讯工具等，都不可能取得什么效果。这个地方的大小几乎等同于英格兰，要对它实施保护，一个师能起到什么作用？

3. 现在跟以前比较起来，与日本决裂的危险并没有变得更大。要是日本人准备去攻打新加坡，那么就要把他们舰队中很大一部分运用在远离黄海以外的海域上。而实际上，他们认为，这样做是无比的愚蠢，所以他们去攻打新加坡的可能性并不大。荷属东印度群岛，对于日本来说，更具有诱惑力。一直以来日本最忧心的事，就是美国的舰队在太平洋上出现了。他们应该不会选择背水一战。他们从来都是非常慎重的，特别是现在，他们陷入对中国的战争中无法自拔，那么就更加需要慎重了。

4. 相对于去马来亚，我更愿意让澳大利亚师去印度，不过我之所以这样认为，只是源于他们在印度进行训练的话，对他们开去中东作准备更有好处。我听说他们可以在中东接受训练，这一点让我非常的开心。

5. 所以从政治时局来看，我觉得将澳大利亚第七师从它现在的驻守地点撤离根本没有必要，无论从战术上还是行政上来说，这个地方都是最合适的。应该针对这一观点，起草一封电报，发给澳大利亚政府。

首相致巴勒斯坦特拉维夫市市长 **1940年9月15日**

在最近的空袭中，特拉维夫遭遇了非常大的损失，对此我表示深深的同情。

我们共同的信念，必定会因为这种毫不讲理的蛮横举动，而变得更加坚定。

首相致海军大臣 **1940年9月15日**

1. 有关你的新计划，对于日本的数字是否正确，我保持怀疑态度。日本人的能力以及效率，经常被海军情报处夸张化。可是，对于再次实施修建战舰的方案，我是非常支持的，只要对于更为急切的战争需要来说，这种方案是合适的，那么就可以实施。有很多修建战舰的工厂以及工人，不能将它们拿去进行其他的工作。对于修建这些舰只，每年需要多少经费、钢材以及工人，请提出一份报告给我，对此进行说明。在“豪”号上面，应该要集中所有的力量。

2. 只要入侵的问题一明朗化，就马上开始建两艘“皇”〔“皇家君主”〕级军舰，并且将“英王乔治五世”号编入现役，这样的话，就能让我感到非常满意了。为了做好准备，在这段时间里，可以进行材料的积累。这样的话，由现在开始，等到18个月之后，也就是1942年的夏天，这些舰只就完工了。

3. 对于“刚毅”号的施工，你应该予以督促，不过，另外一艘航空母舰的建造问题我们现在不用去考虑，一直到明年年初为止。可是，我们在事先可以将绘图工作完成。

4. 需要三年以上的时间，才能建造成“贝尔法斯特”型的舰只，这一点我想你应该很明白。基于现在正在建造大量的巡洋舰，我认为，在今年的计划中，你最好不要坚持将这四艘舰只放进去。

5. 对于建造驱逐舰，我是非常支持的，不管这些舰只的大小如何，也不在意它们的耐航力怎么样，只要在15个月里面能够完工就行了。应该将这个期限当做不容更改的，其他所有事情都要配合这个期限。在以前，我们需要花三年的时间来建造驱逐舰，所有人都自作主张，对建造工程进行一再的修改，有关驱逐舰的图样，我想与军需署署长以及海军建设局局长探讨一下。由于只是为了这一次战争，才将这些驱逐舰造出来，所以，应该要给它们装上优良的设备，以抵御飞机的轰炸。最高时速并不太重要。当然，你说到的潜艇继续深入西部海域进行活动的事情是真的，不过，在耐航力以及射程方面，以前我们叫做捕鲸船的驱潜快艇，都表现得非常不错。

6. 潜艇已经有了一个非常巨大的计划了，对其他的作战需求已经产生了影响。我认为，你重新进行一次审核是最好的了，将财政部批准的那 24 艘除外，看看是不是还有必要再建造 14 艘。

7. 应该要多加努力，尽早将登陆艇建造出来。对于这些数字，联合计划委员会觉得够不够呢？

8. 对于反快速鱼雷艇的舰只，你的要求只有 50 艘，这让我感到十分惊讶。如果你的实力只能造出这么多，那就另当别论，不然的话，你造 100 艘会更好。

9. 就现在的来说，建造新舰中的最大的效果，应该普遍看为造船的效率以及提前完成的日期。这样做没有任何用处：将造船厂的订货单全部填满，那些所有人都知道难以交付的订单充斥着船厂。我猜想，你曾经跟詹姆斯·里斯戈爵士谈论过这个计划，并且也听到了他谈论在我们商船制造和已然减少了的钢铁产量中，这个计划会带来何种影响。在战争时期，将其他部门的资源过分的占用，是非常不对的。

10. 装甲鱼雷艇上的撞角我请海军建设局局长去设计了，现在情况怎么样了？

首相致雅各布上校 **1940年9月15日**

1. 在一年多以前，我们都觉得很快雷达就能遍布内地了。可是我们在这一年里，依赖的还是对空监视哨。在工作上，他们取得了非常杰出的成绩；可是，要是天气像昨天以及今天这样的话，就很难进行准确的观察。要是我们在内地，就算只有五六处雷达站，我坚信这对于我们在空中对敌机进行截击来说，都会极其有利。由于韦特海角的西尔纳斯岛上空，可能会成为空袭伦敦的主要航线，所以这一点在这里就显得更为重要了。我听说，作为预防轰炸的保险手段，在这一带海岸的某些雷达站拥有两套设备。或许，可以重新分配一下这些设备，让它们可以加入到战争之中。在别的地方，可以成立新的雷达站。我觉得这件事是十分紧急的。

2. 空军中将朱伯特·德·拉·菲尔德在明天，也就是周一的时候，会将全部相关的科学界权威人士召集起来对以下几点进行探讨，并在同一天向我进行汇报：

(1) 建立上面说到的雷达站的必要性；

(2)事实上雷达站的作用，还有就算只让少数的雷达站发挥效用需要多少时间。

他应该提出一个计划，尽快让 6 个或者是 12 个雷达站开始运转，同时，再建立其他雷达站以作备用。

3. 要是可以制定出一个切合实际又具有可行性的方案，我会亲自把它交给飞机生产大臣。

首相致西科尔斯基将军　　1940年9月18日

9 月 14 日的时候发来了一封电报，电报里提到当波兰政府、波兰武装部队以及波兰人民听说在最近德机对白金汉宫进行轰炸，英王及王后幸免于难的消息，他们感到非常欣慰，对此我要表达自己深深的谢意。就跟两位陛下所说的一样，这种卑鄙懦弱的空袭，只会让我们坚持抗战，直到获得最后胜利的信念更加坚定而已。

首相致内政大臣　　1940年9月18日

为了尽可能将我们的门窗玻璃炸坏，敌人将会试用磁雷以及其他的一些方案，而现在冬天又到了。我们在屋子里白天的采光手段肯定会回到一种相对古老的状况。对于国内现存的一切玻璃都应该实施管控，并且想办法将供应量提上去。应该对每一个人进行鼓励或者是采取强制手段，让他们将窗户上的玻璃拆下来至少四分之三，拆下来的玻璃留作备用。应该按照实际情况用胶合板或者是别的纤维板将窗户遮好，剩下的门窗玻璃就藏起来，这样一来，在玻璃碎了的时候，就有替换的东西了。在空袭目标聚集的地方，最好尽快将这件事办好。请马上将各个部门召集起来开展会议，通过决策，在最大范围内采取强制措施，并且请我帮助你们清扫所有障碍。

首相致内政大臣　　1940年9月19日

针对这一问题，昨天晚上我曾给了你一份备忘录，我想，你应该正在帮我进行探究。

到现在为止，被损坏的玻璃共计多少平方英尺？能不能大概计算一下？要是每月损坏的玻璃量，小于我们每月玻璃的生产量，那我们自然就不必担忧了。

请交一个估算数字过来，尽量让这个数字越精准越好。

首相致邮政大臣 1940年9月19日

对于空袭中的邮政工作，有很多人表现出了不满意。你做了哪方面的工作，请你就此提出一份报告交给我。

首相致帝国总参谋长 1940年9月21日

据我所知，那些从印度开过来的旅，全都包含一个英国营以及三个印度营，这种编制非常的合乎常理并且适宜。不过，在这封电报里，似乎提到印度旅里面只有印度的部队。如果事情真的是这样的话，那么就十分有必要实施中东总司令所提出的改革了。

首相致第一海务大臣以及军需署署长 1940年9月21日

海军军火损耗，在中东以及在北海和英吉利海峡的情况怎么样？在供应上容易出问题的地方，希望你能告诉我。四点七弹药的难题是不是已经攻克了？希望你可以用简短的信件进行答复。

首相致空军大臣 1940年9月21日

今天早晨报上发表了空军部的公报，请你去看一下。在这份公报里，有如下一段话：

"我们的战斗机阻挡了敌人的编队，可是，空战却因为多云的天气而遭遇难题。到目前为止，我们所得到的报告显示，被击落的敌机有4架。我方有7架战斗机损毁，这里面有3架飞机的驾驶员平安无事。"

我们有7架战斗机损毁，而德国损毁的战斗机只有4架，让德国人看到这一切，知道自己的新战术取得了胜利，这是非常不明智的。

在战事中，我们现在正处于占上风的时候，对于我们的损耗自然是没有必要进行隐瞒的。可是，的确也没有必要将某一战斗中的损耗公之于众。

首相致伊斯梅将军 1940年9月22日

做好各方面的准备工作，尽快〔从美国〕把这些来福枪运回来。至少需要用4只快船运载这些枪支。可不可以用定期客轮运载一些枪支？请告诉我，对于这件事海军部打算采用什么措施。美国斯特朗将军所说的那种，因为再次装箱而出现延期的情况，希望在购委会〔也就是采购委员会〕的方面不要出现。

前海军人员致罗斯福总统 1940年9月22日

曾经，我拜托西恩勋爵将我们还有什么迫切需要，转达给了你。由于我们这里有25万接受过训练、正规服役的士兵，我们需要分配枪支给他们，所以你那25万支来福枪正是我们所急需的。要是你能将必要的调拨手续安排妥当，我将非常感谢。我们会将各种准备工作都做好，尽快把枪支运回来。这样一来，国民自卫军手中的25万支0.303英寸来福枪，我们就可以分配给正规军了，然后用80万支美国来福枪武装国民自卫军。由于我们可以使用那些已经运到的弹药，所以就算有些弹药还没有运到，这些来福枪也是可以使用的。

首相致戴高乐将军 1940年9月22日

现在各个方面都提出了请求，希望喀特鲁将军前往叙利亚一趟。所以，我负责借你的名义邀请他过去。他眼下的地位都是从你那里获得的，这一点大家自然都知道，关于这一点我也会在此对他进行阐明。有时候一些问题必须要就地处理，因为这些问题十分的紧急，并且想要向远处的人进行说明又非常的困难。要你觉得有必要阻止他的话，现在还有时间，但是我觉得，这一举动十分不明智。

预祝你明天早上的计划能够顺利进行。

首相致军需大臣 1940年9月23日

我觉得应该想尽一切办法抓紧生产G.L.装置[1]，因为这件事极其重要。眼下，寻找必备的熟练工人是最大的难题，这一点我很明白，希望可以尽全力满足这个

---

① 一种雷达装置，可以对高射炮进行控制。——原注

条件。最重要的是速度一定要快。

（限即日行动）

首相致陆军大臣以及帝国总参谋长　　1940年9月23日

你们谈到的那个报告，我觉得内容很一般，所提到的那种情况，放在苏丹也是同样合适的。我们安置在肯尼亚的那些军队以及大炮，正是苏丹所急需的。

在你们所说的肯尼亚作战计划中，你们谈到了一个广阔的战略前线，对于这个战线，我觉得：要是我们再往后退一点，就可以借助蒙巴萨到湖边的那条铁路，这样一来，我们就拥有了一条侧面交通线，任何一条可以通到我们防区的线路都没有这条好。在敌人开始发起进攻的地方，我们可以经由这条线，将我们占据优势的兵力送过去。虽然敌人还会在哪个地方发起进攻，还没有人能够下定论，可是，我坚信，正确的安排能够在最大程度上节省肯尼亚军队，这些节约出来的兵力就可以用来对苏丹进行支援。还有一点需要对肯尼亚进行照顾，那就是将10辆左右的巡逻战车分给他们。要是在恰当的铁路车辆上放置这些战车，那么就能在意军意想不到的时候，对他们的行动给予沉重一击。不过，将如此多的大炮以及军队闲置在那里的方法，让人看起来确实心痛不已。

我已经下了命令，停止往肯尼亚调遣山炮队的行动，转而考虑往苏丹调遣这支山炮队或者是另外一支。我之所以这样做，就是为了处理这些问题。

关于在肯尼亚的军队的供给、来福枪、机关枪以及炮兵的状况，希望你可以提一份报告给我，进行一下说明。

首相致“丘吉尔”号驱逐舰舰长　　1940年9月25日

将用伟大的马尔巴罗公爵的名字，来命名你的舰只，这让我感到十分开心。现在，将他亲笔写的一封信送给你，你可以在舰上的军官室中将它挂起来，祝大家好运。对于你热情的来信，我深表谢意。

首相致外交大臣　　1940年9月25日

罗希恩发来了电报，他说打算乘坐飞机回国一次。我同意他的请求。请马上核准，并且，按照你觉得最好的方式去进行布置。

首相致伊斯梅将军，并转交参谋长委员会 1940年9月26日

要是敌人利用盲目射线引导轰炸的事情是真的，那么这个危险将是难以比拟的，并且是致命的。希望参谋长委员会能想尽一切办法，并且在明天晚上的时候提出一份报告给我，对以下事情进行说明：

（1）实际的危险程度

（2）设防手段

不管是什么措施，参谋长委员会都可以提议使用，让他们不用担心，在人力、物力以及其他所有方面，他们都可以获得最高的优先权。

首相致内政大臣 1940年9月26日

我认为有一点非常重要，那就是贝文先生正在对一种用混合物制成的防空帽进行推广，要是在一定程度上，这种帽子让人避免被坠落的碎片等伤害，那就必须将这种帽子大量投产，最后要尽可能地分发下去。

请今天提出一份报告交给我，对试验的情况进行说明，并且与军需大臣一起，就预估的产量告诉我。

首相致劳工大臣 1940年9月26日

你送过来的帽子我已经看到了，我感到非常的开心，在没有钢盔之前，为了能将防空帽发放下去，这样的帽子应该要尽早大批量投产。在今天的一些报纸里面，我看到它们将这种帽子叫做“烂布帽”，我觉得这完全不正确，我希望你可以想出一个更棒的名字。

我已经叮嘱了内政大臣，让他们将一份具体的报告交来。

首相致空军大臣及空军参谋长 1940年9月26日

所有事情都要以比弗布鲁克勋爵能不能成功提供飞机为大前提，并且他在布里斯托尔索斯安普敦和别的一些地方受到了严重打击，因为考虑到这些事情，所

以我诚挚地期望，在这些备用的物资方面，你们可以马上满足他的需要。

首相致农业大臣 **1940年9月26日**

有人提出了建议，将生猪的数量在中秋前后的时候减少三分之二，对于这个想法我不敢苟同。当然，这并不是内阁的观点。为什么你不能要求多进口一些饲料？如此一来，我们才能对进口物资进行研究，看哪个的进口量可以减少，我们就将它减少，然后就可以更多地进口饲料。与此同时，因为宰杀了很多的生猪，那么对将要进入市场的剩余咸肉，在储藏方面作了何种安排？要是对个人家庭进行鼓励，让他们将剩下的饭菜用来养猪，你估算一下，生猪的数量能得到多少提升？

首相致军需大臣 **1940年9月28日**

从近段时间的空袭中能看出来，有一些重要的炸药，在进行生产的时候都集中在了一个工厂里，尤其是德·王尔德厂的弹药，这就导致了，在一次空袭中工厂被炸之后，我们的产量就大幅度下降。对于各种极其重要的弹药生产的分布状况，请向我提出一份报告进行说明。如此一来，生产量大幅度下降的危险程度就可以估算出来了，并且也能思索一下，要采用什么手段才能更大化的分散危险。

首相致伊斯梅将军，并转参谋长委员会 **1940年9月28日**

1. 有两份与提供化学战物资相关的文件，这两份文件让我非常的担心。在1939年10月13日（距今恰好快一年了）的时候下达了一个命令，从那时候开始，兰德尔〔工厂〕就遵照这个命令，一直在尽全力开展生产。为什么没有按照命令行事，这个责任是谁的？

2. 第二点，为了能从天空中或者是大炮中将各种毒气释放出来，我们应该制造投射器或者是容器，可是在这方面似乎没有采取任何措施。很显然，眼下制定的计划要看到结果肯定要到好几个月之后了。请你针对这个问题，马上提出一份报告给我。我觉得这种危险性太高。

3. 第三点，有关我们对德国平民采取报复措施一事，一定要对其可能性进行研究，覆盖范围越大越好。我们坚决不能带头做这种事，但是对于他们的举动，我们一定要给予回击。对于这个问题而言，最重要的是速度。

4. 第四点，为了能让兰德尔工厂竭尽全力地进行生产，一定要马上采取行动，并且有一点要格外注意，那就是将现在有的存货分散开来。

5. 现在到底有多少存货？

首相致伊斯梅将军 1940年9月29日

第一年战争中高射炮火的数字，让人感到非常振奋。关于9月份的数字，你应该让派尔将军不管怎么样都要送过来。应该有一份统计表，对9月份每24小时发射的弹药数情况进行说明，我希望能很快看到这样一份统计表。

（限当天行动）

首相致军需大臣以及贸易大臣 1940年9月30日

为了将运输矿石的吨位节约出来，我坚信，应该将我们从美国购买钢材的数量提升。我非常想再买一些成色各异的钢材，数量会达到几百万吨。如此一来，我们修建安德森式家庭防空掩体的方案就可以再次实施了，并且其他各种对于钢材的紧急需要也能得到满足了。在必要的时候，我会给总统发电报。

10月

首相致外交大臣 1940年10月4日

从这里可以看出，对于美国参战带来的影响，这位大使已经产生了一种完全不正确的想法。不管是从对德国的作战，还是对意大利或者日本的作战上来看，美国的参战，与英国的利益完全契合；大英帝国与美国成为同盟国，从弹药这一方面来看，将会是最为重要的了；要是日本对美国发动攻击，同时又不攻打我们，那么我们就应该马上与美国站在同一条战线上，对日本开战。以上这些观点一定要马上告诉这位大使。

在美国保持中立以及跟我们共同作战这二者之间，肯尼迪[①]非要说前者对我

① 指的是美国驻英大使。——原注

们更有好处，让我很不明白的是，为什么这种蛊惑人心的无稽之谈能够得到如此广泛的流传。应该下达明确的指令给我们驻在有关各国的大使们。

首相致陆军大臣 **1940年10月9日**

……中东需要飞机这件事无人不知无人不晓，很难保证能不能从这里抽调一些出来。一定要知道，就数量方面而言，不管是战斗机还是轰炸机，我们都远赶不上德国的空军，并且，我们在飞机生产方面，也遇到了非常大的损失。应让空军参谋长以及空军大臣提出一个准确的意见。

首相致戴高乐将军 **1940年10月10日**

接到了你的电报，读完之后让我感到十分欣喜，祝愿你以及决心跟我们一起战斗的法国人大获全胜。我们会坚定不移地与你们在一起，直到将所有阻碍清除，共同分享我们事业的胜利之果。

首相致伊斯梅将军，转参谋长委员会 **1940年10月12日**

在利用雷达方面，德军海岸远程大炮所取得的进展，让人非常的担心。长时间以来，我们就在研究这种设备，并且，在几个星期以前，提醒大家多加留意。当时，有人对我说，由于我们还有其他更为迫切的需求，所以在人力以及物力上并不具备优先权。或许，到了眼下的情况，它的优先权可以提升了。就海上轰炸的防守方面来看，很明显，它可以将黑夜变成白天。

关于这个问题，能不能提出一个不对其他无线电装置的制造计划带来影响的方案，请思考一下。

首相致帝国总参谋长 **1940年10月13日**

让很多的英国部队驻扎在西非海岸，是非常不利的。由于现在战争时局已然发生了变化，所以请考虑一下，将一个西非旅从肯尼亚运回来，可以使用返航运输队的空船。船队的负担应该不会因此而变重。

首相致詹姆斯·格里格爵士 1940年10月13日

队员结婚以后，要是愿意的话，可不可以退伍，现在本土防卫妇女辅助服务队，正在对此进行激烈地探讨。几乎没有人不同意这个观点。对于这样的事如果进行阻止，是不会挽回什么的，要是她们自己离开了，也没有办法对她们进行处分。所以，会受到阻碍的人，只有那些自尊心极强的人。请将一份单页报告交过来，对这个问题的支持以及反对的观点进行说明。

首相致伊斯梅将军 1940年10月14日

在被德国所压榨的那些国家中，德国对军火行业，特别对飞机工业进行发展的可能性有多少，对此请提出一份两页纸的报告进行说明，并说明一下，这些险恶的效果何时能看见。

首相致海军大臣 1940年10月15日

1.10月13日参谋部提出的报告①我已经阅读完毕了，要是你想把这个报告送给各大臣乐阅读，我不会进行阻止。当然，这一份报告极为悲观懦弱，这样的一份报告从海军部传来，真是让人感到极其悲哀。在这份报告的第三节里面，有很多说法非常夸张，它提议我们一定要“在所有海面上维持完整的控制”，可是，在很多海面上，我们仅仅需要有效果的通行能力而已。在第五节里提到，“从现在，也就是10月15日开始，计算德国实力的时候，要将“提尔皮茨”号和“俾斯麦”号也包括进去。这是错误的，因为在我看来，跟“英王乔治五世”号一样，“俾斯麦”号也没有完工，而且与“俾斯麦”号相比较，“英王乔治五世”号可以跟它同时完工，甚至于完工时间会早于它。从我得到的所有报告来看，在“俾斯麦”号完工三个月以后，“提尔皮茨”号才能完工，可是到了那个时候，我们的“威尔士亲王”号以及“伊丽莎白女王”号也已经完工了。要是提出这样一份报告交给内阁，那么就必须加以责问了。

2.全部的观点要给别人这样一种概念：由于维希有利用轰炸的手段将我们从直布罗陀赶出去的能力，所以我们不得不顺从于他们的意愿。在直布罗陀，海军

① 报告内容是，在海军方面，我们对维希政府的方针情况。——原注

参谋部不愿意受到干扰，这一点我与他们的观点完全一致。不过，我认为，法国人并不会因为我们进行了封锁就对直布罗陀实施轰炸，那么因此而对我们开战就更不用说了。当整个法国越来越靠拢我们这边的时候，我坚信，维希政府就不具备与我们对战的能力了。曾经，为了给大家传阅，我提出了一份有关于总方案的备忘录，我这份备忘录里也说到了这一点，现在，随信寄上相关的摘录。

3. 在这份报告中，提出一个建议，让我们告知维希政府，要是他们对直布罗头实施轰炸，那么，我们肯定会报复他们，比如说，我们对维希进行轰炸，而不是对卡萨布兰卡进行轰炸，报告中的这点还是比较有用的。不过，我还要进行一下补充：对于维希政府所占领的其他地方，我们也要进行轰炸。这个建议完全正确。同时有一点也要牢记在心：顺从于维希，能不能阻止他们听从自己主人德国的命令对我们宣战，这还是未知之数，反之，用坚决的态度对待他们，会不会吓得他们不愿意靠近我们，这也是不一定的。

由于我们对“普瑞莫格”号[1]的阻截并没有取得成功，所以这些还不是紧急的问题。

首相致空军参谋长　　　　1940年10月18日

我们飞机的盲目着陆设备有哪些？拥有这些装置的飞机有多少？就像战前民航机在大雾中降落的情况相似，应该能指引它们进行安全的降落。请将具体的情况告诉我。昨天晚上的事故极其严重。

首相致帝国总参谋长　　　　1940年10月19日

你在上周的时候，对我说你想给霍巴特少将[2]一个装甲师，这让我感到十分

---

① 这是一艘法国的商船。——原注

② 在当时，霍巴特将军是国民自卫军中的一位师长，他曾经被任命为一个装甲师的军官，这是非常合适的一个安排，在他担任这个职务的时间里，他取得了非常杰出的成绩，直到战争结束为止。我第一次跨过莱茵河，也就是1945年的一天，我曾经跟他有过非常愉悦的一次谈话。那个时候，蒙哥马利将军对他的工作大为称赞。——原注

开心。我非常看好这位军官，在某一些方面有人对他有些偏见，这丝毫不会动摇到我。只要是这种性格刚强以及见解独到的人，总会让人们产生这样的偏见。在这个事情里面，极其不幸的是，这种情形也被霍巴特将军的独特观点所证实了。在战前，就连坦克自身的合适型号，总参谋部也未能设计出来，所以导致我们将这种发明的成果白白丢失了。敌人已经利用了这些成果，并且出现了非常令人害怕的后果。所以，我们应该看出，他是一位对事理追根究底，并且见识长远的军官。

上周我给了你一份备忘录，在这里面我提到过，希望你在当天，也就是周二的时候，就任命他一事向我提出建议，最晚也不能过了这周。希望马上加以留意，将任命的相关事项尽快办好。

我在上周发了那份备忘录出去，在那之后，我对你的来信以及支持和反对霍巴特将军的意见摘要，都曾认真阅读过。眼下，我们正在进行的是战争，我们在为自己的生存而战，在处理陆军军官的任命问题时，我们不可以将范围局限在个人的事业中没有遭到过反对的人。可以说，霍巴特将军的各种优点以及缺点，在英国历史上几乎是很多伟大司令官都共有的。马尔巴罗可以说是一位模范的军人了，士兵们都很喜欢他，尊敬他。以上来信中，所列出的各种缺点的特征，克伦威尔、沃尔夫、科莱弗、戈登以及在各个范围活动的劳伦斯都有着相似的地方。可是他们也有着其他的优点，所以我相信，霍巴特将军也有自己的优点。现在，是我们对有气魄有远见的人进行考验的时候了，而不能困在遵循平常标准的绝对稳妥的人之中。

所以，对于你在一周前对我提出的建议，希望你不要有什么顾忌，因为在这件事上，我觉得你的直觉是很有道理并且十分正确的。

首相致帝国总参谋长 **1940年10月19日**

国民自卫军总监这一艰巨的军事行者职位，难道找不到更年轻的人来出任了吗？在军界内外，由于将退休军官召回来出任这样的职务，都引发了很多批判之声。找一个40出头的人，给他一个临时的官阶，这样做难道不行吗？

首相致伊斯梅将军，转参谋长委员会 1940年10月19日

考虑到以下几点，我觉得，现在应该多分发一些弹药给国民自卫军总司令，可以让他们拿来进行演习。一是对轻武器弹药产量进行的估算，以及我们的处境在10月工厂开工后，可得到大幅度改善，并且预测在1941年3月31日之前，就可以扩大生产；另一方面是入侵问题，在中东以外，除非敌人发动入侵，不然不会有什么战事发生，并且中东的战事规模也不大。据我所知，国民自卫军每周练习所用的子弹只有200万发，这样在很大程度上就阻碍了他们的训练。将陆军部不多的库存全部拿出来，虽然看起来是很有风险的一种行为，可是我觉得，能不能考虑一下，自11月1日起，将发给演习用的数量提升一倍，变成每周40 000发。对此，我希望你可以马上跟参谋长委员会进行商议[①]。

首相致伊斯梅将军 1940年10月20日

1. 海、陆、空三军的几位总司令最后一次举行会议是在什么时候？对于这类的会议是不是觉得有好处？参加的人有哪些？

大概在下周的时候，类似的会议，我也想自己举行一次。

2. 对于我们的战争策略，如何让这些高级将领更充分地理解，请针对此事制定一个方案。

首相致空军大臣以及空军参谋长 1940年10月20日

有一点让我非常的担心，那就是照眼下的政策来看，从现在开始，我们轰炸机队的力量，到明年4月份或者5月份的时候，不但不会壮大，反而还会减弱。很显然的，应该要尽力想办法将这一段时间的投弹力量提升。现在，在月光时期内为轰炸所作的准备，应该是最为稳妥的了，仅有的一个难点在于：可以轰炸的军事目标很多，可是我们的轰炸机很少。我们的轰炸机队不够，只能对深入德国内地的军事目标进行精确的轰炸，除此之外，其他的情况坚决不能使用轰炸机队。不过，在德国大面积建筑物集中的地方，军事目标很多，要是组织一支第二线的

---

① 确定按照增加的数量提供。——原注

轰炸机队，尤其是在月光不明亮的时候对那里进行轰炸，行不行呢？很显然的，我说的那里指的是鲁尔。要求是找出一个很容易分辨出来的目标，航程很近，并且安全性高。

在冬季的几个月里，怎么样去编组一个第二线轰炸机队或者是辅助的轰炸机队？能不能让航校的航空人员不时出动一下？这种简单的轰炸行动，在“莱桑德”式飞机或侦察机的驾驶员中难道没有人能完成吗？因为目前将敌人的入侵除外，陆军就没有别的战斗。关于我所提议的第二线轰炸机队，我要求你们，在可以不用特别精准的前提下，尽全力利用这个轰炸机队投掷大量的炸弹给德国。请你就此提出最稳妥的方案给我，然后我们就可以对方案的可行性进行研究。

为什么我们只有很少一部分的轰炸机装有盲目着陆设备？飞机生产大臣对我说，现在已经有很多的洛兰兹射束制作完成了。在上周的某一天里，我们出现了严重的损失，如此严重的损失以后绝不能再出现。很多年前盲目着陆设备就使用在民航机上了，现在这样的盲目着陆设备我们的轰炸机也需要，并且，由于这种设备的数目慢慢增加，那么在夜间行动的时候，这样的设备也应该装在战斗机上。请把你们的想法告诉我。

首相致空军大臣以及空军参谋长　　　　1940年10月20日

有关不仅让个别适合于截击的飞机，也让配置有8支机枪的战斗机中队加入夜间战斗一事，现在正在拟定一个方案，请将以下事情考虑进去：有一些区域是我们的战斗机开展战斗的地方，并且在那些地方高射炮的射击也必须停止，那么我们的高射炮在这样的地方能不能放空炮。这样一来就会（甲）让敌人因为地面上的闪光而人心惶惶，让他们很难注意到我们的战斗机将要袭击他们，这样，真正军事上的理由就出现了；（乙）让我们战斗机逼近敌人的声音，会被空炮的轰鸣声所掩盖，并且，让我们居民感到丧气的寂静也会被打破。如果放空炮仅仅是因为第二个原因，那么这种行为就是不合法的，可是，有了第一个军事上的理由，大家就都会支持了。

首相致帝国总参谋长 **1940年10月20日**

波兰军队的装备并不是很好，对这一点我十分关心，在军事上他们有着较强的能力，这已经得到了证实。我准备在这周三的时候对他们进行检阅。关于武装这支军队一事，请在周一的时候提出一个稳妥的办法交给我。不要让他们有气馁的感觉，是我现在最关心的事了。

(限即日行动)

首相致陆军大臣 **1940年10月20日**

从“保卫政府机关的国民自卫军”那里索要钢盔是不行的。周四晚上，在唐宁街周围，被炸死的有4位。跟全国所有其他地方一样，白厅区也被炸得很惨。不管是谁，既然已经将钢盔分配给他了，又想再从他手中拿回来，这不是轻易能办到的。我听说了一件事，让我感到非常惊讶，那就是陆军准备索要300万顶钢盔。我们的陆军居然有300万人之多，这点我都还不知道呢！关于正规军手中拥有的钢盔数量，请交一份详细的统计表上来，并且将不同的部门罗列清楚，也就是：野战军或者训练单位或者牵制营等等，各拥有多少，还有库存多少……

首相致帝国总参谋长以及詹姆斯·格里格爵士 **1940年10月21日**

关于欧文将军[①]如何去的弗里敦，又是如何回来的，他提出了一份很长的报告，在这份报告中，他将开展战役的各种困难重点指了出来。全部的困难以及准备工作中的种种缺陷，他在事先就已经预测到了。将他硬调遣去开展一次具有极大危险性的战事，并不是为了军事上的原因，而是为了政治上的原因，这一点他肯定完全明白。不管是这一军事行动的缺点以及危险性，还是由于海军未能成功拦截法国的巡洋舰和援军到达达喀尔，而导致这一军事行动的缺点和危险性大幅度增加，这些情况他都非常清楚。可是，在战时内阁以及参谋长委员会经过认真考虑，提出“眼下情况已经出现了大的改变，不可以再按照原计划行事”的意见之后，他却不顾这个意见，坚持要进行这一军事行动，这就更加的让人难以理解了。

---

① 具体参见《单独作战》第九章内容。——原注

不过，我们应该以宽宏的态度来对待在对付敌人上的各种疏忽，以及所有真心战斗的表现。在这位将军还没有担任率领这支远征军的任务的时候，他曾非常杰出地对一个师进行过指挥，既然他现在回来了，那么我找不出什么不让他复职的理由。不过，要是他觉得（甲）在战争里，如果没有进行长时间的准备，那么任何行动都不应当开展，对于这一点，我们也曾见到过，喀麦隆人驻守的杜阿拉让 25 个法国人就占领了，或者是（乙）不管在什么情况下，船只与炮台开火，都难以取得胜利，那么他就错了。或许后一种观点，在如下的情况下，他就对了：在达喀尔，大雾突然极不正常地出现了。可是，如果在炮台射程难以达到的地方，舰只对炮台进行轰击，或者是，对于进攻的部队，炮台炮手感到十分害怕，根本没有任何效率，或者是，炮台炮手十分友好地对待进攻部队，那么情况就不一定如此了。

首相致殖民地事务大臣（劳埃德勋爵）　　　　1940 年 10 月 21 日

针对非洲及其在眼下战争中的战术策略以及政治危机，你写了一份信，现在，我正对信中提到的所需要时间进行研究，或许这个时间有些多了。成立特别委员会一事，我不赞成。我觉得，对于我们将要与维希法国或者是西班牙开战，或者南非的局势将要恶化，我们没有理由假设这样的事情会发生。对于一些你所需要的殖民部官员，我坚信以你的军事经验以及政治学识，你肯定能选任出来，并且，你觉得应该送给国防委员会或者战时内阁的所有报告你都会自己准备好。要是你觉得，成立一个委员会是有必要的，那么我提议，你所提出的那些事情，让内阁中东委员会来处理，就当作对他们现在的工作范围进行的补充。

又及：我打算从肯尼亚将一个西非旅调遣到西海岸来。

（限即日行动）

首相致新闻大臣以及亚历山大·卡多根爵士　　　　1940 年 10 月 24 日

很快，瓦尔特·希特林爵士就要代表英国职工大会，去美国与美国的工会进行商谈。他还是枢密院的一位顾问，是一位品格优异并且极具影响力的人物。为了方便他的工作，我们应当将外交官的身份赋予他。英国职工大会会承担归属于公会事务的所有费用，不过，我觉得，应该让新闻部来承担，所有与国家利益相关的工作费用。对于这个问题，希望新闻大臣能研究一下，该怎么处理。由于我坚信，瓦尔特爵士的忠心以及慎重都是我们可以完全相信的，所以不管怎么样，都应该非常尊重瓦尔特爵士。

11 月

首相致空军参谋长 **1940 年 11 月 1 日**

我们有共计 520 名的飞行员可以担任轰炸任务，可是大概可以用上的飞机只有 507 架，有大量待用的飞机在飞机储存库里，可我们为什么没有去拿呢？

首相致空军大臣 **1940 年 11 月 1 日**

针对从 7 月 1 日开始被俘获的德国飞行员，请将一份不超过两页的报告送来，对例如人数、年龄、训练等情况进行说明，在罗列的时候，要将轰炸机俘虏与战斗机俘虏分开。如果还有与他们相关的其他情报，我也非常欢迎。

首相致第一海务大臣 **1940 年 11 月 6 日**

那艘袖珍战舰到底有没有开去洛里昂，我虽然保持怀疑，可是，空军也应该尽快想办法在那里进行拦截，并且，应该马上就告知空军。要是这艘袖珍战舰向洛里昂驶去了，那么在它进入港湾的时候，就很有可能被你们抓住，如果它停泊在港中，就会遭遇轰炸，出港口的时候又有可能被抓住。只有唯一的一条航道可以进出洛里昂港。要是它在基尔，那么情况就会不一样了，它想要前往特隆赫姆，可以通过黑尔戈兰湾或者是斯卡格拉克海峡，还可以悄悄从挪威走廊过去。不管是逃到南方，还是在大西洋航线上出现，或者是回到冰岛的周围，与这些情况相比较，我宁愿这只舰艇驶去洛里昂。

要是它仍然在威胁贸易，那么你就应该想办法跟它开火。

通过更深一层次的思考之后，我赞成最好在北方驻扎我们的两艘重型舰只。

以上观点仅供参考。

首相致帝国总参谋长 1940年11月6日

派一位一流的人物对国民军进行统帅的重要性，你曾经对我重点强调过，要是这一职务让前驻法派遣军参谋长来出任的话，国民自卫军将感到无比的开心，所以，就让博纳尔将军出任了这个职务。可是在几周之后，我发现了一个让人非常吃惊的事，那就是博纳尔将军打算去美国，接替帕科兰沃尔什将军的位置。为了阻止这一变动，我花费了很大功夫。可是，没过多久，他们又把博纳尔派遣到爱尔兰去了。因为他对自己的职务已经熟悉，并且官兵们也开始信任他，所以对于国民自卫军来说，我猜他是会做出一些贡献的，可是在这种时候，却调派他去做其他的事，而他的职位则由伊斯特伍德将军接替。我想，这件事不过就发生在一个月之前。可是，我依然会遵照我该尽到的职责，想办法与伊斯特伍德将军相熟识，我想，国民自卫军的重要军官们也会有相似的做法。对于他，我有着非常好的印象，特别是由于他的年纪还不到五十。我觉得，在这一个月中，他在努力地开展着自己的工作，对自己新承担的重大任务想办法进行了解，并且谈论到自己的工作时，也是很有见地的。可是如今，你又向我提出了建议，将他调走，这个职务再另外找第三个新人来出任，所有这些事都发生在四个月之内。

这一切快速的变动，都违背了军队的利益，人们很容易对此进行严厉的批判。关于解除伊斯特伍德将军指挥国民自卫军的职务这件事，我不打算批准。在我的立场上来说，要是你打算成立一个国民自卫军总监处，就应该立刻让他来掌控。如果没有什么变数，那么在两天内，陆军大臣就可以回来了，这个备忘录的副本，我会交给他。仍然希望你会随时跟我商谈。

首相致空军参谋长 1940年11月6日

昨天晚上，在飞机降落的时候，我们的飞机摔坏或者失踪的最少有7架。就跟你所了解的一样，有一件事让我十分的焦虑，那就是轰炸机队的力量发展太慢。要是在如此恶劣的天气里展开轰炸，那么肯定会让飞行员去冒险以及蒙受损失，而这一切损失与冒险都是不必要的。为了让我们一边凝聚力量，一边又可以对多个目标持续进行轰炸，我们不妨将轰炸出动的架次按情况减少一些。

首相致爱德华·布瑞奇斯爵士 1940年11月8日

很多政府部门肯定都成立了自己的统计机构，并且对其进行了发展，可是，似乎又有一个独立的生产委员的统计处归属于内阁，军需部的统计机构当然是包含了非常大的一个范围。我也有自己的统计机构，负责人是林德曼教授。

一定要想办法进行统一，在使用数字的时候，使用完全一样的。在进行争论的时候，人依照着不同的资料，必然会带来很大的混乱。对于全部的统计数据，我期望可以集中在我以及国防大臣的统计机构，最终的权威数字，只有这个机构有权力发表。当然，各部门的统计局可以根据眼下的情况照常运转，可是，与中央统计局要大臣统一。

请你对这个问题进行探究，然后告诉我，我的希望如何才能最快速有效地实现。

首相致运输大臣 1940年11月8日

在处理排队问题以及让车辆畅通这一方面，请告诉我有了什么样的进展。因为灯火管制提前进行了，很多人肯定会因此感到十分不方便。

首相致第一海务大臣 1940年11月9日

在潜艇探测器以及听潜器方面，去年进行了一些技术改造，请你针对此事提出一份报告交给我。

首相致运输大臣 1940年11月9日

初步调查显示，与以前相比较，近几个月，各个港口船只进出港的时间好像有所增加。出现这种现象的原因可能是货运集中在西部为数不多的几个港口。究竟是什么原因造成了延误？是港口设备不够齐全，还是难以清理码头上的货物？要是这些特殊的问题确实无法由铁路来解决的话，那么关于充分发挥我们公路运输潜在的巨大威力，你能不能提出一个方案？

首相致空军参谋长 **1940年11月10日**

大概看来，在中东的飞机总计1000架，空中人员17 000名，整编成空军中队有30.5个；初步配置共计有作战型飞机395架，其中能够随时起飞作战的，大概有300架。将马耳他岛除外，在65架“旋风”式飞机中，只有两个中队可以调用，这让人感到非常惋惜。将“伯伦翰Ⅳ”式飞机除外，它们是唯一的新式飞机了。这支巨大部队的剩余所有部分，都是由老旧的或者性能较差的飞机组成。所以，对于那些老旧飞机，应该尽可能快地用新式飞机取代，并且，在使用新式飞机的时候，当然可以利用已有的熟练的驾驶员以及地勤人员。既然事情是这样的，那么在原则上，对于中东空军的“补充”就没必要再增加人员，除非这一带有更加复杂的新式飞机。目前，有4个“威灵顿”式飞机中队和4个“旋风”式飞机中队，被当作一部分增援部队派了过去，那么我们派过去的人员就多了3000多。

因为人员太多，而能够使用的飞机就无法与人员相匹配了，又因为在这里以及国内，通常都要花费很多功夫才能获得作战物资，这在人力以及物力上都让皇家空军出现了浪费的情况。

有600架飞机并没有包含在初步装备的30个空军中队里，它们的作用究竟是什么？这其中的一些飞机，当然可以说是为了当作教练机，还有用于联络与运输。不过，在732架作战用的飞机中，为什么用于战斗的只有395架呢？

希望在作出努力的时候，能够切合实际，在人力、物资以及经费上，让这支巨大部队的作用充分发挥出来：第一，再次进行补充；第二，将那些还没有编入空军中队的大量飞机利用起来，组编成更多空军中队；第三，将各个地区的作战训练单位或者是别的训练设备发展起来。

首相致卫生大臣 **1940年11月10日**

关于无家可归的人，你针对其数量提出了报告，这份报告我已经看见了，这周无家可归的人数减少了1500，总人数降到了10 000。这里面有多少人是新加入的，而离去的人又有多少，请你告知我。10 000人这样一个数目并不大，要是下周只增加了很少人数的话，那你应该能够想办法处理。

那些无家可归的人，平均留在收容所的时间是多久？

首相致空军大臣[①] **1940年11月10日**

在契克斯有个防空洞，从侧面避免炸伤的效果很好，不过，对于房屋的安全，仍然要进行考虑。能不能派人对防空设备进行一下检查。

现在，正把草皮铺在汽车道上。

从战斗岗位上将双管自动式高射炮转移过来，这让我心里有些担忧。对几个眼下正在实验中的火箭进行测试怎么样？

对于我的行动，我想在有月光的时候，稍微改变一下。我非常感谢你与你的同僚们，谢谢你们关心我的安全。

首相致陆军大臣 **1940年11月10日**

这件事情，我希望你可以亲自去解决。我们在制造这些黏性炸弹的时候，曾经遇到了巨大的难题，一切的迹象都显示出，要是对于实验我不亲自去观看的话，这种炸弹的制造就不会得到相关方面公平合理的对待。现在是时候让希腊人来试验这种炸弹了，对于他们来说，这似乎很有些用途。

在对这种炸弹进行装载和搬运的时候会有危险，为什么会有这样的说法？雷管自然不会在运送的时候装上，所以，并不会爆炸。

首相致中东空军总司令 **1940年11月12日**

每一天，我都在想办法用最快速度把“旋风”式飞机等送到你的司令部去。在以后的三周里，这一点是特别重要的。对于你实际收到的飞机以及能够投入战争的飞机数量，请你每天都进行汇报。

我听说了一件事，让我感到非常吃惊，那就是在中东（除去肯尼亚），你拥有

---

① 为了加强防卫，空军部已开始制订计划，设置双管自动式高射炮在契克斯。——原注

大概1000架飞机、1000名驾驶员，以及16000名空军人员。我非常想用最快的速度以新式飞机对你的部队重新进行装备；可是，要是飞机抵达了，你能够将所有设备利用起来，真正做好准备，利用大量现代飞机进行战斗吗？从你所掌控的巨大人力物力中，你打算采取什么样的措施，获取更大的战斗力，针对此事，请你经由空军部提出一份报告。

为了对希腊形势的各种急切需求进行应对，以及对于中东来说希腊战局的重要性，可能会将你在这万分紧急的时候进行的安排打乱，对此我十分的担忧。祝你万事顺利。

首相致爱德华·布瑞奇斯爵士以及伊斯梅将军　　1940年11月12日

首相留意到了一点，那就是在正式公文中，私人秘书以及其他人员用教名相互称呼的习惯日益普及起来，对于这种情况，应该要进行阻止。教名的使用，在各部门来往的信件中，应该限制于简洁的便条或者纯粹私人性质的信函。

在按照姓氏找人的时候，这会带来不小的难题。

首相致内政大臣　　1940年11月12日

有关家庭防空掩体的舒适问题（安装地板、排水以及其他），在冬季的时候，你打算怎么去处理？曾经想过什么样的办法，在室内设置掩体？我觉得有一点非常重要，那就是在掩体里面装备留声机以及收音机。这方面的进展如何？对于伦敦市长经费来说，这难道不是一个非常好的用途？我觉得，在停电数周之后，让居民再次享受经过改良的照明设备，这是理所应当的。对于这方面的准备工作，我希望能继续开展下去。

首相致外交大臣　　1940年11月12日

从现在开始，在之后的几个月里，为了控制叙利亚，我们肯定要利用这样或者那样的一些措施。能够发动一次魏刚或者是戴高乐运动当然是最好的了，可是，却不能指望这样的措施，并且，我们难以抽出军队去北部进行冒险举动，除非我们将利比亚的意大利军解决了。可是，在叙利亚让意大利或者卑劣的维希分子占据优势或者在那里待下去，这样的事决不能发生。

首相致比弗布鲁克勋爵 1940年11月15日

我认为这个不能说出来，除非得到了空军部，特别是参谋长委员会的准许。就我个人观点来看，我觉得，这些准确的数字不应该公布出来[①]。这样就会让敌人知道太多事情了。这就类似于一个博物学家，只要得到鱼龙的一根尾骶骨，他就能够重新塑造出完整的鱼龙。我越想越觉得，自己应该反对这件事。

首相致空军大臣及空军参谋长 1940年11月15日

这无异于一夜之间将11架飞机损失掉。我曾在几天前的备忘录里提到，在这种非常恶劣的天气情况之下，非要强行出动是不对的。因为你们在用新飞机进行补充的时候速度非常的慢，所以，我们无法负担这样的损失。要是一直这样下去，轰炸机队的能力将被你削弱，这样一来，就连为了应对严重事变所需的最低限度的力量都无法维持下来。那些可以证明这些损失是值得的或者是能够得到补偿的任何一个战果，我们都没有得到。在总轰炸机139架中，损失了11架，也算就是损失8%，我觉得，在我们现在的轰炸机发展阶段中，是一次非常沉痛的事。

请把11月上半月飞机损失的数目告诉我。

首相致空军参谋长 1940年11月17日

1. 对于这些数字，我每天都极关切地注意着。从我得到的图表上显示，我们目前不仅未能维持在平均线上，在这周还有很明显的下降，尤其是在轰炸机队这一方面。有一点让人非常的难受，那就是跟考文垂一样被敌机轰炸，我们却难以进行有力的回击。不过，我觉得，现在我们应该做的，还是让轰炸机队再稍微整顿一下。我们可以采取这样的措施：(1) 我们没有必要派遣那么多的轰炸机却没

---

① 在一次广播演讲中，比弗布鲁克勋爵打算将有关飞机实力的数字说出来。——原注

有个轰炸目标；(2) 在遇到敌人密集的高射炮火的时候，没有必要飞得太低，投弹的精准性没有那么高也无所谓；(3) 在有组织的空防地区，选择那些防御力量较弱的地方，确保我们的空袭任务能够完成。在德国，肯定有这样的城镇，在这些城镇里有一些次要的军事目标，但它们却没有料想到我们会进行轰炸，所以它们在防空设施上并没有进行充分的准备。在这段时间里，应该要轰炸这些城镇中的一部分。

2. 要是我们的轰炸机数量超过了 500，而且还在不断增加，那么我就会有不一样的观点了。不过，出于对战事胜负难料的考虑，我们在开展常规性的轰炸以及维持自己的高标准的时候，一定要非常谨慎，千万不能将我们的人力物力忽视了。当然，对于意大利来说，这些建议并不适合。对于意大利，我们应该要甘愿承担最大的危险。“李特利奥”号已经受到了重创，它会是一个非常合适的目标。

(限即日行动)

首相致海军大臣以及第一海务大臣　　1940 年 11 月 18 日

根据准确消息，在 11 月 15 日的时候，能够用于西北航道的驱逐舰将有 64 艘。所以，到 11 月 16 日为止，共有 60 艘舰只装备了潜艇探测器。可是，现在让人不知该怎么办的是：在 151 艘驱逐舰里面，可以使用的只有 84 艘；而在西北航道的 60 艘驱逐舰里，可以使用的仅仅只有 33 艘。一个月以前，当我们展开会议的时候，就发现，西北航道舰队司令能够使用的驱逐舰只有 24 艘，那么在过去的一个月中，所取得的一切成绩，仅仅是在原基础上增加了 9 艘而已。但是，在这段时间里，你曾经将美国驱逐舰陆续编进现役，并且，曾经我也得到过承诺，说我们的船厂会不断地有船只下水。这种严重错误的定论，为什么在各个方面都会统一做出来，如此大比例的驱逐舰为什么借各种理由闲置起来，这些事我实在想不通。是修理工作无法跟上节奏吗？美国驱逐舰的情况怎么样？在修整以及建造工作方面，我们都失败了吗？

我打算在周四上午 10 点的时候开展一次特别会议，地点在海军部作战室。

首相致伊斯梅将军，转参谋长委员会 1940年11月18日

我听说，德国的第一百作战小组的一架飞机，在11月6日至7日晚上，飞到了布勒德港附近的海面。这个中队因为配置了特殊仪器而出名，为了能在夜间进行准确的轰炸，德国人打算用这种仪器发射奇妙的射线来进行导航。这架飞机已经被我们击落了，可是由于陆军方面发出了声明，说这架飞机落入了他们管辖的地区，他们并不想对其进行捞捕，也不准海军当局这样做，所以在海上捞捕这架飞机或者是它的装置的最好机会，或许已经失去了。

为了能够尽可能得到入侵我国或者是接近我们海岸的德国飞机的所有情报还有装备，请你提出计划，作出承诺，自现在开始，能够马上采取行动，这样的好机会不能因为部门间的分歧而被错过了。

首相致新西兰总理 1940年11月18日

相关部门正在处理你的来电。有为数不多的议员以及某些报社的撰稿人，不断对我们进行苛责。这样的事情让人非常生气，任何一个国家，只要是处在了我们眼下这种困境之中，就不会允许这样的情况出现。不过，换一个角度来看，这也可以当作一件好事，它可以让任何一个政府都时刻处于警醒之中，及时发现自己的不足之处，然后进行挽救。请不要觉得我们的全部都是完美无缺的，可是，我们都发挥了最大的能力，在战争上付出了最大的努力，士气也是非常振奋。祝万事顺利。

首相致加拿大总理 1940年11月20日

1. 我非常感谢你的来电，以及你为了更深层次地发展联合空军方案而大方提供的设备。我坚信，我们会努力将这一方案付诸实践。

2. 现在正遵循着最近的发展，对空军训练的必备设施进行检查，有关这一方面，战时内阁得知，在这些已经被证明是必需的更深层次的手段上，加拿大政府一心一意的帮助是值得依赖的，战时内阁觉得，这件事具有极为重要的意义，在我们的共同事业上，加拿大已经做出了非常杰出的贡献。

3. 一旦完成了检查，我就会告诉你，我们进一步共同努力的最正确趋势，让

你对此进行思考。

4. 就跟来电里说的一样，应该让所有相关政府之间，对发展联合训练方案的所有方法的探讨题目进行制定，并达成协定。如果我将你的电报以及我做出的回答转送给澳大利亚和新西兰政府的总理，你会不会同意？或者说由你自己送给他们？

5. 要是你赞同的话，我们将对空军少将布勒德纳发出诚挚的邀请，让他来我国进行短时间访问。对于商讨很多关于训练方面的问题来说，这样的访问都是十分重要的，并且，可以让布勒德纳空军少将对我们未来发展空军的方案最新的具体情况有所了解。

首相致自治领事务大臣 **1940年11月22日**

我觉得暂且不去管德·瓦勒拉，就让他作茧自缚去吧。《经济学家》杂志上所说的话，是最具有善意又最为公允的了。现在为德·瓦勒拉所作出的辩解，要求我们不光是被他们掐住脖子，而且对于自己的命运还要心甘情愿地去忍受。

在英格兰和苏格兰掀起的愤怒之潮，尤其是商船水手的怒火，应该要让约翰·马菲爵士注意到，也不能对他进行那样的鼓励，让他觉得，安抚好德·瓦勒拉，让一切都平安无事就是唯一的任务，就算我们遭遇了毁灭，也不管不顾。另外，在这重要的时刻，我们最好少与德·瓦勒拉来往，当然，我们没有必要向他做出任何承诺。

等议会的质询送到后，请送给我看看。

首相致殖民地事务大臣 **1940年11月22日**

一旦宣布了这个行动，就必须马上展开，可是毛里求斯的状况，在战争期间，不能一直让当地人民处于幽闭之中。内阁提出了要求，希望保证这一点能完成。请将你的意见告诉我。

（注：这里所说到的建议，是用船将非法迁居巴勒斯坦的犹太难民送到毛里求斯去。）

首相致海军大臣及第一海务大臣 1940年11月22日

（请伊斯梅将军也看看）

1. 斯塔克海军上将的建议，我觉得是正确的，从战略上来看，“D计划”[①]完全是正确的，同时对于我们的需求来说，也是非常符合的。所以，一旦有机会，我们就应该立刻用尽所有办法让斯塔克海军上将的计划更加坚毅有力，而不是发表那些与这个计划背道而驰的言论。

2. 要是日本站在一方，对我们宣战，而美国则与我们统一战线的话，我们就可以利用足够的海军力量，在太平洋远距离地对日本进行抑制。在新加坡或者是檀香山，好像只要驻扎一支占据优势的主力舰队，日本海军就不敢贸然远离他们本国的基地。只要敌对的，占据优势的美国舰队在天平洋上，日本就绝不敢对新加坡实施围攻。将必须要部署在太平洋的那些力量除外，美国舰队剩下的部分加上我们的海军，要在日本近海以外的所有海域上保持最大化的制海权，已经有了足够的力量。以下也是我们的战略：在远东采取严格的防守措施，并且愿意承担结果。只要我们击溃了德国，那么日本就会成为我们联合舰队的瓮中之鳖了。

3. 美国海军的观点让我感到十分振奋。

首相致内政大臣 1940年11月23日

对犯有偷掠行为的辅助消防队人员进行了判决，在这些判决里，好像轻重的差异有点太大了，针对这种非常恶劣的罪行，我不清楚现在是不是在想办法设定一个标准。偷取威士忌只为了当时能喝，就判了五年徒刑；可是偷盗贵重物品，判处的徒刑只有三个月或者六个月，这两者对比，比例好像有些太不对了。由于一定要人们有所意识，私吞就等于偷盗，所以毫无疑问的，肯定是需要一些惩戒

① “D计划”：就一切有可能的海、陆军援助提供给欧洲战场，而所有其他方面的需要都先放在一边。这样就一定要将所有的后果都抛之不理，在太平洋采用一个严格的防卫方案，并且将在远东大量增加兵力的想法放弃。另一个方面，因为在欧洲地区聚集了所有的力量，所以就更有把握能将德国击溃，要是将来为了美国的利益，要去对付日本，也可以采用必需的步骤。——原注

性质的惩罚。不过，我还是想要知道，针对这种案件，你们有没有进行检查以及规定一个统一量刑标准。

首相致帝国总参谋长　　1940年11月24日

从布加勒斯特以及索非亚发给外交部的两份电报，我今天已经分别交给你了，两份电报里都有一样的预测，觉得现在最多有30 000人，也就是一整个师的德军在罗马尼亚境内。可是你的情报处却说，有5个德国师在罗马尼亚境内，并且，只需要三四天时间，就能在保—希国境线上聚集。根据上述的来电，你的情报处应该对自己提供的观点再次仔细审核一下。就我个人而言，我觉得这种预计太悲观了，或许事实上，敌人的行动速度以及准备程度远不及我们所预测的。对于整个问题，你能不能再次仔细探究一下？想要在希腊境内引发任何严重状况，我个人觉得需要两周的时间，很有可能需要一个月的时间。重点是：无论实际情况怎么样，都要把它搞明白了。

首相致伊斯梅将军以及其他相关人员　　1940年11月24日

从这份文件中能够看出来，在制造巡逻坦克方面，我们已经彻底失败了，并且，从现在的状况来看，眼下不足的数量，在明年内都难以得到补偿。可以说现在是前途无光了，所以在这种境况之下，我们一定要尽一切努力，用最稳妥并且行之有效的办法，来对我们的装甲师进行装备。在生产坦克的这个阶段里，在所有事情中，数量是重中之重。只要有任何坦克可以使用，都会比没有坦克好得多。可以先整编好装甲师，让其开展训练，然后再将坦克的质量以及性能进行提升。由于速度慢而看不起“I型”坦克，这是不应该的；在目前的情况下，我们的巡逻坦克不够，我们就一定要将这种坦克当作我们的主力。由于我只有这样的武器，所以，这段时间内，我一定要让我们的战术与这种武器相匹配。与此同时，必须尽一切努力最大限度地提高巡逻坦克以及A22这种新型坦克的生产量。

首相致伊斯梅将军　　1940年11月24日

那35 000辆车辆的所有订单应该马上向美国提出，不能再进行推迟。与此同时，关于陆军部需要的数量是多少，应该不断向他们进行了解。

首相致外交大臣 1940年11月27日

在我看来，希腊的纷争好像十分严重。要是取道保加利亚对希腊发动进攻一事被德国推迟了，或者说不发动进攻了，那么这对于我们来说会有极大的好处。我们为了一次只能算是军事检验的行动，就逼迫希腊采取措施，从而让德国有了借口，得以对希腊发动进攻，我不希望让希腊人民有这样的感觉。眼下，我们应该做的只有往后推延这个会议，等到东欧这个极度混乱的局势可以看得稍微清晰一些的时候，再来说这件事。

我认为，应该对各个自治领进行通知，告诉他们，我们正等着希腊的局面变得更为清晰，并且对他们说，这个期限最多不超过两周。我觉得，只需要对盟国政府进行承诺，不会有长时间的拖延就可以了，不用对他们解释各种原因。

首相致伊斯梅将军 1940年11月28日

这份报告已经超过期限五天，把它交给我没有任何用处了。小型舰队的状况，海军大臣每天都精准地把握着。为何这件事需要通过战时内阁或者国防部，这点我真搞不明白。请跟海军部说，他们所掌握的各个小型舰队的情况，请每周都直接汇报给我。

有一点让我忧心忡忡，那就是最多只有30艘具有战斗力的舰只在西部航道上巡视。请交给我前几个星期里小型舰队的航行图，让我进行审阅。

首相致劳工大臣 1940年11月28日

请将现在的失业数字汇报给我，尽可能进行详细的分类，并且对以下几点进行对比：

（1）战争打响时的数字

（2）成立新政府时候的数字

首相致第一海务大臣 1940年11月30日

有一点我实在想不明白：既然已经有50艘美国驱逐舰编入了现役，那为什么总的舰只数目，在11月23日之前，不能增加到77艘以上，而在10月26日的时候，它们的数量已经达到106了。10月16日到10月26日这段时间里，究竟出现了什么样的变化，让我们作战用的驱逐舰少了二十八艘，而在11月16日到11月23日这段时间里，正是其他十几艘美国驱逐舰编入现役的时期，可是可用的舰只却从84艘变为了777艘，这到底是为什么？

首相致本土防御部队总司令 1940年11月30日

由于入侵的危险已经大大减弱，所以在圣诞节那天让教堂鸣钟一事，我已经批准了。不过，或许你能够告诉我：在那一天需要发布警报的时候，你准备有别的什么方法;第二点，你准备用什么手段来确保，在没有任何敌人侵入的情况之下，教堂为召集人们进行礼拜而敲响的钟声,确实不会引起混乱。绝对不可以放松警惕，这一点是肯定的。

12月

首相致自治领事务大臣 1940年12月1日

（请伊斯梅将军也看一下，并且转参谋长委员会）

关于大西洋的作战方案以及大西洋岛屿，所进行的一切讨论都是非常危险的，并且，也与以前将这方面的作战方案命名为“榴霰弹”的结论相悖。我觉得打这么多繁杂而毫无重点的电报，没有任何的必要性，要是所有的事情都像这样，在所有部门以及全世界进行宣传，那军事行动就没有办法开展下去了。

请向我做出这样的承诺：以后，在发电报之前，那些我没有审核的电文，就不可以用电报的形式对这样的事情进行讨论。

这种电报，以前曾分发给哪些官员以及机构，也请明确告知我。

（限即日行动）

首相致地中海舰队总司令 **1940年12月3日**

（最机密电报，亲自阅读）

1. 从你的270号电报中得知。今天早上，对于这件事，我们曾与联合作战指挥部指挥罗杰·凯斯爵士进行全局考虑，所投入的一切兵力都将由他完全掌控，用于实施这一计划，现在他正在起草最终方案。他的任命，仅仅限制在对这些联合作战行动进行指挥，而不属于海军方面。要是有必要，他可以将自己的海军军阶放弃。考虑到以下几点，可以看出敌人的反抗不会很激烈：岛屿的大小；地形的起伏；房屋的密集；碉堡的零落以及同守军混杂在一起为数不多的进攻部队。哪一方据守着哪个地点，直到战争完全结束之前，敌人都难以发现；就算到了那时候，在不显眼的地方还会有意大利旗帜在飘扬。

2. 毫无疑问，夺取"车间"[①]充满了危险性，可是，要是当初不去冒险，那么泽布莱赫的事情就永远无法解决，这次可以借鉴一下泽布莱赫的事情。突击部队都接受过优良的训练，这些志愿军全都是为了执行这样的任务而专门挑选出来的。当然，可能由于气候因素以及运输队定下的日期，而影响到这次行动的展开，要是出现了这样的情况，可以让所有的兵力开到马耳他或者是苏达湾，用于其他的地方。要是条件对我们有好处，那就应该不顾所有代价将行动开展下去。

3. 从东地中海将高射炮等抽调出来这件事，以及将要承担新的工作这件事，都让你感到忧虑，不过，缴获敌人大量的高射炮可以安抚你的这些忧虑。就算我们只留下了很少的驻军，可是看起来，敌人也不打算再次开展攻击。将这个岛转交给正规军队之后，突击部队就可以撤出了，去完成别的任务。

4. 你所提到的另外一个计划，从现在开始命名为"上下颚"[①]（强调一下"上下颚"），在对这个计划与"车间"作战计划相对比的时候，请考虑一下下列建议。

"上下颚"计划需要的人数达到10 000或者是12 000，并且，要是打算将其

---

① 将潘泰莱里亚攻占。——原注

① 对多德卡尼斯群岛发动进攻的作战方案。——原注

中的两座大岛攻占的话，那么事情就将更大了。至于你所谈及的那些小岛屿，对它们进行攻占，能惊扰的只有整个地区，很难取得什么重大的效果，除非将这种攻占继续开展下去。其次，对“上下颚”地区进行攻占，希腊人以及土耳其人会因此产生剧烈反抗，这样的情况，是我们目前最不想看到的。再次，从我们的报告中看出，“上下颚”地区正慢慢走向饥饿之中，或许，我们晚一点行动的话，拿下这个地区所需要付出的代价会比较小。另外，试着实施“车间”计划，并不代表着，以后要将“上下颚”计划放弃，只有一种情况会让我们放弃“上下颚”计划，那就是舰只以及登陆艇全部消耗完了，当然，这种情况也是有可能出现的。此外，在北非沿岸一带，针对敌人的陆上交通线，所采用的一些军事措施，也能提供机会。

5. 从战术上来看，“车间”计划可以让我们的空军对敌人与利比亚军队来往最密切的路线实施更好的控制，同时，在我们的护航队以及运输船只通过所谓“海峡”[①]的时候，也能在空中提供更好的保护。在这里，联合参谋部觉得，将我们东西方之间交通的这个阻碍清扫干净，有着极大的价值。另外，有一点我们需要说明，那就是我们可以开展激烈的两栖作战。所以，我向你提出一个要求，要是到零点的时候，条件合适的话，你就尽一切努力，夺取胜利。

首相致飞机生产大臣 **1940年12月3日**

今天，国王询问我，飞机上的使用仪器是不是不够。

首相致伊斯梅将军 **1940年12月4日**

1. 在苏达湾只有两架探照灯，好像一点也不够。应该怎么样想办法进行增加呢？

2. 考虑到“格拉斯哥”号被一架水上飞机的鱼雷袭击的时候，是停泊着的，那么为了保护停泊的船只，是不是要在离停泊船只不远的地方设置水道铁丝网？我想，意大利人在塔兰托采用的办法就是这样的，不过，在发动进攻的时候，拿

① 指的是达达尼尔海峡。——原注

掉了铁丝网。针对这个问题，请提出一份报告给我。

首相致陆军大臣 **1940年12月9日**

军队编制问题

1. 你准备在近期再进行一次大规模的征兵活动，这一点我很清楚。报纸上说，人数大概是100万。这让我必须去检查你所掌控兵力的分配情况。从你的文件中看出，你将共计27个英国师的兵力分配给了远征军以及中东方面。每个师的人数是35 000，将军、集团军、保卫交通线的部队等包含在内，驻扎在中东的保安部队还有70 000多人。

2. 现在，15 500人，是一个英国师所认可的编制。850个人组成一个营，每个师只能由9个营组成，也就是一个师的人数在7500左右。在全部的营队编制里面，勤务人员占了很大比例，那么每个营的步枪以及机枪的兵力，也就是战斗力有没有超过750人，我保持怀疑态度。所以，在一个英国的步兵师里面，只有6750人是真正进行作战的，如此，按照通常所说的，拿着刺刀或者步枪的人数来看，27个师的作战步兵，人数是182 250。以前经常说，“陆军的中坚部队”是步兵，其他的一切兵种，都应该是步兵的附属。在新的形式之下，这种情况肯定会发生转变，不过总体来说，这种说法还是没有错误的。建立一个师的编制，其中心就是它那9个营的步兵，还有配备给每个营的一个炮兵连，相当比例的通信兵以及工兵，营、旅、师的辎重兵以及别的一些人员；一个完整的独立的单位，就是由这些东西构成，官兵共计15 500人。

3. 要是我们将一个师看作一个单位，那么我们就能看见，按照每个师正式规定的编制15 500人来计算，目前的27个师，至少需要的人数却是101 5000。那么编制上应该为15 500人的师，就因此在实际上成为了35 000人，并且各个师自身都是足够独立的。所以，在编制规定的15 500人之外，远征军或者中东的各个师，都要添加将近20 000人。

对于数目多达540 000的这一大批军官，现在请你来说明一下这是什么情况。听说，将军、集团军、保卫交通线的部队以及中东那70 000保安部队加起来，的确要用到我们国家如此多的成年人。

4. 也许有些人会觉得，要是照这样行事的话，到这里这件事就可以停止了。事实却恰恰相反，这还只是个开始。从附带过来的图表中可以看出，还需要的人数，几乎有 200 万。对于本土野战军拥有 7 个师，没有人会提出反对意见，可是，让人非常惊讶的是，每个师的编制从 15 500 人提升到了 24 000 人。这样算下来，需要的人数共计 170 000。

5. 在应对夜间轰炸机的措施还没有得到改进、英国的空中优势没有得到更进一步的提升之前，对于大不列颠防空部队所要的那 50 万人，应该暂时给予支持。

6. 已经留出了很大的余地，给那些正在进行训练的部队以及对部队进行束缚的常任官佐和“不能参战”的人数，对于这一点进行考虑之后，现在仍然说需要的人数有 20 万，这个数字就真的让人不满意了。在对在那 27 个师以及 7 个本土师的战斗人员完成装备之后，还需要 15 万人担任参谋人员、勤杂人员以及卫兵等等。将供给这 27 个师以及 7 个本土师的所有必备品除外，还需要的参谋人员以及勤杂人员，多达 35 万，现在正由国家像对待身穿咔叽军装的英雄那样养着他们。

7. 将中东除外，75 000 名的驻海外军与上述情况相对比，好像算不上太多，印度和缅甸一共只有 35 000 人，好像还有些少了。

8. 用 15 万人对各军、集团军进行补充，还有配置保护交通线的部队给英国师以外的各个师，请你对以上的情况进行详细解释。从我所知道的情况来看，澳大利亚以及新西兰部队大多都是自己承担后方勤务工作。不管怎么样，我都想了解，在这 15 万人将去工作的各个师的后方，会分配多少人去各个部门。

9. 剩余下来的闲人有 33 万，当然，这个数字只是纯理论上的。不过，完全可以用前面说到的那 35 万常任官佐、勤杂人员以及其他不能参战的人员，来对这个数字进行填补。

10. 那 33 万闲置人员要到 1942 年 3 月之后才用得上，所以现在暂时将这部分人员扣除，同时将中东、印度以及缅甸之外的 11 万海外驻军也扣除，那么用来配备上面说到的那 27 个师以及 7 个本土师的人员就只剩下 2 505 000 人，也就是说每个师的人数是 74 000。就算将大不列颠防空部队需要的那 50 万人除开，我们剩下的人数还有 200 万，也就是在 34 个师里，可以提供将近 60 000 人给每个师。

再次征兵的事，我需要去请求内阁的同意，在此之前，对这个问题一定要有一个透彻的研究，最低的限度也要裁掉战斗部队后方的100万闲置人员，将他们非常有效并切合实际地利用在军事上面。从民间招募来如此多的人，他们对于战争只能起到微不足道的作用，却要让国家来养着他们，要是我们对于这样的事听之任之的话，那就是我们没有尽到自己的职责。

首相致伊斯梅将军 **1940年12月9日**

针对海军部船舶打捞修理处的工作进程，请你提出一份报告交给我，对下列情况进行说明：他们做了何种工作，还有，现在船舶维修方面的需求逐渐增长，为了能很快地满足这些需求，要是进行扩充的话，准备怎么进行扩充。

首相致伊斯梅将军 **1940年12月11日**

请制造两个模型，一个是罗德岛的，一个是拉洛斯的。什么时候能将它们制作出来，请告知我。

（限即日行动）

首相致空军大臣 **1940年12月14日**

空军部与飞机生产部之间发生了争执，在这个争执里，对于公众的利益来说，有一件事是能带来好处的，那就是让我清楚看到了到底是怎么回事，并且听见了争执双方各自认定的观点。我将比弗布鲁克勋爵写的那封信附送了过去，对于这信中的各种申诉，尤其是有关你在9月1日拥有1000多架教练机却不能用的事情，能不能请你仔细看一看？在新内阁组成的时候，有一种普遍工作效率低下的情况存在于空军后勤部队里，因为有了这样的情况，导致当时我们能够用的飞机只有45架，可是现在，我们大约1200架飞机可以使用，因此在很早的时候我就有所怀疑，这样的情况是不是再次出现在训练单位以及空军部门里，这才导致出现了那么多不能使用的飞机，有一点我记得非常清楚，那就是你手下的一位高级官员曾经说，空军训练部在对工作进行规划的时候，是以不能用的飞机占50%为依据的。维修以及训练单位的责任，应该让谁来承担呢？要是我是你，所有的维修工作我都会踢给飞机生产部，这样你就能够去批判他们的种种缺点了。

有一点还请你留意，从调整展开之后，是如何提升了修理好的飞机与引擎的数量。

昨天，当你把致飞机生产部的信交给我的时候，我对你谈到了一个问题，现在，我要再说说这个问题。以下是空军部的观点：第一线作战飞机，德国人已经拥有了将近6000架，可是我们只有2000架左右。并且，空军部还觉得，德国人每月生产飞机1800架，其中提供给训练单位用的只有400架，而对比我们，我们的每月飞机产量为1400架，提供给训练单位用的也是400架。这样看来提供给教练用的飞机数量，德国人与我们是一样的，既然如此，那为什么参加第一线的作战飞机，他们会是我们的三倍，对于这件事你该怎么解释？从你的数据来看（实话实说，这些数据我并不相信，除非是为了进行辩论），两边教练机的数量是一样的，可是德国人拥有的战斗力量明显比你强大了三倍。我明白，你肯定会说你打算在今后进行扩大，可是德国肯定也维持住比我们多三倍的飞机，并且还会进行扩大。

你们这场争执的走向，我会给予最大的关注。

首相致比弗布鲁克勋爵　　1940年12月15日

在敌人开展激烈轰炸的情形下，这样的成就已经非常杰出了[①]。新生产出来的飞机我们暂时不说，光看修理好的飞机，这全都是你的贡献。现在在空军后勤部队，我们拥有的飞机有1200架，这让人感到十分欣慰。很显然，你因为工厂的疏落而感到不方便，可是为了将被敌人轰炸的危险疏散开来，我们必须要这样做。

另外，你所追求的不仅仅是数量，相反的，对于质量你也曾极力追求过。

---

① 比弗布鲁克勋爵将一份统计表送了过来，在统计表中，他将飞机的实际产量与计划产量进行了对比。——原注

由于空军部与飞机生产部之间的争执，这才会出现第一段[①]的那些苛责。他们将你当作一个毫无情面的批判者，甚至于，当作一个敌人。因为从他们手里将飞机生产部的这些工作拿走了，所以他们感到十分生气，说他们一抓住机会就开始怨声载道，我绝对不会怀疑。与彼此奉承拍马相比较，我深信，更符合公众利益的是两个部门之间开展激烈的批判以及反驳。所以，战时出现的这种鼓舞人心但又让人气愤的情况你必须要能忍受。

首相致自治领事务大臣　　　　1940年12月15日

我给孟席斯先生发了一封电报，从这封电报里，你能够发现，对于远东的局势，我觉得并不存在急剧恶化的危险。我在电报中谈到的论点，因为利比亚战争的胜利而得到了极大的加强。在马来半岛以及新加坡将我们的兵力太过于分散开来，我并不赞成。与之相反的，我想要建立一支尽可能大的海、陆、空军在中东，并且为了可以在希腊还有很快在色雷斯进行战争，或者是，要是日本的态度改变了，可以对新加坡进行支援，所以这支部队必须要处在一个机动状态。就在我们在西北航道遭遇重大危险的时候，让我将你提到的如此多的飞机，尤其是P.B.Y.式飞艇抽调出来，是非常困难的。所以，你的电报我不赞成，我觉得，现在我自己这封已经用红笔做过修改的电报，就已经够了。

首相致空军参谋长　　　　1940年12月15日

为了能容纳新式轰炸机和战斗机而在希腊大规模修建机场这件事，还有对骨干人员的调动以及备用零件这些事，你都在怎么开展？

我觉得，在不久的将来，这些事情都会变得非常重要，不要由于一些突发事件就变得手忙脚乱，我们一定要想办法做到这点。

每两周希望你可以向我进行一次汇报。

---

① 在1940年12月14日时，比弗布鲁克勋爵提出了一个备忘录，备忘录的第一段大致是说：有些时候会听到人们讨论，说在1940年5月要是不另外建设飞机生产部的话，现在飞机生产部的产量空军部照样可以达到。——原注

首相致帝国总参谋长 **1940年12月20日**

请告诉我，最快什么时候，第二装甲师可以——

（1）登陆苏伊士，以及

（2）能够在西非沙漠进行战斗。

首相致空军参谋长 **1940年12月20日**

我期望你可以想办法休息一段时间，抓住所有可以早点上床睡觉的机会。战争会持续很长时间，而你担负了非常重大的责任。我所开展的会议，你完全可以让你的代表来参加。

因为有很多人都对我说过，你工作太劳累了，所以我提请你注意这几点，希望你不要见怪。

在新年的时候，要是德国展开入侵，那么他们就有可能利用毒气，而我们也可以用毒气进行反击，对于我来说，这件事是个不小的重担。不过，在这方面我们的发展，还是非常不错的。

首相致军需大臣 **1940年12月21日**

在1938年10月的时候，内阁曾下过命令，对2000吨芥子气进行储藏，可是到了1940年10月，这项工作还没有完成，对于这件事，战时内阁已经下达了命令进行追查，你应该没有忘记吧。

从你的部门，我收到了最新消息，说芥子气的储量在12月9日的时候是1485吨。你的部门还对我说，上周的时候，另一批共计650吨的芥子气就可以准备好了，相应的生产也会提高。这个承诺有没有兑现？

与此同时，我还留意到，现在终于开始认真的生产新式25磅底部发射毒气弹了，并且，到了12月9日的时候，充装完成的该类毒气弹已经有7812枚，我很想了解一下，跟陆军所要求储备的该类毒气弹总数相比较，我们这个数字还差了多少，所需的储备数字，什么时候才可以达到。

到了现在，连一枚新式6英寸底部发射毒气弹都没有充装完成。对于该类型的毒气弹，陆军所要求的储备量是多少，这个储备量什么时候才可以达到？

这个备忘录的副本，我已经交给陆军大臣了。

首相致军需大臣 1940年12月22日

听说，针对有可能不足的必需物资，中央物资统筹发配局曾经进行了一次特殊的调查。

据悉，飞机、坦克、大炮以及运输工具的生产所要用到的落锻钢是最为不足的。根据预估来看，落锻钢的需求量，到了1941年的时候大概为441000吨。眼下，国内落锻钢的年产量为208000吨。我听说，已经跟美国定购了7000吨，在1941年年底的时候，可能提升到每年25000吨的订货量。就算是对于需求量我们进行了过高的估计，可是仍然感到缺乏。

猜测国内的生产量应该能会有所增加，不过，我们应该要增加一倍的生产量。共有14000名工人在从事落锻钢制造，不过，根据报告来看：从8月份开始，吸纳的工人只有300名；这个制造业觉得，每个季度吸纳的工人只能是1000名；并且，现在很难征招工人。应该要调查一下这些事情。

看来，在这段时间里，向美国多购买一点落锻钢，是唯一可以马上使用的方法了，如果有必要的话，为这件事，可以派一名专家前去。

首相致工程以及建筑大臣 1940年12月22日

现在正在开展各种福利事业，为的就是能满足无家可归的人，以及疏散方案的需求，听说，在这些福利事业里，深深地感到房屋的不足。你已经跟卫生大臣一起寻找房屋了，这点我也是知道的。

希望在你力所能及的范围内，尽快处理这件事。

请提出一份报告交给我，在报告中写明，在已经征用的房子里，有哪些房子适合战时用途的需要，却没有用于这上面的。

首相致查特菲尔德勋爵 1940年12月22日

有一件事让我感到十分遗憾，那就是“乔治勋章”颁发得太少了，原本，我所希望的是颁发的数目是现在的10倍。对于遭到严重轰炸的各个地方当局，我原以为你会跟他们取得联系，为了进行甄选，一定要让他们将被推荐的名单交过来，并且要让各个部门对这件事都重视起来。在这方面你再努力一下，难道不行？目前，你应该将一些典型的事件掌握住，对各个相关当局以及部门进行通知，要求他们在评判自己听到看到的一些事情时，将这个当做标准。

要是需要我提供帮助，请马上告诉我。

首相致第一海务大臣　　　　1940年12月22日

波罗的海结冰的时期很快就要到了。请将波罗的海的局面以及以后的发展趋势告诉我。

今年夏天从瑞典运进了一些矿石，情况怎么样了？对于这件事，海军参谋部应该要进行必要的察看。

有没有什么物资是通过挪威水路进行运输的？

对于德国矿石供应情况，过去八个月发生的那些事，造成了什么样的影响？就算我们不能铺设一个正规的水雷区在挪威水路，那么铺设磁性水雷难道也不行吗？我们好像已经完全不记得这件事了一样。

针对这件事，请提出一份备忘录交给我，并且对能不能想办法开展进行说明。

首相致伊斯梅将军　　　　1940年12月22日

当然可以将联合计划委员会人员的工作分为两块：

(1) 现在他们为参谋长委员会做的全部工作，以及

(2) 对于将来的长远性计划，指令他们去制订，他们已经开始进行这种计划了。

现在我所谈到的是后一个工作。为了对制定特别计划的工作进行指导以及协调，并且主持联合计划委员会人员的所有会议，同时跟我(国防大臣)直接进行联系，我觉得，最好委任一名未来计划总监，或许可以使用其他更合适的头衔。我觉得，前陆军大臣奥利弗·史丹利少校由于在外交以及内阁事务中都具有经验，他肯定可以推动这项工作积极开展，而我的职责就是，偶尔对他们进行一下督促。应该将一个临时的军阶授予他，让他变成高级军官。

请按照我这个观点，拟定一个具体建议给我。

首相致飞机生产大臣 **1940年12月22日**

军需大臣送来了一份报告，从这份报告中我看出，军需部交给皇家空军的炸弹以及装有毒气的容器，其数目在过去的一个月里明显减少了，这让我感到非常的担忧，交付的总数，在11月11日到 12月9日这四周里的情况如下：

30磅炸弹…………………………没有

250磅炸弹 …………………………18

250磅容器 ………………………没有

500磅容器 …………………………25

1000磅容器 …………………………9

我很清楚，是因为工厂被炸以及一些部件难以供应，才导致了交付量减少。

就算是这样，可是为了能在有需要的时候能够立刻用来对敌人进行报复，飞机用的毒气容器我们还是要大力提供，这件事事关重大，希望你能告诉我，采取了什么样的办法来改善这些容器的交货情况，还有告诉我此后三个月交货的预算。

〔有一件事让我非常的关心，那就是为了国家的安全而对个人的利益以及自由进行严重的侵害。曾经，我接受过人权法案、人身保障法和陪审制等观念的教育，虽然议会再三说明赞同，可是我还是感到非常的难过，对于损害这些原则的事情，我应该要承担责任。在6月到9月这几个月份里，我们国家的境况似乎是极其危险的，以至于对国家的行为难以进行各种约束。目前，既然我们已经得到了暂缓的机会，那么对于那些被拘留者的案子，进行更深层次的详细处理，我们应该具有这样的义务了。在这以前，已经有一个非常周详的核查制度被我们建立了起来，在我们国家危难时期被抓的那些人，有很多已经被下令释放了，下令的人正是主管这方面的内政大臣。〕[①]

---

① 1940年5月22日，英国政府宣布实施英国国防条例第18条B款。这个条款授权内阁大臣，可以不用经过审判，而逮捕所有有可能危害国家安全的人。——译注

首相致内政大臣 1940年12月22日

这是些政治犯，而不是被控诉有什么违法行为的人，同样，他们也不是等待审讯或者在押候审的人，这一点一定要记住。之所以将他们关起来，只是因为对公众的危险以及战事的状况，并不是因为有证据证明他们干了什么违法的罪行。这种有悖于英国的自由、人身保障等基本原则的行为，要让其承担其责任，这肯定会让我感到忧心。因为对公众有危险而采用这种手段，是允许的，可是现在，这样的危险正在消退。

左翼对于莫斯利以及他的妻子有着很深的偏见；而右翼则对派第特·尼赫鲁[1]有着很深的偏见。曾经我专门进行过要求，要将加诸于后者的那种森严的监禁取消。对于这种人，在国王通常是被监禁在堡垒里面的，不能说全部，至少如果这个世界是文明世界的话，那么监禁他们的方法通常都是这样的。

因为有了这样的想法，让我对现在监禁莫斯利以及其他这类人的具体情况留意了起来。每周一次的沐浴，指的是不是热水浴。要是同意每天一次沐浴，这难道不正确吗？按照第八条规章，为了他们时常的户外活动以及娱乐游戏，有没有提供一些设施？每周写信的数量限制在两封，我找不到任何理由支持这一点，因为所有的通信都一定要经过检查。准许他们阅读什么样的书？这些书是不是只局限在监狱图书馆？可不可以看报纸？有何种规定是针对于著作或者探究专门问题所需要的纸笔的？准不准他们拥有无线电收音机？在夫妻会面这一方面作了什么样的部署，莫斯利的妻子在断奶之前就被迫与自己的孩子分离了，在她看自己的孩子这方面作了什么部署？

有关这些事，请告诉我你个人的观点。

首相致澳大利亚总理 1940年12月23日

1. 我十分感谢你能够答应，在新加坡用军队、装备以及弹药为我们提供帮助，

---

① 指的是贾瓦哈拉尔·尼赫鲁，印度的开国总理，在任时间为1947年–1964年，主张让印度从大英帝国独立出来。——译注

希望你可以按照所说的情况提供各项帮助。如此一来，我们会想办法，在5月份的时候我们会用差不多一个印度师的兵力对你们的军队进行更换。

2. 与6月间法国沦陷之后相比较，我认为日本对英国宣战的危险小了很多。从那个时候开始，我们曾经将德国空军的入侵击退了，用我们日渐壮大的地面军队震慑敌人，让他怯于进攻，并且还获得了利比亚战争的关键性胜利。从那个时候开始，无论是在海上、陆地还是在空中，意大利都表现出了自己的软弱无用，在德国经由土耳其、叙利亚和巴勒斯坦进攻之前，对于我们有没有能力守住尼罗河三角洲和苏伊士运河这件事，我们都不用再怀疑了。这件事将持续很长一段时间。我们将克里特岛攻占了，正在让那里的苏达湾变成第二个斯科帕湾；我们跟希腊的对战，屡战屡胜；现在在希腊，我们已经拥有了各种便利，建设强有力的空军基地，从那里对意大利发动攻击，所以，在东地中海，我们的地位已经有了很大的提高。

3. 不能因为要提防日本，而将我们在地中海取得的海、陆军的胜利，以及在这个地方我们海、陆、空军日渐变好的形势丢弃了。在眼下这个重要的时刻，要让我的海军从地中海驶离，那以前所做的一切都白费了，并且，以后的所有希望也都断送了。反之，现在意大利的海军力量正在慢慢减弱，趁着这个时机，我们就可以大幅度提升地中海舰队的机动性，等到我们将意大利的舰队击溃，让它在战争中难以发挥作用，并且整个意大利也崩溃了（这种情况很有可能发生），成为一个难以与我们对战的国家了，那时候，我们就可以将强有力的海军作战力量调遣到新加坡去，而不用承担何种严重的损害。在还没有得到这个结果的时候，对于我们在东方的祸患，我们一定要沉着而顽强地忍耐着，不过，对于以下的情况我们大家肯定都能体谅：要是遭遇侵略的危险严重地威胁着澳大利亚，那么为了我们的亲属，我们会酌情坚决地将我们在地中海的地位放弃或者完全牺牲掉。

4. 在地中海之外，海军的负担也大幅度增加了。当德国舰队将“俾斯麦”号以及“提尔皮茨”号纳入的时候，德国人就能够重新建成一支作战舰队，很有可能，他们已经将这两艘舰只纳入了。“英王乔治五世”号的准备工作已经完成，可是，还需要再等几个月，“威尔士亲王”号才能完工，要等到仲夏，“约克公爵”号才能完工，而必须要等到1941年年底，“岸森”号才会完工。与过去相比较，在往后的六个月里面，在斯科帕湾我们要集中更多的力量。袖珍战舰出现在了大西洋上，专门对商船进行攻击，这就让我们不得不再次利用战舰，以为我们的运输船队保驾护航，在南大西洋我们也派遣出了小舰队对袭击舰队进行搜寻，在有必要的时候，还要派遣它们去印度洋。与此同时，法国那部分完整的舰队很有可能被达尔朗出卖给德国，对此我们也要时时留意。

5. 从我们这次大战或者是上次大战所看到的情况来说，因为所有这些原因，现在海军的责任应该是最为沉重的了。要成立一直分遣舰队在新加坡，肯定会将我们在地中海的地位牺牲掉。我坚信，在日本所造成的威胁还没有远大于现在的时候，你肯定不想我们如此行事。与此同时，有一点我深信不疑，那就是只要日本加入了战争，美国就肯定会与我们并肩作战，如此一来，就让他们去承担海军的责任，这就可以将我们从各种危难中救出来了。

6. 在新加坡举行了一个有关利用空军支援马来亚会议，在这次会议上，提出尽快派大批飞机前去的建议。不过，由于现在局势正在不停改变，对于分配给新加坡使用的飞机的准确数量，我们很难确定下来。另外，在西北航道的生死之战中，正需要我们的飞艇发挥威力，为了日本进攻的极小可能性而将飞艇放在那里不用，这样的事我们决不能干。总而言之，我们的方针是：在中东建立一支海、陆、空军力量，让这个力量尽可能强大，并且让这支力量保持高度的机动性，或者是，在利比亚、希腊，并且很快还要在色雷斯作战，或者在日本的态度变得更差的时候，用来对新加坡进行支援。这样一来，就可以不用分散兵力，并且，还能从多方面对胜利进行有力保障。

7. 我最后还要告诉你一点，那就是现在我们正派遣大量的运输船队将军队以及军火运到中东去，到了2月份的时候，在那个地方就会有将近30万人的军队了。这样一来，护航的任务又要加重了。但是，因为事情的重要性，想要处理重重难题，对于世界各地的危险，我们都要甘于承担，我坚信，这些难题我们肯定会解决的。

8. 我将指定陆军部直接与墨尔本陆军司令部，去处理运输以及设备等的细节问题。

祝万事顺利。

首相致伊斯梅将军 1940年12月23日

有关各个作战地区的大批照片，请想办法让我能够获取，例如苏鲁姆、巴蒂亚等地。

可以对你手下的一名职员进行通知，让他对这件事多加留意。

首相致伊斯梅将军，转参谋长委员会 1940年12月23日

致正去往北非的蒂皮伊先生的便函

要是你见到了魏刚将军，或者是诺盖将军，请告诉他们，说在英格兰我们已经拥有了一支大军，这支大军装备非常的完善，并且，将对敌人的入侵进行抵抗的军队除外，我们还有很多的后备军队，他们都受到过很好的训练，并且发展的速度非常快。

中东的局势也日渐变好。在不久的将来，在北非要是法国政府决意再次对德、意开战，那么为了对摩洛哥、阿尔及尔和突尼斯的防护进行增援，我们任何时候都可以调派一支装备完好并且强有力的远征军过去。只要在拥有运输以及登陆设备的情况下，我们的这几个师可以立刻上船出发。现在已经开始扩大英国空军了，以后空军也能够提供有效的援助。再次将英国以及法国的舰队联合起来，并且摩洛哥和北非的基地可以共用，那么就能保证掌握地中海的制海权。让我们与魏刚将军或者是他委任的官员进行最秘密的参谋会议，我们是十分乐意的。

另外，延期具有很大的危险性。随时，德国人都能够利用武力或者是引诱的办法，从西班牙借道，然后发动攻击，从而导致我们不能使用直布罗陀这个舰只停泊地，海峡两边的炮台会被他们很好地掌控住，并且将他们的空军驻扎在一些飞机场上。他们经常使用的方法就是快速进行攻击，只要他们在卡萨布兰卡站稳了脚跟，那么所有的计划都没有实施的可能性了。要是对于采取冒险的行动，进行了非常用心的准备，并且拟定了方案，那么让我们再等一些时日，我们是非常乐意的。可是，局势随时都可能变糟糕，那么随之而来的就是希望的破灭。贝当元帅的政府应该很清楚，为他们提供越来越多的有利支持，我们能够做到，并且

我们也愿意这样做，这点是十分重要的。不过，只要稍微有些拖延，我们也就无计可施了。

首相致海运大臣 1940年12月24日

我知道你发表了一次讲话，是针对美国使用外国船只这方面的。你的演讲稿以及你在美国报纸上看到的反应，可不可以交给我？我有这样一种感觉，对于我们向美国人提出的那些要求，他们好像并不是很乐意，因为他们觉得，英国现有的这些吨位，我们都没有好好利用起来。我想你应该不会忘记，我曾很多次询问过这方面的事：全部在联合王国境外各港口之间行驶的船只，到底有多少吨位。

从海运部上个月的报告来看，在英国的那些非油船船只里，吨位大于1600吨的所有船只中，在海外各国之间进行贸易工作的只有230多万吨。针对这一点，请给我一个详细的解释。在海外进行商运工作的挪威、比利时和波兰的船只还有200万吨左右，还没有将油船包括在内。

首相致爱德华·布瑞奇斯爵士以及伊斯梅将军 1940年12月25日

伴随着新年的来临，在控制机密文件在军队以及其他部门中传阅的工作上，一定要再进行一番努力。为了尽可能减少参阅的人数，应该在各军事部门、外交部、殖民地事务部以及自治领事务部等部门，再次审核一下所有文件的分发情况。

对于复写各种文件的主管官员，一定要去征询他们的观点，然后制作一份统计表交给我，对各种机密文件的复写数量进行阐述。

怎么样才可以做到这一点，请针对此向我进行汇报。

首相致自治领事务大臣 1940年12月25日

让各个自治领对战局的发展状况有一个充分的了解，我觉得这与原则并不相悖。那些战场上的消息，只要是有自治领军队参与其中了，那就更应该进行详细的报告了，不过，将这些报告传到毫不相干的自治领去是没有任何必要的。总之就是，为了不让如此多的极其机密的情报在很大的范围内广泛地传播，我们应该要多加努力。……如今，出现了一个危险：自治领事务部的官员非常喜欢办一种报纸，这个报纸上写满了机密情报，然后将这样的报纸分发给与他们有联系的四大自治领政府，让他们去传阅，这样的事情自治领事务部的官员们都已经培养出习惯了。他们认为，传播得越广泛，对国家的作用越大。这样的嗜好，其他一些部门也有，喜欢尽可能将机密消息搜集起来，在各政府部门中踊跃地散播这样的消息，让他们感到非常自豪。为了尽力将这种趋势控制住或者是抵制住，我一直都在进行努力，要是不去阻止这样的趋势，那么战争就没有办法开展下去了。

所以，虽然说原则不能改变，可是在方式方法上应该要采取合适的保密手段。

那些机密性的文件，尤其是与作战或者眼下调遣军队有关的文件，我希望在将它们发出去之前，全部询问一下我的看法。

首相致卫生大臣以及国内保安大臣　　　　1940年12月25日

昨天我们举行商谈的记录已经随信送去了。在采取措施的时候请依照这个记录来进行。

在各个防空壕里面，我觉得主管的人只需要一个，让他对壕内人员的健康以及安适全权负责。卫生以及床上用品储藏等工作也该让这个主管人来担负。国内安全和内政部，在敌人炮轰的情况之下，他们的任务已经很重大了，既然是这样，那么我就觉得，害虫以及卫生设备的问题就不应当再让他们来处理了。这些问题应该是归属于卫生部的，不管事情大小，只要是防空壕内的生活问题，都应该让这个部门来承担。

首相致爱德华·布瑞奇斯爵士以及林德曼教授　　　　1940年12月26日

在下周一、二、三这几天下午5点的时候，我要去地下作战指挥室对1941年的进口方案进行审核。具体日程由你跟林德曼教授来制定。将与运输粮食以及供应品有关的紧急方案，还有三军为补偿目前损失所提出的要求，都在周六晚上的时候送过来进行审查。特别的事件以及重要的图表，林德曼教授都应该在周六晚上的时候向我提出。将下面这些人召集起来开展会议：

枢密院议长，

掌玺大臣，

不管部大臣，

飞机生产大臣，

军需大臣，

粮食、运输以及海运三位大臣。

（只需要大臣出席会议）

首相致军需大臣 **1940年12月26日**

在以下几个方面，武器与弹药之间并不是很匹配：反坦克枪，2英寸口径迫击炮以及3英寸口径迫击炮。这其中，最为突出的是3英寸口径迫击炮。我们的反坦克枪完全可以对23.5个师进行装备，可是每个月的子弹却只有32 000发，这些子弹只够分给5.5个师。每师分108门2英寸口径迫击炮，那么我们的2英寸口径迫击炮足够对33个师进行装备，可是每个月的炮弹却只有32 400发，仅仅只够分给4.5个师。这其中，3英寸口径迫击炮出现的差距是最大的；每个师分配18门，那么我们所有的3英寸口径迫击炮差不多可以对40个师进行装备，可是每个月的炮弹只有14 000发，只够分配给1.5个师，这点实在是太奇怪了。

首相致海军大臣 **1940年12月26日**

让那四艘配置了15英寸口径大炮的军舰修复完成，并且修理完其他所有舰只，只要能做到这点，我就愿意将我期待很久但又次次破灭的愿望放弃，这个愿望就是把“坚定”号改造成一艘战舰，让它能适合于近海作战。

“英王乔治五世”号级双旋转炮塔战舰的遭遇是海军史中最为惨烈的一页，而自从战争打响以来，这四艘舰只的遭遇完全可以赶上“英王乔治五世”。

能够实现六个月竣工的要求，我希望你可以向我作出这样确切的承诺，当然，要是敌人采用了军事手段的话，那就应该对此事重新进行讨论了[①]。

---

① 参见1940年9月15日我所提出的备忘录。——原注

首相致第一海务大臣 1940年12月26日

关于自1月份开始对经由挪威水路的矿砂运输进行拦阻一事，我觉得应该要付出更多的努力。与冰岛—法罗海峡的问题相比较，这一举措更为重要，这一举措是在眼下已经失去的条件下，使用性能各异的水雷开展的一次大规模战役。目前，我们在任何地方偷偷敷设水雷，都不需要事先进行通知，既然是这样，那么与去年相比较，今年对挪威海岸实施攻击的条件要优越得多，可是，采取措施的必要性好像并没有减弱。

请提出一份更为周详的报告给我。

首相致伊斯梅将军，转参谋长委员会以及其他相关人员 1940年12月26日

在遇到侵入的时候，最为重要的是拥有战略条件。我非常急切地期望，现在不要开展毒气战。就是因为这一点，我担心敌人已经准备利用毒气了，并且，他们很可能着急使用毒气。所以，一切的防御工作都一定要准备就绪，并且用尽全力将我们进行报复的能力提高。

有的时候，我非常怀疑：我们坚决不利用毒气，除非是敌人先对我们用毒气，要是发表一个这样的声明，对于敌人来说，能不能起到一点震慑的作用。可是，事实上，对几千吨各种各样的烈性毒气，我们已经利用各种必要容器进行了储存，并且，在要对德国进行报复的话，可以马上展开行动。总而言之，我觉得我们最好不要轻举妄动，直到有证据证实，敌人很快会用毒气来对付我们为止。不管怎么说，他们肯定会为自己进行策划的，这一点林德曼教授曾说到过。他们肯定会说，是我们使用了毒气战威胁到了他们，并且他们会快速将借口制造出来。第三点，类似的声明，不管是哪一篇，都会进行非常多的夸大。要是谁的观点与之并不相同，我非常乐意去了解。对于这个问题，我感到十分的担忧。

首相致内政大臣 1940年12月26日

从报纸上，我看到很多的人被判处了徒刑，因为他们违反了战时条例，或者是做了些平常不做的事情。将被拘禁和被判处徒刑的人包括起来，与战前相比较，

现在监狱里的人数是怎样的情况，我非常想了解一下。

请将几个简单的数字告知我。关押在监狱里的人数，眼下是不是大大提升了？[①]

首相致海运大臣 1940年12月27日

按照以下要求，将你现在拟定的进口方案的主要项目列出来：

(1) 此后的四个月

(2) 1941 年

罗列在一张纸上交过来。我期望可以在明天也就是周六的时候接到这张纸。

(限即日行动)

首相致伊斯梅将军，转参谋长委员会 1940年12月27日

1. 我对"玛丽"作战计划[①]的那些观点，都是别人所说的，对此我完全否认。我曾经发出了一份书面的备忘录，对此我还有印象。请将它找出来。就说我自己，发布命令时不使用书面的形式，这样的情况是非常少的。为了不造成更严重的误解，我进行以下声明：

2. 参谋长委员会觉得"玛丽"具有非常高的价值，并且还是十分重要的，我个人的观点与参谋长委员会完全一致。以此为目的，我们不仅要将外籍军团派遣出去，并且还要将两个法国营加派过去，让他们跟 1 月 4 日起航的运输船队一起出发，在苏丹港驻扎。他们从那里，要么去参加"玛丽"作战计划，要么前去埃及。要是只派遣外籍军团，而没有派遣其他的法国部队，那么对事情就没有什么好处。所以，我曾经下令拟定建议：为了让所有的法军聚齐，一起前往，我们应该让空的运输舰从这里开出，将另外的两个营运到弗里敦去。

有关实施这件事的建议，请在今天拟定好了交给我。

关于政治方面的问题，在这些军队抵达苏丹港之后，我们还有足够的时间来探讨。

---

① 这方面的数字并不让人担忧。——原注

① 占领吉布提。——原注

首相致掌玺大臣 **1940年12月27日**

你在11月14日提出的有关冷冻肉的报告，我已经收到了，对此我表示十分的感谢。让你根据后面的情况进行一些新的补充，我不知道你愿不愿意这样做。对于肉食的状况，我感到有些担忧。

首相致陆军大臣以及帝国总参谋长 **1940年12月27日**

1. 在过去，我们造好的反坦克枪已经快有30 000支了，这方面的生产非常的杰出。可是另一方面，让这种武器使用的弹药的生产却远远跟不上节奏，实际上，与应该提供的数量相比较，真正提供的数量连五分之一都不到。眼下，我们军火生产的计划中，最大的一个缺陷就是弹药的生产无法与反坦克枪的生产相“匹配”。由于缺乏弹药，导致这些枪支很快就像废铁一样，无法发挥作用，将这样的反坦克枪大量发给军队，这对他们来说简直是一种欺骗。在很多的地方，都要将子弹留到真正作战的时候才用，所以能够用于练习的子弹连一发都没有。

2. 现在反坦克枪支跟弹药之间已经有了如此大的差距，希望陆军部门在这种情形之下，可以把要求集中在弹药方面，而不是再去生产枪支，将这种差距扩大。不过，事实却与之相反，因为一些我从来不知道的理由，陆军提出了要求，居然要将反坦克枪支的数量从31 000激增到71 000，可是师的数目还是跟以前一样多。是什么时候做出的这种决定？这个决定是谁做出来的？原因是什么？弹药的产量原本就远落在枪支生产之后了，在当时有没有对怎么让弹药赶上枪支的增加进行过考虑？针对这个问题，请你提出一份具体的报告给我。

3. 不过，现在坦克枪的生产遭遇了非常严重的障碍，因为小希斯地区的工厂已经被德军轰炸了两次。陆军部所要求的71 000支枪，不可能在他所希望的期限内完成了。另外一方面，希望可以借着这个机会，让弹药的供应能够超过枪支的生产。这样来看的话，倒是因为敌人的举动，促成了我们计划所需要的重大调解。

4. 出于对以上原因的考虑，要是现在陆军的这个计划有大幅度变化，特别是因为这种变化要建立新的工厂，进而肯定会导致其他的紧急任务被放弃的时候，请一定要通知我。包含在我图表里的所有设备项目，只要这里面有地方要进行大的变动，就应当在事前汇报给我。

首相致空军参谋长以及空军部 1940年12月29日

事实上，在塔科拉迪等待命令准备出发的飞机绝不会比44架少，可是到12月27入为止的一周里，从塔科拉迪派遣去的飞机只有一架而已，这好像非常的难以理解。在塔科拉迪的管理工作上是不是出现了什么问题？有关那里状况的特殊报告，我们能不能获取一份？用不了多久，“狂野”号就会将第二批飞机运给他们了。

(限即日行动)

首相致空军大臣、空军参谋长以及飞机生产大臣 1940年12月30日

(密函)

1. 我非常关心我们轰炸机队在发展时，这种停步不前的状态。战斗机队的力量正在快速壮大着，可是轰炸机队，尤其是轰炸机的飞行员，他们的发展，与我们所预期的完全不一样。我觉得，眼下我们最主要的军事目地之一，应该是快速壮大轰炸机队。我们对我们的海岸线以及中东地区实施控制的时候，肯定是要依赖轰炸机队的。要是事实跟我听到的一样，飞行员的不足是阻碍发展的原因，那么我们派往中东的驾驶员以及机务人员，我们一定要让他们在将飞机交送了之后就回来，或者是，从中东另外将驾驶员和机务人员调遣回来，去驾驶轰炸机，当然，我们采用的方法，必须是对现在已经编成的轰炸机中队没有多大影响的方法。我们的策略是，对中东飞行人员重新进行配备，并且，在我们有能力增派永久性的援兵之前，就一定要完成此事。一定要对朗莫尔空军中将进行通知，让他将各个各级数目一样的优异飞行人员送回来，他的人数原本就已经很多了，千万不要再让其增加了。

2. 训练工作一定要加快速度开展，同时还可以采用一些由新手代替老手的方法，这样才能让可用的飞行人员更多。

3. 天天都向我报告的那些数字，让我感到并不开心。并且从极高的权威人士那里，我听说，在以后的多个月里，难以大幅度地提升对德作战的飞行员人数。

这样的观点我并不赞同，除非能找到证据，能够证明，我们在扩张空军计划这方面，为了能挽回这种完全失败的局面已经将人类全部的才智以及能力都用光了，并且这个证据要比我们现在已掌握的证据更加强有力才行。

4. 时常钻研统计表，就能够发现这样一个问题：单从飞机来说，我们以前有没有足够重视过轰炸机的生产。战斗机的产量正飞速提升，在这一方面，我们能够有如此强劲的势头，让人感到十分欣喜。针对德国的投弹量，我们一定要提升，对于这项任务，有一些型号的飞机非常适宜去执行，可是，这种飞机的生产似乎与我们所预想的不一样。敌军的空袭会带给我们何种的损失，我是非常清楚的，可是，我想了解一下，这样的损失能不能进行挽救，采用进一步的一些手段，这点能不能做到。

5. 我想每周都能收到一份扩展进程表，以及一份方案，在方案中说明为了挽回眼下这种黯淡的境况，能够使用一些什么方法。

图书在版编目（CIP）数据

第二次世界大战回忆录.03，法国的沦陷 /（英）温斯顿·丘吉尔著；
贾宁译．—北京：北京时代华文书局，2017.7（2020.2重印）
ISBN 978-7-5699-1641-6

Ⅰ．①第… Ⅱ．①温… ②贾… Ⅲ．①丘吉尔（Churchill，Winston Leonard Spencer 1874–1965）–回忆录②第二次世界大战–史料 Ⅳ．① K835.167=5② K152

中国版本图书馆 CIP 数据核字（2017）第 137099 号

第二次世界大战回忆录 03：法国的沦陷

DIERCI SHIJIE DAZHAN HUIYILU 03：FAGUO DE LUNXIAN

著　　者 |〔英国〕温斯顿·丘吉尔
译　　者 | 贾　宁

出 版 人 | 王训海
选题策划 | 梁明德　邵鹏军
责任编辑 | 周连杰
装帧设计 | 格林文化
责任印制 | 刘　银　訾　敬

出版发行 | 北京时代华文书局 http://www.bjsdsj.com.cn
北京市东城区安定门外大街 136 号皇城国际大厦 A 座 8 楼
邮编：100011　电话：010-64267955　64267677
印　　刷 | 三河市华润印刷有限公司　0316-3656029
（如发现印装质量问题，请与印刷厂联系调换）
开　　本 | 710mm×1000mm　1/16　印　　张 | 27.75　字　　数 | 373 千字
版　　次 | 2017 年 8 月第 1 版　印　　次 | 2020 年 2 月第 3 次印刷
书　　号 | ISBN 978-7-5699-1641-6
定　　价 | 60.00 元